42번가의 기적
―타임스퀘어의 몰락과 부활

The Devil's Playground
―A Century of Pleasure and Profit In Times Square

James Traub

42번가의 기적

─타임스퀘어의 몰락과 부활

제임스 트라웁 지음
이다희 옮김

이후

42번가의 기적—타임스퀘어의 몰락과 부활

지은이 제임스 트라웁
옮긴이 이다희
펴낸이 이명회
펴낸곳 도서출판 이후
편집 김은주, 김진한

첫 번째 찍은 날 2007년 9월 21일

등록 1998. 2. 18(제13-828호)
주소 121-836 서울시 마포구 서교동 325-1 원천빌딩 3층
전화 대표 02-3141-9640 편집 02-3141-9643 팩스 02-3141-9641
홈페이지 www.e-who.co.kr
ISBN 978-89-6157-003-9 03900

이 도서의 국립중앙도서관 출판시도서목록(CIP)은 e-CIP 홈페이지
(http://www.ni.go.kr/cip.php)에서 이용하실 수 있습니다.
(CIP 제어번호: CIP 2007002855)

값 23,000원

나의 스파링 파트너가 되어 준 알렉스에게,
그리고 나의 반려자가 되어 준 버피에게 이 책을 바친다.

차례

제3부 기업형 재미

대한민국 서울에는 '표정'이 있는가?─이다희

감사의 글

이 책을 쓰는 데 보낸 두 해 가운데 반은 타임스퀘어를 돌아다니는 데 소비했고 나머지 반은 도서관에서 지냈다. 내가 인터뷰를 요청한 거의 대부분의 사람들은, 그들이 부동산 재벌이 되었든, 연극 연출가, 거리 예술가, 전前 시 공무원, 건축가, 간판 제작자, 노숙자, 기업 임원, 웨이터가 되었든, 시간이 없는 사람이든 남아도는 사람이든, 내게 시간을 내주었다. 도서관에서 진행된 연구 작업에 대해서는 뉴욕 시티 대학의 대학원 센터에 있는 '시무어 더스트 올드 요크Seymour Durst Old York' 도서관에 있는 매들린 켄트Madeline Kent 사서가 굉장한 인내심을 가지고 끝없는 도움을 주었다. 또한 타임스퀘어에 대한 두 개의 연구, 즉 린 새걸린의 『타임스퀘어 룰렛』과 『타임스퀘어 창조하기Inventing Times Square』에 포함되어 있는 수필 모음에서 얻은 지적 지도가 없었다면 이 책을 쓸 수 없었을 것이다.

그리고 에이전트 앤드루 와일리가 없었다면 이 책을 쓰지 않았을 것이다. 그는 내가 성인이 된 뒤 거의 평생을 보냈던 도시, 그리고 내가 쓴 거의 모든 기사의 배경이 되었던 도시에 대해 책을 쓰기를 권했다. 또한 편집자 조너선 카프가 없었다면 이 책이 지금과 같이 읽히지 않을 것이다. 그는 책이 진행되던 중간에 나타나서 거만한 태도를 버리고 사람들에 대한 이야기를 쓰라고 충고해 주었다.

내 친구들, 데이비드 스코비, 수전 마골리스, 지오반나 보라도리는 원고의 일부분을 읽고 친절한 의견을 주었다. 아내 엘리자베스 이스턴도 원고 전체를 읽고 내가 스스로에게 물어야 했던 질문들을 내게 물어 주었다.

일러두기

1. 인명·지명·작품명은 될 수 있는 한 '외래어 표기법'(1986년 1월 문교부 고시)
   과 이에 근거한 『편수자료』(1987년 국어연구소 편)를 참조해 표기했으나,
   주로 원어에 근접하게 표기하는 것을 원칙으로 삼았다. 단, 국내에 전혀
   알려져 있지 않거나 잘못 알려진 경우가 아니라면 이미 널리 알려진 표기법
   은 그대로 사용했다.

2. 단행본·정기간행물 등에는 겹낫쇠(『 』)를, 연극·방송 등에는 홑낫쇠(「 」)를,
   영화에는 겹꺽쇠(《 》)를, 노래에는 단꺽쇠(〈 〉)를 사용했다.

3. 본문 주석은 모두 옮긴이가 붙인 것이다.

■ 여는 글

우리는 어떤 도시를 원하는가?

2002년 어느 가을 밤, 나는 열한 살난 아들 알렉스를 데리고 연극
「42번가42nd Street」를 보러 갔다. 보러 간 곳도 마침 42번가에 위치한
포드 센터였다. 토요일 밤이었고 발코니는 즐거워 보이는 떠들썩한
관광객으로 만원이었다. 우리 오른편에서는 젊은 여자 넷이 중국어로
수다를 떨고 있었다. 바로 앞줄은 해군 병사들이 차지하고 있었다.
일종의 추억 여행인 셈이다. 해군을 비롯한 여러 군인들은 족히 75년
전부터 타임스퀘어에서 신나는 휴가를 보내곤 했기 때문이다. 코네티
컷 주에 있는 그로튼 잠수함 기지의 시범 부대에서 근무 중이라는
이 예의 바른 군인들은 말이 많았고 휘둥그레진 눈을 하고 있었는데
확실히 들떠 보였다. 뉴욕에 처음 와 보는 군인들도 있다고 했다. 이
잠수함 승무원들은 하루뿐인 뉴욕에서의 외박 휴가를 스트립쇼가 아
닌 브로드웨이 뮤지컬을 보며 보내기로 한 것이다. 그것도 보통 뮤지
컬이 아니었다.

뮤지컬이 시작되자 커튼이 올라가다가 멈추었다. 50센티미터도
채 올라가지 않은 상태였다. 누구의 것인지도 모르는 여러 개의 발들
만 노랑, 초록, 주황, 파랑의 화려한 색색의 신발을 신고 움직이기

시작했다. 너무 빨라 눈에 보이지도 않을 지경이었다. 극장 안에 속사포 같은 탭댄스 반주가 울려 퍼졌다. 음악은 없었다. 리듬뿐이었다. 브로드웨이의 진가가 숨김없이 발휘되는 순간이었다. 몇 달 전에 같은 뮤지컬을 처음으로 봤을 때, 나와 같은 줄에 지팡이를 들고 앉아 있던 노신사는 커튼 아래로 발이 나오자 무의식적으로 탄성을 내질렀다. 이번에는 그로튼에서 온 군인들과 중국 아가씨들, 그리고 알렉스와 내가 환호를 보냈다. 게다가 나는 몰래 눈물을 찍어 내기까지 했다.

이것이 바로 정통 브로드웨이다. 그곳에는 찬란한 조명과 화려한 색상, 배우들의 힘과 재능, 시대가 변해도 변하지 않는 복고풍 합창단과 복고풍 감동이 있다. 뮤지컬 「42번가」는 타임스퀘어가 지난 백 년간 우리에게 주었던 감동을 오늘날까지 가져다준다. 그런데다가 뮤지컬 「42번가」는 타임스퀘어가 준 감동 자체에 대한 뮤지컬, 과거의 타임스퀘어에 관한 뮤지컬이다. 「42번가」는 대공황의 가장 어두운 시절에 「프리티 레이디_Pretty Lady_」라는 뮤지컬을 만드는 사람들을 다룬 뮤지컬이다. 「42번가」를 대공황에 관한 뮤지컬이라고 한다면 작품의 의도와 달리 너무 많은 무게를 지우는 것이다. 「42번가」는 무엇보다도 브로드웨이의 진정한 시민인 합창단원들에 대한 이야기다. 짙은 화장을 하고 곧잘 신랄한 말을 내뱉곤 하는 이들은 『프리티 레이디』와 같은 뮤지컬이 꿈을 이루어 줄 것이라고 굳게 믿고 있다. 뮤지컬에서 대공황은 연구되어야 할 사회적 현상이 아니라, 운수가 나빠서 겪게 된 크나큰 낭패일 뿐이기에 관객들은 더더욱 뮤지컬이 잘 되기를 응원하고 합창단원들을 기특하게 여기는 것이다. 뮤지컬이 실패할 위기에 처하자 합창단원들은 당장 끼니를 걱정해야 하는 처지에 놓이지만 관객들은 굴하지 않는 브로드웨이 정신이 불행을 딛고 일어나리라는 것을 안다.

뮤지컬 「42번가」는 1933년 버스비 버클리Busby Berkeley의 영화에서 시작되었다. 엄연히 말하자면 잊혀진 지 오래된 브래드포드 로프스 Bradford Ropes의 소설에서 시작되었지만 어쨌든 초기 관객들에게 이 뮤지컬은 동시대를 배경으로 하고 있었다. 그래서 뮤지컬 속에 나타나는 열망과 도피주의는 관객 자신들의 가장 간절한 소망을 반영하고 있었다. 물론 지금은 그렇지 않다. 「42번가」의 매력은 관객들의 향수를 자극하는 데 있음이 명백하다. 1933년 당시 무서울 정도로 친숙했을 뮤지컬 속의 절망과 두려움의 감정은 오늘날의 관객들에게 이 뮤지컬이 더 사실적으로 보이도록 해 준다. 「42번가」의 배경이 되는 허구의 타임스퀘어는 신문기자 데이먼 러니언Damon Runyon이 묘사한 1930년대의 타임스퀘어와 흡사하다. 늘 누군가의 다리를 부러뜨리겠다고 협박하곤 하지만 결국 실행에 옮기지는 못하는 깡패 닉 머피 패거리의 모습까지도 러니언의 타임스퀘어와 닮아 있다.

"발칙하고 음탕한, 번쩍번쩍 신나는 (…) 42번가!"

이 노래를 모르는 사람이 어디 있는가. 관객들은 합창단원들을 동정하지 않는다. 오히려 그들 세계의 온전한 생명력과 열정을 부러워한다. 「42번가」를 볼 때 우리는 과거를 돌아볼 뿐 아니라 바깥을 향해서도 눈을 돌린다. 극의 배경이 되는 거리를 향해 눈을 돌린다. 마침 우리가 「42번가」를 관람한 극장도 42번가에 위치해 있다. 문을 나서기만 하면 보이는 그 거리를 향해 눈을 돌려 뮤지컬 속의 42번가와 현실의 42번가를 비교해 본다.

우리의 42번가는 의식적으로, 때로는 애정을 기울여 재설계한 도시 공간이다. 1960년대와 1970년대에 이르러 '발칙하고 음탕한' 42번가는 더럽고 병적인 곳으로 바뀌었기 때문이다. 따라서 그 후 수십 년 동안 뉴욕 시와 뉴욕 주는 도시를 재건하기 위한 거대한 계획을 세웠고, 그 계획은 성공했다. 우리가 42번가에서 뮤지컬을 보고 있다는 바로 그 사실이 증거였다. 우리가 앉아 있던 극장은 20년 전만 해도 포르노 영화를 상영하던 곳이었다. 포드 센터는 '아폴로'와 '리릭'이라는, 두 개의 오래되고 훌륭한 극장의 잔해 위에 세워졌다. 그중 리릭은 1903년에 세워졌다. 극장 리릭의 43번가 쪽 외벽은 아름다운 소용돌이무늬와 당초무늬로 장식되어 있었는데, 지금은 포드 센터 후문의 일부가 되어 있다. 브로드웨이 쪽으로 좀 더 내려가면 1900년에 지어진 극장 '리퍼블릭'의 잔해를 재활용해 재건축한 어린이 극장 '뉴빅토리'가 있다. 포드 센터의 맞은편에 자리한 '뉴암스테르담'은 최근 수리를 마쳤는데 20세기 초에 지어진 이 아르누보풍의 걸작품은 당시 미국에서 가장 혁신적인 건축물이라는 평가를 받았다.

휴식 시간에 나는 알렉스와 거리로 나왔다. 토요일 밤 아홉 시 반이었고, 사람들이 너무 많아 움직이기조차 힘들 정도였다. 42번가 스프레이 페인팅의 대가인 터키 사람 아이한Ayhan의 주변에 많은 사람들이 모여 있었다. 8번 애비뉴avenue[1] 방향으로 내려가다가 입체 사진을 파는 러시아 남자와 서예로 이름을 써 주는 중국인 몇 명도 만났다.

---

1) 도로라는 뜻으로 뉴욕에서는 남북을 잇는 도로를 애비뉴avenue, 동서를 잇는 도로를 스트리트street라고 부른다. 이 책에서는 혼란을 줄이기 위해 '42번 스트리트42nd Street'의 경우 '42번가'로 표기하고 '8번 애비뉴8th Avenue'는 그대로 표기한다.

거리 전체는 보라, 초록, 주황, 노랑의 강렬한 불빛에 잠겨 있었다. 거리에 줄지어 선 체인점과 레스토랑을 광고하는 거대한 광고판에서 흘러나오는 불빛이었다. '마담 투소 밀랍 박물관Madam Tussaud's Wax Museum' 위에 앉아 있는 거대한 황금 손바닥은 키치의 대왕이 보내는 번쩍이는 손짓 같았다. 인도에는 수많은 관광객들이 소용돌이치고 있었다. 관광객들은 서로 사진을 찍어 주기도 하고, 광고판을 찍기도 했다. 말 위에 앉아 브로드웨이 시티 게임장의 정문을 향해 따가운 눈살을 보내고 있는 경찰의 모습도 찍었다. 나는 알렉스의 손을 붙잡았다. 불길한 느낌이 들어서가 아니다. 사람들에 휩쓸려 갈까 봐 걱정이 되었던 것이다. 사실 열한 살짜리 소년에게 타임스퀘어만큼 재미있는 곳은 뉴욕 어디에도 없다.

새로워진 타임스퀘어에는 사무용 빌딩과 테마 레스토랑, 다국적 소매업체들이 있고 밝은 불빛 아래 북적이는 사람들과 가족적인 분위기가 있다. 이는 20년 전의 병적인 타임스퀘어와도 전혀 다르고 70년 전의 발칙하고 음탕한 타임스퀘어와도 달라서 이제 타임스퀘어에 새로운 이름을 붙여야 할 지경이다. 적어도 새로운 방법으로 바라보아야 할 필요가 있다. 과연 이 장소를 어떻게 보아야 할 것인가? 뉴욕의 경제적·정치적 엘리트들, 즉 부동산과 관광, 연예, 소매업계를 선도하는 사람들, 그리고 시민 지지자들과 고위 공무원들에게 타임스퀘어는 뉴욕의 재생 능력을 보여 주는 결정적인 증거다. 뉴욕 시의 전 시장 루돌프 줄리아니Rudolph Giuliani 역시 자신이 혼란스럽고 비뚤어진 뉴욕을 물려받았다고 생각했다. 줄리아니는 그러한 잔해 위에 안전하고 깨끗하고 질서 있는 뉴욕 시를 세우고는 타임스퀘어를 그 상징으로 내세우다시피 했다. 확 바뀐 타임스퀘어에서 새해를 맞아 뉴욕의 애칭인 '빅애플'을 의미하는 거대한 사과 모형을 떨어뜨리는 것만큼 줄리아니 시장을 기쁘게 한 일은 없었다. 과거에 그랬듯이 전국의, 전 세계의 관광객들이 타임스퀘어에 모여들고 싶어한다는 사실은 뉴욕 시가 다시 태어났다는 분명한 신호탄이었다.

그러나 줄리아니 시장과 달리 우리들 대부분은 질서가 도시적 삶의 가장 중요한 미덕이라고 보지 않는다. 사람들은 예상치 못한 것을 즐기러 뉴욕에 온다. 파리도 도쿄도 봄베이도 마찬가지다. 바로 그 때문에 도시에 대해서 생각해 본 여러 사람들은, 그리고 단순히 도시를 사랑하는 많은 사람들은 새로운 타임스퀘어가 심히 걱정스럽다. 대부분의 현대적이고 재건축된 도시 공간도 마찬가지로 걱정스럽다. 그것이 기차역이든, 해안 부두든, 백화점이 되어 버린 창고든 마찬가지다. '타임스퀘어'라고 하면 즉각 '디즈니'가 떠오른다. 그리고 '디즈니'는 옛것에서 나오는 충만한 에너지의 철저한 고갈을 의미한다. 도시를 대기업의 놀이 공원으로 재해석한 것이 '디즈니'다. 오늘날의 타임스퀘어에 대해 비판적인 시각을 가지고 있는 사람들에게 타임스퀘어는 단순한 장소가 아니다. 장소처럼 보일 뿐, 실은 다국적 연예 오락 기업들이 키워 낸 독창적인 마케팅 도구다. 현재 타임스퀘어에는 세계에서 가장 큰 맥도날드가 있고 미국의 장난감 전문 체인점 '토이저러스Toys "R" us'의 가장 큰 매장이 있다. 타임스퀘어의 중앙에 위치하고 있기 때문에 우주의 주축이나 마찬가지인 타임즈타워 1층은 이 글을 쓰고 있는 2004년 '세븐일레븐'에 임대가 예정된 상태다. 지난 세기 동안 정말 많은 것의 상징이 되어 온 타임스퀘어는 이제

이와 같이 공허한 도시 생활의 상징으로 여겨지며 세계화의 무자비한 눈초리에 그 특별함이 사라져 가고 있다.

나는 도시를 사랑하는 사람 중 하나다. 사람들이 많은 곳을 좋아하고 시끄러운 곳, 불빛이 있는 곳, 왁자지껄한 곳을 좋아한다. 지하철에서 남의 말을 엿듣는 것도 좋아한다. 나는 또한 도시 생활의 우연적인 면을 좋아한다. 조화롭지 못하고 초현실적인 면도 좋아한다. 하지만 내가 좋아하는 것은 '옛' 도시다. 자동차가 출현하기 이전의 도시만이 무수한 우연과 부조화를 가능하게 하기 때문이다. (피닉스[2], 그대는 사랑하지 않아요.) 열렬한 도시 지킴이인 동시에 도시 재개발에 맞서 싸우는 불굴의 전사 제인 제이콥스Jane Jacobs는 트인 공간과 잔디를 포함한 거의 모든 것을 배제하는 정도의 밀도 있는 공간을 좋아한다. 내가 머릿속에 떠올리기만 해도 감상적이 되는 시기의 타임스퀘어, 즉 데이먼 러니언과 리블링A. J. Liebling의 타임스퀘어, 42번가 전후의 타임스퀘어는 대단히 조밀하고 복잡한, 아스팔트로 뒤덮인 동네였을 것이다. 혹은 훨씬 더 작은 여러 동네들이 몇 블록 안에 옹기종기 모여 있는, 제이콥스가 좋아할 만한 모습을 하고 있었을 것이다.

또한 나는 도시 이론가까지는 아니라도 도시 저널리스트이기는 하다. 지난 20년의 대부분을 도시의 학교와 범죄, 정치와 정책에 대해 쓰는 데 소비했으니 말이다. 대부분이 뉴욕에 관한 글이었다. 나는 뉴욕이나 다른 오래된 미국 도시들의 쇠퇴를 안타까워하는 게 아니

---

2) 1867년에 건설된 애리조나 주의 도시다. 최근에는 이탈리아 건축공학자 소레리의 제안에 따라 환경 재앙을 피해 갈 '폐쇄 생태 도시'를 만드는 중이다. 저자가 그런 식의 도시는 좋아하지 않는다는 표현.

다. 나는 1985년에도 타임스퀘어에 있는 직장에 다니고 있었지만 당시에도 타임스퀘어를 좋아하지는 않았다. 이 거리를 배회하는 부랑자들이 타임스퀘어의 진정한 주인이라는 관점에도, 당시 제안됐던 재개발 방안이 어떤 불경한 '고급화'의 일환이라는 관점에도 동의하지 않았다. 줄리아니 시장이 '일탈 행위의 과소평가'에서 오는 위험에 대해 이야기했을 때도, 뉴욕의 유해한 거리 문화에 대해 선전포고를 했을 때도 나는 그를 응원했다. 나는 예의를 중요하게 여긴다. 냉정하기로 유명한 줄리아니 시장보다 훨씬 더 중요하게 여길지도 모른다. 그래서 나는 개발 중인 타임스퀘어를 걸으면서 그 업적의 위대함을 실감했던 것이다. 버려진 도시 공간을 되찾고 있다고 생각했던 것이다. 마음이 아프지 않았던 것은 아니다. 지역 특수성과 개성이 없어진다는 것이, 아주 작은 마을들이 사라져 이제 다시는 되돌릴 수 없으리라는 것이 마음 아팠다.

"이 장소에 대해 어떻게 생각해야 하는가?"

이런 질문은 우리에게 이 특징적인 장소의 여러 고유한 특징을 넘어서서 생각하게 만든다. 이 질문은 온 사방에서 도시들이 세계화하고 있는 지금 그러한 도시를 어떻게 내 집처럼 여기면서 살아갈 것인지, 그것이 과연 가능한지 고려해 볼 것을 요구하고 있다. 이런 지금 우리는 어떤 감정을 가져야 하는가? 피할 수 없는 상황을 받아들이는, 모순된 자세로 체념해야 하는가? 아니면 그것으로 그치지 않고 상인들이 이탈리아의 시에나, 모로코의 탕헤르 거리의 좁은 골목길을 거닐며 물건을 팔기 시작한 이후로 도시 사람들이 느껴 왔던 즐거움을 느껴야 하는가? 다시는 돌아오지 않을 것이 분명한 것에 대한 향수는 어떻게 해야 하는가? 옛것을 잠식하는 새것에 대한 무기로 휘둘러야 하는가? 아니면 단순한 장애물로 여겨 폐기하고 새것을 얼싸안아야 하는가?

마지막으로 가장 중요할 수도 있는 현실적 질문을 제기하고자 한다. 시민으로서 우리는 어떤 형태의 도시를 원하는 것이 바람직한가? 새로운 타임스퀘어, 적어도 42번가는 여러 가지 선택의 결과물이다. 물론 모든 선택이 명확히 드러나 있는 것은 아니다. 뿐만 아니라 이 중 어떤 선택들은 명백히 서로 상충한다. 타임스퀘어의 재개발은 전통적 분위기를 보존하는 동시에 사무 빌딩의 개발을 장려하는 방향으로 계획되었기 때문이다. 다른 선택을 할 수도 있었다. 아니, 다른 선택을 했어야 하는가? 이제 와서 생각해 봤을 때, 현재의 타임스퀘어는 최고의 타임스퀘어인가? 아마 우리는 정통을 잇는 데 더 충실한 타임스퀘어를 만들 수도 있을 것이다. 하지만 윌리엄스버그 지구풍[3]의 타임스퀘어에서 네이선 디트로이트Nathan Detroit와 나이슬리 나이슬리Nicely-Nicely[4]가 흰 줄무늬 정장을 입고 브로드웨이를 누빈다면 그보다 우스꽝스러운 꼴은 없을 것이다. 그렇다면 오래되고 낡은 것에서, 새롭지만 정신이 깃들어 있지 않다고 우려되는 것으로 옮아갈 때 우리는 어떤 방식으로 타협해야 하는가?

보다시피 이 책은 오늘날의 타임스퀘어에 대한 사색에서 시작했다. 그러나 타임스퀘어가 과거에 어떤 의미를 가졌는지 이해하지 않고서는 타임스퀘어를 알 수 없다는 것이 곧 분명해졌다. 그뿐 아니라

---

3) 윌리엄스버그는 식민지 시대 지어진 오래된 도시를 말한다.
4) 뮤지컬 「아가씨와 건달들Guys and Dolls」의 등장인물.

그곳이 어떻게 그토록 많은 의미를 가지게 되었는지 이해해야 한다. 어떻게 타임스퀘어가 뉴욕뿐 아니라 미국의 중심으로 여겨지게 되었는지 알아야 한다. 타임스퀘어는 심지어 '세계의 중심'이라고 해도 터무니없지 않을 것이다. 물론 적합한 한 가지 대답은 지리적 위치다. 가장 저명한 타임스퀘어 역사가 윌리엄 테일러William Taylor는 이렇게 주장한다.

"고대 도시의 중심은 광장forum과 시장agora이었다. 교통의 요지에 자리한 타임스퀘어는 광장도 시장도 아니었지만 그 위치 덕분에 오락과 놀이, 범죄의 새로운 중심이 되었다. 이전의 도시에서 이런 공간은 변두리에 위치해 있었고 그곳에서 행해지는 일들은 비밀스럽게 이루어졌다. 그러다 타임스퀘어가 중심지에 자리한 것은 그곳에서 일어나는 모든 일이 즉시 전국적 관심을 받는다는 뜻이 되었다."

그러니까 타임스퀘어가 뉴욕의 대중오락 문화의 중심이 된 까닭은 뉴욕에서 살며 일하는 수백만의 사람들이나 다른 지역에서 온 여행객들이 접근하기가 매우 쉬웠기 때문이다. 또한 이 유흥 지구가 미국 문화의 중심인 뉴욕의 중심에 자리하고 있었기 때문에 놀이의 중심지로 비춰지게 된 것이다. 타임스퀘어는 전 국민에게 놀이의 예술에 관하여 가르쳤으며, 브로드웨이의 칼럼니스트 프랭클린 애덤스Franklin P. Adams가 따분하기 그지없는 동네라는 의미로 '덜스보로Dullsboro'라고 부르곤 했던 이곳은 세상 속에서 권태로운 나날을 보내는 젊은이들에게 꿈을 주었다.

타임스퀘어의 의미는 대중문화와 함께 진화했다. 세기 초의 타임스퀘어는 남자들이, 그리고 점점 더 많은 여자들이, 빅토리아시대부터 사람들의 사회적 행동을 지배했던 도덕적 규범을 벗어던지기 시작한 곳이다. 사람들은 집에서와 마찬가지로 낯선 사람들 사이에서도 즐거움을 추구하기 시작했다. 1920년대 갑작스런 경제성장에 뒤따라 타임스퀘어는 도회적 교양과 기지, 금주법에 대한 아찔한 반란의 전국적인 무대가 되었다. 1930년대 후반 타임스퀘어가 이미 긴 쇠퇴의 길을 걷기 시작했을 때 리블링은 이곳을 '세계의 심장'이라고 불렀다. 이곳은 대공황의 굶주린 문화 속에서 번영했던 사기꾼들과 자기 신화화의 전문가들, 그리고 스토아 철학자들의 고향이었고, 리블링은 이들을 매우 아꼈다. 전쟁이 끝나자 놀이 공원 분위기의 타임스퀘어에는 해군 병사와 군인, 사격장, 핫도그와 값싼 구경거리, 스윙과 비밥 리듬으로 가득 찼다. 텔레비전은 타임스퀘어의 기운을 빼앗고 있었다. 모든 거대한 도시 광장이 같은 처지였다. 그러고 나서 대홍수의 재앙이 왔다. 그런 1970년대에도 타임스퀘어는 무언가를 상징했다. 바로 도시의 와해를 상징한 것이다. 타임스퀘어의 의미는 늘 상징적인 언어로 표현되어 왔다. 의미는 달라졌지만 그 중심성은 여전하다. 여전히 타임스퀘어는 매우 색다르고, 어쩌면 그리 반갑다고 할 수만은 없는 세상의 중심에 있다.

1904년 4월 8일, 뉴욕 시장 조지 맥클릴런George B. McClellan은 42번가와 브로드웨이 주변 지역을 '롱에이커스퀘어Longacre Square'가 아닌 '타임스퀘어'로 부르기로 선언했다. 2004년에 타임스퀘어는 백 번째 생일을 맞는다. 따라서 이 책『42번가의 기적─타임스퀘어의 몰락과 부활』은 백 년간 축적된, 타임스퀘어의 변화하는 의미를 타임스퀘어의 흥망을 거쳐 재개발되고, 거창하지만 모호한 '재탄생'에 이르기까지 기록하게 될 것이다. 이 책은 여러 층이 마치 지층처럼 쌓인 것처럼 구성되었으므로 독자는 고고학자처럼 이 작은 공간에 얼마나 많은 사건과 의미가 모였는지 확인하는 동시에 타임스퀘어가 변화에도 불구하고 어떤 근원적인 운명에 충실해 왔다는 점을 알 수 있을 것이다. 이 책의 밑바탕이 되는 질문은 이것이다.

'타임스퀘어가 과거의 여러 전성기 때 그랬던 것처럼 지금도 우리를, 즉 뉴욕 시민과 미국인, 도시 생활을 사랑하는 사람들을 만족시켜 주고 있는가?'

다시 말하면 이렇다.

'우리는 뮤지컬 「42번가」에서 나와 현실의 42번가로 들어섰을 때 어떤 느낌을 받아야 하는가?'

제1부 재미의 흥망

1장 타임스퀘어 신화의 탄생

'스퀘어(square, 광장)'라는 말이 파리나 런던, 로마에서 갖는 의미는, 같은 단어가 맨해튼에서 갖는 의미와 다르다. 벨그레이브스퀘어Belgrave Square와 레푸블리카Repubblica 광장은 두 곳 다 네모난 공간으로 도로 계획에 찍힌 쉼표 같은 곳이다. 이곳에서는 상업 활동도 도시의 빠른 흐름도 잠시 멈춘다. 차는 주변으로 밀려나고 보행자들은 넓은 공간을 거닐게 된다. 주로 정원을 가로지르거나 돌아갈 수 있게 되어 있다. 보쥬Vosges 광장을 떠올려 보라. 파리 중심에 있는 이 전형적인 17세기 광장에는 호화로운 벽돌집과 우아한 카페가 줄지어 자리잡고 교복을 입은 학생들이 그네를 타고 노는 공원을 바라보고 있다. 이곳이 바로 동화 속 주인공 매들린5)의 파리, 우리 꿈속의 파리의 모습이다.

　뉴욕 시에도 19세기에 조성된 지역 내에 이러한 품위 있는 공간이 몇 개 있다. 아니, 있었다. 그리니치빌리지에 있는 워싱턴스퀘어, 20번가 동쪽 끝에 있는 그래머시Gramercy 파크가 여기 속한다. 그러나

---

5) 1939년에 발표한 루드빅 비멜만Ludwig Bemelmans의 그림 동화 주인공이다. 파리의 여자 기숙사학교에서 벌어지는 사건들을 다루고 있는 이 동화는 다른 아이보다 키가 작지만 씩씩하고 활달한 여자 아이 매들린의 모험을 그렸다.

뉴욕 사람들이 스퀘어라고 부르는 대부분의 공간은 브로드웨이와 남북을 연결하는 도로가 교차하는 지점에 있다. 그중 어떤 공간에는, 예를 들어 14번가의 유니언스퀘어나 23번가의 매디슨스퀘어에는 예쁘게 꾸민 공원과 주변을 둘러싼 호화로운 주택들이 있다. 그러나 이 공간은 또한 교통의 요지였기 때문에 결국 거대한 상업 중심지가 되었고, 뉴욕 사람들은 이곳을 산책할 만한 공간이라기보다는 쇼핑 공간으로 여긴다. 매디슨스퀘어에서 브로드웨이를 따라 북쪽으로 가다 보면 6번 애비뉴를 가로지르게 되는데 이곳에는 공원도 보행자도 없다. 매디슨스퀘어 바로 북쪽에 있는 헤럴드스퀘어에는 벤치 몇 개와 호러스 그릴리Horace Greeley[6]의 동상, 수많은 차들뿐이다. 그 다음 스퀘어가 바로 타임스퀘어인데 이곳은 걸어서 건너기 위험할 뿐 아니라 아마도 서반구에서 가장 소란스러운 곳일 것이다. 수필가이자 도시의 시인 벤자민 드 카세레스Benjamin de Casseres는 1925년 타임스퀘어를 이렇게 묘사했다.

"여러 거리들이 서로 융합하는 중심으로서 그 바로 한가운데 교통경찰이 있다."

이러니 우리 꿈속의 파리와 꿈속의 뉴욕이 그토록 다른 것은 놀랍지 않다. 파리에는 보쥬 광장이 있고 뉴욕에는 타임스퀘어가 있으니 말이다.

다른 도시에는 광장이 있는데 왜 맨해튼에는 교통 체증뿐인가? 일리 있는 추측 가운데 하나는 도시의 과도한 성장이 사람들이 모여

---

6) 『뉴욕 트리뷴New York Tribune』지의 창립자.

들던 옛터를 지도에서 없애 버렸다는 것이다. 타당한 설명이기는 하지만 잘못된 설명이다. 재미있는 사실은 맨해튼이 현재와 같은 모습을 하고 있는 이유가 그렇게 설계되었기 때문이라는 점이다. 가장 믿기 어려운 점은 아마도 맨해튼이 어쨌든 '설계'되었다는 사실일 것이다. 워싱턴이나 라왈핀디[7] 같은 행정 수도는 종종 설계도에 따라 개발되는 반면 상업 도시의 경우 하나의 원점에서, 도시를 개발하는 사람들의 야심과 취향에 따라 제멋대로 팽창한다. 물론 초기 맨해튼은 그랬다. 맨해튼 섬의 남쪽 끝에서부터 북쪽으로 팽창했다. 월스트리트 주변의 좁고 비뚤비뚤한 골목들은 도시 전체의 옛 모습이 어땠는지 상기시켜 준다.

그러나 맨해튼의 도로 계획은 사적 행동을 정치적으로 통제하려는 실로 기념비적 사업이었다. 19세기 초 맨해튼은 융성한 항구도시였고, 오늘날 커낼가Canal Street로 바뀐 수로가 있는 곳까지 대략 십만 명이 퍼져 살고 있었다. 물길 맞은편에 있는 농지는 부유한 지주들 차지였고 그들은 때때로 자기 편의를 위해 사유 도로를 놓곤 했다. 빠른 속도로 팽창하는 도시를 정비할 권리가 시민자치기구인 시의회에 있는지, 지주들에게 있는지는 불분명했다. 1807년, 뉴욕 시는 이 문제를 해결하기 위해 정부에 도움을 요청했고 정부는 위원회를 구성해 "보도와 도로, 공공 광장을 설계, 배치"하고 사유 도로를 "폐쇄"할 수 있는 특권을 부여했다.

애초의 의도가 무엇이었든 위원들은 자신들이 도시의 지도를 철

---

7) 파키스탄 펀자브 주의 도시다. 파키스탄의 수도는 이슬라마바드지만 국가의 주요한 행정 기관은 교통·전략의 요충지인 라왈핀디Rawalpindi에 자리 잡고 있다.

저히 변경하는 임무를 위임받았다고 생각했다. 1811년, 위원회는 도시계획 역사상 가장 대담한 문서를 펴내기에 이른다. 이 문서는 새 공화국의 특징을 잘 보여 주고 있었다. 이 놀라운 계획을 불러일으킨 것은 토마스 제퍼슨의 낭만적이고 고결한 감성이 아니라 벤저민 프랭클린의 합리주의와 감정을 배제한 물질주의였음에도 말이다. 도시계획에 첨부된 머리글을 통해 당시 위원회의 고민을 알 수 있다.

"직선으로 이루어진 격자형 도로로 한정해야 할지, 더 개선된 형태라고 추측되는 동그라미나 타원, 별 모양을 도입해야 할지 고민했다. 후자는 편리함과 실용성 면에서 어떤 효과를 가져다줄지 알 수 없지만 도로 계획을 아름답게 만들어 줄 것임은 확실했다."

위원회는 기로에 놓여 있었던 것이다. 더 개선되었다고 '추측되는' 형태로 '아름답게' 할 것이냐, 아니면 '편리함과 실용성'을 따를 것이냐. 위원회는 이렇게 덧붙인다.

"이 문제를 고려할 때, 도시는 주로 사람들의 주거를 위한 곳이라는 점을 간과할 수 없었다. 또한 수직 벽의 네모난 집이 가장 저렴하고 살기 편하다는 점도 고려했다. 이러한 명백하고 단순한 생각은 도로 계획에 결정적인 영향을 미쳤다."

이리하여 위원회는 맨해튼의 꼬불꼬불한 도로를 획일적인 격자 모양으로 가차 없이 바꾸어 놓았다. 얼추 남북을 잇는 도로, 즉 애비뉴avenue 열두 개가 일정하지 않은 간격으로 놓였고 이에 수직으로 155개의 동서 간 도로, 즉 스트리트street가 놓였다. 이 도로들은 북쪽으로는 도시의 경계선까지, 남쪽으로는 할렘 깊숙이까지 들어갔다. 타원 모양이나 별 모양이 없으므로 광장이나 공공장소도 없을 터였다. 위원회는 다음과 같은 의견을 내놓았다.

"빈 공간이 이토록 적다는 것은 많은 사람들을 놀라게 할지 모른다. 그나마 주어진 적은 공간마저도 신선한 공기를 마시고 건강을 지키기 위해서는 너무 좁다고 생각할 수 있다. 물론 뉴욕 시가 센 강이나 템스 강처럼 작은 하천 주변에 설 운명이었다면 더 넓은 공간이 더 많이 필요했을 것이다."

'작은 하천' 곁에서 고달파하는 파리나 런던은 동정 받아 마땅하지만, 맨해튼에는 건강을 지켜 주는 바다가 있어 도시 공기를 날려 보낸다는 주장이다. 그러고 나서 위원회는 상업적인 문제로 관심을 돌렸다. 맨해튼이 섬이라는 사실은 땅값이 '흔치 않게 비싸다'는 점을 보장해 주므로 다른 곳에서보다 훨씬 적극적으로 '경제 원리'에 더 많은 무게를 실어야 한다는 주장을 내세운 것이다. 따라서 광장은 있을 수 없었다.

프레드릭 로우 옴스테드Frederick Law Olmsted에서 시작해 루이스 멈포드Lewis Mumford까지 수세대에 걸친 도시의 지식인들은 지형을 깨끗이 지워 버리고 그 자리에 균일한 공간만을 끝없이 반복해서 만들어 놓은 이 전체 계획을 보고 공포에 떨었다. 그리고 그렇게 하기로 한 데는 비용 절감밖에는 다른 이유가 없다고 생각했다. 그럼에도 이 계획의 모든 면은 새 민주공화국의 특징을 잘 나타내 주고 있었다. 이 계획의 단순함과 장식적인 요소에 대한 혐오, 명백한 실용성, 그리고 누구에게나 열려 있는, 민주적 도구로서의 시장에 대한 믿음이 그러했다. 격자로 배치된 도로는 사유 도로를 갖고 있는 거대 지주들에게 타격을 입혔다. 도로에 이름을 붙이지 않고 숫자를 붙이기로 한 것 또한 '번호 매기기를 통한 평준화'를 이루려는 노력이었다. 이로 인해 이름 있는 집안들은 도시의 도로 계획 속에서 영원히 기억될 수 있는 특권을 빼앗겼다. 격자 배치의 도로 계획은 추상적이었지만 그것은 시민의 편의를 위한 추상성이었다. 도시의 야심과 취향을 좌절시키려는 의도가 아니라 시민을 만족시키기 위함이었다.

위원회는 격자 배치 계획에 몇몇의 쉼표를 찍어 놓기는 했다. 그리고 그곳을 '플레이스place'라고 불렀다. 유니언플레이스가 그 예다. 이곳은 여러 도로가 만나는 지점인데, 위원회에 의하면 '필요의 소산'이었으며 연병장이나 시장이 될 수 있는 광장, 즉 '스퀘어'였지 신선한 공기를 마시거나 산책을 할 곳은 아니었다. 이것 말고는 가혹한 격자 배치의 원칙에서 벗어나도록 허용된 곳이 딱 한군데밖에 없었다. 바로 브로드웨이였다. 이미 뉴욕의 중심 도로로 자리 잡은 이 도로는 수로를 가로질러 10번가에 있는 그레이스 교회까지 이어져 '유니언플레이스'의 남쪽 경계를 이루고는 '블루밍데일 로드'라는 이름으로 계속 이어진다. 이 도로가 정북향으로 뻗어 있는 탓에 브로드웨이와 여러 애비뉴가 날카로운 각을 이루며 교차하는 지점에는 삼각형 모양의 공간이 생겼다. 이 공간 역시 필요의 소산이었음에도 위원회에서는 별로 중요하다고 생각지 않았는지 아무 언급도 하지 않는다.

위원회가 '스퀘어'라고 불렀던 공간들은 도시의 성장 앞에서 맥도 못 추었다. 위원회가 앞서 추측했듯이 땅은 가장 가치 있는 용도로 사용된다는 단순한 원리도 이에 한몫했다. 이곳은 연병장으로도 시장으로도 활용되지 못했다. 그 후 뉴욕이 동해안 최고의 항구도시 중 하나가 되고, 잇따라 전 미국 자본의 주요 원천이 되자 시 경계가 확장되어 새로운 격자 배치의 도로가 만들어졌고 번호가 매겨졌다. 물론 격자로 배치된 도로 때문에 도심이라고 말할 수 있는 곳은 없었다. 그래서 도심은 시청이 위치한 지역에서 오늘날의 소호(South of Houston, Soho) 지역을 거쳐, 워싱턴스퀘어까지 차츰 북상했다. 1832년, 위원회가 유니언플레이스로 지정해 놓았던 공터는 어느 택지 개발업자 손에 들어갔다. 그리고 부동산 매매업의 유구한 전통에 따라 새로운 이름을 갖게 되었다. 바로 유니언스퀘어였다. 1840년대 후반에 이르자 유니언스퀘어 주변에는 고급 저택과 가게들이 줄지어 섰다. 1847년, 26번가 매디슨스퀘어에서 출발하는 '매디슨 애비뉴'가 개통되자 새로운 부자 동네가 형성되었다. 이내 돈 있는 사람들은 매디슨 애비뉴와 5번 애비뉴를 따라 북상하기 시작했다.

뉴욕 시는 19세기 중반 급진적인 변화를 겪었다. 급격한 경제성장으로 인해 맨해튼 남부는 세계에서 손꼽히는 상업 중심이 되었고 처음으로 교회 뾰족탑보다 높은 건물이 지어졌다. 맨해튼 남부 끝자락에는 8층에서 10층 높이의 고층 건물이 들어섰고 시청 주변에는 유명 신문사들의 사옥이 모여들었다. 도매업체와 중소 제조업체들은 휴스턴가 주변에 있는 주철 빌딩에 입주했고 출판과 인쇄 관련 업체들은 그레이스 교회 남쪽에 있는 애스터플레이스Astor Place 주변에 자리 잡았다. 시내 중심가의 엄청난 성장은 그 밖의 것들을 북쪽으로 움직이게 만들었다. 1840년까지만 해도 도시 인구 전체가 14번가 남쪽에 몰려 있었지만 1870년이 되자 인구의 반이 14번가 북쪽에 살았다. 그중 대부분은 빠른 성장을 계속하고 있던 이스트사이드(East Side, 맨해튼 동부 지역)에 정착했다.

18세기말 시청 광장 주변에 몰려 있던 극장과 각종 볼거리들은 인구 이동과 함께 대체로 북쪽으로 향했다. 맨해튼 남부에 자리 잡고 있던 고급 상점과 사무용 건물, 정부 기관의 사무실 등이 극장이나 식당보다 더 많은 월세를 낼 수 있었기 때문이다. 문화는 그 소비자를 따라가기 마련이다. (한편 가난한 사람들은 도심에 남아 오늘날 '남부 이스트사이드'라고 부르는 곳에 살거나 맨해튼 섬 양쪽의 부둣가에 자리 잡았다. 부둣가는 뉴욕에서 육체노동자를 가장 많이 필요로 하는 곳이었다.) 그럼에도 19세기 중반까지 도시에는 제대로 된 극장가가 없었다. 뉴욕은 보행자의 도시였다. 사람들은 집 근처에 직장을 잡았다. 특수한 지역을 제외하면 뉴욕 시의 대부분은 복합적인 성격을 띠고 있었다. 공장과 술집, 상점, 개인 주택이 모두 같은 거리에 있거나 심지어는 같은 건물 안에 있기도 했다.

그러나 대중교통의 발전은 뉴욕 시의 겉모습을 바꾸어 놓았다. 엄청나게 시끄럽고 더럽고 불편했지만 당시로서는 상당히 기적적이었던 첫 고가철도가 1870년에 완성되었다. 이 철도는 데이가(Dey Street)에서 시작해서 웨스트사이드를 지나 도심 한가운데에 있는 29번가까지 이어졌다. 1878년에는 6번 애비뉴를 따라 올라가는 열차가 추가되었고 그 다음에는 3번 애비뉴, 그 다음으로는 2번 애비뉴에 열차가 추가되었다. 대중교통의 발달은 뉴욕 시민들이 한 지역에 살면서 다른 지역에서 일을 하고 또 다른 지역에서 여가를 보낼 수 있다는 뜻이었다. 윌리엄 딘 하웰스William Dean Howells의 1890년 소설 『새로운 운명의 위험A Hazard of New Fortunes』에서 주인공 베이즐 마치는 품위 있는 워싱턴스퀘어에서 아내와 함께 산다. 그러나 자신이 편집자로 있는 삼류 잡지 사무실로 출근할 때는 고가철도 엘(ELevated train, EL)을 타고 동부 40번가로 향한다. 물론 시내를 걸어 다니기도 하고 마차를 타고 다니기도 하지만 교외로 나갈 때는 늘 '엘'을 타곤 한다. 그곳에는 한결 새로운 세상이 그를 기다리고 있다. 하웰스가 활동하던 당시 이스트사이드는 125번가까지 개발을 마친 상태였지만 웨스트사이드(West Side, 맨해튼의 서부 지역)는 녹지가 대부분이었다.

많은 사람들을 이곳에서 저곳으로 이동시킬 수 있는 이 새로운 능력은 한 가지 우연한 결과를 낳았다. 브로드웨이가 일정한 간격마다 애비뉴와 만나면서 형성된 특이한 형태의 여러 교차로가, 즉 광장이 아닌 교통의 요지가 도시의 중추 역할을 하게 된 것이다. 브로드웨이에는 엘이 없었지만 좌우로 엘이 지나가고 있었고, 승합마차 옴니버스가 있었으며, 부드럽고 편안한 승차감을 위해 마차를 철로 위에서 달리게 한 철도 마차도 있었다. 덕분에 브로드웨이 교차로를 따라 일종의 연예 오락 지구가 형성되었다. 그러나 극장은 여전히 2번 애비뉴와 할렘의 125번가, 브루클린 등 도시 전역에 흩어져 있었다. 드디어 1870년대 유니언스퀘어에 도시 최초의 진정한 연예 오락 지구가 나타났다.

유니언스퀘어가 특별했던 이유는 극장뿐 아니라 극장과 더불어 존재하게 된 산업 전체를 뒷받침해 주고 있었기 때문이다. 연극 관람과 관련된 다른 모든 형태의 오락도 마찬가지였다. 유니언스퀘어 안팎에는 '월랙스Wallack's' 같은 정식 극장도 있었고 '버라이어티 하우스 variety house'도 있었다. 버라이어티 하우스에서 무대에 올리던 연극은 이후에 '보드빌vaudeville'이라는 이름을 얻게 된다. 잘 알려진 버라이어티 하우스에는 유니언스퀘어 극장, 토니 패스터Tony Pastor의 '신新14번가' 극장 등이 있었다. 그 밖에도 스타인웨이Steinway 피아노 가게, 연극 기획사, 연극 관련 인쇄소, 『레슬리의 스포츠와 극장가 소식Leslie's Sporting and Dramatic News』과 같은 서적을 출판하는 공연 정보 출판사와 샘 프렌치 Sam French가 운영하는 희곡 서점이 있었다. 로머 앤 콜러Roemer and Kohler 무대의상실과 스타들의 사진을 찍는 나폴리온 사로니Napoleon Sarony의 스튜디오도 있었다. 유니언스퀘어의 남쪽 경계인 14번가는 연극계 사람들이 살다시피 하는 곳이었기 때문에 '리알토Rialto'8)라고 불리기도 했다. 유니언스퀘어 극장 바로 앞에 있는 공간, 즉 유니언스퀘어의 남동쪽 모퉁이는 연극하는 사람들 사이에서 노예시장으로 알려져 있었다. 바로 그곳 노천에서 고용이 이루어졌기 때문이다. 상류사회 소설가 리처드 하딩 데이비스Richard Harding Davis에 의하면 14번가에 모여든 군중 속에서, "아침나절 동안 셰익스피어 희곡을 연기할 배우 전원을 구하거나, 소극 극단을 몇 개쯤 꾸리거나, 「톰 아저씨의 오두막」을 세 가지로 각색해서 모두 '조직'할 수 있었다."

보드빌 배우 토니 패스터에게는 '14번가의 연출가'라는 별명이 있었다. 패스터는 19세기 도시 오락 문화의 살아 있는 신화였다. 1834년 즈음 이탈리아에서 식료품 상인의 아들로 태어난 패스터는 학교도 못 다닌 개구쟁이였다. 그는 금주 모임에서 노래를 부르기도 했고 순회 극단에서 탬버린을 연주하면서 1847년에는 브로드웨이 남부의

---

8) 베네치아의 번화한 상업 지구.

바넘 뮤지엄Barnum's Museum에서 공연하기도 했다. 1850년대에는 서커스를 대여섯 군데 돌아다니며 노래, 광대놀이, 곡예, 공중제비, 춤, 말 타기를 선보였는데 종종 이 모든 것을 한 공연에서 다 보여 주곤 했다. 남북전쟁 초기 패스터는 '콘서트 살룬concert saloon'에서 대중 가수로 첫 발을 내디뎠다. 콘서트 살룬이란 영국의 '뮤직 홀music hall'에서 전해 내려온 형태로 사실 공연은 술을 팔기 위한 하찮은 핑계에 불과했으며 웨이트리스들은 음료를 접대하는 것이 일의 끝이 아니라 시작이라고 생각했다. 레퍼토리가 천오백 곡이나 되었고 기분 좋은 음담을 던질 줄 알았던 패스터는 많은 사랑을 받았다. 패스터의 노래에는 잔뜩 취한 아일랜드 남자와 익살맞은 흑인, 복수의 칼을 가는 아내와 참을성 많은 남편이 등장하곤 했다.

늘 이리저리 떠도는 인생이었지만 패스터는 다듬어지지 않았을 뿐 신사였다. 친절하고 융통성이 있었으며 함께 하기 즐거운 사람이었다. 부지런히 관리하는 콧수염에는 언제나 왁스를 발라 끝을 뾰족하게 유지했다. 패스터는 버라이어티 쇼가 콘서트 살룬의 시끄럽고 촌스러운 분위기 속에서 공연되는 한 언제까지나 남자들 술잔치의 별 볼일 없는 보조 역할을 벗어나지 못할 것이라고 생각했다. 그리고 품위 있는 공연을 하면 장사가 잘 되리라고 예견했다. 훗날 브로드웨이의 위대한 할아버지가 된 이후 수도 없이 많은 인터뷰에서 밝혔듯 패스터의 목표는 "버라이어티 쇼를 담배 연기와 맥주가 있는 술집과 분리시켜 성공하게 만드는 것"이었다. 패스터는 1865년 바우어리Bowery 거리에 버라이어티 극장을 열었고 십 년 뒤 더 유명한 장소인 브로드웨이 애비뉴 585번지로 이전했다. 이곳은 오늘날의 소호에 위치한다. 그곳에서 릴리언 러셀Lillian Russell, 매이 어윈May Irwin 등을 포함한 19세기 후반의 가장 위대한 배우들이 첫 무대를 밟았다. 585번지에서 술을 마시려면 바로 옆에 있는 술집으로 가야 했다. 공연장은 금주였다.

패스터는 극장가를 따라 북쪽으로 이동했고 1881년 마침내 14번 가에 정착했다. 때마침 뉴욕의 연예 오락 중심지가 되어 가고 있던 지역이었다. 극장의 위치 자체가 버라이어티 쇼의 한결 높아진 지위를 의미했다. 패스터는 예약석 하나당 1달러 50센트를 받았다. 뉴욕에서 가장 비싼 버라이어티 표였다. 패스터는 최고의 공연만을 유치했다. 어느 평범한 밤의 공연 프로그램에는 "보지도 않고 실로폰을 치는" 광기 어린 음악가 라이언Ryan의 공연과 헤더위크Hedderwicke 자매의 '듀엣 무용 연기', 클라크Clark와 윌리엄William의 '배꼽 잡는 깜둥이 이야기', 마사 렌Martha Wren과 젤라 마리온Zella Marion의 아일랜드풍 오페레타 '바니의 구혼', 존 화이트John White 박사의 '노새와 원숭이와 개' 등이 올라가 있었다. 패스터 자신도 종종 등장해 감상적인 노래를 뽑곤 했다. 그러면 언제나 관객의 열렬한 환호를 받았다. 그러나 공연의 가장 특이한 점은 술을 팔지 않았다는 점이다. 패스터는 가족적인 분위기를 추구했다. 어떤 사람의 장난스러운 말에 의하면 "아이들이 부모님을 모시고 올 만한" 버라이어티 쇼였다. 여자와 아이들이 볼 수 있도록 낮에 쇼를 하기도 했는데 극장에서는 이들에게 꽃다발과 밀랍 인형을 나눠 주었다. 밀가루 한 통과 드레스를 경품으로 나눠 주는 날도 있었다. 결과는 성공적이었다. 패스터의 극장은 뉴욕에서 가장 품위 있고 인기 있는 버라이어티 하우스가 되었다. 패스터 자신이 자주 하던 말에 의하면 버라이어티 쇼를 거의 정극 수준으로 끌어올린 것이다. 가수로서 패스터는 전통주의자였지만 기획과 흥행 면에서 패스터는 21세기 초 브로드웨이를 창조한 사람 중에 하나였다. 그러나 패스터에게는 경쟁 상대가 있었다. 그중 하나는 '컨티뉴어스 하우스continuous house'였다. 이곳에서는 하루 종일 쇼가 진행되었고 관객은 원하는 대로 들락날락하며 관람할 수 있었다. 여기에 연예 오락 지구의 이동이 겹치면서 토니 패스터는 결국 좌초했다. 1890년 중반에 이르러 패스터는 신문기자들 사이에 '브로드웨이의 현자', 젊은 시절부터 바넘 뮤지엄에서 화려한 곁들이 공연side show을 선보인 노련한 배우로 알려져 기자들은 늘 그에게 조언을 구하곤 했다. 패스터는 씩씩하고 사랑스러운 사람이었다. 머리에는 접을 수 있는 실크 모자를 쓰고 셔츠 앞자락에는 반짝이는 다이아몬드가 박힌 장신구를 달고 다녔다. 그러나 여전히 패스터의 극장은 보드빌 계통에서 빼놓을 수 없는 중요한 정거장이었다. 1905년, 이지 발린Izzy Baline이라는 열두 살짜리 유대인 부랑아는 패스터의 극장에서 '새 노래 홍보 담당song plugger'으로 일하게 되었다. 새 노래를 홍보하기 위해 이리저리 부르고 다니는 역할이었다. 이지 발린은 〈키튼 가족The Three Keatons〉과 함께 〈달콤한 내일에In the Sweet By and By〉를 불렀다. 키튼 가족의 막내는 훗날 훌륭한 무성영화 코미디언이 되었고, 이지 발린은 어빙 베를린 (Irving Berlin, 79쪽 참조)이 되었다.

　　토니 패스터가 비교적 고상한 대중오락을 선보였음에도 19세기 후반이 되자 '정극'과 대중오락의 구분은 갈수록 뚜렷해졌고 이 점은 뉴욕의 지역적 구분을 보면 잘 알 수 있다. 가난한 이민자들로 복작거리는 누추한 공동주택이 있는 도심에는 이디시어, 이탈리아어, 중국어 등으로 공연하는 외국어 극장이 있었다. 바우어리가는 보드빌 극장으로 꽉 들어차 있었고 유니언스퀘어 주변에도 더 있었다. 서부 20번가와 30번가 사이, '텐덜로인Tenderloin'이라고 알려진 동네는 소문난 악의 소굴이었다. 창녀들은 6번 애비뉴를 자유롭게 거닐었고 27번가에서도 6번 애비뉴 서쪽은 길 양 옆으로 매음굴이 줄지어 서 있었다. 길 한쪽은 백인 고객, 다른 한쪽은 흑인을 위한 매음굴이었다. 텐덜로인은 뉴욕에서 가장 크고 악명 높은 콘서트 살룬 여러 개가 자리 잡고 있는 동네였다.

정통 극장은 매디슨스퀘어 주변으로 모여들었다. 매디슨스퀘어는 브로드웨이로 인해 생긴 교차로로 유니언스퀘어 바로 다음에 위치한다. 상류층 지역으로 빠르게 발전 중이었던 매디슨 애비뉴와 이미 상류층 지역이 되어 버린 5번 애비뉴 사이의 공간을 차지한 매디슨스퀘어는 유니언스퀘어보다 훨씬 더 기품 있고 더 화려했다. '황금시대'가 아닌 '금박시대The Gilded Age'[9)]의 신흥 부자들이 공공연히 화려한 깃털을 뽐내러 온 곳이 바로 매디슨스퀘어다. 주말 오후가 되면 '5번 애비뉴 호텔Fifth Avenue Hotel' 앞에 있는 꽃밭과 분수대에 사교계 사람들이 모여들었다. 23번가와 5번 애비뉴가 만나는 지점에 자리한 5번 애비뉴 호텔은 기둥이 늘어선 거대한 건물이었다. 매디슨스퀘어는

---

9) 미국에서 1865년부터 1890년경에 이르는 시대를 부르는 말로, 마크 트웨인과 워너가 함께 쓴 장편소설의 제목이기도 하다. 남북전쟁 후 미국이 농업국에서 공업국으로 변하는 동안 물욕에 사로잡혀 부정부패가 속출하는 시대를 일컫는다.

리알토보다 포부르Faubourg[10]에 가까웠다. 여기에는 뉴욕에서 가장 고급스러운 보석상과 모피상, 꽃가게와 양품점이 있었다. 1876년, 레스토랑 델모니코스Delmonico's가 도심에서 26번가로 이사해 5번 애비뉴 호텔에서 북쪽으로 두 블록 떨어진 곳에 위치하게 되었다. 전국에서 가장 잘 알려진 레스토랑인 델모니코스의 요리사는 그 유명한 찰스 랜호퍼Charles Ranhofer로 이곳은 스타 요리사를 보유한 유일한 레스토랑이었을 것이다. 애스터 부인[11]의 사교 담당관이었던 워드 맥캘리스터 Ward McAllister가 이곳 단골이었고 '4백인the Four Hundred'[12]에 속하는 다른 사교계의 인물들도 마찬가지였다. 고급스럽고 사교 클럽과 비슷한 분위기의 이 레스토랑에서 부와 명예가 있는 사람들은 끼리끼리 모여 마음대로 먹고 마시고 돈을 쓸 수 있었다.

매디슨스퀘어에 새로 생긴 여러 극장들은 이러한 상류층 고객을 대상으로 하고 있었다. 회원제로 운영되고 있던 '라이시움Lyceum'의 전등은 토마스 에디슨이 직접 설치한 것이었다. 5번 애비뉴에 있는 매디슨스퀘어 극장 역시 동일한 명망을 자랑했다. 1884년 이곳에서 열린 어느 특별 자선 공연에서는 "뉴욕 최상급 사교계의 아름다운 여성들이 화려한 옷을 입고 테니슨의 「미녀들의 꿈Dream of Fair Women」을 연상시키는 장면을 연출했다." 더 나은 극장에서는 셰익스피어를 상연하기도 했는데 종종 외설스러운 부분을 삭제하고 난 뒤였다. 당시 벌어졌던 대사건 중 하나는 1884년, 영국 라이시움 극장의 극단이

---

10) 교외라는 뜻으로, 특히 파리의 근교를 의미한다.
11) 당시 미국 사교계의 명사로 본명은 캐롤라인 애스터Caroline Astor.
12) 맥캘리스터가 만든 표현으로 미국 사교계의 최상층에 있는 4백 명을 의미한다.

브로드웨이를 방문한 일이다. 위대한 엘렌 테리Ellen Terry가 이끄는 이 극단은 미국인들에게 고전을 연기하는 법을 제대로 보여 주었다. 대부분의 경우 '고급' 연극이란 프랑스와 독일의 소극을 영어로 번역한 것이었다. (독일의 소극은 덜 외설스럽다고 여겨졌다.) 이 극들은 마치 영어를 원작으로 하는 극인 양 상연되었다. 당시 가장 명망이 높았던 극장 운영자 어거스틴 달리Augustin Daly는 브로드웨이와 30번가에 있던 자신의 극장에서 이와 같은 형태의 공연을 끊임없이 쏟아 냈다. 대부분 겉으로는 세련돼 보였지만 실은 엄청나게 진부한 이야기였다. 1888년 작품 『암류The Undercurrent』의 줄거리를 보면 이러하다. 주인공의 아버지이자 주인공에게 이복 여동생을 만들어 주기도 한, 팔이 하나뿐인 심부름꾼은 악당(주인공의 못된 삼촌)에 의해 기찻길에 몸이 묶인다. 그러나 마침 근처 대장간에 있던 주인공이 이 음모를 좌절시킨다.

당시의 연극은 만화같이 일정한 양식을 따랐다. 제1노부인과 제2노부인, 제1코미디언과 제2코미디언이 나오고, 어린 주인공이 있는 식이었다. 금박시대의 선물은 생산보다 소비에 치우쳐 있었다. 그러나 바로 이런 이유로 인해 브로드웨이는 점점 즐겁고 신나는 장소로 변해 갔다. 1883년에는 39번가와 브로드웨이의 교차로에 '카지노 극장'이 들어섰다. 당시에는 매우 외진 지역이었다. 카지노 극장은 기발한 무어 양식의 거대한 건축물로 크고 둥근 기둥 위에 양파 모양의 돔이 얹혀 있는 모양이었다. 유명한 건축가 스탠퍼드 화이트Stanford White가 설계한 뉴포트Newport 클럽하우스를 본뜬 카지노 극장은 일종의 극장 클럽하우스였다. 돈을 내고 회원권을 사는 부자 고객에게 다양한 시설을 제공했다. 카지노 극장의 1층에는 카페와 화랑이 있었는데 극장에 온 사람들은 커다란 유리 너머로 거리를 내다보면서 가벼운 식사를 할 수 있었다. 카지노 극장 꼭대기에 있는 무어 양식의 돔 주변으로는 브로드웨이에서는 누구도 들어 본 적 없는 시설인 옥상정원이 자리하고 있었다.

카지노 극장은 루돌프 애런슨Rudolph Aronson이 지었다. 그는 토니 패스터와 마찬가지로, 그리고 브로드웨이의 여러 다른 연출가들과 마찬가지로 처음에는 무대 위에서 공연을 하다가 나중에는 사업가로 주목받았다. 그러나 애런슨의 배경은 패스터와 매우 달랐다. 1856년에 태어난 애런슨은 클래식 음악가이자 작곡가, 지휘자로서 젊었을 때 음악 공부를 더 하기 위해 유럽으로 유학을 떠났다. 파리에서 그는 샹젤리제 거리에 줄지어 서 있는 '공연이 있는 정원concert garden'에서 즐거운 시간을 실컷 보내곤 했다. 그리고 브로드웨이에도 그와 같은 공간을 여는 꿈을 꾸었지만 비싼 땅값이 문제였다. 그때 아이디어가 떠올랐다. 그는 훗날 자서전에 이렇게 썼다.

"내가 짓고자 하는 건물의 옥상을 정원 용도로 쓰면 엄청나게 비싼 땅값을 치르지 않아도 될 것 아닌가?"

카지노 극장의 옥상정원은 극장 내부와 같이 파랑과 하양, 금빛으로 가장자리를 장식한 원형의 야외 산책길로 이루어져 있었다. 탑에서 건물 한구석으로 이어지는 타일을 붙인 아케이드에서 고객들은 브로드웨이의 이글거리는 인도 위에 선 보행자들을 지켜볼 수 있었다. 옥상정원은 전원 분위기를 강조했다. 수목으로 둘러싸인 비밀 공간도 있었고 여러 종류의 관목과 풀이 카페의 테이블 주변에 흩어져 있었다. 숨겨진 가스등은 낭만적인 분위기를 자아냈고 카지노 극장의 다채로운 불빛은 아래쪽 거리를 밝혔다. 고객들은 무대 위에 있는 오케스트라를 감상하거나 극장 옥상에 난 구멍을 통해 아래층의 공연을 지켜볼 수도 있었다. 개장일인 1883년 7월 8일, 오케스트라가 요한 슈트라우스의 오페레타 〈여왕의 레이스 손수건The Queen's Lace Handkerchief〉을 연주하는 동안 관객들은 아래층에 있는 레스토랑에서 준비한 커피나 아이스크림, 가벼운 주류 등을 즐겼다. 뙤약볕 아래 어쩔 도리 없이 몸을 태우는 데 익숙한 뉴욕 사람들에게 그것은 황홀한 경험이었을 것이다. 『뉴욕 월드The New York World』지의 한 비평가는 기쁨을 감추지 못하며 다음과 같이 썼다.

"이제 저녁 바람을 쐬며 테이블에 앉아 맥주나 와인을 마시는 동시에 코믹 오페라를 내려다보거나 애런슨이 지휘하는 오케스트라의 음악을 들을 수 있게 되었다."

십 년이 채 지나지 않아 뉴욕은 "옥상정원에 미쳐 버렸다."고 한다. 브로드웨이 전역에 걸쳐 극장들은 별빛 아래서 공연을 볼 수 있는 기회를 제공했다. 인기가 올라갈수록 옥상정원은 덜 우아하고 덜 딱딱해졌으며 더 민주적이고 스스럼없는 공간이 되었다. 남녀 모두 재킷을 입지 않은 셔츠 바람이었고 많은 고객들이 브로드웨이를 즐기러 온 타지 사람들이었다. 공연도 더 서민적이 되어 갔다. 옥상정원들은 버라이어티 쇼를 보여 주기 시작했다. 저글링이나 곡예, 동물들의 연기와 같은 무언의 공연이 주를 이루었다. 떠들고 술 마시는 가운데 무리 없이 즐길 수 있었기 때문이다. '스커트 무용수skirt dancer'들도 큰 인기였다. 이 무용수들은 종아리까지 내려오는 치마와 긴 속치마를 입고는 발레와 비슷한 자세를 취하거나 몸을 드러내는 대범한 움직임을 보여 주었다. 애런슨은 1892년 극장의 운영권을 잃었지만 옥상정원만은 놓치지 않고 파리 스타일의 고급 레뷔revue[13]를 무대에 올려 성공했다. 다음 해 애런슨은 옥상정원까지 잃고 여생의 대부분을 여행하면서, 존경해 마지않던 위대한 작곡가들과 허물없이 사귀면서 보냈다. 애런슨은 중요한 곡을 남기지는 못했지만 브로드웨이 역사에 더 중요한 무언가를 남겼다. 인생을 사는 새롭고 즐거운 방법이었다. 사람들을 편안하게 만들어 주었던 유쾌한 공간 옥상정원은 이후 30년간 브로드웨이의 꿈 같은 쾌락의 세계를 규정짓는 데 도움을 주었다.

19세기 후반에 이르면서 브로드웨이는 더 열려 있고 유동적인, 더 현대적인 느낌을 주게 되었다. 브로드웨이에는 전기 가로등이 줄지어 서 있었고 밤새 관객들과 연극배우들, 사교계 남자들과 합창단원들, 넋 나간 관광객들이 오락가락했다. 매디슨스퀘어와 42번가 사이의 지역은 '북부 리알토Upper Rialto'라는 이름을 얻었다. 뉴욕의 풍경을 그린 1899년 작품 『이 시대의 메트로폴리스The New Metropolis』의 작가는 이렇게 썼다.

"이곳에서는 최고와 최악을 모두 만날 수 있다. 스타, 단역배우, 시녀 역할 배우, 전문가, 운영자 가릴 것 없이. (…) 거리는 자정에도 정오만큼이나 분주하다. 연극을 보러 온 손님들 덕분에 레스토랑에도 손님이 끊이지 않기 때문이다. 레스토랑은 새벽까지 사람들로 꽉 차 있다."

---

13) 시사 풍자의 익살극.

게다가 브로드웨이는 더 섹시해지고 있었다. 그러나 텐덜로인처럼 노골적이지 않고 아슬아슬하고 은밀했다. 대중적인 극장들은 무르익은 젊은 여성들의 매력에 점점 더 많이 의존하기 시작했다. 1890년대에 이르러서는 '가벼운 오페라light opera'14)가 유행하기 시작했다. 가벼운 오페라는 뮤지컬 코미디의 초기 형태로 개략적인 줄거리에 희극소품으로 살을 붙이고 공들여 만든 무대의상을 입힌 여성 합창단원들을 등장시킨다. 시어도어 드라이저Theodore Dreiser의 훌륭하고도 쓸쓸한 1900년도 소설, 『시스터 캐리Sister Carrie』의 주인공 캐리 마덴다는 배우 지망생으로 카지노 극장에서 이름 없는 연극을 시작으로 배우의 삶을 걷는다. 당시 카지노 극장은 가벼운 오페라의 성전이다시피 했다. 캐리의 역할은 흰색 플란넬 의상을 입고 은색 벨트에 칼을 찬 채, 줄지어선 스무 명의 발레 합창단의 맨 앞에 서서 행진하는 것이었다. 이 공연이 끝나고 캐리는 브로드웨이 극장에서 『압둘의 아내들The Wives of Abdul』이라는 코믹 오페라의 합창단원 자리를 얻는다. 캐리는 극 속에 등장하는 '동양 미인들' 중 하나로 "코믹 오페라의 제2막에서, 고관의 귀중한 후궁이 될지도 모를 새로운 후보자로 고관 앞에 늘어서 간택을 기다린다."

1900년 드라이저의 소설이 출간되었을 때 카지노 극장은 실제로 세기말 브로드웨이의 문화를 대변하는, 희열과 만족감을 주는 연극들을 무대에 올리고 있었다. 카지노 극장은 관례대로 「플로라도라 Floradora」라고 하는 시시한 이야기를 무대에 올렸다. 유산을 빼앗기게

---

14) 희가극 또는 경가극이라 불리는 작은 오페라.

되는 아름다운 상속녀에 관한 이야기였다. 이 연극은 별다른 주목도 받지 못했거니와 주목을 받았다면 악평으로 이어졌다. 그런데 한 장면에서, 실력보다는 미모로 뽑힌 것이 분명한 여섯 명의 합창단원들이 양산을 들고 줄지어 무대 위를 돌아다닌다. 춤은 대부분 남자 파트너들의 몫이다. 이 여성 합창단원들에게 기립 박수를 쳐 주기 위해 예일 대학 학생들이 극장으로 오기 시작했다. 사람들은 곧 '플로라도라 6인조'에 열광하기 시작했다. 브로드웨이를 선도하는 스타이자 친한 친구인 다이아몬드 짐 브레이디Diamond Jim Brady와 스탠퍼드 화이트가 이 쇼를 보기 위해 입석표를 끊자 며칠 지나지 않아 뉴욕의 내로라하는 한량과 사교계 남자들이 육체미의 제단에 예배를 드리러 모여들었다. 일찍이 브로드웨이에 그런 광기는 없었다. 플로라도라 6인조에게는 꽃과 선물, 값비싼 저녁 식사 요청이 쇄도했고 여자들은 하나같이 백만장자와 결혼하게 된다. 그중 가장 유명한 것이 에블린 네스빗Evelyn Nesbit과 해리 소우Harry H. Thaw의 결혼이었는데 결혼 6년 후 소우는 아내와 바람을 핀다고 생각해서 한 남자를 죽인다. 그가 바로 카지노 극장을 설계한 스탠퍼드 화이트다. 플로라도라 6인조는 말하자면 플래티넘 레코드를 달성한 첫 여성 합창단원들이었다. 그러나 여성미의 플라톤적 이데아를 형상화한 이들의 평균 키는 164센티미터였으며, 몸무게는 59킬로그램이었다. 여성미에 관하여 브로드웨이의 기준은 여전히 진화하고 있는 중이었다.

뉴욕의 연예 오락 문화가 42번가의 가장자리와 겹치기 시작하자 새로운 무언가가 드러났다. 그러나 그것은 여전히 타임스퀘어로 불리게 될 장소의 흐릿한 그림자일 뿐이었다. 브로드웨이라는 단어가 미래에 불러일으키게 되는 그 불가사의한 매력과 경이로움도 이때는 없었다. 이 시대에는 브로드웨이에 대한 소설도 없다. 이 새로운 세계를 해부해 보려는 시도를 담고 있는 『시스터 캐리』는 매디슨스퀘어가 타임스퀘어에 자리를 내주기 시작한 시점에 출간되었다. 실로 이 책은 42번가의 신나는 삶의 모습에 대한 언급을 담고 있는 최초의 문학 작품일 것이다. 1880년대와 1890년대 뉴욕의 문학에서 지리적으로 중요했던 지점은 5번 애비뉴와 조상 대대로 부자인 집안들의 보루인 워싱턴스퀘어, 투기의 장, 스릴 만점의 카지노가 있는 월스트리트, 그리고 강렬한 사회의식이 있는 스티븐 크레인Stephen Crane 같은 작가에게는 불행이 판치는 바우어리가였다. 상류사회 작가 브랜더 매튜스 Brander Matthews의 1896년 소설 『아버지의 아들His Father's Son : A New York Novel』에서 주인공 윈스턴 피어스는 실제로 매디슨스퀘어에 있는 브라운스톤15)에 살지만 피어스도 그의 친구들도, 그리고 식구들도 매디슨스퀘어나 그 주변 환경에는 전혀 신경 쓰지 않는다. 극장에 대한 유일한 언급은 주인공이 아내 매리를 데리고 14번가로 가 「검은 악한The Black Crook」을 보여 줄 때뿐이다. 당시 유명했으며 이미 정평이 나 있던 이 연극에는 빈약한 의상을 걸친 엄청나게 많은 여자 합창단원들이 등장한다. 매리는 분개한다. 매리의 반응은 납득할 만하다. 윈스턴은 간통과 음주, 도박, 절도로 이어지는 도덕적 내리막길을 빠르게 굴러 내려가고 있기 때문이다. 피어스가 스타킹을 신은 합창단원에 사로잡히는 것은 타락의 전조였다.

---

15) 갈색 사암으로 지은 주택으로 부유 계급의 주택을 상징한다.

2장 타임스퀘어, 쾌락의 공간으로 다시 태어나다

1895년 11월 25일, 타임스퀘어 역사상 처음으로 44번가와 45번가 사이 브로드웨이의 동쪽 도로변에 군중이 모여들었다. 오스카 해머스타인Oscar Hammerstein의 올림피아 극장이 개장하는 날이었기 때문이다. 타임스퀘어의 뻔뻔스러운 과장법의 대가들 중에서도 첫 손가락에 꼽히는 해머스타인은 아주 약간의 과장만을 섞어서 올림피아를 다음과 같이 광고했다.

"세계에서 가장 웅장한 오락의 성전."

그가 이런 뒤떨어진 표현을 쓴 것은 아마도 올림피아와 같은 거대한 복합체를 묘사하기에 마땅한 말이 그때는 존재하지 않았기 때문일 것이다. 올림피아에는 콘서트홀과 공연장, 극장이 한 블록 전체에 펼쳐져 있었다. 가장 대중적인 것에서부터 가장 고급스러운 것까지 문화 전반이 한 지붕 아래 놓이게 된 것이다. 올림피아는 어떤 면에서 코니아일랜드 놀이 공원을 닮아 있기도 했고, 어떤 면에서는 26번가의 리바이어던 급의 거대한 공간 매디슨스퀘어 가든을 닮기도 했다. 어쨌든 타임스퀘어에 최초로 지어진 극장은 일찍이 그 누구도 보지 못했던 형태였다. 그것은 엄청난 규모의 실수였다.

해머스타인 자신도 올림피아처럼 다양하고 모순적인 인물이었다. 유대교 정통파이자 남 골탕 먹이기를 좋아하는 해머스타인은 성공이 의심스러운 사업에 분별없이 뛰어들곤 했다. 땅딸막한 체구에 늘 시가를 휘두르고 다녔으며 실크 모자를 뒤로 기울여 쓰곤 했다. 해머스타인이 처음으로 돈을 번 것은 시가와 관련된 여러 도구들, 즉 시가 마는 도구, 입 닿는 부분을 잘라 내는 절단기, 반대편 끝을 잘라 내는 절단기, 값싼 시가 열두 개를 한꺼번에 말 수 있는 틀 등을 발명하면서부터였다. 그는 끊임없이 무언가를 고치고 발명했다. 그러나 동시에 음악을 진심으로 사랑하고 적당한 재능도 있는 교양인이었다. 일례로 해머스타인은 24시간 내에 오페라를 작곡할 수 있다며 내기를 하기도 했다. 진정 해머스타인다운 발상이었다. 해머스타인은 두 번 고민해 보지도 않고 전 재산을 브로드웨이에 투자한 듯했다. 1892년에 그는 34번가에 맨해튼 오페라하우스를 지었다. 귀족적인 메트로폴리탄 오페라에 맞선 대중적 오페라하우스였다. 그러나 해머스타인은 동업자들과 곧 결별하게 되는데, 자신이 원하지 않는 가수가 무대에 오르자 큰 소리로 야유를 보냈기 때문이다. 그것으로도 부족해 해머스타인은 가수의 애인과 주먹다짐을 하기에 이르렀으며 두 사람 모두 경찰서에 가게 됐다. 그 후 해머스타인은 자신이 투자한 몫을 돌려받은 뒤 총 85만 달러를 들여 (대부분이 빚이었다.) 브로드웨이에 땅을 샀고 그 위에 막대한 크기에 비해 안목은 협소했던 문화 궁전을 지었다.

올림피아는 미지의 땅 한가운데 위치해 있었다. 당시 브로드웨이에 줄지어 서 있던 전기등은 42번가에서 멈추었다. 42번가와 브로드웨이가 만나는 지점은 19세기말 이미 분주한 상업 지구였다. 동서를 가로지르는 전차와 남북을 가로지르는 전차가 바로 이 지점에서 교차했고 서쪽으로는 9번 애비뉴를 따라 움직이는 엘이 있었기 때문이다. 그러나 42번가 북쪽에는 싸구려 하숙집과 셋방, 공장, 매음굴, 댄스홀이 대부분이었다. 게다가 이 동네에는 말똥 냄새가 진동했을 것이다. 센트럴파크 남서쪽으로 40번가에서 50번가까지 지역에는 마차를 팔고 수리하는 가게들과 마구간이 즐비했다. 이 지역은 런던에 있는 비슷한 지역의 이름을 따서 흔히 롱에이커스퀘어로 불렸다. 브로드웨이 동쪽 방면으로 제71연대 병기고 아머리Armory 빌딩을 중심으로 하는 지역은 도둑 소굴Thieve's Lair로 알려져 있었다.

'해머스타인의 올림피아'(그냥 올림피아라고 불리는 일은 없었다.)는 파라오를 닮은 장대한 포부의 결과물이었다. 콘서트홀에는 124개의 관람 박스가 11개 층에 걸쳐 있었고 극장에는 메트로폴리탄 오페라하우스보다 많은 84개의 관람 박스가 있었다. 세 극장은 각각 빨강과 금색, 파랑과 금색, 크림색과 금색의 배합으로 꾸며져 있었다. 해머스타인은 이 어리석은 짓에 무려 60만 달러를 썼다고 한다.

그해 올림피아의 개장은 그 어떤 극장보다 많은 기대를 불러 모았다. 극장이 문을 여는 그 11월 밤을 위해 해머스타인은 입장권 만장을 팔았다. 그러나 불행히도 올림피아에는 6천 석밖에 없었다. 그래서 절반만 입장할 수 있었고 나머지 반은, 『뉴욕타임스』에 따르면, "롱에이커의 질퍽한 진창길을 미끄러지듯 지나 코스모폴리스의 일원으로 되돌아왔다." 기록으로 남은 타임스퀘어 최초의 대사건이었다. 그날 밤 늦게, 크리놀린과 에나멜가죽으로 꾸민 멋쟁이들은 무리지어 거대한 브이(V) 자 대형을 만들어서는 극장 문을 부수고 들어갔다. 좋은 징조는 아니었다. 해머스타인은 엄청난 투자금을 어떻게 거두어들일지 제대로 생각해 본 적이 없었고 2년 후 올림피아를 잃었다. 1898년에는 파산을 선언했다. 그러나 해머스타인에게, 그리고 그 후에 올 여러 사람들에게, 실패란 조금 불편한 것일 뿐이었다. 그는 바닥을 치자마자 다시 튀어 올랐다.

1900년의 뉴욕은 20세기 초 미국에서 지금으로서는 상상하기 힘들 정도로 중요한 일류 도시였다. 모건J. P. Morgan을 비롯한 뉴욕의 몇몇 재정가들이 기업들을 손 안에 넣고 주무르자 뉴욕은 20세기 신흥 경제의 절정을 차지하게 된다. 20세기 초, 기업체 본사 70퍼센트와 모건과 동료들이 조직한 트러스트, 즉 합병 기업 185개 중 69개가 뉴욕에 자리 잡고 있었다. 수입 물량의 3분의 2와 수출 물량의 5분의 2가 뉴욕의 항구를 통해 움직였다. 월스트리트는 국가 산업 발전과 철도 사업을 재정적으로 지원했으며 갈수록 다른 나라의 사업까지도 지원하고 있었다. 뉴욕은 백만장자의 도시가 되었고 시카고 주식시장과 콜로라도 광산, 텍사스 유전의 백만장자들을 자석처럼 끌어당겼다.

이와 동시에 뉴욕은 급격한 물리적 변화를 겪고 있었다. 1880년대 초기부터 뉴욕으로 수많은 이민자들이 쏟아져 들어오기 시작했고 이들이 맨해튼 남부에 넘쳐 나자 기존의 주민들은 맨해튼 북부와 브루클린으로 밀려났다. 1897년 12월 31일 자정, 대뉴욕 시가 탄생했다. 맨해튼을 브루클린, 퀸즈, 브롱크스, 스태튼아일랜드와 결합한 새 도시가 탄생한 것이다. 이러한 '합병consolidation' 과정이 있고 나서, 뉴욕의 인구는 맨해튼의 인구보다 두 배가 넘는 3백4십만 명으로 늘어났다. 뉴욕은 이제 가장 가까운 미국 내 경쟁자인 시카고의 세 배 크기가 되었고 파리보다도 더 커졌다. 그리고 세계 최대 도시 자격을 얻기 위해 런던을 바짝 추격하고 있었다. 뉴욕이 위대한 도시라는 시민들의 철석같은 믿음이 갑자기 사실이 되어 버린 것이다.

합병으로 인해 숨통 트인 공공 분야와 민간 분야의 놀라운 사업 행진은 새 도시를 하나의 거대한 메트로폴리스로 만들었고 도시 밖 세계와도 더 탄탄하게 묶어 주었다. 20세기의 첫 십 년간 뉴욕에는 퀸즈보로, 윌리엄스버그, 맨해튼 다리가 놓여 맨해튼을 브루클린, 퀸즈와 이어 주었다. 재정가들은 기차역 펜 스테이션Penn Station을 지었고 허드슨 강 밑으로 거대한 터널을 뚫어 뉴저지에서 기차가 들어올 수 있도록 했다. (그때까지 여행자들은 기차에서 내려 배를 타고 강을 건너야 했다.) 1907년부터는 더 새롭고 더 웅장한 그랜드 센트럴 터미널이 생겨 통근자들을 맨해튼 중심으로 데리고 들어오기 시작했다. 1913년에는 증기로 작동되던 기차와 터미널이 훨씬 깨끗하고 더 효율적인 전기를 쓰기 시작했다. 그리고 무엇보다도 중요한 것은 1904년, 뉴욕은 어마어마한 지하철도망의 첫 단계를 완성했다는 점이다. 이로 인해 뉴욕 시민들이 도시 이쪽 끝에서 저쪽 끝으로 가는 데 한 시간도 채 걸리지 않게 되었다.

도시계획 담당자들은 1860년대 후반 고가철도가 출현한 시절부터 지하철도에 대해 논의했다. 이 아이디어가 실현 가능해진 1890년대 중반이 되자 이 새로운 교통망이 도심의 상업 지구와 그랜드 센트럴 터미널을 이어 주어야 한다는 것이 명백해졌다. 또한 이스트사이드와 웨스트사이드 북부의 주거 지구로도 승객을 날라야 했다. 그랜드 센트럴 터미널이 이미 이스트사이드에 있었기 때문에 맨해튼을 횡단해 웨스트사이드로 가는 노선이 필요했다. 마침 42번가 남쪽으로 증기 동력을 금지하는 1857년 조례 덕분에 밴더빌트Vanderbilt 준장은 그랜드 센트럴 터미널의 전신인 통근 열차 터미널을 1869년 42번가와 가까운 북쪽에 지은 바 있었다. 게다가 1811년의 도시계획에 의하면 42번가는 도시를 횡단하는 폭넓은 도로로 지정되어 있어 이미 동서를 가로지르는 전차 노선이 대중을 실어 나르고 있었다. 이런 이유로 횡단 노선은 42번가를 따라 브로드웨이까지 갔다가 도시 북부로 향하게 되었다. 그래서 1904년 10월, 지하철도망이 개통되자 42번가와 브로드웨이가 만나는 지점에 위치한 새 지하철역이 지하철도망의 중심에 있는 두 개의 중심 교차점 중 하나가 된 것이다. 다리와 터널, 기차역과 도로로 이루어진 훨씬 더 큰 교통망이 수백만 명의 사람들로 하여금 빠르고 효율적으로 뉴욕을 돌아다니고 또 드나들 수 있도록 해 주기 시작한 것도 바로 그때다.

도시 내 지리적 위치, 부동산의 역학 그리고 대중교통이 모두 어우러져 타임스퀘어를 새로운 리알토로 만들었다. 그러나 그보다 더한 모습을 갖추게 된 데는 아마도 『뉴욕타임스』의 역할이 컸을 것이다. 1902년, 『뉴욕타임스』의 소유자이자 발행인인 아돌프 옥스Adolph Ochs는 7번 애비뉴와 브로드웨이가 42번가와 만나는 지점에 작은 삼각형 모양의 땅을 구입했다. 그는 이 땅을 친구이자 재정적 후원자인 어거스트 벨몬트August Belmont에게 샀는데 벨몬트는 당시 시에서

도급을 받아 지하철 공사를 진행하고 있었다. 급격히 성장하고 있는 기업을 그토록 가늘고 길쭉한 빌딩에 입주시키려는 옥스의 결정은 거의 해머스타인의 아이디어만큼이나 터무니없었다. 실제로『뉴욕타임스』는 1913년 어쩔 수 없이 회사를 이전하게 된다. 그러나 옥스는 새 지하철도가 42번가와 브로드웨이를 뉴욕의 새로운 중심으로 만드리라는 것을 잘 알고 있었을 것이다.

타임스 타워는 뉴욕에서 두 번째로 높은 빌딩인데, 이탈리아 피렌체에 있는 지오토의 두오모 성당의 종탑을 본떠 대리석과 석회암으로 만든 114미터 높이의 뾰족탑이었다. 이 빌딩은 13킬로미터 밖에서도 보였다고 한다. 말하자면 여전히 성장을 거듭하고 있는 거대 도시 뉴욕이 바로 이곳에서부터 발산하고 있다는 것을 의미하는 표식이었던 셈이다. 빌딩이 지어지고 있을 무렵『뉴욕타임스』의 투자자였던 벨몬트는 맥클릴런 시장에게 신문 이름을 따서 인접 지역과 지하철역 이름을 지을 것을 제안했다. 헤럴드스퀘어도 같은 이유로 지어진 이름이었다. 1904년 4월 8일, 시장은 '롱에이커스퀘어'가 이제부터는 '타임스퀘어'임을 선포했다.

옥스는 해머스타인처럼 야단법석을 피우는 데 일가견이 있는 독일 출신 유대인 이주민이었다. 그런 점에서 보면 그는 루돌프 애런슨과도 비슷했다. 그는 타임스퀘어라는 위치를 홍보에 이용한 최초의 사업가였다. 타임스퀘어로 이주한 첫 해, 옥스는 새해 전야를 맞아 거대한 야외 파티를 열었다. 그리고 타임스 타워에서 불꽃놀이를 펼쳤다. 다음 날『뉴욕타임스』에 실린 파티 소식은 이 사건의 상징적 중요성을 강조하고 있다.

"거대한 건물은 머리에서 발끝까지 불을 밝혔다. 새 생명을 안내하는 횃불이자 오래된 것들을 화장하는 이 장례의 불꽃은 심지어 하늘을 찌르고 있었다."

새로 생긴 지하철 노선을 통해 쏟아져 나온 군중은 약 이십만 명으로 추산되었고 자정이 되어 그들이 딸랑이와 나팔로 낸 엄청난 소리는 수킬로미터 밖에서도 들을 수 있었다. 3년 뒤 불꽃놀이가 금지되자 옥스는 빌딩 꼭대기에서 전기로 빛나는 공을 떨어뜨리는 아이디어를 생각해 냈다. 이 천재적인 홍보 수단 덕분에 새해를 맞으러 모여드는 군중의 수는 계속 늘어났다. 타임스퀘어는 곧 뉴욕의 아고라가 되었다. 사람들은 월드 시리즈의 승자나 대통령 선거 결과 같은 중요한 소식을 기다리거나 그 소식을 축하하기 위해 타임스퀘어로 모여들었다. 뉴욕 시민들과 미국 국민들, 그리고 전 세계 사람들의 마음속에서 타임스퀘어는 특별한 성격의 군중과 연결되었다. 말썽을 부리기보다 흥겨워할 줄 아는 즐거운 군중이었다.

올림피아 극장은 대실수였다. 한마디로 외딴 저수지에 정박한 거대한 호화 여객선이었다. 그러나 해머스타인의 다음 행적은 새로 형성된 시장에 대한 훨씬 더 기민한 판단력을 보여 주었다. 1899년, 그는 8만 달러를 끌어 모아 빅토리아 극장을 지었다. 중고 벽돌과 자투리 목재로 42번가와 브로드웨이의 북서쪽 모퉁이에 지은 부실한 건축물이었다. 해머스타인은 층간이나 벽 속 빈 공간에 쓰레기를 쑤셔 넣었고 운행을 멈춘 선박에서 90센티미터 당 25센트에 카펫을 사들였다. 처음 몇 해 동안 해머스타인은 톨스토이 소설에 기초한, 앙리 바타이유Henri Bataille와 마이클 모튼Michael Morton의 「부활Resurrection」 같은 고상한 극을 상연했다. 그러나 42번가에 새로이 들어선 뉴암스테르담, 리릭, 리버티 같은 고급 극장들이 빅토리아 극장을 에워싸자 해머스타인은 저급 시장을 탐험해 보기로 했다.

1904년 2월, 해머스타인은 보드빌 공연을 시작하겠다고 공언했다. 상업적으로도 상징적으로도 적절한 변화였다. 타임스퀘어 지하철 역이 문을 연 첫 해, 약 5백만 명이 역을 이용했다. 이런 막대한 수의 군중은 타임스퀘어를 다른 어느 스퀘어와도 절대 비교할 수 없게 만들었다. 타임스퀘어는 더욱 복잡하고 더욱 소란스럽고 언제 무슨 일이 일어날지 모르는, 더욱 서민적인 공간이었다. 남자와 여자, 중산층과 빈곤층은 지하철에서 모두 한데 섞였다. 20세기 초반 나타나기 시작했던 백화점, 사무 빌딩과 같은 다른 공공시설에서도 마찬가지였다. 오랫동안 뚫을 수 없을 것이라고 여겨졌던 벽이, 도덕적 원칙으로 취급받았던 그 벽이 빠르게 낮아지고 있었고 심지어는 거의 사라져 가고 있었다.

타임스퀘어의 지리적 실태 또한 다른 스퀘어와 달랐다. 타임스퀘어는 아무리 노력해도 매디슨스퀘어처럼 품위 있는 공간이 될 수 없었다. 매디슨스퀘어는 어쨌든 공원이었다. 분수와 꽃, 테이블이 있는 잔디밭은 뉴욕에서 가장 고급스러운 호텔과 극장, 레스토랑을 끌어들였다. 그에 비해 타임스퀘어는 군중과 자동차들의 거대한 소용돌이였다. 이미 20세기 초부터 타임스퀘어는 세계에서 가장 붐비는 길거리로 알려져 있었다. 따라서 타임스퀘어의 기풍을 이야기할 때 이와 같은 부득이한 뒤섞임에 대한 미화는 빠질 수 없었다. 레스토랑 경영자 조지 렉터George Rector는 약간의 과장만을 덧붙여 이렇게 말했다. 자신의 레스토랑은 애스터 부인의 4백인도, 오 헨리O. Henry의 4백만16)도 끌어들일 수 있다고 말이다.

해머스타인은 아들 윌리에게 빅토리아 극장을 넘겨주었다. 윌리가 유명한 기획자 윌리엄 모리스William Morris에게 보드빌 사업에 대해 배우고 난 뒤였다. 처음에 윌리는 에바 탄과이Eva Tanguay와 노라 배이스 Nora Bayes 같은 주연급 보드빌 스타들을 무대에 올렸다. 그러나 윌리는 대중오락에 관해서는 아버지의 재능을 물려받았지만 아버지처럼 높은 포부를 갖고 있지 못했기에 점점 쉬운 길로 빠져들었다. 입장권 한 장에 25센트였던 빅토리아 극장은 어느새 말하는 개 돈Don, 5미터 길이의 수염을 자랑하는 남자, 미국 최악의 공연을 선보이는 체리 자매 등을 공연하고 있었다. 윌리는 체리 자매가 공연할 때 관객들이 채소와 과일을 던지도록 조장하고 그걸 받기 위한 그물까지 설치했다.

그리고 해머스타인이 1900년에 지은 리퍼블릭 극장(오늘날 뉴 빅토리 극장이라는 이름으로 남아 있다.)과 빅토리아 극장의 옥상을 연결해서 파라다이스 옥상정원을 만들었다. 이 옥상정원은 「네덜란드 농장」을 선보였는데 진짜 소와 소 젖을 짜는 아름다운 여인들이 등장했다. 이후 윌리는 「야유의 장」을 세웠는데 이곳에서 한 무리의 익살꾼들이 배심원으로서 공연에 대한 평을 늘어놓곤 했다. 그러나 윌리 자신은 우울하고 매력 없는 사람으로 무대 담당들과 카드놀이를 하는 것에

---

16) 오 헨리는 『4백만*Four Million*』이라는 단편집을 썼는데 최고 사교계의 4백인뿐 아니라 뉴욕에 있는 모든 사람들이 주목 받을 가치가 있다는 의미다.

만족했다고 한다. 그러나 엉터리 같은 아이디어를 내는 데는 바넘을 닮은 재능이 있었다. 어느 무더운 여름날 그는 얼음 덩어리를 갖다 놓고 그 위에 온도계를 잘 보이게 놓았다고 한다. 온도계에 나타난 낮은 온도가 극장의 '공기 냉각' 설비의 이점을 나타내 준다는 발상에 서다.

윌리는 판매 부수와 배급망이 폭발적으로 늘어나고 있던 일간지가 스캔들에 대한 채울 수 없는 욕구를 부추기고 있다는 사실을 깨달았다. 그는 '괴짜 공연', 혹은 '미치광이 공연'이라고 하는 것을 만들어 냈다. 보드빌 전문가 조 로리 주니어Joe Laurie, Jr.에 따르면 이 공연은 "홍보를 목적으로 계획적으로 선보인 것으로 금전적 이득은 뒷전이었다."고 한다. 궁극적 목적은 그날의 사건 소식을 이용해 보드빌 관객을 늘리려는 것이었다. 윌리는 살인을 저지른 여성이나 곧 저지를 여성을 주로 기용했다. 한 사교계 인사를 총으로 쏴 죽인 두 여성도 '별똥별shooting stars'[17]이란 이름으로 무대에 올렸다. 해리 소우가 스탠퍼드 화이트를 죽였을 때도 윌리는 해리 소우의 아내 에블린 네스빗에게 전례가 없는 주당 3천5백 달러를 주고 춤을 선보이게 했다. 그는 호프 다이아몬드의 소유인 호프 경Lord Hope의 아내를 무대에 올리면서 공연 도중 빅토리아 극장의 로비에서 서성거리는 대가로 호프 경에게 주당 천5백 달러를 주었다.

윌리는 홍보를 위해 논란을 조성하는 데 천재적인 재능을 보였다. 1905년 윌리는 떠돌이 스위스인 사생 화가를 터키 술탄의 궁중 화가

---

17) 별똥별을 의미하는 'shooting star'라는 단어의 'shooting'에는 총을 쏜다는 의미도 있다.

로 둔갑시킨 후 세 여자를 고용해 그의 아내로 만든 다음 「압둘 카르다르와 세 아내*Abdul Kardar and His Three Wives*」에 대한 대대적인 홍보전을 펼쳤다. 그리고 이민국으로 하여금 이들을 억류하게 만든 다음 석방을 위해 격렬하게 청원했다. 3년 후 윌리는 같은 짓을 반복했는데 이번에는 거트루드 호프만Gertrude Hoffman에게 살로메를 연기하게 하고 풍기문란으로 체포당하게 만들었다.

　빅토리아 극장이 타임스퀘어의 유일한 대중문화 실험의 장인 것은 아니었다. 6번 애비뉴와 44번가에 있는 히포드롬Hippodrome은 한 번에 6천 명의 관객에게 환상적이고 호화찬란한 쇼를 보여 주었다. 그러나 타임스퀘어 지하철역 바로 위에 위치해 있다고 해도 무리가 아닐 빅토리아 극장은 까막눈인 이민자라도 즐길 수 있는 공연을 선보였다. 그럼에도 도심에 있는 이디시어, 중국어, 독일어 극장과는 달리 명백히 미국적이었다. 빅토리아에서 영어를 배울 수도 있었고, 그날의 뉴스를 전해들을 수도 있었다. 윌리는 한 번도 관객들과의 접촉을 끊지 않았다. 조 로리 주니어에 따르면 17년간 빅토리아 극장은 2천만 달러의 매출을 올렸고 그중 5백만 달러가 순이익이었다고 한다.

　타임스퀘어에서 가장 촌스럽고 다 무너져 갈 듯한 극장 바로 건너편에는 타임스퀘어에서, 아니 전국에서 가장 아름답고 고급스러운 극장이 있었다. 바로 뉴암스테르담 극장이었다. 재능 있는 두 건축가 헨리 허츠Henry B. Herts와 휴 탈란트Hugh Tallant가 설계해 1903년에 완공한 이 극장은 미국 최초의 아르누보풍 건축물이었다. 목조로 된 부분에는 사실적으로 표현된 장미가 새겨져 있었고, 옥빛을 띤 테라코타

난간에서는 셰익스피어 희곡의 등장인물들이 내려다보고 있었으며, 무대 정면에 있는 거대한 벽화는 예술의 진보를 묘사하고 있었다. 곡선이 많고 불필요한 장식을 제거한 아르누보 스타일은 20세기 초의 진보적 탐미주의자들에게 진정한 현대적 가치를 보여 주었다. 그런 뉴암스테르담은 최고로 중요한 건축물이자 어느 날카롭고 숨 막힐 듯한 비평에 의하면 "예술사의 새 시대를 여는" 건물이었다. 물론 이 시대는 부유함과 과시의 시대였기 때문에 뉴암스테르담 역시 어떤 무관심한 관객마저도 압도할 수 있도록 만들어졌다. 남자 휴게실에서는 "프랑스 캉 지역 석재로 만든 벽난로와 웨일즈산 타일을 깐 바닥, 잉글랜드산 오크로 만든 개암색의 벽 마감재"가 두드러졌고 여자 휴게실은 "월계화 색상과, 잎과 줄기가 얽힌 모양의 전통적인 장미 조각과 장식"으로 꾸며져 있었다.

뉴암스테르담의 개장은 굉장한 사건이었다. 마차들은 연미복과 실크 모자를 착용한 남자들과 모피에 긴 드레스를 입은 여자들을 끝도 없이 토해 냈다. 브로드웨이에서 가장 막강한 실력자이자 뉴암스테르담의 주인인 마크 클라우Marc Klaw와 에이브 얼랜저Abe Erlanger는 첫 작품으로 「한여름 밤의 꿈」을 상연하기로 결정했다. 적절한 선택이었다. 건축가들의 의도는 바로 이 작품의 몽환적 분위기를 불러일으키는 데 있었기 때문이다. 이날 참석한 한 비평가는 이 극장을 "뉴욕 시민들이 일찍이 본 적 없는 섬세하고 요정처럼 아름다운 극장"이라고 묘사했다. 반면 연극은 대체로 좋지 않는 평을 받았고 3주 만에 막을 내렸다. 그 자리에는 크리스마스 무언극인 「마더 구스Mother Goose」가 대신 올랐다. 얼마 지나지 않아 뉴암스테르담은 「미스 돌리 달러

Miss Dolly Dollars」 같은 시시한 뮤지컬을 무대에 올리고 있었다. 실제로 극장이 지어진 지 십 년 동안 건물의 독창성과 대담성과 맞먹을 만한 작품이 무대에 오른 적은 없었다. 1907년에서 1908년에는 프란츠 레하르Franz Lehár의 「명랑한 과부*The Merry Widow*」가 큰 인기를 끌며 여러 해 동안 왈츠에 대한 관심을 이끌었지만 다른 성공작들 대부분은 무력하고 시시했다.

1910년이 되자 연극 관람에 대한 관심이 어찌나 높아졌던지 타임스퀘어와 그 주변에는 마흔 개의 1등급 극장이 운영되고 있었다. 그러나 눈에 띄는 상연 목록을 내건 극장은 없었고 거의가 뉴암스테르담 수준을 벗어나지 못했다. 숨 막히는 빅토리안 시대적 체면 지키기와 세련된 도시 문화의 부재가 어우러지면서 평범함의 끝없는 홍수를 보장했다. 드라이저와 하웰스Howells, 헨리 제임스Henry James, 에디스 워튼Edith Wharton, 스티븐 크레인Stephen Crane과 같은 인물들이 새로운 종류의 미국 문학을 만들어 나가고 있었지만 브로드웨이는 그들 작품에 아무 관심이 없었다. 극작 기술과 연극 관람 예절은 명랑한 1890년대 기교의 수준에 머물러 있었다. 관객들은 악당에게 야유를 보냈고 위험에 처한 주인공에게 경고를 일러 주었다. 클라우와 얼랜저가 뉴암스테르담에서 용감하게 「페르귄트*Peer Gynt*」를 상연했지만 입센은 조지 버나드 쇼George Bernard Shaw와 스트린드버그Strindberg와 마찬가지로 브로드웨이 관객에게는 대체로 너무 어렵거나 너무 불쾌하다고 여겨졌다. 아마도 당시 연극계의 가장 중요한 발전적 사건은 조지 코핸George M. Cohan의 부상이었다. 그는 보드빌계의 노장으로서 처음으로 진정 미국적인 뮤지컬을 만들어 냈다. 리틀 자니 존스Little Johnny Jones, 조지 워싱턴 주니어George Washington Jr. 등의 뮤지컬은 발을 구르며 부를 수 있는 신나는 노래를 선보였다. 〈브로드웨이에 안부 전해 주세요Give My Regards to Broadway〉, 〈양키 두들 보이Yankee Doodle Boy〉, 〈그대는 위대한 우리의 깃발You're a Grand Old Flag〉 등이 여기 속한다.

20세기 초 브로드웨이는 공장이었다. 그리고 그것은 몇 십 년 후 할리우드가 대신하게 될 역할이었다. 보드빌이건 오페레타건 멜로 드라마건 연극은 당시의 대표적 대중문화였고 전국에서 사람들은 '브 로드웨이에서 직접 나온' 배우들과 공연물을 요구했다. 1890년대에는 전국에서 온 극장 운영자들이 유니언스퀘어 술집에 앉아 상연권을 따 내기 위해 제작자들과 흥정을 했다. 일종의 안전장치로 운영자들 은 같은 기간에 두 개의 쇼를 계약하기도 했는데 제작자들도 마찬가 지로 서로 다른 두 명의 운영자에게 같은 출연진을 보내기로 약속하 곤 했다. 이러한 혼란 속에 '신디케이트'라는 중앙 집권적인 공연 관리 조직이 탄생했다. 브로드웨이에서 가장 잘 나가는 제작자 여섯 명이 힘을 합친 결과였다. 신디케이트에 소속된 제작자들은 뉴욕뿐 아니라 그 밖의 지역에도 극장을 소유하고 있었지만 신디케이트의 진정한 힘은 브로드웨이 배우들과 체결한 계약에 있었다. 브로드웨이 쇼의 상연권을 따 내고 싶다면 에이브 얼랜저와 마크 클라우의 비위를 맞 춰야 했다. 두 사람은 뉴암스테르담에 있는 그들의 사무실에서 신디 케이트를 손에 쥐고 주무르고 있었으며, 그것은 곧 미국 연극계를 주무르고 있다는 의미였다. 1905년에 이르자 얼랜저와 클라우는 전국 에 있는 3,500개의 극장 중 1,250개의 극장을 관리하고 있었고 이 중에 는 1등급 극장의 대부분이 포함되어 있었다.

그 후 시러큐스Syracuse 출신의 슈버트Shubert 형제가 신디케이트의 경쟁자로 나서며 제작자 데이비드 벨라스코David Belasco 같은 세력가와 손을 잡았다. 소도시 극장들은 슈버트 아니면 신디케이트와 계약을 맺었는데 1920년대에 이르자 슈버트가 시장을 장악했다. 그러나 그때는 영화와 라디오가 그들의 독점을 무색하게 만들기 시작한 뒤였다. 변하지 않은 것은 지방 극장들에 대한 브로드웨이의 지배력이었다.

브로드웨이는 보드빌 방면에서도 비슷한, 그러나 더 포괄적인 지배력을 행사했다. 1906년 두 명의 보드빌 기획자 키스B. F. Keith와 앨비E. F. Albee는 메인 주에 '통합 계약 관리소(United Booking Office, UBO)'를 차려 신디케이트와 같은 원리에 따라 운영했다. 키스와 앨비의 협력체는 곧 시카고 동쪽의 거의 모든 보드빌 순회지를 관리하게 되었다. 이들의 경쟁 상대인 '오르페움Orpheum'은 대륙의 서쪽 절반을 관리하게 되었다. 1913년 오르페움의 경영자인 마틴 벡Martin Beck이 '팰리스Palace'를 지었다. 그 어디에도 비길 데 없는 브로드웨이의 보드빌 극장이었다. 키스와 앨비는 즉시 벡에게 팰리스의 경영권을 억지로 빼앗고 극장 6층으로 사무실을 이전했다. 그곳은 그 후 수년간 보드빌의 진원지로 남았다.

통합 계약 관리소의 계약 담당자들은 사무실에 스무 개의 책상을 놓고 일했다. 각각의 책상은 특정한 지역 내에 있는 극장들을 담당하고 있었다. 이 계약 담당자들이 극장의 실제 공연 순서를 짜 맞추었기 때문에 보드빌 배우의 매니저는 이 책상에서 저 책상으로 옮겨 다니며 배우들의 재능을 보따리장수처럼 내다 팔았다. 보드빌 분야에서 통합 계약 관리소는 철강 트러스트만큼이나 철저한 패권을 휘둘렀다.

출연료 제안을 거절하거나 경쟁 극장에서 공연을 하거나 키스와 앨비가 관리하는 공연장이더라도 경쟁 업체를 통해 계약을 한 보드빌 배우들의 직업 인생은 끝날 위험에 처해 있는 거나 다름없었다. 반면에 키스와 앨비의 독점 덕분에 캥카키Kankakee나 알투나Altoona 같은 시골 동네에서도 진짜 브로드웨이 보드빌 공연을 볼 수 있었다.

타임스퀘어는 시작부터 극적 환경이었다. 극장이 있는 곳일 뿐 아니라 타임스퀘어 자체가 극장이었다. 전기등이 거리를 밝히고 있었고 새벽이 될 때까지 사람들로 붐볐다. 유니언스퀘어보다 훨씬 더 크고 웅장하고 번쩍번쩍했으며 매디슨스퀘어보다 훨씬 더 활기차고 훨씬 더 다양한 사람들이 뒤섞여 있었다. 배우들, 여성 합창단원들, 부랑아들, 신문배달부들, 도박꾼들, 월스트리트의 귀족들, 첫 공연은 빼놓지 않고 보는 실크 모자 쓴 남자들, 긴 드레스를 입은 5번 애비뉴 귀부인들이 타임스퀘어를 꽉 메우고 있었다. 연극계 사람들은 42번가와 브로드웨이의 남동쪽 모퉁이에 있는 니커보커 호텔Knickerbocker Hotel 앞 인도나 호텔 안 유명한 술집에 모여들었다. 브로드웨이의 동서쪽으로 난 골목에는 술집과 값싼 호텔, 매음굴 등이 꽉 들어차 있었다. 이곳은 서쪽에 있는 헬스키친Hell's Kitchen[18]에서 살며 일하는 항만 노동자들과 온 사방에서 밀려들어 오는 관광객들이 주로 이용했다. 타임스퀘어는 누구에게나 재미있는 곳이었다.

---

18) 34번가와 57번가, 8번 애비뉴와 허드슨 강 사이에 있는 지역.

여러 면에서 20세기 초 브로드웨이의 가장 신나는, 가장 극적인 장소는 극장이 아니라 레스토랑이었다. 바로 렉터Rector, 라이슨웨버Reisenweber, 버스타노비Bustanoby, 머리의 로마 정원Murray's Roman Garden 같은 타임스퀘어의 '바다가재 궁전lobster palace'이었다. 바다가재 궁전은 과시형 소비의 신에게 바치는 사원이었다. 갓 부자가 된 당대의 백만장자들이 엄청난 양의 식사를 하고 엄청난 액수의 팁을 남기면서 부를 자랑하러 가는 곳이었다. 공휴일에는 우두머리 웨이터가 팁으로만 만오천 달러의 수익을 올리기도 했다. 내부 장식은 넘치도록 화려했다. '렉터' 1층에는 백 개의 테이블이 있었고 바닥부터 천장까지 거울로 뒤덮여 있었으며 가구는 루이 14세풍이었다. 식탁보와 냅킨, 포크와 나이프에는 상상의 동물 그리핀이 새겨져 있었다. 38번가와 브로드웨이에 있는 카페 맥심은 웨이터들에게 루이 14세풍의 옷을 입혔다. 주름 장식이 있는 셔츠와 검은 공단으로 된 짧은 바지, 실크 스타킹, 그리고 은장식이 있는 굽 높은 신발 등이었다.

대부분의 식당은 지하였기 때문에 고객들이 테이블에 다다르기까지는 웅장한 계단을 거쳐야 했다. 제작자이자 연출가인 플로렌츠 지그펠트Florenz Ziegfeld는 개선장군에게나 어울릴 법한 등장을 대중화했다. 만세와 환호성이 있고, 팡파르가 있고, 현악기가 있는 그러한 등장 말이다. 당대의 여배우를 거느린 한량도, 신흥 재산가와 그의 아내도 레스토랑의 오케스트라 반주에 맞춰 그렇게 등장할 수 있었다. 이곳에서는 모든 사람들이 자신만의 드라마 주인공이 될 수 있었다.

이 시대는 장편 서사시처럼 긴 식사의 시대였다. 하와이 왕자 같은 재산가들은 배의 크기를 통해 자신의 부를 드러냈다. 다이아몬드 짐 브레이디는 주변에 있는 그 어느 누구보다도 더 많이 먹음으로써 당대 최고의 인기인이 되었다. 한번은 브레이디가 먹기에 대한 자신의 철학을 설명했는데, 배를 테이블에서 10센티미터 떨어뜨린 상태에서 먹기 시작해서 배가 테이블에 닿을 때까지 먹는다고 했다.

다이아몬드 짐이 파리에서 먹은 '마르게리의 가자미 요리filet de sole Marguery'에 심취해서 돌아오자 조지 렉터George Rector의 아버지는 그를 프랑스로 보내 요리를 배워 오게 했다. 2년 후 가자미의 대가가 되어 돌아온 렉터는 뉴욕 항에서 그를 기다리고 있던 다이아몬드 짐과 레스토랑의 러시아 오케스트라의 환영을 받았다. 곧바로 부엌으로 향한 렉터는 아마도 '식사로 유명한 시대의 가장 유명한 식사'가 될 요리를 준비했다. 다이아몬드 짐과 자리를 함께 한 사람은 연극 연출가 샘 슈버트Sam Shubert, 백화점계의 거물 마샬 필드Marshall Field, 양조장을 운영하는 아돌푸스 부쉬Adolphus Bush, 작곡가 빅터 허버트Victor Herbert와 존 필립 수잔John Philip Susan이었다. 다이아몬드 짐은 자신의 기분을 황홀하다고 표현했다.

'렉터'는 1893년 시카고 박람회의 유일한 레스토랑으로 지정된 뒤 엄청난 돈을 벌어들였다. 그래서 1899년 9월, 43번가와 44번가 사이 브로드웨이의 동부 도로변, 즉 해머스타인의 올림피아 바로 남쪽에 호화로운 궁전을 열었을 때는 이미 자리가 잡힌 뒤였다. '렉터'는 바다가재 궁전 중에서도 가장 처음 문을 열었으며 가장 거대했다. 비록 격조 높은 내부 환경이었지만 렉터는 델모니코스의 딱딱한 환경보다 훨씬 더 들뜬 분위기를 제공했다. 이름 있는 사람이라면 누구나 렉터에서 식사를 했다. 플로라도라 6인조와 파트너들, 오 헨리와 스티븐 크레인, 오스카 해머스타인, 휘트니 형제, 다이아몬드 짐, 릴리안 러셀이 그런 사람들이었다. 안쪽에 따로 떨어져 있는 방에서는 도박을 하기도 하고 아래 위층에서는 주식에 대한 열광적인 예측이 이루어지곤 했다. 사실 도박과 주식은 그게 그거나 마찬가지였다. 브로드웨이에 대한 소식이라면 어떤 것이든 렉터에서 얻을 수 있었다. 조지 렉터의 자서전에는 (당시의 레스토랑 경영자도 적어도 지금처럼은 인정받았다.) 이렇게 쓰여 있다.

"거품으로 지어진 성전이었다. 그곳에서 뉴욕은 무지개를 따라갔고 나비는 곤충학자를 그물로 잡았다. 다양한 성격의 국립박물관이었고 잡담의 거래소였으며 소문의 집합소였다."

연극이 거의 터무니없을 정도로 정형화되었던 시절에 레스토랑에서의 식사는 일종의 각본 없는 안방 코미디라고 할 수 있었다. 그리고 시간이 늦어질수록 사건은 더 은밀하고 아슬아슬해져 갔다. 연극이 끝난 뒤 먹는 간단한 저녁 식사는 브로드웨이 군중의 세련된 밤 문화를 상징하게 되었다. 여배우나 합창단원에 반해 극장을 들락거리는 젊은 청년이나 제멋대로인 중년의 방탕아가 여인을 뽐내고 싶을 때는 생기발랄한 브로드웨이의 레스토랑으로 가면 됐다. 이 늦은 식사는 '새와 술병the Bird and a Bottle'으로 널리 알려져 있었는데, 새는 식사를 의미하는 동시에 젊은 여성을 뜻하기도 했다. 실제로 바다가재 궁전의 주요리는 여자 합창단원이었다. 적어도 늦은 밤에는 그랬다. 여러 레스토랑은 위층에 방을 준비해 놓기도 했다. 손님들이 호텔로 향하는 불편을 덜어 주기 위함이었다. 네로가 얼굴을 붉힐 정도의 대궐 같은 내부로 유명했던 '머리의 로마 정원'은 "호화로운 가구와 고급스러운 설비를 갖춘 독신을 위한 방"을 준비해 두고 있었다.

엄청난 양의 식사, 퉁퉁한 남자들, 몰래한 사랑이 있던 이 세계가 다음 세대에게는 매우 따분해 보였다. 그들은 과거 빅토리아시대의 답답한 손아귀에서 이미 벗어나 있었기 때문이다. 그러나 공공장소에서 즐기는 쾌락, 다양한 사람들이 모여 이룬 무리는 분명 새로운 것이었다. 명랑한 1890년대에는 스탠퍼드 화이트가 가까운 사람들과 한번 진탕 마시고 놀자 치면 매디슨스퀘어 가든의 고층 건물에 위치한 자신의 둥지에 자리를 잡고 호화로운 다마스크 커튼을 쳐야 했다. 그러나 이제 능력 있는 남자들은 전 세계가 지켜보는 앞에서 (아내가 지켜보는 앞은 아니라도) 자신의 욕구를 채울 수 있었다. 수치를 모르는 새로운 윤리관이 타임스퀘어의 민주적이고 방임적인 환경에서 끓어오르고 있었다.

3장 고통 없는 꿈을 꾸게 하는 곳, 브로드웨이

20세기 초 타임스퀘어는 이미 뉴욕의 섹스 중심이었다. 텐덜로인의 매음굴은 레스토랑과 극장을 따라 북부로 옮겨 갔다. 1901년 뉴욕의 풍속 범죄 단속반은 6번과 8번 애비뉴, 37번가와 47번가 사이 매춘부가 활동하는 132개 지점을 알아냈다. 42번가와 브로드웨이 주변에 있는 여러 호텔에서도 매춘부와 포주들이 수십 개의 방을 이용하고 있었다. 한때는 총잡이로 그리고 신문기자로 활동했던 뱃 매스터슨Bat Masterson이 바를 지키고 있던 유명한 메트로폴 호텔에서도 마찬가지였다. 『뉴욕타임스』가 사무실을 이전할 예정이었던 43번가 브로드웨이와 8번 애비뉴 구간은 '시녀들의 거리Soubrette Row'라고 불렸다. 그 블록에 있는 브라운스톤 대부분이 매음굴이었기 때문이다. 남자가 밤에 그 지역을 걸으면 얼마 가기도 전에 매춘부의 유혹을 받기 일쑤였다. 상업의 한 형태로서 섹스가 이보다 더 열려 있고 뻔뻔스러울 수 없었다. 이를 막아 보려는 시도가 끊이지 않았지만 소용없었다.

반면 문화 오락의 한 형태로서의 섹스, 아니 성은 대체로 터부시되었다. 콘서트 살룬 같은 더 타락한 형태의 대중문화는 근본적으로 오락을 가장한 매춘이었다. 반면 극장의 고급문화는 대체로 딱딱하고 진부했다. 양 극단 사이에는 드라이저의 소설에 등장하는 캐리가 일터로 삼고 있는 유쾌하고 가벼운 오페라가 있고 좀 더 아슬아슬하고 저속한 익살극이 있었다. 걸작 「검은 악한Black Crook」이 익살극에 속한다. 이 극에서는 풍만한 여자들이 캉캉 춤을 추고 이중적 의미가 있는 말들을 솜씨 없이 쏟아 낸다. 20세기 초 브로드웨이가 필요로 한 것은 저속한 익살극과 술집, 거리의 방탕한 성과 바다가재 궁전에 모여든 사교계의 재치를 한데 녹일 사람이었다. 섹스를 신나고 재미있는 것으로 만들 수 있는 사람이었다. 브로드웨이가 필요로 한 사람은 바로 플로렌츠 지그펠트였다.

지그펠트는 중상층 인물로 취향은 고급이었으나 교양인답지 않은 천성을 갖고 있었다. 윌리 해머스타인보다 좀 더 발전된 인물이라 할 수 있다. 지그펠트의 아버지는 독일 이민자(유대인은 아니었다.)로 시카고에서 음악학교를 경영한 클래식 음악 연주자였다. 지그펠트는 아버지의 가치관과 품위 있는 태도를 이어받았지만 어릴 때부터 바넘처럼 터무니없는 사건을 벌여 소란을 피우는 데 소질이 있었다. 1880년대 아직 십대였던 그는 커다란 사발을 사서 물로 채운 다음 '브라질에서 온 투명 물고기'를 전시하고 관람료를 받았다. 물고기는 실패했지만 지그펠트는 곧 힘이 세기로 유명한 '위대한 샌도우the Great Sandow'와 순회공연에 나서게 되었다. 지그펠트는 샌도우가 단순히 무거운 것을 잘 드는 사람이 아니라 섹스 심벌이라는 것을 깨달았다. 그래서 서커스 시절부터 입던 호피무늬 외투 대신 딱 붙는 반바지를 입힌 다음 몇몇 사교계 여성들을 설득해 거의 다 벗다시피 한 이 미남의 이두박근을 만져 보도록 했다. 이 일은 그의 의도대로 타블로이드에 대서특필되었다.

그러나 샌도우는 지나가는 정거장일 뿐이었다. 지그펠트는 연극에 손을 댔고 1896년 몸값 싼 배우를 찾기 위해 배를 타고 런던으로 향했다. 그리고 그곳에서 애나 헬드Anna Held에게 공적으로, 그리고 사적으로 홀딱 반해 버렸다. 인형처럼 아담하고 사랑스러운 애나 헬드는 노래나 춤에는 이렇다 할 재능이 없었으나 18인치의 작은 허리, 묘하게 매혹적인 성격, 놀라울 정도로 통통한 살집, 초롱초롱한 짙은 눈으로 런던과 파리에서 동시에 무대의 요정으로 떠올랐다. 엄청난 선물과 그만큼 엄청난 약속을 퍼부으며 지그펠트는 애나를 유럽에서, 그리고 매니저들에게서 억지로 빼앗아 왔다. 그리고 애나가 의기양양하게 뉴욕 땅을 밟을 수 있도록 다이아몬드 짐 브레이디와 릴리언 러셀, 30인조 악단, 그리고 대규모 기자단을 동원해 애나가 탄 배를 마중하도록 했다. (몇 년 뒤 조지 렉터 주니어와 마게리의 가자미 요리법이 도착할 때도 이때와 비슷한 인물들이 다시 모였다.) 애나에게 사보이 호텔의 호화로운 스위트룸을 잡아 준 지그펠트는 애나가 피로를 회복하기 위해 우유로 목욕을 했다는 말도 안 되는 이야기를 지어냈다. 여하튼 이 이야기는 당대의 일간지들을 꼼짝 못하게 만들어 놓았다. 애나는 당대의 가장 추앙받는 미녀가 되었다. 사랑스럽지만 육중한 몸매의 발키리 릴리언 Valkyrie Lillian에 비해 애나는 새로운, 벌새 같은 여자였다.

지그펠트는 이미 알려진 애나의 매력을 이용하기 위해 계획한 일련의 얄팍한 수단을 만들어 냈다. 1903년 작품 「마드므와젤 나폴레옹Mademoiselle Napoleon」과 1906년 「파리에서 온 모델Parisian Model」이 이에 속한다. 이것들은 극작품으로서는 아무 가치도 없었다. 뉴욕의 어느 평론가는 파리에서 온 모델을 보고 이렇게 썼다.

"이 작품에는 그 어떤 진정한 가치도 없다. 음악은 옛날을 생각나게 하고 유머는 따분하고 진부할 뿐이다. 줄거리는 있는지 없는지도 모르겠다."

같은 평론가는 또 헬드의 무용에 대해서 "이번 시즌 브로드웨이에서 본 가장 역겨운 광경"이라고 썼다. 그러나 그것이 대략 지그펠트의 의도였다. 「매시간 옷을 갈아입고A Gown for Each Hour of the Day」에서 애나는 무대의상을 갈아입을 때마다 키 큰 합창단원들로 이루어진 사람의 장막 뒤에 숨는다. 합창단원들도 화가들이 쓰는 이젤 뒤에서 옷을 갈아입는데 이때 흘러나오는 곡이 지그펠트 특유의 음탕함을 나타내 주는 〈그대의 더 많은 걸 보고 싶어요I'd Like to See More of You〉다. 그러나 지그펠트에게는 정교하게 조율된 직관이 있어 욕망의 수문을 거기까지만 열고 더 열지 말아야 한다는 것을 알았다. 그의 취향이 언제나 그를 살려 주었다. 그의 전기 작가 중 하나인 마조리 판스워스 Marjorie Farnsworth에 따르면 "지그펠트는 욕망와 욕정, 고상한 취미와 저속함 사이의 미묘한 경계를 잘 알고 있었고 절대로 그 선을 넘지 않았다. 몇 번인가 넘을 뻔도 했지만 제대로 넘은 적은 없었다."

지그펠트는 연출가도 아니고 극작가도 아니었다. 그의 공식 직함은 '제작자'였지만 이것은 지그펠트가 행사하고 있던 영향력에 비하면 부족한 이름이었다. 지그펠트의 인생 자체는 의식적인 하나의 극작품이었다. 그는 신문을 통해 자신의 의도대로 대중을 사로잡았고 호화로움과 낭만, 기발한 무모함에 관해 훌륭한 감각을 유지하며 무대와 무대 밖의 삶을 오갔다. 지그펠트는 짙은 눈을 가진 미남이었고 늘 흠 잡을 데 없는 차림새였다. 그는 미국 부동산 재벌 도날드 트럼프 Donald Trump가 부러워할 정도로 여러 명의 애인들과 관계를 어떻게 풀어야 하는지 잘 알고 있었다. 그는 애나와 사랑에 빠졌고 그 다음에도 셀 수 없이 많은 미인들을 사랑했다. 이러한 관계는 지그펠트 자신과 그의 애인이 계속 각광받을 수 있도록 보장해 주었다. 지그펠트는 그게 누가 되었든 애인에게 검은 담비코트와 다이아몬드 머리핀, 호텔 스위트룸과 전용 기차간을 끝도 없이 퍼부었다. 두 사람의 인생은 가장 좋은 것, 가장 큰 것, 가장 빛나는 것으로 채워졌다. 사랑은 진심이었지만 그것을 과시하는 것은 고의적이었다. 지그펠트가 어찌나 부끄러움을 모르고 홍보에 매달렸는지 애나의 25만 달러 상당의 보석이 도난당했을 때도 애나는 지그펠트가 큰일을 터뜨리기 위해 일부러 저지른 짓이라고 의심했다. 약 십 년 후 여배우 빌리 버크Billie Burke에게 같은 일이 일어나자 애나는 똑같은 비난의 화살을 날렸다.

지그펠트는 냉정하고 이기적이라고 알려져 있었다. 그의 전기 작가는 그를 매우 싫어했던 듯하다. 그러나 지그펠트는 또한 당당한 인물이었다. 지그펠트는 연극을 통해 엄청난 돈을 벌었지만 무모한 성격 때문에 늘 파산할 지경에 놓여 있었다. 그런데도 그의 태평한 성격은 가히 전설적이다. 지그펠트에게 몇 편의 연극 대본을 써 준 워드하우스P. G. Wodehouse와 가이 볼튼Guy Bolton은 팜 비치 카지노에 간 지그펠트의 모습을 이렇게 묘사한다.

"비싼 녹색 칩을 한 움큼 쥐고 테이블 옆에 서서는 번호 위에 무심히 칩을 떨어뜨리며 바퀴가 돌아가는 것은 보지도 않은 채

등 돌려 옆에 선 여자와 이야기를 나눕니다. 게임에서 이겨도 그는 칩을 가만 놔둔 채 이야기만 계속해요. (…) 일행이 흥분을 해서 소리를 지르며 수북이 쌓인 칩을 가리키면 그제야 내키지 않는다는 듯이 게임 보조에게 손짓을 해 칩을 쓸어 오게 했어요"

놀란 볼튼은 이렇게 대꾸한다.

"백 달러짜리 지폐가 시가 가게의 종이 성냥처럼 아무 것도 아니라는 듯 행동하곤 하죠."

이에 워드하우스는 이렇게 대답한다.

"대개는 작은 모기에게 사 줄 조끼 값조차 없으면서 말이에요."

이것이 지그펠트의 인생이었다. 오늘날에는 '라이프스타일'이라고 부르겠지만 이것은 신화이기도 했다. 지그펠트가 연극을 통해 팔았던 유쾌한 욕망에 대한 환상만큼 유효한 신화였다.

지그펠트는 여성미를 드러내 보이는 데 일가견이 있었다. 그는 "모든 남자들이 꿈꾸는 이상형의 화신"을 찾고 있었다. 그것은 공허한 이상에 그치지 않았다. 지그펠트는 이렇게 말한 적도 있다.

"정말 아름다운 얼굴은 이마의 높이가 코의 길이와 일치하고 코의 길이는 인중에서 턱까지의 길이와 일치하며, 눈 사이의 간격은 눈의 길이와 일치하는 얼굴이다."

그는 화가 티치아노[19]가 그린 미녀야말로 가장 멋지다고 생각했

---

19) 티치아노 베첼리(Tiziano Vecellio, 1488?~1576)는 이탈리아 르네상스의 대표 화가다. '비너스와 아도니스Venus and Adonis'에서 그린 벌거벗은 비너스의 모습이나 '다나에와 유모Danae with Nursemaid'에서 표현한 육체의 아름다움과 관능성을 통해 아름다움의 기준을 확립했다는 평을 받는다.

다. 그리고 키 작은 여자들이 다리는 별로라도 마음은 예쁘다고 생각했으며 안짱다리는 질색이었다. 그리고 "허벅지는 서로 닿아야 아름답다."고 주장했다. 놀라운 것은 지그펠트가 신입 여자 합창단원의 적정 연령을 열여섯 이하로 잡은 점이다. 물론 당시에는 그 나이면 대부분 학업을 그만둔 뒤였다. 지그펠트는 십대 소녀들에게 가슴을 펴고, 어깨를 젖히고 턱을 들고 걷는 법을 가르쳐 주었다. 그리고 옷 입는 법, 대화하는 법, 공공장소에서 행동하는 법도 가르쳤다. 소녀들을 지그펠트식 미인으로 만들고 나면 그 다음에 무대의상과 조명, 화장, 음악을 더했다. 이것이 바로 무대의 마법이었다.

지그펠트는 1907년 「폴리스*Follies*」라는 극으로 제 자리를 되찾았다. 폴리스는 전혀 독창적인 공연이 아니었다. 파리에서 인기를 끈 '레뷔revue'를 고쳐 만든 것인데 레뷔란 일련의 짧은 희극과 노래로서 당대의 실력가나 인기 공연, 유행, 스타들을 풍자하는 공연이다. 그럼에도 지그펠트의 작품은 도시적 세련미를 풍겼으며 기세와 재치가 있어 엄청난 성공을 거둘 수 있었다. 공연은 짧았다. 단지 40분이었다. 그리고 엄청난 속도로 진행되어 흥분을 고조시켰다. 여러 사람들이 「폴리스」를 모방했지만 더 나은 작품은 나오지 않았다. 지그펠트는 이 공연에 「지그펠트의 폴리스」라는 새 이름을 붙여 일종의 브랜드로 만들었다. 그는 이 공연에 새로운 미인들을 등장시켰고 가수 패니 브라이스Fanny Brice와 같은 신인 스타 또한 소개시켰다. 매년 여자들의 의상은 점점 노출이 심해졌고 머리 장식은 점점 더 환상적으로 변해 갔다. 매년 공연은 더 빠르고 더 정교하고 더 다듬어졌다. 1909년 지그펠트는 릴리언 로레인Lillian Lorraine을 선보이며 '세계에서 가장 아름다운 여자'라고 선언했다. 당시 그는 릴리언과 밀애를 나누고 있었다.
릴리언은 맥스필드 패리쉬Maxfield Parrish가 『라이프』의 표지에 그려 넣
었던 모델과 똑같은 모습을 하고 등장했다. 그리고 비누거품처럼 생
긴 것 속에 들어가 〈거품뿐인걸Nothing but a Bubble〉을 불렀다. 그 다음에
는 서까래에 걸린 소품 비행기의 조종간에 앉아 〈비행기 타고 위로
또 위로Up, Up, Up in My Aeroplane〉를 불렀다. 제1막은 〈세계 최고의 해군The
Greatest Navy in the World〉으로 막을 내렸는데 이 곡을 위해 합창단원들은
무대의상에 달린 불을 켜고 장막 뒤로 들어가 파도치는 뉴욕 항 앞바
다에 48개의 전함이 불을 켜고 떠 있는 효과를 냈다.

　「폴리스」는 단순히 빠른 진행 속도와 정밀한 기술이 빚어낸 상황
아래 합창단원들을 세우는 데서 끝나지 않았다. 지그펠트는 최고의
안무가와 작사가, 극작가, 공연자들을 고용했다. 그는 당대 최고의
여러 보드빌 배우와 가수들에게 보금자리를 마련해 주었다. 패니 브
라이스와 소피 터커Sophie Tucker와 같이 유대인임을 부끄러워하지 않았
던 가수들이 여기 속한다. 1913년 지그펠트는 「폴리스」를 더 세련된
수준으로 끌어올렸다. 「폴리스」가 뉴욕 극장의 옥상정원인 '파리정
원Jardin de Paris'에서 뉴암스테르담의 본무대로 자리를 옮겼기 때문이
다. 아주 명예로운 이동이었다. 극장 건물 자체에 부합하는 황홀한
매력을 뉴암스테르담으로 가져다줄 사람은 실로 지그펠트밖에 없었
다. 이 위대한 연출가는 윌 로저스Will Rogers, 필즈W. C. Fields, 에디 캔터
Eddie Cantor 등과 같은 스타들을 한 무대에 올렸다. 그리고 디자이너로
조세프 어번Joseph Urban을 고용했다. 조세프는 디자이너일 뿐 아니라
영화 촬영기사라고 할 수도 있었다. 빈에서 이민 온 조세프 어번은

당대 최고의 무대 디자이너였고 대단한 재능을 가진 예술가였다. 어
번은 어수선한 「폴리스」를 통일된 예술 작품으로 변화시켜 놓았다.
지그펠트의 전기 작가 찰스 하이햄Charles Higham에 따르면 1917년도판
「폴리스」를 위해 어번은 "중국풍으로 옻칠이 된 배경을 만들었다.
이 배경은 색색으로 빗발치는 물방울 속으로 사라지고 곧 서로 겹친
빨강과 금빛의 사닥다리 세 쌍이 나온다. 중국풍 의상을 입은 60명의
소녀들이 일제히 사닥다리를 오르락내리락 하고 사닥다리의 가로장
은 어둠 속에서 빛난다. (…) 오팔처럼 빛나는 배경은 수천 개의 진주로
장식한 듯 보였다."

　　당대의 모든 문화 비평가들은 지그펠트의 레뷔를 해부할 의무감
을 느꼈다. 베를린의 래그타임ragtime 리듬[20]의 노래처럼 하나의 중요
한 문화 재산이었기 때문이다. 에드먼드 윌슨Edmund Wilson은 이 공연이
기술적으로 완벽해서 오히려 몹시 차갑게 느껴진다고 한 반면, 매끄
럽게 다듬어진 공연에 만족한 수필가 길버트 셀데스Gilbert Seldes는 "우
리가 좋든 싫든 기술적 완벽성은 우리의 숙명"이라는 주장을 했다.
셀데스가 『살아 숨 쉬는 일곱 가지 예술The Seven Lively Arts』에 쓴 바에
따르면 지그펠트의 레뷔는 "서투른 것을 싫어하는 미국적 정서와 완
벽함이 가져다주는 진정한 희열"의 탁월한 표현이었다. 지그펠트가
그것을 가장 잘 대표하고 있다는 것이었다. 셀데스는 또 이렇게 덧붙
인다.

---

[20] 1890년대 중반에서 1910년대에 걸쳐 피아노곡·대중가요·재즈밴드 연주에 많은
　　영향을 끼친 피아노 연주 스타일이다. 당김음을 많이 썼으며, 재즈의 한 요소가
　　되기도 한 리듬을 가리킨다.

"그는 철저히 매끄러운 표현을 통해 모든 것을 완벽하게 보이게 만든다. 기름 친 연접봉이 돌아갈 때의 매끄러움이 아니라 반죽에 모든 재료가 신속히 들어가고 빈틈없이 섞일 때의 매끄러움으로 모든 것이 끝나면 관객은 일어서서 이게 바로 제대로 된 쇼라고 말할 수 있을 것이다."

지그펠트는 위대해지려고 한 게 아니다. 즐거움을 주려고 했을 뿐이다. 이런 면에서, 그리고 여러 다른 면에서 지그펠트는 바로 브로드웨이의 화신이었다.

지그펠트가 그의 공연에 녹여 넣은 가벼움, 속도감, 그리고 재치를, 경쟁자들이 자신들의 레뷔에 응용해 브로드웨이를 수놓은 옥상정원에서 선보이기 시작하면서 타임스퀘어의 분위기는 변화하기 시작했다. 바다가재 궁전은 지나치게 형식적으로 느껴졌다. 따분하게 느껴지기까지 했다. 카페 맥심의 주인 줄리우스 켈러Julius Keller가 자서전에 쓴 바에 따르면 1909년 즈음 그는 고객들이 더 이상 도금 접시에 나오는 바다가재 치즈구이로 만족하지 않을 것임을 깨달았다. 뭔가 행동을 개시해야 할 때였다. 켈러는 젊은 시절 서부 20번가에서 30번가 사이 어딘가에 있는 독일 술집에서 일할 때 웨이터들이 때때로 노래를 부르던 것을 생각해 냈다. 그래서 남자 가수 두 명과 여자가수 두 명을 손님처럼 가장한 후 헝가리 오케스트라 가까이에 있는 테이블에 앉혀 놓았다. 가수들은 미리 약속해 놓은 신호에 맞춰 갑자기 노래를 시작했다. 고객들의 박수가 터져 나오자 켈러는 성공했음을 깨달았다고 한다. 켈러의 말에 따르면 그 순간부터 "카페 맥심에 지루함이란 없었다." 지루함은 브로드웨이 업소에 가장 치명적인 병이었다. 고객들이 대중적인 노래에 지칠 때쯤 켈러는 "캐스터네츠를 들고 스페인 춤을 추는 검은 눈의 세뇨리따"를, "예스런 전통 의상을 입은" 러시아인들을, 기타처럼 생긴 현악기 우쿨렐레ukulele를 든 하와이인들을, 그리고 "테이블 사이를 돌아다니며 사랑스런 눈빛으로 애절한 노래를 뽑아내는 아름다운 여인들"을 고용했다.

이런 방법으로, 혹은 다른 방법으로 탄생한 것이 카바레다. 곧 브로드웨이의 거의 모든 주요 레스토랑은 공연을 위한 공간을 마련했다. 1911년 뉴욕 최초의 전문 카바레 '폴리 베르제르Folies Bergève'가 문을 열었다. 이곳에는 순회 오케스트라가 있는 극장과, 부지런히 돌아다니는 웨이터, 거닐 수 있는 발코니가 있었고 무대 위에서는 연이어 공연이 펼쳐졌다. 그러나 폴리 베르제르는 1년도 버티지 못했다. 카바레의 매력은 친밀함에 있었기 때문이다. 켈러가 처음 생각해 냈는지는 모르지만 여하튼 켈러의 혁신적인 아이디어는 공연자들을 관객 사이사이에 자리하게 만드는 것이었고 이는 매우 중요했다. 전통적으로 관객과 공연자들을 분리했던 무대 자체를 없앤 덕분에 해서 관객들은 식당이 공연자들의 매혹적이고 아슬아슬한 세계의 일부라는 환상을 갖게 되기 때문이다. 가장 인기 있는 테이블은 카바레의 댄스 플로어 옆자리였는데 그 자리에서는 공연자들을 보고 만지고 공연자들과 이야기도 할 수 있었기 때문이다. 문화사 전문가 루이스 에렌버그Lewis A. Erenberg는 카바레와 카페의 '공연 환경'이 가져다준 해방감을 이렇게 묘사한다.

"매춘부와 민속 악단, 타지에서 온 손님들과 같은 방정하지 못한 무리의 사람들 사이에서 상류층의 도시인들은 뉴욕에서 접할 수 있는 가지각색의 사회적 삶의 형태에 마음을 열었다. (⋯) 계층 때문에 그들의 사회적 삶을 한정짓는 대신 상류층 도시인들은 예측 불가능한 코즈모폴리턴적 흥겨움이 있는 더 넓은 세상에 동참해 '삶의 소용돌이'를 직접 경험할 수 있다는 사실을 깨달아 가고 있었다."

루퍼트 휴즈Robert Hughes의 1914년 소설 『사람들이 뭐라고 할까?What Will People Say?』의 한 부분은 1909년 이후 브로드웨이의 관습과 도덕관이 얼마나 놀라운 속도로 변화했는지 단적으로 보여 준다. 한 일행이 실제로는 존재하지 않는 카페 드 니니브의 2층 방으로 올라가고, 중년 여성이 매우 가까운 과거의 기억을 떠올린다.

몇 해 전에는 연극을 보고 난 뒤 맛있는 레스토랑에 식사를 하러 가서 맛있는 것도 먹고 술도 마시고 얘기도 나눈 다음 집에 가서 잠자리에 드는 게 무척 재미있다고 여겼잖아. 우리가 아주 못된 짓을 한다고 생각했지. 목사들은 늦은 밤 식사를 하며 소란을 떠는 게 사악하다며 악담을 퍼부었고. (⋯) 그런데 누군가가 카바레를 시작했지. 그래서 우리는 그쪽으로 몰려갔어. 음식도 엉터리고 술도 싸구려였지만 멋진 가수나 무용수가 통로에서 뛰놀고 있다면 상관치 않았잖아. 하지만 이제는 너무 얌전하고 시시해져서 제법 고상한 곳처럼 느껴져. 요즘 은 우리가 나서서 직접 통로에서 춤을 추는 바람에 공연하는 사람들 까지 설 자리가 없어졌지. 이제는 목사들과 논설위원들이 그걸 비난하고 있네. 여하튼 우리가 뭘 하든 나쁘다고 할 텐데, 우리 막내아들 말을 빌리면, "뭘 하든 어때? 그게 그거 아냐?"

이 구절에서 가장 놀라운 것은 중년 여자가 막내아들의 말씨와 가치관을 차용하고 있다는 점이다. 이것은 연예 오락의 혁신이 고정된 행동 방식을 얼마나 격렬하게 뒤흔들었는지 보여 준다. 모든 것은 카바레에서 시작되었다. 카바레는 상류층 도시인들을 브로드웨이의 방탕한 무리와 뒤섞어 놓았다. 계층은 구닥다리가 되어 버렸다. 카바레는 여전히 연극 관람처럼 수동적인 경험이었다. 그러나 거의 즉각적으로 레스토랑, 그리고 카페 카바레라고 하는 업소들은 고객들이 자리에서 일어나 댄스 플로어로 나가도록 부추겼다. 이것은 카바레보다 훨씬 더 어질어질한 기분이었다. 게다가 남녀가 단둘이 춤을 추는 것은 이보다 더 새롭고 매우 대담한 현상이었다. 버지니아 릴Virginia reel과 같은 19세기 미국 춤은 무도회장에서 단체로 추던 춤이었다. 그럼에도 춤은 어찌나 빠르게 유행을 탔던지 1911년 초 어빙 베를린은 춤의 열기를 기리며 〈모두가 다 춤을 춰Everybody's Doin' It〉를 작곡했다. 그러나 칼럼니스트 프랭클린 애덤스Franklin P. Adams는 "모두가 다 도를 넘고 있다."고 불평했다.

베를린은 브로드웨이에서, 그리고 더 멀리까지 빅토리아시대의 가치관을 와해시키는 데 주된 역할을 하고 있었다. 몇 년 전만 해도 토니 패스터의 극장에서 힘차게 노래하는 장난꾸러기에 불과했지만 1911년이라는 이 특별한 해에 스물셋의 베를린은 〈알렉산더의 래그타임 밴드Alexander's Ragtime Band〉라는 곡을 썼다. 〈모두가 다 춤을 춰〉처럼 이 곡은 당시 대유행했던 래그타임에 관한 노래인 동시에 그 유행을 가장 생생하고 대중적으로 표현한 노래였다. 〈알렉산더…〉는 당시 만들어진 곡 중 가장 많은 인기를 끌었고 몇 달 동안 수백만 장의 악보가 팔려 나갔다. 이 노래에 담긴 어떤 짜릿한 급박함은 모두를 사로잡았다. 베를린은 곡에 대해 이렇게 썼다.

"첫 부분의 가사는 즉각적인 반복을 통해 강조된다. '어서 와 들어 봐, 어서 와 들어 봐!' 이 구절은 어서 와서 함께 가수의 노래를 들어 보기를 권유하고 있다."

베를린에 따르면 그 권유는 노래 속의 '즐거운 소란'의 일부가 되었다. 〈알렉산더…〉에 대한 열광적인 반응은 음악계를 바꾸어 놓았다. 맨해튼의 대중음악 중심 틴 팬 앨리Tin Pan Alley의 작곡가들은 감상적인 발라드 곡과 방언으로 쓴 노래를 접고 래그타임의 현대적이고 도회적이고 어두운 소리를 더 추구했다. 음악 전문가 필립 푸리아 Philip Furia는 이렇게까지 말한다. 〈알렉산더…〉는 "중대한 문화적 찰나를 구체화했다. 이 찰나에 사람들은 자신들이 진정 현대적인 시대에 살고 있다는 것을 뼈저리게 느낀다."

〈알렉산더…〉와 〈모두가 다 춤을 춰〉를 비롯한 다른 래그타임 노래들의 갑작스러운 성공은 춤 출 수 있는 음악에 대한 끝없는 수요를 창조했다. 춤의 유행은 타임스퀘어를 매순간마다 변화시켰다. 수필가이자 한량인 줄리언 스트리트Julian Street는 1912년 『우리 도시에 오신 것을 환영합니다Welcome to Our City』에서 브로드웨이를 날카로운 시선으로 바라보았다. 다음 해 재판을 출간할 때 그는 머리말을 덧붙여야 했다. 미처 춤에 대해 언급하지 못했기 때문이다. 그는 이렇게 안타까워했다.

"브로드웨이는 광산 도시의 주 도로보다 더 빨리 변화한다." 1913년 타임스퀘어의 큰 레스토랑에서는 거의 다 춤을 가르쳤고 오후에는 춤을 추며 차를 마시는 자리를 마련했다. 돌아가는 댄스 플로어를 설치하거나 혹은 정성 들인 카바레 공연을 준비하기도 했다. 둘다 하기도 했다. 우아한 호텔의 고급 레스토랑인 '클래리지Claridge'는 앉아서 식사만 하는 식당들을 쓸쓸히 옹호했다.

"음악을 들으며 굶주리느니 조용한 분위기에서 훌륭한 식사를 하고 싶은 사람이 이 도시에 있을 거라고 생각하고 싶다."

그러나 많지는 않았을 것이다. 『사람들이 뭐라고 할까?』의 주인공인 남부 출신 군 장교 하비 포브스는 뉴욕에 와서 42번가 호텔에 방을 잡는다. 이것도 1913년의 일이다. 포브스는 늘 재미있는 것을 찾아다니는 행실 바른 사람들을 만나게 되는데 이들이 그에게 터키 트롯turkey trot을 추러 가자고 한다. 포브스는 경악했다.

"점잖은 사람들이 그런 걸……."

이때 젊고 아름다운 사교계 여인 퍼시스 캐벗이 그의 말을 끊고 이렇게 말한다.

"우린 점잖은 사람도 아니지만 그런 것도 해요."

또 다른 친구가 덧붙인다.

"우린 그런 것밖에 안 해요."

퍼시스와 친구들은 사실 점잖은 사람들이었지만 점잖은 사람들은 못된 짓을 하고 싶어했다. 춤의 유행은 언제나 균형과 관련이 있었다. 이 균형은 먼저 한쪽으로 치우쳤다가 곧 다른 쪽으로 치우치곤 했다. 한쪽에는 성적 방종, 다른 쪽에는 귀족적 절제가 있었다. 버논과 아이린 캐슬Irene Castle은 춤으로 인기를 얻은 최초의 사람들이었다. 둘은 5번 애비뉴 집안의 자제들에게 사교댄스를 가르치는 것을 직업으로 삼고 있다가 역사적인 바로 그 1913년에 42번가와 브로드웨이에 '상 수시Sans Souci'를 열었다. 캐슬 부부는 차림새와 행동이 흠 잡을데 없었다. 그들의 귀족적인 스타일은 춤과 연관된 온갖 저급함, 그들의 춤이 흑인과 라틴 문화에서 발원했다는 사실을 가려 주는 효과가있었다. 아이린이 새로 상륙한 춤에 대해 이야기하는 것을 들어 보면 그들이 악성 춤 세균을 중화하기 위한 실험실을 운영하고 있다고 생각될 정도였다.

"우리의 춤은 바버리 연안에서 시작된 것입니다."

아이린은 이렇게 말한 적이 있다. 바버리 연안이란 흑인들의 세계를 완곡하게 표현한 말이었다.

"물론 그 춤은 아주 원시적인 형태로 뉴욕에 도달합니다. 따라서 응접실에서 선보이기 위해서는 상당히 많이 순화시켜야 합니다."

아이린은 또한 "몸을 떠는 시미 춤이 방금 도착"했다고 말하면서 특별히 저급한 춤이지만 "강사들이 좀 더 고상하게 만들 수 있을 것"이라고 했다.

5번 애비뉴의 대저택과 사교계에서 사회적 계층 제도는 조금도 흔들리지 않은 채로 남아 있었지만 브로드웨이의 코뤼바스[21]들은 남아 있는 낡은 규범들을 모조리 뒤섞어 버렸다. 줄리언 스트리트는

[21) 코뤼바스Corybantes는 그리스 신화에 나오는 퀴벨레 여신의 사제로 요란한 소리를 내며 춤을 춘다.

이렇게 썼다. "비교적 정신이 멀쩡하고 두 사람 분의 식사와 샴페인을 사 먹을 의향이 있는 잘 차려입은 사람이라면 사실상 누구든지" 춤을 출 수 있는 레스토랑으로 들어갔다.

　　"이로 인해 우리나라에서는 생각해 볼 수도 없었던 사회적 계층의 혼합이 이루어졌고 사람들은 뒤범벅이 되었다. 상류층의 젊은 부인과 미혼 여성들, 심지어는 사교계에 처음 발을 디딘 어린 여성까지 매춘부들과 같은 지붕 아래, 아니 같은 방 안에서 춤을 추었다."

　　실제로 파트너가 되어 함께 춤을 추는 경우도 있었다. 레스토랑과 카바레에서는 파트너가 없이 오후에 춤을 추러 온 여성들에게 남자 파트너 겸 강사를 제공해 주었는데 이들은 대부분 배경이 의심스러운 남자들이었다. 이러한 행위는 수치스러운 소문과 사회적 논란을 일으켰다. 타임스퀘어의 연예 오락 업계에 관한 비공식 전문지인 『버라이어티』마저도 '탱고 해적'들의 위험을 경고했다.

　　그리고 캐슬 부부 같은 이들이 아무리 노력해도 춤이 부추기는, 거의 강요하는 성적 방종을 숨길 수는 없었다. 심지어는 춤의 이름까지도 육체와 접촉에 대한 새로운 개방성을 암시했다. 칠면조처럼 둥글게 원을 이루며 추는 터키 트롯, 검은 엉덩이라는 의미의 블랙 바텀, 토끼처럼 껴안는다고 해서 버니 허그, 그리고 '만지다'는 뜻의 어원을 가진 탱고가 여기 속한다. 이러한 춤을 추기 위해서는 두 사람이 꼭 껴안거나 정신없이 회전하며 바닥에 몸을 내던져야 하곤 했다. 〈모두가 다 춤을 춰〉에서는 '래그타임 커플'이 "어깨를 들썩이고", "손가락으로 딱 소리를 내며" 이렇게 소리친다.

"힘들어요, 힘들어요, 힘들어요!"[22]

줄리언 스트리트는 루이스 마틴 옥상 카바레의 춤 강사였던 모리스(「프랑스식 발음으로 불러 주세요!」)의 공연을 이렇게 묘사했다.

"갑자기 남자가 여자를 격렬히 내던지는 모습이 마치 아이가 팽이를 던지는 모습 같았다. 여자가 남자의 손을 잡고 회전을 하더니 두 사람은 나란히 팔을 좌우로 뻗은 꼴이 되었다. 그리고는 남자가 여자를 갑자기 잡아당겼고 여자는 회전을 하면서 도로 남자의 품으로 들어갔다."

남녀는 빨리 더 빨리 움직이더니 절정에 다다른다.

"여자는 뛰어올라 남자의 엉덩뼈에 걸터앉았다. 다리를 구부려 남자의 허리를 껴안은 채로 마치 허공에 뜬 허리띠처럼, 회전하는 남자의 몸에 매달려 바깥으로 상체를 뻗었다."

이러한 춤들이 당시 받아들여지던 도덕적 규범에 미친 영향은 『사람들이 뭐라고 할까?』의 점잖은 포브스 중위의 반응에서 추측할 수 있다. 초저녁인데도 포브스는 눈앞의 광경이 역겹다.

"무도회 복장을 한 인자한 귀족 미망인들이 다양한 종류의 뚜쟁이들과 몸을 부딪치고 또 튕겨 나오곤 했다."

저녁이 끝나 갈 무렵 너무 지쳐 거리낄 힘도 없는 포브스는 이렇게 결론짓는다.

"춤을 추는 몇몇 사람들의 의도는 명백했다. 천박하고 선정적이었으며, 노골적이어서 더욱 가증스러웠다."

---

22) "See that ragtime couple over there / Watch them throw their shoulders in the air / Snap their fingers / Honey, I declare / It's a bear, it's a bear, it's a bear / There!"

그러나 포브스 역시 얌전히 모셔 놓고 싶을 만큼 사랑스런 여자가 있다면 그 여자와 함께 무릎과 팔과 어깨를 감싸 안을 수 있다는 생각에 완벽히 적응하게 된다. 그러나 포브스에게서 여자를 얌전히 모셔 놓는다는 개념은 바람과 함께 사라진 지 오래다.

춤이 욕망의 끈을 풀자 뉴욕 시는 이를 다스리기 위해 조례를 만들었다. 여전히 1913년의 일이다. 카바레의 영업시간을 새벽 두 시까지로 제한한 것이다. 그러나 이 법은 끈 풀린 욕망에 대항할 수 없었다. 카바레 주인들은 간단히 개인 '클럽'을 열었다. 이것이 곧 나이트클럽이라고 불리게 된다. 클럽은 밤새 열 수 있었다. 사람들은 캐슬 부부가 1914년 자리를 옮긴 44번가 극장의 옥상 카바레 '하늘 위의 성Castles in the Air'에서 춤을 추고 지하에 있는 '캐슬 클럽'으로 내려가 술을 마시고 계속 춤을 추었다. 아마 아이린과 버논 캐슬도 함께 했을 것이다. 짧은 시간 동안 바다가재 궁전은 카바레와 댄스 플로어뿐 아니라 나이트클럽까지 낳은 것이다.

1915년, 여전히 아슬아슬한 성적 유희의 수호신이었던 플로렌츠 지그펠트는 「폴리스」의 동료쯤 되는 「한밤의 소란The Midnight Frolic」이라는 쇼를 만들어 뉴암스테르담의 엄청나게 호화로운 옥상정원에서 선보였다. 이것은 타임스퀘어 밤 풍경의 극치였다. 이름만 정원이었지 사실은 거대한 실내였는데 높이는 약 12미터였고 벽은 거대한 통유리였으며 지붕에는 채광창이 있었다. 최고 6백 명을 수용할 수 있었으며 「한밤의 소란」이 끝나면 관객들이 모두 나와 춤을 출 수 있도록 특별 이동식 무대를 갖추고 있었다. 그러나 이곳은 소수의 사람들을 위한 곳이었다. 입장권이 5달러였기 때문에 인색한 노름꾼이나 대학 새내기들은 엄두를 내지 못했고 늦은 폐장 시간은 브로드웨이 사람들 중에서도 해가 뜨기 전에는 잠자리에 들지 않는다고 자랑하는 자들을 끌어들였다.

이들은 1892년 옥상정원을 즐기던 셔츠 바람의 무리가 아니었다. 여자들은 폭이 좁고 몸에 달라붙는 드레스를 입었고 남자들은 실크 모자와 연미복을 입었다. 이들은 샴페인을 마시고 피스타치오를 먹으며 노련한 지그펠트가 무대 위에서, 관객 사이사이에서 선보인 미녀들의 눈부신 행진을 지켜보았다. 실비아 카르멘Sylvia Garman과 풍선 아가씨들은 〈사랑받고 싶어요 I Love to Be Loved〉를 부르며 남자들로 하여금 타는 시가로 풍선을 터뜨리게 했다. 이 쇼는 놀라울 정도로 솔직한 이름을 내걸었는데 그 이름은 바로 「여자 여자 여자 Nothing but Girls」다. 이 쇼에는 〈나만의 탱고 파트너 My Tango Girl〉, 〈나만의 겁쟁이 소녀 My Spooky Girl〉, 〈나만의 한밤의 소녀 My Midnight Girl〉와 같은 노래들이 등장했고 오데트 머틸Odette Myrtill은 「아파치 바이올리니스트 Apache Violinist」에서 격렬한 회전 동작을 보여 주었다.

벽에는 유리로 만든 경사로가 있고 그 경사로를 오르면 정원의 삼면을 둘러싼 유리 발코니에 닿을 수 있었는데 때로는 여성 출연자들이 이 경사로를 따라 올라가 발코니 가장자리에서 줄을 늘어뜨리고 남자들을 '낚시질'했다. 발코니에 오르면 밑에서 속옷이 훤히 보였다. 지그펠트가 폴리스에서 수확한 성적 매력과 가벼움, 그리고 무엇보다 속을 시원하게 만드는 유치함은 뉴암스테르담 꼭대기에서 열린 한밤중의 술잔치에서 정점에 다다랐다. 각 테이블에는 나무망치가 놓여 있었고 사람들은 망치를 두들기고 포크와 나이프를 흔들며 거리낌

없이 즐거운 소란을 피울 수 있었다. 관객들은 전화기를 이용해 서로 이야기를 나눌 수 있었다. 테이블에는 또한 인형과 우습게 생긴 모자 같은 장난감이 있었다. 손님들은 이런 장난감을 기꺼이 이용했을 것이다. 이곳은 전통적인 도덕규범뿐 아니라 어른다움 그 자체까지 일시 정지되는 곳이었다.

1905년에 살았던 사람들은 1915년의 타임스퀘어를 사실상 알아보지 못했을 것이다. 수세대 동안 미국인들의 머릿속에 반복적으로 주입되었던, 즉각적인 만족을 거부하고 자기 절제를 강요하는 법칙, 즉 청교도 윤리는 완전히 사라지지는 않았어도 적어도 느슨해졌다. 남녀 간의 관계, 부자들과 그보다 '열등한' 자들과의 관계, 고급문화와 저급문화의 관계를 가로막고 있던 장벽은 흔들렸고 종종 무너지기도 했다. 코즈모폴리턴들의 하위집단도 나타났다. 줄리언 스트리트는 이들을 '열광적인 자들Hectics'이라고 불렀다. 이들은 최신 유행을 좇는 데 굉장히 열심인 명랑한 젊은 남녀들로 늘 레스토랑에서 극장으로 카바레로 옥상정원으로 뛰어다녔다. 다음은 이들에 대한 스트리트의 신랄한 글이다.

"남자는 금으로 만든 담배 갑을 들고 다니고, 여자 역시 금으로 된 그물 가방을 가지고 다니는데 바로 이 속에 그들의 꿈이 있다고 알려져 있다."

좀 더 과거로, 1895년의 브로드웨이로 돌아가 보면 차이는 더욱 심하다. 1890년대의 상류사회 문학에서 브로드웨이는 거의 등장하지 않는다. 앞서 언급한 브랜더 매튜스의 『아버지의 아들』에서도 마찬가지다. 독자는 거리의 풍경이 어땠는지, 공공장소에서 사람들의 무리가 어떻게 행동했는지 거의 알 수 없다. 사건의 대부분은 응접실에서 일어나기 때문이다. 그러나 20년 후의 뉴욕 작가들에게 브로드웨이는 끝없는 매력을 가진 주제였다. 줄리언 스트리트와 루퍼트 휴즈, 그리고 『육식조*Birds of Prey : Being Pages from the Book of Broadway*』의 작가 조지 브론슨 하워드George Bronson-Howard와 같은 작가들에게 브로드웨이는 삶 자체였다. 브로드웨이의 빠른 변화의 속도, 뜻 모를 말들, 냉소, 덧없음, 절망이 그러했다. 예를 들어 브론슨 하워드는 여자 합창단원들과 그들을 쫓아다니는 남자들 간의 상호 착취 관계에 대한 이야기들을 끝없이 쏟아 냈다. 어리석은 자들만이 브로드웨이에서 도덕가 행세를 하고 브랜더 매튜스Brander Matthews의 소설 등장인물처럼 생각했다. 브로드웨이는 냉정하고 찬란하고 또 화려한 세계였다. 줄리언 스트리트는 이렇게 썼다.

　"기억하라. 뉴욕은 전 미국을 상대로 고통 없는 꿈을 파는 곳이다. 황금으로 된 새로운 꿈을 한 벌 마련하라."

4장 경이로운 간판들

소설 『시스터 캐리』가 절정에 이르는 장면에서 캐리의 불운한 짝 허스트우드는 극심한 가난과 절망에 빠진 채 브로드웨이를 따라 42번가 방향으로 터벅터벅 걷다가 눈 속에서 타오르고 있는 '불 간판' 을 본다. '불 간판'이란 브로드웨이 전역의 레스토랑과 극장에 내걸린 전기 간판을 지칭하기 위해 드라이저가 지어낸, 어떤 불길한 징조를 담고 있는 용어다. 당시 전기 간판은 생긴 지 얼마 안 된 기술이어서 딱히 이름이 없었다. 허스트우드는 어느 레스토랑 앞에서 발길을 멈 춘다. 섄리Shanley 레스토랑 아니면 오페라 카페Cafe de l'Opera였을 것이다. 거기에도 '불 간판'이 있어 왁자지껄 유쾌한 한 무리의 사람들을 밝히 고 있다. 캐리가 배우로 일하는 카지노 극장 앞에 쌓인 눈도 "타오르는 불 간판 아래 빛나고 있었다."

실제로 카지노 극장은 브로드웨이 극장 중 가장 크고 가장 번쩍 번쩍한 전기 간판을 내걸고 있었다. 이는 전혀 새로운 것이었다. 밤을 즐기러 나온 사람들에게 즐거움과 따뜻함을 약속하는 일종의 화려하 고 찬란한 언어였다. (동시에 이것은 허스트우드 같은 사람들에게는 혐오감을 주었다. 그는 어둠을 뚫고 가 어느 여인숙에서 자살하고 만다.) 타임스퀘어와 거의 비슷한 시기에 탄생한 전기 간판은 브로드웨이의 눈부신 밤의 세계를 나타내는 상징이자 시각적 표지로 빠르게 자리 잡았다.

에디슨이 1879년에 백열전구를 완성했으니까 19세기말 드라이 저가 『시스터 캐리』를 집필하던 당시는 전깃불이 발명된 지 불과 20년 정도밖에 안 된 때였다. 밤을 낮으로 만드는 기술은 실로 기적으로 보였다. 세기말 그토록 유행하던 세계 전람회는 근본적으로 빛의 축제였다. 전기 건물이나 전기 탑을 주된 볼거리로 내세웠다. 여러 전람회에서 학문과 과학의 진화를 보여 주기 위한 인류학 전시도 결국은 눈부신 전깃불을 밝히는 것으로 끝을 맺었다. 전깃불은 우리가 생각하는 것처럼 집에서 쉽게 찾아볼 수 있는 물건이 아니어서 거리, 레스토랑, 극장, 박람회장 등을 밝히고 시골 사람들을 도시로 끌어들이기 위한 구경거리였다.

전기 가로등은 1880년대 출시되자마자 거의 즉시 브로드웨이에 줄지어 서기 시작했다. 1895년에는 42번가까지 다다랐다. 극장에서는 표지판을 밝히는 데 오랫동안 가스등을 써 왔지만 이제 전기로 바꾸기 시작했다. 그러나 사실상 최초의 전기 간판은 전깃불로 장식한 거리 광고판이었다. 광고주들이 거리 광고판을 선호했기 때문이다. 주요 도로에는 빈틈없이 광고판이 들어서 있었고 심지어는 광고판 여러 개가 쌓아 올려져 있다시피 했다. 1892년 롱아일랜드 철도의 사장은 '에디슨 제너럴 일렉트릭 컴퍼니Edison General Electric Company'를 고용해 23번가와 5번 애비뉴에 위치한 쐐기 모양의 모퉁이에 전기 간판을 세우도록 했다. 그리고 지나가는 사람들에게 "바닷바람 부는 롱아일랜드에 내 집을 마련"하라고 유혹의 말을 건넸다. 이 광고판은 당시 뉴욕의 확고한 중심이었던 지역에 내걸려 엄청난 인기를 불러일으켰다. 거의 입체에 가까운 이 번쩍번쩍한 간판은 주변에 있는 따분한 평면적 광고판들 사이에서 유난히 눈에 띄었다. 식품업의 거물 하인즈H. J. Heinz는 매디슨스퀘어 호텔에서 종종 이 간판을 내려다보곤 했다. 그리고 1898년 이 공간을 손에 넣은 다음 당시 뉴욕에서 가장 잘 나가던 간판 제작자인 구드O. J. Gude를 고용해 새로운 하인즈 전기 간판을 맡겼다. 주황과 파랑의 배경 위에는 피클과 같은 녹색의 전구로 만들어진 15미터 높이의 피클이 누워 있었고 거대한 흰색 숫자 57에, 하인즈 최고 인기 품목들의 이름, 스위트 피클, 토마토케첩, 인디아 렐리시, 토마토수프, 피치버터가 적혀 있었다. 광고 제작자들이 간판에 점멸 장치를 다는 법을 고안해 낸 덕분에 피클과 숫자, 상품명들이 매디슨스퀘어의 밤하늘 아래 켜졌다 꺼졌다 했다. 새로운 매체, 새로운 대가가 등장한 것이다.

구드는 아돌프 옥스나 오스카 해머스타인, 플로렌츠 지그펠트 같은 인물들과 함께 타임스퀘어, 아니 타임스퀘어의 개념을 만든 홍보 천재들의 대열에 포함되어야 마땅하다. 구드는 열일곱 살에 학교를 그만둔 뉴욕 토박이다. 간판을 설치하는 일로 생계를 꾸려 나가던 구드는 시간이 흐른 뒤, 당시 옥외 광고판을 독점했던 식품 음료 업체의 고객 관리 담당자가 되었다. 1889년 구드는 직접 회사를 차렸고 곧 뉴욕에서 가장 유능한 광고업자로 떠올랐다. 그는 처음으로 거리 광고판의 진가를 알아차렸다. '광고와 예술, 전기와 만나다 *Art and Advertising Joined by Electricity*'라는 짧은 수필에서 구드는 이렇게 썼다.

"거의 모든 광고 매체가 광고의 내용을 이해시키기 위해 독자의 열린 마음, 심지어는 협조를 필요로 한다. 그러나 옥외 광고판은 독자에게 어떤 자발적 동의도 요구하지 않는다. 단순히 위치적 장점을 이용해 지나가는 사람이 관심이 있건 없건 광고 내용을 사실상 강제로 보게 만든다."

'사실상 강제로'라는 말을 이 새로운 매체의 부작용이 아닌 장점으로 내세운 것은 구드가 진정한 광고업자임을 잘 나타내 준다. 물론 전깃불은 위와 같은 일방적인 행위를 상상도 할 수 없는 정도의 공격적인 행위로 끌어올렸다. 여전히 2차원적 전단지가 주를 이루던 시절이었다. 전기 간판은 거리 간판에 최면술을 제곱한 거나 마찬가지였다.

전기 간판에 대한 최초의 언급은 대부분 그것을 본 사람들의 놀랍고 두려워하는 반응을 강조하고 있다. 브로드웨이에 최초로 생긴 간판들 중 하나에 대해 당시에 묘사된 바에 의하면 "헤럴드 부엉이의 빛나는 눈이 1분마다 깜빡 하는 것을 보기 위해 밤마다 사람들이 여기저기 무리를 이루고, 새 이름을 부여받은 헤럴드스퀘어에 모여 지루한 시간을 흘려보냈다. 귀를 기울이면 이 기적 같은 일이 반복될 때마다 지켜보고 있는 사람들 사이에서 낮은 경탄의 소리가 흘러나오는 것을 들을 수 있었다."

간판의 힘은 곧 전기의 힘이었다. 이 힘은 놀라움과 두려움을 자아냈다. 그리고 그 놀라움과 두려움의 느낌을 만들고자 하는 욕구는 간판 제작자들에게 더 기적적인 창조 행위를 요구했다. 1905년 즈음 구드는 4만5천 달러를 들여 타임스퀘어에 헤더블룸 사의 간판을 세웠다. 타임스퀘어 전기 간판의 역사를 담은 『경이로운 간판들Signs and Wonders』의 저자 타마 스타Tama Starr는 이렇게 썼다.

"백열전구로 이루어진 헤더블룸 아가씨는 조개껍질 같은 우산에 가려진 채 쏟아지는 빗속을 가볍게 걸어갔다. 쏟아지는 비는 대각선으로 정렬된 전구로 표현되었다. 뒤에서 불어오는 강풍이 드레스를 들추면 맵시 있는 몸매가 드러나면서 발목까지 올라오는 신발 위로 스타킹을 신은 다리를 과감히 보여 주었다."

몇 해 전만 해도 남자들은 23번가와 5번 애비뉴(최초의 전기 간판이 있던 지점)에 있는 플래티론 빌딩 앞에 서서 빌딩 사이를 휘감고 지나가는 바람이 여자들의 속치마를 들추는 모습을 훔쳐보곤 했다. 그러나 그 여자들에 비해 헤더블룸 아가씨는 더 크고 빛이 났으며 멈추지 않고 볼 수 있었다. 이제 남자들은 광고판 아래 거리에 모여 헤더블룸 아가씨를 보고 또 보았다.

'헤더블룸 속치마 아가씨Heatherbloom petticoat girl'는 타임스퀘어 최초의 '스펙태큘러spectacular'였다. 스펙태큘러란 간판업자들 사이에서 크고 화려해서 길 가는 사람을 멈추게 하는 간판을 지칭하는 말이었다. 스펙태큘러의 역사와 타임스퀘어의 역사는 서로 철저히 얽혀 있다. 왜냐하면 스펙태큘러는 새해 전야 축제와 마찬가지로 타임스퀘어에 대한 사람들의 생각을 결정지었기 때문이다. 스펙태큘러라는 일종의 예술 형식은 오직 타임스퀘어만이 대중 상업 문화의 세계에 내놓을 수 있었던 것이다. 이것은 주로 경제적인 이유 때문이었다. 세계에서 가장 유동 인구가 많은 교차로인 타임스퀘어는 광고주들에게 훗날 텔레비전 방송망과 같은 이점을 제공했다. 1925년 『타임스퀘어 간판 Signs of the Times』이라는 업계 전문지에 한 광고업자가 쓴 글에 따르면 "브로드웨이에서 볼 수 있는 거대한 전기 간판의 주된 목적은 누군가에게 당장 가서 속옷 한 벌을 사도록 만드는 게 아니라 전국적인 규모로 메시지를 전달하는 것이다."

타임스퀘어는 또한 이 새로운 상업 예술 형식을 위한 이상적인 지리적 위치를 갖추고 있었다. 47번가와 브로드웨이가 처음 만나는 지점을 꼭짓점으로 하고 브로드웨이의 동쪽 도로변과 서쪽 도로변이 각각 42번가와 두 개의 밑각을 이루는 삼각형 모양 지역은 간판을 내걸기에 완벽한 환경이었으며 사방으로 시야가 탁 트여 있었다. 타임스퀘어 대부분을 차지하고 있었던 낮은 건물들은 간판을 내걸기 위한 이상적인 받침대가 되어 주었다. 타임스퀘어는 사실상 그 무엇에도 적합하지 않았다. 특히 광장으로서의 역할에는 더욱 부적합했다. 그러나 스펙태큘러를 보기 위한 야외극장으로서는 타임스퀘어만한 곳이 없었다. 광고를 보러 모여든 사람들에게 인도가 너무 좁다 싶으면 사람들은 간단히 도로 위로 쏟아져 내려갔다. 광고주들은 사람들의 시선, 그리고 건물의 크기와 모양 덕분에 특정한 지역이 엄청난 가치를 진다는 것을 알게 되었다. 브로드웨이에서도 42번가와 교차하는 지점의 서쪽 도로변, 43번가와 45번가 구간의 동쪽 도로변, 그리고 삼각형의 꼭짓점인 47번가가 그러했다. 이 지역은 이후 수십 년 동안 근사한 간판들로 채워졌다.

1910년에는 브로드웨이의 도로변에 세워진 전기 광고판이 스무 블록 넘게 이어졌다. 가장 놀랍고 창의적인 간판은 38번가와 만나는 브로드웨이 서쪽 도로변에 그해 세워진 거대한 간판이었다. 타임스퀘어 근방에서 구드의 손에 들어가지 않은 몇 안 되는 지역이었다. 이 간판은 벤허 스타일의 로마식 전차 경주 장면을 선보였다. 당시 「벤허」

는 인기 있는 연극이었다. 가로 23미터, 높이 30미터의 이 전기 간판은 역대 최대 크기였다. 야외극장에 모인 군중이 지켜보는 앞에서 한 전차는 선두를 지키고 나머지 전차들은 채찍을 휘두르고 먼지를 날리며 뒤를 쫓는다. 어느 역사가에 따르면 "말이 뛰는 듯한 느낌"은 이렇게 만들어졌다.

"말 다리의 위치를 달리 해 총 여덟 개 자세의 윤곽을 제작한 뒤 30분의 1초 이상의 속도로 연속으로 점멸시키면 눈이 따라갈 수 없기 때문에 뛰어가는 듯한 완벽한 인상을 준다."

막 태동하고 있던 영화 기술은 엄두도 내지 못할 자연스러운 효과였다. 물론 그때까지의 전기 간판에서 본 어떤 것보다도 훨씬 훌륭했다. 경주는 30초간 이어졌고 다음 경주가 시작할 때까지 30초를 기다려야 했다. 경주를 한 번만 보는 구경꾼은 드물었다. 간판이 처음 켜졌을 때는 사람들이 너무 많이 몰려 교통이 마비되었다. 다음 몇 주 동안은 특별 편성된 경찰 분대가 교통을 정리해야 했다.

간판은 예술이었을 뿐 아니라 상업적인 혁신이었다. 간판에는 '커튼'이 둘러쳐져 있었는데 이는 틀 속의 틀 역할을 했다. 광고 장면 위로는 광고 문구를 전달하기 위한 공간을 제공하는 또 하나의 화면이 있었다. 각 문구는 15초 동안 지속되었고 40분마다 150개의 광고 문구가 반복되었다. 다시 말하자면 전차 경주 장면은 구경꾼들에게 동시에 나오는 광고 문구를 보게 만들기 위한 '쇼'였던 셈이다. 텔레비전이라는 말조차 없던 시대의 텔레비전이었던 셈이다. 이 새로운 간판은 매체로서는 실패했다. 텔레비전에서처럼 프로그램 사이에 광고를 넣어야 했을지도 모른다. 하지만 스펙태큘러의 수준을 몇 년 전에는 상상도 못했던 위치로 끌어올렸다.

1910년 중반 무렵 타임스 타워 상부에서 북쪽을 바라보고 찍은 타임스퀘어의 야경은 이미 굉장히 놀라웠다. 오랫동안 타임스퀘어의 상징으로 여겨져 온 모습은 이때 형성된 것이다. 새하얀 인광燐光으로 밝힌 도로가 하나로 합쳐지고 그 좌우로는 극장, 레스토랑, 타이어, 담배, 속옷 광고 간판이 수도 없이 번쩍이며 줄지어 서 있는 모습이다. 구드는 이 좁은 세계를 마치 거인처럼 타고 앉았다. 1901년 무렵 '위대한 흰 빛의 거리the Great White Way'라는 말을 처음으로 한 사람도 구드였다. 브로드웨이는 한동안 '명랑한 흰 빛의 거리the Gay White Way'라고 불리기도 했다. 『타임스퀘어 간판』의 1907년 기사는 이렇게 적고 있다.

"옥외에 광고를 하려고 하는 광고주들이 구드 컴퍼니에 의해 거의 철저히 좌우되던 시절이 있었다. 구드 컴퍼니의 목적은 가치가 조금이라도 있다 싶은 자리라면 하나도 남김없이 차지하거나 옵션을 가지는 데 있었다."

구드는 브로드웨이 전역에 간판을 갖고 있었다. 구드의 트림블 위스키 간판은 진정한 타임스퀘어 내 가장 훌륭한 위치, 즉 47번가 꼭짓점에 있었다. 구드는 가장 많은 간판을 소유하고 있기도 했지만 가장 좋은 것들을 가지고 있기도 했다. 브로드웨이의 동쪽 도로변, 41번가가 가로지르는 곳에는 그가 제작한 '코티첼리 실크Corticelli silk' 사社의 광고판이 있었는데 이 간판은 장난스러움에다 진정한 이야기까지 담은 걸작이었다. 브로드웨이 방면의 간판에서 장난을 치던 새끼 고양이는 몸이 실에 엉키자 모퉁이를 돌아 거대한 재봉틀이 있는 41번가 방면 간판으로 온다. 재봉틀에 실을 걸고 다시 브로드웨이쪽으로 뛰어오자 재봉틀이 멈춘다. 타마 스타는 이렇게 적고 있다.

"새끼 고양이는 꼬리를 흔들었고 귀도 움찔움찔 했다. 고양이가 앞발을 연달아 휘두르니 실패의 실이 풀리면서 난장판이 되었고 고양이는 실에 엉켜 버렸다."

하늘에 걸린 이런 거대하고 독창적인, 그리고 노골적으로 상업적인 이야기들은 새로운 공공 극장의 일종으로 여겨지게 되었다. 타임스퀘어만이 갖고 있는 특별한 분야의 극장이었다. 루퍼트 휴즈의 소설 『사람들이 뭐라고 할까?』의 주인공 하비 포브스가 42번가와 브로드웨이의 니커보커 호텔에서 야경을 내다보면 "자유자재로 움직이는 전기 간판들이 보였다. 줄넘기 하는 소녀, 울고 웃는 아기, 춤추며 줄 타는 여인, 실에 엉킨 새끼 고양이." 뉴욕을 방문한 외국인들은 타임스퀘어의 환상적인 불빛 쇼를 거의 반드시 언급했다. 한 영국 관광객은 1917년 이렇게 썼다.

"반딧불이가 아래위로 기어 다니고, 지그재그 모양의 번개가 광대한 간판을 때리면 만능 소화제가 나타난다!"

영국 소설가 아놀드 베넷Arnold Bennett은 고국의 독자들을 위해 이렇게 설명했다.

"거대한 새끼 고양이가 실 뭉치를 갖고 놀고 우산 위로 소나기가 쏟아졌다."

그리고 이렇게 몹시 감탄했다.

"하늘 간판이라! 유럽에서는 늘 이것을 단호히 비난했는데 이제 고개를 숙인다. 내가 졌다. 이 하늘 간판들은 논란을 일축한다."

구드 자신도 이러한 베넷의 선언을 인용하며, 전통 매체의 가장 관록 있는 권위자도 이 새로운 매체를 인정할 수밖에 없었다는 증거라고 한다. 그러나 베넷은 인정한 것이 아니라 포기한 것이다. 베넷은 스펙태큘러가 나타내는 거대한 기술적, 경제적, 문화적 힘의 집합은 인정하느냐 마느냐의 문제를 철저히 무의미한 것으로 만들어 버렸음을 알고 있었다. 문학적 가치판단은 대중문화의 원초적인 힘에 비해 갑자기 매우 작게 느껴졌기 때문이다. 베넷은 대중문화를 혐오하지 않았다. 그는 뉴욕을 방문했을 때 조지 코핸의 연극을 재미있게 보았다. 그가 보던, 번역이 어색한 고전극보다 훨씬 더 낫다고 생각했다. 베넷은 아마도 타임스퀘어가 가져다주는 그 뿌리 깊은 감정의 동요, 즉 놀랍고 두렵고, 끔찍하고 무력한 감정의 뒤범벅을 경험한 최초의 문인 가운데 하나일 것이다. 타임스퀘어는 그 뒤로도 내내 교양인들에게 비슷한 감정을 불러일으켰다.

시인 루퍼트 브룩Rupert Brooke은 1914년 뉴욕에 와서 타임스퀘어의 '냉혹한 불빛'을 시오도어 드라이저가 아주 잘 이해했을 만한 어조로 이렇게 묘사했다.

"타 종족의 이방인들은 이곳을 어슬렁거리다가 시선을 위로 향하고는 과연 어떤 신이 이런 회오리를 일으키거나 또는 지켜보고 있는지, 그 신은 선한지 악한지 막연히 궁금해할 것이다."

이에 대한 끔찍하고도 우스꽝스런 대답은 바로 천상의 신이 상업의 신에게 밀려났다는 것이다. '신의 손'은 "불로써 전 국민에게 이러한 메시지를 전한다. 젊은이와 젊어지고 싶은 남자들을 위한 ○○○○ 속옷." 그러면 "영원히 늙지 않는 한 소년과 성인 남자가 이글거리며 등장한다. 별처럼 반짝이는 속옷을 입은 둘은 짧막한 권투 시합을 벌인 뒤 사라진다. 그러고는 다시 나타나 또 한 판을 벌이고 다시 사라진다." 근처에서는 오리온이 "별 같은 골프공을 천국의 들녘 너머 보이지 않는 곳까지 보내 버린다." 타임스퀘어에서 현대의 인간은 서양 신화의 신들로 가득한 하늘까지도 재편성해 치약을 파는 데 써먹는다. 이것은 니체도 미처 예측하지 못한 신들의 죽음이었다. 타임스퀘어는 브룩에게 여전히 깊은 염려의 감정을 불러일으켰다. 그러나 아놀드 베넷처럼 어깨를 으쓱 하고 마는 것이 곧 가장 흔한 반응이 된다.

그러나 전기 간판에 대한 가장 큰 위협은 올림포스 신들의 추종자에게 온 것이 아니라 뉴욕의 아름다움을 지키려는 사람들에게서 왔다. '시민예술사회Municipal Arts Society'는 뉴욕을 선도하는 시민들로 이루어진 시민 단체로 파괴적인 대중문화로부터 도시의 미적 우아함과 품위를 지키는 데 앞장서고 있었다. 이 단체는 1902년부터 간판에 반대하는 캠페인을 시작했다. 1912년이 되자 시민들의 불만에 못 이겨 윌리엄 게이노어William Gaynor 시장은 시장 주재의 간판 자문위원회를 조직했다. 자문위원들은 구드가 말했던 옥외 광고판의 장점을 도리어 업계에 불리하게 이용했다. 그들은 광고판이나 전기 간판에 대해 이렇게 주장했다. "낮에는 보기를 원하지 않는 사람이나 이를 불쾌하게 여기는 사람들 앞에 버티고 서 있고" 밤에는 "대개 흥미 없는 문구를 번쩍이고 깜빡이며 또 사방으로 퍼뜨린다." 위원회는 주택가에서 전기 간판을 금지하고 허가된 간판의 경우도 운영 시간을 제한하고 높이를 10미터 이내로 제한했으며 공원과 광장, 공공건물, 학교와 대로, 5번 애비뉴와 같은 특별한 성격의 거리에서 거의 모든 옥외 광고판을 금지하는 조례를 제안했다. 한마디로 하늘 간판을 끝장낼 수 있는 제안이었다.

이에 대해 누구보다도 구드가 업계를 변호하고 나섰다. 당시 구드는 뉴욕에서 손꼽히는 사업가 중 하나였다. 부유했으며 사회적으로 상당한 지위를 누렸고 취미가 예술품 수집과 승마인 평판 좋은 사교가였다. 그는 어깨가 넓고 머리숱이 많았으며 잘 다듬은 콧수염과 무테 안경, 근엄한 풍채가 특징이었다. 광고인이기는 했지만 오스카 해머스타인처럼 냉소적인 사람도 아니었고 지그펠트처럼 자유분방한 사람도 물론 아니었다. 그는 진심으로 광고를 도덕적, 미적 발전의 근원으로 보는 듯했다. 그에게는 상업성을 굳이 숨기지 않고도 후기 빅토리아풍의 고무적인 언어를 구사하는 재능이 있었다. 한번은 "진정 위대한 광고 천재만이 상상해 낼 수 있는 2천 년 전통의 옥외 광고"를 칭송했는데 그것은 다름 아닌 교회 첨탑이었다. 시장 주재 자문위원회에서 증언할 때 구드는 발코니에서 초기 공익광고물 하나를 펼쳤다. 아이들이 교회로 가는 모습을 담은 포스터였다. 하단에는 이런 문구가 적혀 있었다.

"아이들을 교회에 보내세요. 올바른 첫걸음입니다."

구드는 간판업자들에게 높은 미적 기준을 심어 주면 문제가 해결될 거라고 믿었다. 아름다운 간판이 평범한 간판보다 더 효과적이라고 믿었으며 "이 나라 국민들의 예술 감각이 눈을 뜬 시기, 이에 직접적인 영향을 받았고 그 영향을 밖으로 드러낸" 매체가 바로 옥외 광고라고 주장했다. 적어도 그에게는 이런 주장을 할 권리가 충분했다. 1913년 구드는 '시민예술사회'에 가입해 광고 위원회의 일원이 되기로 했다. 그리고 위원회에서 수많은 개선안을 내놓았다. 눈에 특히 잘 띄는 위치에 자리한 광고판을 옥외 화랑으로 쓴다든가, '구드 컴퍼니'와 '시민예술사회'가 함께 간판 디자인 대회를 주최한다든가, 일류 예술가들을 초청해 '구두 컴퍼니'의 사원들에게 "덜 공격적이고 더 예술적인 광고물 만들기"에 대한 강의를 한다는 등의 제안이었다. 그러나 아무것도 받아들여지지 않았고 구드는 곧 사임했다. 그럼에도 구드의 통솔력은 규제의 힘과 싸워 비겼다. 1914년, 뉴욕 시는 훨씬 완화된 조례를 통과시켰고 그 근본 원칙을 1916년 도시계획 조례에 포함시켰다. 이 조례는 뉴욕 내 여러 구역을 전기 간판 금지 구역으로 지정했으나 그 외의 지역에 대해서는 간판을 심하게 규제하지 않았다. 따라서 타임스퀘어는 훗날 도쿄의 긴자와 런던의 피커딜리와 마찬가지로 뉴욕의 전등불 지구가 되었다. 구드와 다른 사람들이 브로드웨이의 지붕선을 따라 올린 간판들의 찬란함과 아름다움, 기술적 대담성은 위와 같은 뉴욕 시의 판단을 정당화해 주었다.

구드의 가장 엄청난 업적은 1917년, 그가 타임스퀘어 스펙태큘러의 거장으로서의 생애가 끝나 갈 무렵에 이루어졌다. 구드가 가장 소중히 여기던 장소는 브로드웨이 43번가와 44번가 구간에 위치한 푸트넘 빌딩 옥상이었는데 윌리엄 리글리William Wrigley가 연 십만 달러를 주고 이 공간을 임대했다. 구드는 리글리를 위해 지구상에서 가장 큰 전기 간판을 만들었다. 길이는 60미터, 높이는 거의 30미터에 달했다. 여기서 리글리 간판에 대한 타마 스타의 말을 인용하지 않을 수 없다.

"두 마리의 공작새가 마주보며 나뭇가지 위에 앉아 있다. 이 두 마리 새의 꼬리 깃털은 간판의 중앙 부분에서 덮개 모양을 이루고 있다."

덮개 아래는 리글리의 로고와 실제 광고 문구가 있었다. 광고 문구 양쪽에는 뾰족한 모자를 쓰고 창을 든 남자들이 각각 여섯 명씩 있었다.

"창을 휘두르며 열두 가지 체조 동작을 선보이는 이 시범 부대에게 사람들은 '국민체조the Daily Dozen'라는 별명을 붙여 주었다. 이들 양쪽에는 물이 부글부글 간헐적으로 솟아오르는 분수대가 있었으며 이 광경 전체는 덩굴 같은 장식으로 둘러싸여 있었다."

건강이 좋지 않았던 구드는 1918년 회사를 팔고 수집해 놓았던 예술품들을 로토스 클럽Lotos Club에 기증한 뒤 유럽으로 갔다. 그리고 7년 뒤 독일에서 죽었다. 구드는 백만 달러어치의 부동산을 유산으로 남겨 놓았다. 그는 '위대한 흰 빛의 거리의 창조자'로 기억되었다. 구드가 단순히 타임스퀘어에 불빛을 밝혔기 때문은 아니었다. 그것은 구드가 없었다 해도 어쨌든 벌어졌을 일이다. 구드는 예술과 상업을 결합해 스펙태큘러라는 새로운 형태로 빚어냈다. 그리고 훗날 '타임스퀘어' 하면 떠오르는 광경을 만들어 냈다. 구드는 자신의 창조 과정을 기록으로 남겨 놓지는 않았지만 이 기민하고 굳건한 사업가는 타임스퀘어에서 볼 수 있는 가장 재치 있고 환상적인 작품들을 고안했다. 구드는 진정한 사업가였고 옥스나 해머스타인, 지그펠트처럼 홍보의 대가였다. 그리니치 같은 뉴욕 다른 지역에서는 '예술을 위한 예술'이라는 좌우명을 주창했을지 몰라도 타임스퀘어에서는 '회전문이 계속 돌고 돌도록' 만드는 게 더 중요했다.

5장 "돌아오라, 희고 눈부신 것들이여!"

1921년 8월 13일, 조지 코프먼George S. Kaufman과 마크 코넬리Marc Connelly의 극작품 「둘시Dulcy」가 프라지Frazee 극장에서 초연되었다. 「둘시」는 풍자극이었다. 풍자극은 몰리에르Molière 이후 유럽에서 익숙한 장르였지만 브로드웨이에서는 매우 새롭고 충격적이기까지 했다. 브로드웨이의 극작가들은 자신의 주인공을 조롱하는 데 익숙지 않았기 때문이다. 「둘시」의 등장인물들은 대부분 진부하고 어리석은 말을 지껄이거나 다른 사람들의 헛소리를 들으며 이해하는 척 고개를 끄덕인다. 영화 대본 작가 리치는 저녁 식사에 모인 사람들 앞에서 자신의 최근작 「죄악Sin」의 황당한 줄거리를 말해 주겠다고 고집을 부린다. 노아의 방주로 시작해 세계 역사를 일일이 되짚는 이 작품에서는 "마지막에 상징성을 부여하기 위해 시카고에서 잭과 코랄리가 입맞춤을 하는 동안 고대 이집트에서 마르쿠스 안토니우스와 클레오파트라가 입맞춤을" 한다. 리치는 대문자로 시작하는 말만을 고집한다. "그리고 조지 워싱턴은 마사 워싱턴과 마운트 버논에서 입맞춤"을 한다. 이날 저녁 식사를 준비한 여주인 둘시는 프랭클린 애덤스가 꾸며 낸 말도 안 되는 인물에 기초한 역할이다. 둘시의 말은 전부 상투적인 문구들로 이루어져 있는데 어리석은 부자들 사이에서는 이것으로도 대화가 통한다. 만약 누군가가 자신이 읽은 책을 추천한다면 둘시는 이렇게 말할 것이다. "내 책은 내 가장 절친한 친구지요" 둘시는 사실 제인 오스틴의 에마와 비슷한 사랑스러운 참견쟁이다. 품위 있는 교외로 설정된 이 연극의 배경을 난장판으로 만들어 버린 둘시는 믿기 어렵게도 남편과 함께 희극의 신에게 구원 받는다.

「둘시」는 거의 잊혀지다시피 한 연극이고 그럴 만한 이유도 있었지만 이 연극의 천연덕스러운 무례함, 평범함에 대한 재치 있는 경멸은 일종의 문화적 껍질을 깼으며 브로드웨이를 약간 다른 모습으로 바꾸어 놓았다. 훗날 제임스 서버James Thurber는 「둘시」가 자신에게 풍자의 무기를 휘두르는 법을 가르쳐 주었다고 말했다. 「둘시」는 최고의 레뷔에서만 볼 수 있었던 재치와 아이러니, 품위를 서사적 형태로 재현했다. 뒤돌아보면 이 작은 물결이 1차 대전 이후 시작된 창작열의 폭발로 이어지면서 브로드웨이에서는 재치 있고 세련된 연극과 영화 대본, 라디오 방송, 잡지 기사들이 거센 급류처럼 터져 나왔다. 이는 미국 문화를 빅토리아시대의 배후지로부터 현대로 인도했다.

브로드웨이의 1920년대는 무엇보다도 재치의 시대였으며 또한 이치의 시대였다. 조지 코프먼은 단연 재치의 왕이었다. 키다리 코프먼은 그 커다란 봉두난발 아래서 세상을 찬찬히 뜯어보았다. 감상주의에 알레르기가 있는 이 풍자 시인은 실패에 대한 두려움에 쫓기는 과민성 완벽주의자였다. 코프먼의 전기 작가에 따르면 「둘시」가 시카고에서 처음으로 무대에 오르자 마크 코넬리는 다음과 같은 코프먼의 모습을 보았다고 한다.

"아무도 없는 무대 장치실에서 움츠린 어깨로 녹슨 배관에 기대어 선 채 (…) 멍청한 눈빛으로 바닥만 바라보며 손가락으로 숱 많은 머리를 쓸어 넘기고 있었다."

연극이 대인기였다며 코프먼을 안심시켜 주려는 코넬리에게 코프먼은 변명을 늘어놓으며 빌고 또 빌었다.

조금씩 파멸해 가는 자신의 인생사를 슬픈 어조로 그린 『나의 잃어버린 도시*My Lost City*』에서 스콧 피츠제럴드F. Scott Fitzgerald는 1920년대의 맨해튼을 떠올린다. 그는 당시에 이미 이렇게 적고 있다. "급격한 성장으로 인한 열띤 경제 활동은" 도시에 생명을 불어넣었지만 당시의 "대체적으로 모호한 분위기"와 다듬어지지 않은 새로움은 더 이상의 의미를 주지 못했다. 목소리가 없는 에너지에 불과했던 것이다.

그러다 아주 잠깐 동안, '젊은 세대'라는 개념이 뉴욕 생활의 여러 다양한 요소의 융합을 의미하게 되었다. (…) 밝고 명랑하고 힘이 넘치는 요소들이 뒤섞이는 일이 그때부터 시작되었고, 그때 처음으로, 에밀리 프라이스 포스트[23])가 마호가니 원목 테이블에 올리는 만찬 자리보다 좀 더 생기 있는 것을 좋아하는 집단이 형성되기 시작했다. 이들이 바로 칵테일파티를 만들어 냈고 파크애비뉴적 재치를 발전시켰다. 유럽 지식인들은 처음으로 뉴욕 여행이, 호주 오지로 황금을 찾아 떠나는 것보다 더 재미있으리라고 생각하게 되었다.

---

23) Emily Price Post. 에티켓을 중시하기로 유명했던 미국 작가.

1차 대전 직후 미국은 낡고 친숙한 삶의 방식을 허물처럼 벗어버리는 듯했다. 실로 새 시대의 중심은 급격한 변화 그 자체와 널리 퍼진 변화에 대한 인식에서 드러난다. 미국 문화는 도시 생활의 다채롭고 단편적인 리듬을 빠르게 닮아 가고 있었다. 1920년 인구 조사를 보면 처음으로 도시 인구가 지방 인구를 넘어섰다. 뉴욕은 미국의, 그리고 세계의 거상巨像이었다. 뉴욕의 인구는 거의 8백만 명으로 불어났다. 경제성장도 엄청났다. 1918년과 1931년 사이 뉴욕에 등록된 차량 수는 125,101대에서 790,123대로 뛰었다. 유럽 국가 모두를 합친 것보다 많았다. 새로운 것이 유행하던 이 시대에 뉴욕은 새로움을 제조하는 공장이었다. 이제 막 떠오르기 시작한 패션과 디자인, 광고, 잡지 출판 분야가 맨해튼을 중심으로 하고 있었다. 마치 뉴욕이 도시 생활의 개념을 창조해 나머지 지역에 소매로 판매하고 있는 듯했다. 도시 역사가 앤 더글러스Ann Douglas는 이렇게 적고 있다.

"미국뿐 아니라 전 세계의 유행을 선도하는 뉴욕은 기분의 변화를 상업화하는 것을 직업으로 삼고 있다. 뉴욕은 이리저리 변화하는 국민 심리를, 여성용 원피스에서부터 대중음악, 월스트리트 주식, 광고 기획, 건축 디자인에 이르기까지 온갖 종류의 유행으로 해석하는데 이는 한 해, 한 달, 한 주, 하루를 주기로 이루어진다."

국민적 삶이 이렇게 빨리 변화하는 것은 드문 일이다. 1910년대 말에서 1920년대 초까지가 그러했다. 많은 일들이 한꺼번에 일어났기 때문이다. 주식시장의 급성장이 사방으로, 특히 도시로, 갑작스런 부를 비처럼 쏟아 부은 일이라든가, 도시로의 대규모 이주, 라디오와 영화라는 새로운 매체를 통한 전 국민적 문화의 형성, 현대사상의 출현, 그중에서도 빅토리아시대 도덕관이라는 거대한 전당을 안방 코미디 수준으로 떨어뜨린 프로이트의 사상이 여기 속한다. 1차 세계 대전에 참전했던 수백만 명의 남녀가 귀국하기도 했다. 이 전쟁은 그들에게 허황된 꿈을 깨우쳐 주는 계기이자 해방감을 안겨 주는 계기이기도 했다. 허황된 꿈이 깨졌기 때문에 해방감을 느낀 것일지도 모르겠다. 어쨌든 그들은 유럽을 구했을 뿐 아니라 유럽에서 인생에 대해 한 수 배우게 된다. 어떤 이들은 세련된 말로 '대륙적 도덕규범'에 노출되었고 그들 중 지식인들은 대륙 사상을 알게 되었다.

젊은 세대가 기성세대에게 빼앗은 세상이었다. '광란의 1920년대'에 대한 회고 이야기 『어제만 해도Only Yesterday』에서 프레드릭 루이스 앨런Frederick Lewis Allen은 당시 1960년대를 살았던 사람이라면 누구나 친숙하게 여길 언어로 표현한다. 1960년대에도 전체적인 생활수준이 높아지면서 자녀들은 부모 세대의 판에 박힌 일상에서 해방되었다. 동시에 가치관의 급격한 변화는 젊은이들에게 기성세대를 기겁하게 만드는 방식으로 자유를 행사하도록 만들었다. 앨런은 이렇게 쓰고 있다.

"아버지, 어머니들은 뜬눈으로 밤을 지새우며 자식들이 완전히 삐뚤어진 것은 아닌지 자문했다. 아들딸들은 질문을 피하거나, 비참하고 불행한 태도로 거짓을 꾸며 대거나, 적어도 자신은 속이 시커먼 위선자가 아니라고 불같이 화를 내며 대답하곤 했다."

1927년 '플래퍼, 바른 말을 하다A Flapper Set Me Right'라는 제목의 한 잡지 기사에서 연극 연출가 데이비드 벨라스코는 몇 해 전 자신을 방문한 어느 젊고, 가상의 인물일 가능성이 농후한 여자를 떠올린다.
그 여자는 이렇게 말했다.

"구세대들은 우리를 플래퍼, 즉 '왈가닥'이라고 부르고 우리는
구세대를 '노인네'라고 하거나 더 심한 말을 쓰기도 하죠. 그 사람
들은 빅토리아시대 가치를 입담배마냥 곰팡내 나는 혓바닥 아래
말아 넣고 자빠져 있을 뿐 우리가 요구하는 것을 이해하려고 해
본 적이 한 번도 없어요."

여자의 말에 따르면 그들의 요구는 '솔직해지는 것'이었다. 여자
들은 "자연적 본능에 철저히 반하는 상냥함과 순수함"을 가장하는
데 지쳤다고 했다. 그들은 남자와 동등하게 말하고 행동하고자 했다.

물론 이러한 획기적인 변화의 씨앗은 1차 대전이 있기 여러 해
전 퍼시스 카봇Persis Cabot이 유쾌 발랄한 친구들과 함께 여러 술집과
나이트클럽에서 밤새 터키 트롯을 출 때 이미 뿌려졌다. 뉴욕이 전국
적 유행의 원천이었던 것과 같이 뉴욕은 바로 타임스퀘어에서 새로운
경향에 먼저 익숙해졌다. 1920년대의 정신을 다른 방식으로 표현하자
면 브로드웨이에서 처음 나타났던 방종과 경솔함이 전국적 현상으로
나타나기까지 약 십 년이 걸렸다고 할 수 있겠다.

1920년대 초에 이르러서는 플로렌즈 지그펠트가 옹호하던, 예의
범절에 대한 코즈모폴리턴적 무관심이 브로드웨이의 장사 밑천이 되
었다. 때는 모조 다이아몬드로 치장한 여자들의 시대였다. 그것도 몇
개 되지 않는 모조 다이아몬드였다. 당시에는 공연을 관람하고자 하는
사람이라면 언제나 「폴리스」와 같은 레뷔 서너 개, 혹은 네다섯 개
중에서 고를 수 있었다. 예를 들면 조지 화이트George White의 「스캔들

Scandals」, 얼 캐롤Earl Carrol의 「허영Vanities」, 슈버트의 「패싱 쇼Passing Show」, 개릭의 「유쾌 명랑 쇼The Garrick Gaieties」, 그리고 뮤직 박스 극장에서 어빙 베를린이 오로지 자신의 노래를 선보이기 위한 목적으로 상연하던 레뷔도 있었다. 한 세대 이전의 보드빌과 마찬가지로 레뷔도, 새로운 소재에 대한 끊이지 않는 욕구 덕택에 당대의 공연자들에게 자신의 실력을 증명해 보일 수 있는 자리가 되었다. 다만 이들은 놀라운 재능을 소유한 사람들이었다. 어빙 베를린은 뮤직 박스 레뷔뿐 아니라 「폴리스」를 위한 곡도 쓰고 있었다. 조지 거슈윈George Gershwin은 「스캔들」에서 선보일 곡을 쓰고 또 직접 공연했다. 리처드 로저스Richard Rodgers와 로렌즈 하트Lorenz Hart는 「유쾌 명랑 쇼」를 위한 곡들을 쏟아 냈다. 1923년의 뮤직 박스 레뷔는 카우프만과 로버트 벤츨리의 짧은 희극을 선보였고 이들은 곧 뉴욕의 작가와 비평가 배우들로 이루어진 사교 모임인 알곤킨Algonquin 원탁과 『뉴요커』지의 유명한 재담꾼 가운데 하나가 된다. 최초의 재즈 밴드 가운데 하나인 폴 화이트먼 오케스트라Paul Whiteman Orchestra도 「스캔들」에서 공연했다.

1920년대의 레뷔는 이전 세대의 공연들보다 엄청나게 더 도시적이었다. 그리고 외설적인 정도로 볼 때 수위가 훨씬 더 높았다. 가장 뻔뻔스러웠던 얼 캐롤의 「허영」에서는 짧은 치마와 속이 비치는 스타킹을 신은 '호스티스'들이 고객들과 함께 춤을 추었고 좀 더 비싼 테이블에는 실제 무대에 등장하는 '쇼걸'들이 배치되었다. 쇼 자체는 지그펠트의 원칙, '여자, 여자, 여자'를 고수했다. 여자 합창단원들은 반라이거나 속이 비치는 옷을 걸치고 포즈를 취했고 그 뒤에는 "깃털 커튼이나, 공중 정원, 장미로 뒤덮인 문, 그네, 사다리, 보석으로 치장한 프릴, 샹들리에, 풍요의 뿔, 원시 시대, 미래 시대" 등의 배경이 있었다는 것이 이 분야 권위자의 말이다. 슈버트는 나체의 여인들을 샹들리에의 불빛이나 과일 바구니의 과일 역할로 무대에 세웠다. 짧은 희극도 무대의상만큼 속이 훤히 비쳤다. 여러 개별 공연의 상연권을 관리하고 있던 키스앨비 신디케이트Keith-Albee syndicate는 금기 사항이 담긴 긴 목록을 만들어 내기에 이르렀다. 그 가운데는 노를 들고 무대에 등장한 한 소녀가 "나 방금 조정 팀에 합격했어요!" 하고 외치는 진부한 농담도 있었다. 「예술가와 모델Artists and Models」이라는 쇼의 1923년판에는 상의를 입지 않은 여자들이 등장해 모델 행세를 하며 뛰놀았다. 노골적으로 성을 파는 시장이 너무 과열되자 마침내 지그펠트 본인부터 배우들에게 도로 옷을 입히기 시작했다. 이 올림포스의 신은 1927년 한 잡지 기사에서 이렇게 설명했다.

"나는 도덕적 가치관이 아니라 예술적 가치관을 내세우고 싶었습니다. 매력적인 여성이라면 옷을 벗고 거리에 나오지는 않을 거라는 사실을 깨달은 것입니다."

「둘시」와 같은 희곡이 브로드웨이에 더 일찍 등장할 수 없었던 까닭은 조지 코프먼 같은 냉소적인 입담꾼이 극작품을 쓰고 있지 않았기 때문이기도 하지만 (아마 전혀 존재하지 않았을 수도 있다.) 또한 관객이 그런 몰인정한 까발리기를 즐길 준비가 안 됐기 때문이기도 하다. 브로드웨이에서 만들어지는 모든 것은 카페든 간판이든 희곡이든 관객을 염두에 두고 만들어졌고 지금도 그렇게 만들어지고 있다. 1910년의 관객들은 원하던 대로 재미있으면서도 일정한 형식에 따른 공연을 경험했다. 그러나 당대의 통념에 넌더리가 난 (그리고 그 넌더리를 꽤나 즐기고 있던) 새 세대는 새로운 도전에 응하고자 하는 거의 무한한 의지를 보여 주었다. 1차 대전에 참전하고 파리에 잠깐 체류하기도 했으며, 수필가이자 비평가이며 동네 재담꾼이기도 했던 알렉산더 울콧Alexander Woollcott은 당대의 여러 뛰어난 칼럼니스트와 편집자들과 마찬가지로 1920년대에 대한 이러한 관찰을 내놓았다.

> "빈틈없고 분별력 있으며 세련된 대중이 늘어났다. 그 규모는
> 연극계 인물들이 시도할 수 있는 가장 야심만만한 모험조차도
> 수익을 볼 수 있을 정도다."

그리니치빌리지의 보헤미안들은 이미 오래 전부터 타임스퀘어의 공공연한 상업 문화를 혐오해 왔다. 그러나 1918년 한 무리의 세련된, 그리니치빌리지 출신 인물들이 브로드웨이에 수준 있는 영국과 유럽 희곡을 들여오기 위해 '시어터 길드Theatre Guild'라고 하는 연극인 조합을 만들었다. 시어터 길드는 1920년 당시, 1차 대전을 잔인한 군국주의라고 비난했다는 이유로 미국에서도 영국에서도 지독히 부도덕하다고 소문난 조지 버나드 쇼의 작품「비탄의 집Heartbreak House」을 브로드웨이에 올렸다. 이 작품은 큰 인기와 엄청난 성공을 누렸다. 이어서 시어터 길드는 입센의「페르퀸트」와 스트린드버그의「죽음의 춤Dance of Death」, 그리고 조지 버나드 쇼의 거의 모든 작품, 시드니 하워드Sideny Howard나 베어먼S. N. Behrman, 밀네A. A. Milne 같은 진지한 영미 작가들의 작품을 무대에 올렸다. 대담한 예술적 순수성의 정신 아래 상연된 이들 작품 대부분은 브로드웨이 관객을 끌어들였다. 1925년 시어터 길드는 서부 25번가에 자체 극장을 지었고 뉴욕과 런던에 각각 순회공연단을 두었다. 시어터 길드의 후원자들은 뉴욕에만 3만

명이었고 뉴욕 외 지역에도 3만 명이 더 있었다. 시어터 길드가 고급 문화의 유일한 원천도 아니었다. 브로드웨이 관객은 서머셋 몸Somerset Maugham, 션 오케이시Sean O'Casey, 존 갤스워디John Galsworthy 등의 희곡을 보러 다녔고 이탈리아어, 독일어, 프랑스어, 러시아어, 히브리어 연극도 무대에 올랐다.

유진 오닐Eugene O'Neill은 단순한 브로드웨이의 극작가가 아니라 엄청나게 성공한 인물이었다. 그의 첫 장편 희곡 「수평선 너머Beyond the Horizon」는 1920년 모로스코 극장에서 상연되었다. 이 희곡이 어찌나 난해하고 관객을 심란하게 만들었던지 처음에는, 모로스코 극장에 저녁 공연이 없을 때도, 낮에만 공연되었다. 「수평선 너머」는 농장에 사는 두 형제의 이야기를 한다. '언덕 너머에 있는' 세계를 꿈꾸는 시적인 영혼의 소유자 로버트와 땅에 헌신하는 산문적 인물 앤디의 이야기다. 사랑은 두 사람의 운명을 뒤바꾸고 삶을 파괴한다. 바다로 나갈 계획이었던 로버트는 사랑하는 여자와 결혼하기 위해 농장에 남고, 같은 여자를 사랑한 앤디는 농장과 가족과의 관계를 가차 없이 끊어 버리고 로버트를 대신하여 배에 오른다. 브로드웨이에서 여전히 인기를 끌던 고도로 여성적이고 기독교적이던 빅토리아풍 희곡에서 사랑은 늘 최고선으로 인식되었고 가정은 마음 깊이 그리운 궁극적 목적지였다. 그러나 로버트에게 사랑이란 끔찍한 항복의 행위며 깊은 본능에 대한 배신이다. 농장은 망하고 아내 루스가 로버트를 혐오하게 되자 가정은 빠르게 산지옥이 되어 버린다.

「수평선 너머」는 단호히 비기독교적이며, 사람을 불편하게 만드는 희곡이다. 이 희곡에서는 오직 인간의 일부만이 운명의 압도적인 힘을 피할 수 있을 뿐이다. 극히 사려 깊은 평론가들은 즉각 이 희곡을 천재의 작품이라고 인정했다. 알렉산더 울콧이 『뉴욕타임스』에 쓴 글에 따르면 "이 희곡에는 위대함이 있고 오닐이 가장 뛰어난 우리 극작가 가운데 하나임을 보여 준다." 마찬가지로 영향력 있는 인물인 헤이우드 브라운Heywood Broun은 오닐이 연극계에 돌파구를 마련해 주었다고 했다. 그보다 더 놀라운 것은 「수평선 너머」가 111회를 공연하며 진정한 성공을 거두었다는 점이다. 사탕으로 만족하던 관객은 이제 고기를 찾고 있었다. 브룩스 앳킨슨은 자신이 집필한 브로드웨이의 역사에서 「수평선 너머」에 대해 이렇게 말한다.

"「가장 쉬운 길The Easiet Way」, 「구세군 넬Salvation Nell」, 「귀신 들린 밤The Witching Hour」 같은 엉터리 연극은 불가능해졌다."

오닐은 14년간 19개의 희곡을 브로드웨이에 올리는 무시무시한 생산력을 보여 주었다.

1920년의 브로드웨이는 물리적으로, 또 은유적으로 1910년의 브로드웨이와는 굉장히 다른 장소였다. 먼저 '브로드웨이는' 이제 '타임스퀘어'와 사실상 동의어가 되었다. 42번가 남쪽에 있는 극장은 대부분 문을 닫았고 42번가 북쪽으로는 엄청난 속도로 새 극장이 지어졌다. 1910년대에 스물여덟 개가 지어졌고 1921년에만 일곱 개가 더 지어졌다. 1920년대 중반에 이르자 브로드웨이에서는 매년 무려 이백 개 이상의 새 공연장이 문을 열었다. 타임스퀘어는 이제 밀도 있고 완전한, 독립적인 장소였다. 45번가와 50번가 구간의 공터는 꽉 찼고 토지 개발자가 부동산세를 면제받기 위해 지어 놓았다고 해서 '납세자'라고 불리는, 금방이라도 무너질 것 같은 이 건물들은 실속 있는 건물과 고층 빌딩으로 대체되었다. 42번가의 캔들러 빌딩, 브로드웨이 서쪽 도로변 43번가와 44번가 구간에 위치한 푸트넘 빌딩(지금은 파라마운트 빌딩이 있는 위치) 같은 건물들은 타임스퀘어에 새로이 현대적 감각과 활력을 부여했다. 게다가 타임스퀘어는 번쩍이는 빛과 색상으로 가득 차 있었다. 이것들은 높은 빌딩보다 더 효과적으로 따분한 현실 세계를 타임스퀘어의 경계선 너머로 밀어냈다. 타임스퀘어는 루퍼트 브룩Rupert Brooke을 어질어질하게 만들던 바로 그 이교도 성전이 된 것이다.

그러나 '브로드웨이'라는 말 자체가 에워싸고 있는 그 형언할 수 없는 신비한 매력은 지리적 위치나 건물, 불빛만으로는 설명할 수 없었다. 당시는 브로드웨이의 시작에 불과했기 때문이다. 매주 토요일 전국의 신문 구독자들, 그러니까 글을 읽을 줄 아는 거의 모든 사람들은 신문사가 연합으로 게재하는 프랭클린 애덤스의 칼럼을 읽었다. '새로 쓴 사뮤엘 핍스[24]의 일기Diary of Our Own Samuel Pepys'라는 제목의 이 칼럼은 브로드웨이 인물들의 움직임을 전해 주었다. 애덤스는 자신을 '에프피에이FPA'라고 칭했고 모든 친구들에게 특별한 별칭을 주었다. 칼럼에는 '아이 베를린(I. Berlin, 어빙 베를린)'과 '제이 컨(J. Kern, 제롬 컨)'이 등장했고 조지 코프먼은 '지에스케이G.S.K', 출판업자이자 한량인 허버트 배이야드 스워프Hebert Bayard Swope는 '에이치비에스

---

24) 사뮤엘 핍스는 17세기 영국인으로 그의 일기는 당시의 영국사를 생생히 증언해 주었다.

H.B.S.'라고 썼다. 1907년에 처음 발행된 연예계 전문지『버라이어티』는 이미 고전이었다. 1920년 중반이 되자『배니티 페어*Vanity Fair*』,『뉴요커』,『스마트 셋*The Smart Set*』 등의 잡지가 따분하기 그지없는 동네라는 의미의 '덜스보로*Dullsboro*'에 유배된 독자들을 위해 톡톡 튀는 새 언어로 브로드웨이의 풍경을 해부했다. 일간지의 극장가 칼럼은 한때는 형편없는 기자들이 썩고 있던 곳이었지만 곧 뉴욕에서 가장 세련된 문장들의 보금자리가 되었다. 재능이 뛰어난 헤이우드 브라운은『트리뷴』에 글을 쓰다가 곧『월드*World*』,『텔레그램*Telegram*』에도 글을 썼고 조지 코프먼과 알렉산더 울콧도『뉴욕타임스』에 기고했다. 작가이자 감독인 모스 하트Moss Hart는 브롱스에 있는 온수도 안 나오는 아파트에서 브라운과 프랭클린 애덤스의 기사를 꼼꼼히 읽으며 언젠가는 타임스퀘어의 불사신들과 어깨를 나란히 하겠다는 꿈을 키웠다고 회고했다. 전국 방방곡곡의 젊은이들이 하트와 같이 브로드웨이의 달콤한 꿈을 키워 가고 있었다.

이때는 타임스퀘어에서 쏟아져 나오고 있던 노골적으로 상업적인 예술 작품들이 처음으로 진지하게 받아들여진 시기이기도 했다. 브라운이나 애덤스,『스마트 셋』의 편집장인 조지 진 네이선Georgr Jin Nathan과 같은 브로드웨이 인물들뿐만 아니라 에드먼드 윌슨Edmund Willson이나 조셉 우드 크러치Joseph Wood Krutch와 같은 거물급 지식인들도 어빙 베를린과 재즈 음악, 레뷔에 대해 글을 썼다.

이와 같은 새로운 예술 형태에 대한 가장 열렬한 옹호는 길버트 셀데스가 1924년 선보인『살아 숨 쉬는 일곱 가지 예술』이란 책이었다. 박식하고 고전학 기초가 탄탄한 셀데스는 그럼에도 재즈와 보드빌, 지그펠트, 조지 코핸, 만화 크레이지 캣Krazy Kat과 맥 세넷Mack Sennett 의 영화를 옹호했다. 셀데스는 이들과 같이 포괄적이고 변화무쌍하며 관객이나 독자를 만족시키는 데 혈안이 되어 있는 형태의 예술을 '살아 숨 쉬는 예술'이라고 칭했다. 이것을 오늘날 우리는 대중문화라고 부른다. 셀데스에 따르면 이러한 비주류 예술은 "어느 정도까지는 일종의 마취제에 가깝다. 말하자면 우리의 굶주림을 잠시 속여 잠을 잘 수 있게 만든다. 전적인 만족을 주지도 않지만 우릴 타락시키지도 않는다. 이러한 예술에도 나름대로 치열한 순간이 있다." 셀데스는 이어서, 이름난 보드빌 배우들 앞에 서자 자신도 모르게 밀려들어온 황홀감에 대해 자세히 이야기하고 있다. 1920년대의 브로드웨이는 바로 살아 숨 쉬는 예술의 진원이자 정점이었던 것이다.

조지 코프먼은 여유로운 중산층 집안에서 자라난 피츠버그 출신의 유대인이었다. 당시의 수많은 영리하고 야심 찬 남녀들과 마찬가지로 코프먼도 브로드웨이에 끌렸다. 재치만 있으면 한 몫 하던 시절에 코프먼은 재담꾼 중의 재담꾼이었고 18세기 술집에서도 어울렸을 법한 번개처럼 빠른 언어 순발력을 발휘했다. 한번은 허허벌판 할리우드에서 극작가 베어먼과 마주치자 이렇게 말했다.

"아, 잊혀졌지만 사라지지 않았군요."

벼락부자가 된 모스 하트가 하루는 번쩍이는 카우보이 복장을 하고 나타나자 코프먼은 그에게 이렇게 인사했다.

"어이, 백금 씨."

코프먼은 여러 야심 찬 익살꾼들과 마찬가지로『트리뷴』에 실리고 있던 프랭클린 애덤스의 칼럼에 재미있는 소재를 제공하면서부터 일을 시작했고 곧 유머가 담긴 자기 자신만의 칼럼을 쓰기 시작했다.

코프먼은 서른 살이 될 때까지 여기저기 떠돌다가 마침내『뉴욕타임스』문화부에 일자리를 얻어 위풍당당한 울콧 밑에서 일하게 되었다. 몇 년 뒤 울콧은, 웃음도 내비치지 않고 강력한 농담을 뱉어내곤 했던 이 날카롭고 어두운 새내기가 매우 두려웠다고 고백했다. 코프먼은 대체로 행복한 결혼 생활을 했고 경제적으로도 성공했으며 일에 열과 성의를 다했지만 그러한 외적 환경과 아무 상관없이 코프먼은 늘 깊은 불안을 느끼며 살았다. 그의 전기 작가는 이렇게 쓰고 있다.

"그는 불안한 나머지 빠른 속도로 말을 뱉어내다가도 어느 순간 소심해져 철저히 침묵하기도 했다."

코프먼은 엘리베이터를 너무 오래 타거나 위험한 찻길을 건너는 것을 무서워했다. 그러나 그가 선택한 존재 방식 때문에 이 두 가지 상황을 접하지 않을 수가 없었다. 세균공포증이 있었던 코프먼은 모든 종류의 육체적인 접촉을 꺼렸으며 특히 악수를 싫어했다.

코프먼의 재치, 그리고 사실상 그의 모든 기질은 굴곡 없는 감정에 대한 격렬한 반감을 뼈대로 형성되었다. 모스 하트가 무명의 풋내기 시절 이미 거물급이었던 코프먼과 함께 작업하게 된 데 대하여 마음에서 우러나오는 감사의 말을 전할 때였다. 안락의자에 깊숙이 기대어 앉은 코프먼은 겉으로 봐서는 그 어떤 움직임도 없었다.

"그러다 갑자기 불가능할 것 같았던, 곡예사 같은 빠른 움직임으로 꼬았던 다리를 풀고는, 늪에서 고독을 즐기다가 놀라서 날아

오른 커다란 새처럼, 놀랍고도 간결한 한 번의 동작으로 의자에서 빠르게 튀어 올라 나를 기겁하게 만들었다."

코프먼은 연애 장면을 쓰는 데는 정말 소질이 없었다. 코프먼이 유일하게 혼자 집필한 『버터 앤 에그맨*The Butter and Egg Man*』에 등장하는 연애 장면은 어찌나 형식적인지 두 젊은이는 짝을 이루라고 명령을 받다시피 한 것 같다. 코프먼은 재치 있는 경구로 인간의 수렁을 깊이 들여다보았다. 오닐도 마찬가지였다. 물론 코프먼은 오닐만큼 위대한 인물은 아니었다. 그러나 이런 감정적 엄격함과, 가식에 대한 혐오로 인해, 심지어는 마음에서 우러나온 감정조차도 혐오함으로써 그는 이 시대를 지배한 도시문화의 대표적 인물로 꼽힌다. 1920년대의 극적 감동과 감수성은 그것이 희극적이든 비극적이든, 이전 세대의 지나친 감상에 대한 거부에 뿌리를 두고 있었기 때문이다. 이 점은 궁극적으로 오닐과 코프먼이 왜 그 전 세대에 비해 '현대적'으로 느껴지는지 설명해 준다.

코프먼은 아주 완전한 브로드웨이 사람이었다. 타임스퀘어에서 걸어서 갈 수 있는 거리 밖을 벗어나지 않았고 친구들은 거의 대부분 공연계 사람들이었다. 쥐꼬리만 한 봉급이 필요 없어진 이후에도 코프먼은 『뉴욕타임스』를 떠나지 않았다. 그 환경이 좋아서 그랬는지 아니면 그가 늘 지니고 있던 실패에 대한 두려움 때문이었는지 알 수 없다. 코프먼은 아는 대로 썼다. 브로드웨이가 그에게 배경과 인물과 언어를 제공했다. 예를 들면, 『버터 앤 에그맨』의 인물들은 보통사람이라면 거의 알아듣기 불가능한 보드빌 배우들만의 속어를 쓴다.

"난 나이트클럽 여섯 군데를 돌면서 화려한 마지막을 장식했지.

그것도 몇 년이나 했어!I done six clubs for the wow at the finish, and done it for years!"

'버터 앤 에그맨'이란 브로드웨이에서 유행하던 속어로 기꺼이 공연의 물주가 되어 주던 중서부의 벼락부자를 비하하는 말이다. 이 연극의 주인공은 오하이오 주 칠리카티 출신의 신인 스타로 교활한 제작자에게 유산을 빼앗긴다. 연극 속의 연극에는 재판 장면, 매음굴 장면이 나오고 천당에서 만난 랍비와 신부가 "아랫동네 사람들은 무슨 종교를 믿든 다 똑같다."고 이야기 나누는 장면도 나온다. 코프먼 의 『말 탄 거지Beggar on Horseback』는 실력 있는 젊은 작곡가가 돈벌이만을 위한 쓰레기 같은 연극 음악을 쓰지 않기 위해 골 빈 부잣집 상속녀와 결혼한다는 이야기다. 『6월의 달June Moon』 역시 같은 주제를 놓고 거꾸로 뒤집는다. 이 희곡의 주인공 프레드 스티븐스는 멍청한 감상주의 자로 브로드웨이 작곡가로 화려하게 데뷔한다.

코프먼 희곡은 표면이 너무 반짝거리고 등장인물들이 자기네들 끼리 즐기느라 바쁜 나머지 희곡에 깔려 있는, 상도덕과 2류 취향에 대한 지독한 염증을 놓치기가 쉽다. 그러나 성공한 사람들의 세계를 경멸하는 코프먼은 냉소적이기로 악명 높은 멩켄H. L. Mencken보다 사실상 덜하지 않다. 코프먼 희곡 대부분에는 대부분이 프레드 스티븐 스와 비슷하거나 「둘시」에 등장하는 영화 대본 작가로서 지극히 평범한 작품의 힘으로 상업적 성공을 거둔 리치와 비슷한 인물이 등장한다. 코프먼이 마크 코넬리와 공동 작업한 『말 탄 거지』의 대부분은 보헤미안 닐 맥레이의 초현실적인 꿈의 연속이다. 꿈속에서 닐은 처가 식구들의 부르주아 세계에 꼼짝없이 갇혀 있는데 이는 꼭 오닐의 로버트가 농장에 갇혀 있는 꼴이다. 골프 복장을 한 닐의 장인은 수화기에 대고 이렇게 외친다.

"18개 홀은 사들이고, 물웅덩이는 죄다 팔아!"

그동안, 기업의 로봇 여섯은 아무 생각 없이 '간접비용', '거래 총액', '1년 결산'을 반복해 외친다. 닐은 진부한 말들로 이루어진 불협화음에 점점 미쳐 가고 마침내 온 가족을 살해하기에 이른다. 그렇게 해서 도달하게 된 재판정은 기괴한 코미디 뮤지컬이 되고 그는 대중적이지 못한 곡을 작곡한 잘못으로 유죄를 선고받는다. 어쨌든 코프먼은, 시장은 비굴한 타협을 요구한다는 자신의 주장을 양보하지 않고도 대중적이고 세심하게 다듬어진 희곡을 연이어 만들어 냈다.

때때로 우울한 침묵에 빠지거나 경련을 일으키기도 했지만 그래도 조지 코프먼은 사교적인 사람으로, 사람을 좋아했고 혼자 일하는 것을 싫어하는 듯했다. 공동 작업이 흔하던 이 시절 코프먼은 공동 작업의 대가였다. 그는 같은 극작가인 마크 코넬리Marc Connelly, 소설가 에드나 퍼버Edna Ferber, 심지어는 모스 하트 같은 풋내기와도 함께 일했다. 그는 어느 사교 클럽의 창립 회원이기도 했는데, 이 모임의 사람들은 서로 치켜세워 주기도 하고 깎아내리기도 하면서 선상 칵테일파티와 포커 게임을 즐기곤 했다. 1920년 후반에도 여전히 부릅뜬 눈으로 브로드웨이를 관찰하고 있던 하트는 코프먼의 집에서 흔히 있었던 다과회에 모이곤 하던 사람들의 목록을 만들어 놓았다. (다과회란 장시간에 걸친 술잔치를 익살스럽게 돌려 말한 것이다.) 그 목록에는 에델 배리모어

Ethel Barrymore, 하포 막스Harpo Marx, 헤이우드 브라운, 에드나 퍼버, 헬렌 헤이스Helen Hayes, 조지 거슈윈, 알프레드 런트Alfred Lunt, 알렉산더 울콧, 레슬리 하워드Leslie Howard, 도로시 파커Dorothy Parker, 로버트 벤츨리, 로버트 셔우드Robert Sherwood, 허버트 배이야드 스워프가 포함되어 있었다. 거의 같은 무리의 사람들이 버몬트에 있는 울콧의 시골 별장에서 모이기도 하고 맨해튼 북부에 있는 화가 니사 맥메인Neysa McMein의 작업실에서 모이거나 심지어는 프랑스 남부에 장소를 빌려 모이기도 했다. 물론 연극은 기본적으로 공동 작업을 요구하는 매체다. 그러나 1920년대의 이 모임이 놀라운 것은 그 결속력 때문이다. 이들은 거의 공동체적인 삶을 살았고 이들의 작품은 여러 면에서, 마법에 걸린 듯한 그 흥분되고 치열하게 경쟁적인 사회의 기록이기도 하다. 전국의 극장에서 그리고 안방에서 이들의 짓궂고도 영감이 충만한 대화를 엿듣는 것은 관객의 특권이자 기쁨이었다.

브로드웨이의 재담꾼들은 함께 글을 쓰기도 하고 서로를 위해 쓰기도 했으며 서로에 대해 쓰기도 했다. 모임 가운데 가장 신랄하고 아마도 가장 가엾은 도로시 파커는 1916년 『보그』에 연극 평론을 쓰다가 극작가 로버트 셔우드와 그의 동료 로버트 벤츨리가 편집장으로 있는 『배니티 페어』로 옮겼다. 훗날 희극배우가 되었다가 뉴요커의 대들보로 성장했지만 「폴리스」에 등장한 지그펠트의 아내, 빌리 버크에 대해 혹평을 썼다가 해고당했다. 울콧은 여러 면에서 모임의 중심이었다. 그는 또한 타임스퀘어 근처에 있는 호텔에서 점심때마다 모이던 유명한 모임인 알곤킨 원탁의 가장 천재적인 일원으로서 친구들에 대해 쓰는 것을 직업으로 삼다시피 했다. 그는 친구들의 희곡에 대한 평을 쓰기도 하고 희곡이 출판될 때는 익살맞으면서도 호감을 주는 서문을 써 주기도 했다. 그 외에도 두 가지 잡지에 코프먼에 대한 인물 소개를 썼으며 어빙 베를린에 대해서는 인물 소개 하나와 장편 전기를 썼다. 1929년 그는 뉴요커에 주간 칼럼을 쓰는 동시에 더 중요한 주간 라디오 쇼를 시작했다. 이 라디오 쇼를 통해 울콧은 브로드웨이에서 일어나는 일에 대해 세계에 알렸고 인기 브로드웨이 배우를 출연시키기도 했다. 베어먼의 「짧은 순간Brief Moment」에서 울콧은 자신과 닮은, 뚱뚱하고 게으르고 심술궂은 참견쟁이를 연기했다. 시간이 훨씬 흐른 1939년, 코프먼과 하트는 울콧에 대한 연극 「저녁 식사에 온 남자The Man Who Came to Dinner」를 썼다.

이와 같이 쉴 새 없는 공동 작업과 기록, 평론 작업, 식사, 술 마시기는 당시의 문화를, 재치와 순발력, 생기, 임기응변과 같은, 모임의 공동적 감성이 지시하는 방향으로 몰고 갔다. 부르기 쉽고 사랑스러운 노래를 만드는 데는 적수가 없었던 어빙 베를린은, 알곤킨 원탁에 가입했거나 적어도 종종 방문하는 인물들 가운데서도 가장 대중적이고, 전통적인 의미에서 성공한 사람이었다. 그러나 울콧과 도로시 파커를 포함한 나머지 인물들과 친밀하게 지내면서 베를린은 방향을 틀게 되었다. 베를린의 전기 작가에 따르면, 베를린의 노래이기는 하지만 베를린다운 개성이 있는 만큼 콜 포터Cole Porter의 느낌을 풍기는 〈어쩌면 좋아What'll I Do〉를 작곡할 때 그는 순전히 콜 포터 느낌의 분위기에 둘러싸여 있었다고 한다. 니사 맥메인 부부가 여는 파티에 샴페인을 들고 온 베를린은 도착하자마자 피아노에 앉아 작곡을 한 것이다. 훗날 베를린의 아내가 될 아름답고 젊은 사교계 여성 엘린

맥케이Ellin Mackay는 베를린을 만나자마자 〈어쩌면 좋아〉를 무척이나 좋아한다고 말했다고 한다.

원탁의 한계는 그 결과물이 하찮은 농담과, 기가 막히지만 저속한 익살극에 한정되었다는 데 있었다. 그러나 차차 코프먼과 작업 동료들은 인물의 성격에 주로 기초한 풍자극의 한 형태를 만들어 냈다. 1929년 코프먼과 링 라드너Ring Lardner는 『6월의 달』을 공동 집필했다. 링 라드너는 신랄한 스포츠 기자이자 수필가로 명성을 떨치고 있었다. 『6월의 달』의 서막에서는 기차에 탄 두 승객이 서로 말을 건네기 위해 너무 노력한 나머지 서로의 말을 전혀 듣지 않는다. 두 사람은 각자 상대방이 알 리 없는 사람들에 대해 끝없이 지껄인다. 고통스러울 정도로 인간적인 상황이지만 동시에 우스꽝스럽다. 코프먼은 작곡가 지망생 프레드를, 성공을 구걸하는 자들을 위해 남겨 놓은 특별한 '지옥의 원'[25) 안에 넣는다. 한 무감각한 합창단원은 이렇게 조잘댄다.

"저 사람은 자기주장이 없어. 넣는 걸 깜빡했나 봐."

조지 진 네이선은 『아메리칸 머큐리』에서 이렇게 쓰고 있다. "『6월의 달』은 별 볼일 없는 수다쟁이들과 냉소주의자들, 새로워진 재치의 사도들에게 최후의 일격을 가하는 데 일조할 것으로 보인다. 한마디 한마디가 그 상황과 분위기, 그 말을 하는 인물에게 꼭 들어맞는다."

『6월의 달』에서 잇따라 웃음보를 터지게 만드는 한 3류 작곡가는

---

25) 단테의 『신곡』에 나오는 지옥의 원.

"거슈윈은 십 년 내에 망할" 거라고 예상한다. 그리고 실제로 거슈윈이 나타나자 이렇게 불평한다.

"저 놈이 내 랩소디를 훔쳤어."[26]

실제로 코프먼은 1927년 처음 선보인 「악기를 울려라Strike Up the Band」에서 거슈윈과 함께 작업했다. 우리가 알고 있는 이 브로드웨이 뮤지컬은 사실상 이때부터 전해 내려온 것이다. 마치 어떤 조화로운 수렴 현상처럼 조지 거슈윈과 아이라 거슈윈 형제의 「재미난 얼굴Funny Face」 역시 프레드와 아델 애스태어를 주연으로 그해 무대에 올랐고 마크 트웨인의 소설을 원작으로 한 리처드 로저스와 로렌즈 하트의 「코네티컷 양키A Connecticut Yankee」도 마찬가지였다. 미시시피 강의 배 위에서 펼쳐지는 흑인들의 삶에 대한 서사시적 뮤지컬 「쇼 보트Show Boat」 역시 이해 처음 상연되었다. 제롬 컨과, 오스카 해머스타인의 손자이자 윌리 해머스타인의 아들인 오스카 해머스타인 2세가 음악을 맡았다. 앞서 말한 모든 작품들은 음악과 노래의 수준에서 이전 작품들과 확연히 구분되었다. 이 작품들은 또한 음악과 노래, 이야기를 융합하는 방향으로 움직이기 시작했다. 그때까지 베를린이나 제롬 컨을 비롯한 다른 사람들은 대체로 짧은 희극과 재담, 박수갈채를 받을 만한 명연기를 누더기처럼 이어 붙이는 데 익숙했다.

「악기를 울려라」는 너무 험하고 거친 작품이었던 나머지, 공연을 취소해야 했다. 코프먼과 거슈윈이 풍자의 수위를 조금 낮추고 난 뒤에야 인기를 얻었다. 주인공 호러스 플레처는 엄청난 수준의 '버터

---

26) 거슈윈의 작품 『랩소디 인 블루』를 말한다.

앤 에그맨'이다. 이 치즈 제조업자는 스위스 치즈의 수입을 막기 위해 별로 총명하지 못한 쿨리지 대통령을 속여 스위스에 전쟁을 선포하게 만든다. 이러한 줄거리는 전형적인 코프만식 줄거리다. 내용의 황당함 자체가 작가의 풍자적 상상력을 자유롭게 하는 효과가 있다. 호러스는 모든 전쟁 비용을 대기로 하고 전쟁에 자신의 이름을 붙여 준다면 25퍼센트의 수익까지 보장하겠다고 제안한다. 대통령의 수석 보좌관은 "행동 개시!"를 외친다. 전형적인 거슈윈 스타일의 독창적이고 애국적인 선율이 뒤섞인 『악기를 울려라』는 호러스가 전쟁의 열기를 고조시키고 계속해서 뻔뻔스럽게 폭리를 취하기 위해 고안해 낸 노래다. 호러스는 어느새 스위스를 피투성이로 만들기 위해 미국의 젊은 이들을 파병한다. 그러나 스위스인들은 현명한 판단에 따라 산속에 숨었다가 결국 항복한다. 거슈윈이 이 뮤지컬을 위해 작곡한 노래에는 〈내가 사랑하는 남자*The Man I Love*〉, 〈난 널 짝사랑해*I've Got a Crush on You*〉가 있고 길버트와 설리번풍으로 운을 맞춰 두 개씩 짝지은 가사와 재즈의 승리를 축하하는 래그타임 곡도 있었다. 거장의 다양한 취향에 맞춘 다채로운 음악이 있음에도 「악기를 울려라」는 줄거리 자체에 직접 노래를 끼워 넣은 첫 번째 뮤지컬로 더 잘 알려져 있다. 「6월의 달」이 인물의 성격 자체에 해학을 부여한 첫 브로드웨이 연극으로 알려져 있는 것과 마찬가지다.

1927년은 놀라운 한 해였다. 브로드웨이의 극장들은 1920년대 동안 한 해 평균 225개의 연극을 올렸다. 1927년 이 숫자는 264에 달했다. 그 전에도 그 이후로도 없었던 숫자였다. 브로드웨이 역사상 가장 훌륭한 한 해였을 뿐만 아니라 이해 베이브 루스George Herman

Ruth는 60번째 홈런을 쳤고 찰스 린드버그Charles Lindbergh는 대서양 횡단 비행을 성공적으로 마쳤다. 영웅과 영웅들의 행진, 놀라운 새 소식들로 붐빈 한 해였다. 주식시장은 엘리베이터 안내원과 은행가를 가리지 않고 모두 부자로 만들었다. 피츠제럴드는 나중에 이렇게 썼다.

"1920년의 불안감은 안정적인 황금빛 포효에 가려 더 이상 들리지 않았고 파티는 더 크게, 공연은 더 거창하게, 건물은 더 높게, 도덕규범은 더 느슨하게, 술은 더 싸게 변해 갔다."

언젠가는 몽땅 사라질, 순간적인 광란 상태였다. 하지만 피츠제럴드의, 세상의 종말을 방불케 하는 혐오스런 어투를 듣고 있자면 대공황이 마치 방종에 대한 하느님의 벌이라고 느껴질 정도였다. 실제로 피츠제럴드는 이렇게 쓰고 있다.

"도시는 케이크와 서커스로 배가 부풀대로 부풀고도 모자라 넘칠 지경에다가 마비되기까지 했다."

그러나 올콧과 코프먼, 프랭클린 애덤스, 과일 바구니 속에 나체로 늘어진 합창단원들이 있던 이 화려하고 아찔한 시절에 그랬던 것처럼 매혹적인 브로드웨이는 다시 찾아오지 않았다. 이것을 가장 잘 알고 있던 사람은 다름 아닌 피츠제럴드였다. 그는 『잃어버린 나의 도시』의 끝에 이렇게 썼다.

"지금으로서는 내 눈부신 신기루가 사라졌다고 소리칠 수밖에 없다. 돌아오라, 돌아와, 희고 눈부신 것들이여!"

6장 금주령 시대의 타임스퀘어

타임스퀘어는 초기부터 술의 망망대해 위에 떠 있었다. 5센트짜리 맥주, 위스키, 포도주, 레스토랑 렉터와 샌리스에서 됫병으로 마셔댄 고급 샴페인까지. 브로드웨이에서 밤과 낮을 보내던 예술가적 영혼의 소유자들은, 그러니까 배우, 무용수, 합창단원, 작곡가, 작가, 무대감독, 매니저, 제작자, 암표상 할 것 없이 모두 브로드웨이 근처의 지하술집, 선술집, 바다가재 궁전, 호텔에서 밤마다 술 한 잔씩 하면서, 신경을 쓰느라 피곤했던 머리를 식히고 흔들리는 자존심을 추슬렀다.

1925년 수필가 벤자민 드 카세레스Benjamin de Casseres는 술기운 알근한 회고록 『뉴욕의 거울Mirrors of New York』에서 브로드웨이를 '술의 주요 간선도로'라 하고, 타임스퀘어를 그 중앙 정거장으로 묘사했다. 그리고 42번가와 브로드웨이의 동남쪽 모퉁이에 위치한 니커보커 호텔의 바는 '42번가 컨트리클럽의 본부'라고 말했다. 호텔 밖 "길모퉁이에서 수년간 반복된 말은 바로 '한 잔 더 하자'였다."며 드 카세레스는 구슬픈 기억을 되새겼다. 1925년에는 물론 금주령이 한창이었다. 그래서 『뉴욕의 거울』은 지나가 버린 황금시대에 대한 울적한 회고록이었다. "이 모퉁이에서 술집이 빠른 속도로 쇠망하고 그 폐허에 초콜릿과

탄산수 가게가 선 것은 얼마 되지 않은 과거의 일"이라고 한 드 카세레스의 이 회고록은 현대화와 풍기 단속의 물결이 망쳐 놓은 타임스퀘어에 대한 가장 초기 기록일 것이다.

'개정안 18조'는 1919년 7월 1일부터 시행되었지만 금주령을 국법으로 만든 '볼스테드 법령Volstead Act'은 이듬해 1월 16일에야 시행되었다. 쓰라리게 차디찬 밤이었다. 수은주는 영하 15도까지 내려가 있었다. 술을 마시러 온 사람들은 마치 최후의 식사를 하러 온 사형수들처럼 낡은 술집들을 가득 채웠다. '라이슨웨버Reisenweber'에서는 장례식을 테마로 하는 무도회를 열었다. 카페 맥심의 웨이터들은 관을 나르는 사람처럼 차려입고 있었다. 기죽지 않은 태평한 모습이었지만 술집들은 그야말로 장례를 치러야 할 판이었다. 술 없이는 웅장한 바다가재 궁전도 지나치게 화려하게 치장한 대형 식당에 지나지 않았다. 누가 음료수 진저에일 한 병을 앞에 두고 밤을 지새우겠는가. 3년이 채 되지 않아 브로드웨이의 훌륭한 전통 있는 식당들은 모조리 문을 닫았다. 그리고 그 자리에 핫도그 노점과 소다수 가게, 그리고 벤자민 드 카세레스 같은 부류의 사람들을 불쾌하게 만들었던 심야 간이식당 '커피포트coffee pot'가 생겨났다. 금주령은 타임스퀘어의 그 화려하던, 먹고 마시는 문화를 초토화한 것이다.

그러나 금주령도 음주 자체를 막지는 못했다. 음주는 브로드웨이의 삶의 방식에 너무 깊이 새겨져 있었다. 그래서 음주는 춤추기나 연극 관람같이 사랑받는 놀이 문화였다가 거의 하룻밤 사이에 법에 쫓기는 은밀한 행위가 되어 버렸다. 몇 년 안에 타임스퀘어 주변에는 적어도 수백 개의 무허가 술집이 생겼다. 이 무허가 술집들 대부분은 바다가재 궁전과 달리 도로가 교차하는 탁 트인 공간이 아니라 브로드웨이를 가로지르는 40번가에서 50번가까지의 브라운스톤이나 식당의 2층, 가게 뒷방에 있었다. 이들 가운데 여럿은 이 지역에서 수년 동안 성행하던 싸구려 술집이 지하로 숨어든 것에 지나지 않았다. 단골손님은 얼굴을 보여 주거나 이름을 대고 들어갔고, 미닫이 창이나 문에 난 창살 달린 구멍을 통해 암호를 속삭여야 하는 경우도 있었다. 가정집이 술집으로 변하기도 했다. 술을 마시러 온 손님들은 한때 가정집 거실이었던 공간으로 안내되곤 했다. 이들 가운데 어떤 곳에서는 (『뉴요커』에 소개되어 독자들의 부러움을 사기도 했는데) 최신 잡지들과 푹신한 안락의자, 얼음과 소다수를 넣은 제대로 된 스카치위스키를 제공하기도 했다. 그 밖의 수많은 술집에서는 웰쉬래빗[27] 냄새가 진동했고 진에 물을 탔으며 바가지를 씌우거나 가끔은 술 취해 정신없는 손님들의 돈을 빼앗기도 했다. 리블링은 『뉴요커』에 간판 페인트공들에 대한 기사를 쓴 적이 있었다. 이들은 금주령이 내려진 당시 나이트클럽을 새로 페인트칠하고 가구의 배치를 달리 하는 일로 짭짤한 수입을 올렸다. 그렇게 내부를 바꾸어 놓고 나면 화가 난 고객이 다음 날 경찰과 함께 들이닥쳐도 술집을 알아보지 못하고, 자신의 희미한 기억만을 의심하곤 했기 때문이다.

　무허가 술집은 아편 소굴과 마찬가지로 불법 시설이었다. 담당 경찰관은 뇌물을 받고 눈을 감아 주기도 했지만 그보다 대담하고 끈질긴 정부 요원들은 술집과 나이트클럽을 급습해 술병을 깨고 술집

---

27) Welsh rabbit. 녹인 치즈(맥주를 섞기도 함)를 토스트 또는 비스킷에 부은 요리.

문을 자물쇠로 잠근 뒤 주인과 종업원들을 감옥으로 끌고 갔다. 술집 손님 대부분은, 그리고 주인들은 이러한 기습을 성가시다고 여겼으며 어쩔 수 없는 술집 영업의 일부라고 생각했다. 금주령은 브로드웨이의 교양인들과 독실한 애주가들 사이에서 그 어떤 윤리적 타당성도 확보하지 못했다. 오히려 금주령은 술이 취하지 않은 상태가 안 좋은 것이라고 여기게 만들었다. 음주를 동반하는 가벼운 모험은 음주를 더욱 멋있게 보이게 만든 것이다. 게다가 음식과 술의 단절로 인해 아마 만취하기가 더 쉬워졌을 것이다.

게다가 무허가 술집은 더 심각한 범죄에 의존하고 있었는데 바로 범죄 조직이 쥐고 흔들다시피 하던 술의 밀매였다. 럼주 밀매는 뉴욕과 시카고에서 범죄 조직을 탄생시킨 것이나 마찬가지다. 1960년대와 그 이후의 마약 매매가 새로운 거대 범죄 집단의 성장을 촉진했듯이. 당대 지하 세계의 거물인 더치 셜츠Dutch Schultz, 오우니 매든Owney Madden, 럭키 루치아노Lucky Luciano가 가장 잘 나가던 술 밀매업자들이었다. 그들은 밀매를 통해 벌어들인 돈을, 나이트클럽을 통해 도로 타임스퀘어에 쏟아 부었다. 여기서 나이트클럽이란 공연을 보여 주는 무허가 술집이었다. 당시 유명했던 거의 모든 나이트클럽은 부분적으로, 혹은 전적으로 갱스터의 소유였다. 엘 페이El Fey, 실버 슬리퍼Silver Slipper, 핫치 타치the Hotsy Totsy, 패러디the Parody가 모두 그러했다. 가장 뛰어난, 나이트클럽 공연 연출가였던 닐스 그랜런드Nils T. Granlund의 회고록 『금발머리와 갈색머리, 그리고 총알Blondes, Brunettes and Bullets』에 따르면 그것은 "갱스터들을 위한 맞춤 시설이었다." 갱스터들은 이미 이곳에 술을 공급하고 있었고 엄청난 현금을 손에 쥐고 있었으며 대다수가 클럽에서 노는 것을 매우 좋아했다.

『뉴욕 헤럴드』의 사회부 편집장으로 유명했던 스탠리 워커는 이렇게 썼다.

"아무리 좋은 나이트클럽이라도 그것은 모든 의미에서, 넓고 말끔한 카바레를 엉터리로 모방한 것에 불과했으며 안 좋은 나이트클럽은 끔찍할 정도였다. 깡패, 포주, 좀도둑, 소매치기, 얼뜨기, 귀금속 도둑, 전문 폭력배, 살인 청부업자, 전과자들의 소굴이었고 후기에는 납치와 공갈 협박을 일삼는 자들까지 모여들었다."

나이트클럽은 암흑의 소굴이었다. 바로 이 사실이 신문기자들과 야구선수들, 여자 합창단원들, 체면을 차리는 데 전혀 관심이 없거나, 불량한 세계에 발끝이라도 담그고 싶어하는 벼락부자들을 매혹시켰다. 이처럼 한데 뒤섞인 다양한 부류의 사람들의 이러한 은밀한 문화로부터 바로 '광란의 1920년대'의 불량한 타임스퀘어가 비롯된 것이다. 온 세계 사람들은 데이먼 러니언Damon Runyon, 월터 윈첼Walter Winchell, 마크 헬링거Mark Hellinger, 그리고 그 밖의 여러 훌륭한 신문기자들을 통해 당시의 타임스퀘어에 대해서 알 수 있었다. 스탠리 워커Stanley Walker가 괜히 1920년대를 나이트클럽의 시대라고 한 것이 아니다. 나이트클럽은 이 노골적으로 극적인 시대의 숨은 지하 무대였다. 코프먼과 울콧, 벤틀리의 코즈모폴리턴적 재치가 열린 극장 무대에서 선보이는 동안 나이트클럽에서는 음담패설과 야단법석 난장판, 총격전이 어우러져 나름대로 무대를 꾸몄다. 이 무대는 매우 은밀했으며, 그래서 더 매력적이었다.

이 분야에 대해 잘 알 만한 위치에 있었던 닐스 그랜런드는 브로드웨이의 모든 나이트클럽이 금주령 초기에는 음악과 춤이 있는 매음굴이었다고 말했다. 1세대 나이트클럽은 옛 콘서트 살룬처럼 술에 취해 뻗고 싶거나 성매매를 하고 싶은 남자들을 위한 장소였다. 웨이트리스들은 사실상 자유롭게 고객들을 상대로 돈을 벌 수 있었다. 나이트클럽은 제대로 된 공연을 올릴 만한 재력이 없었고 나이트클럽의 소유주였던 갱스터들은 낮은 수준에도 만족했다. 처음으로 문을 연 고급 나이트클럽은 1924년의 '엘 페이'였다. 이곳의 주인 래리 페이 Larry Fey는 술 밀매업자이자 택시 회사 사장으로 그랜드 센트럴 터미널과 펜 스테이션의 택시 정거장을 운영하고 있었다. 술 밀매업보다 택시 회사 운영을 하는 데 훨씬 더 잔인해야 한다는 사실은 널리 알려져 있었다. 그러나 이 클럽의 실세는, 페이와 다른 갱스터들이 이어서 자금을 제공한 여러 다른 클럽과 마찬가지로, 텍사스 기넌Texas Guinan 이라고 하는 한물간 무성영화배우였다. 당시 40세였던 텍스(텍사스의 애칭)는 크고 풍만한 몸매에 늘 다이아몬드와 진주를 칭칭 감고 살았다. 화려하고 재치 있고 목소리가 큰 이 사랑스런 여인은 비슷한 시대를 살았던 메이 웨스트Mae West를 떠오르게 했다. 텍스는 곧 새로운 밤 문화의 선풍적인 중심, '나이트클럽의 여왕'이 된다.

텍스는 자신을 거대한 하늘의 별보다 브로드웨이의 가로등을 더 사랑하게 된 '카우걸'이라고 소개했다. 말하자면 한때 애니 오클리[28]였다가 소피 터커[29]로 변한 경우다. 텍스는 자신이 텍사스에 있는

---

28) Annie Oakley. 사격의 명수로 알려진 시골 소녀로 버팔로 빌의 《와일드 웨스트 쇼》에 출연해 사격 솜씨를 선보였다.

2십만 평방킬로미터 크기의 목장에서 자라났으며 로데오 서커스를 따라 집을 나와 콜로라도의 광산촌을 전전했다고 말했다. 끈기 있는 연구 끝에 텍스의 전기 작가는 이 모든 것이 꾸며 낸 이야기임을 밝혀 냈다. 텍스는 텍사스 주 웨이코와 콜로라도 주의 덴버에서 비교적 좋은 집안 자식으로 자라났고, 1907년 보드빌 배우가 되었으며 브로 드웨이의 가벼운 오페라에서 파트너와 함께 코믹 연기를 펼쳤다. 당 시 이와 같은 문제에 관하여 엄밀한 진실을 어느 정도 왜곡하는 것은 상상력을 잃지 않았다는 의미로 기특하게 여겨 넘겨졌으나 텍스가 자신의 배경을 개척 시대의 서부로 잡았다는 것은 브로드웨이의 삶에 대해서 비교적 많은 것을 알려 준다. 당시의 화류계, 아니 그보다 더 좁다고 할 수도 있는, 텍스가 몸담고 있던 세상에서는 서부 지방에서 중요시하던 특정한 능력들, 그러니까 주먹 쓰는 법, 이야기를 풀어놓 는 법, 재치와 지혜로 살아가는 법이 대도시의 사치와 향락의 밤 세계 와 묘하게 섞였다. 나이트클럽에서는 어렴풋이 광산촌의 싸한 향내가 났다.

텍스는 《총을 든 여자The Gun Woman》 같은 무성영화에서 쌍권총 든 페르소나를 완성시켰다. 모든 스턴트를 직접 소화해 낸 텍스는 '물불을 가리지 않는 여성의 전형'으로 알려졌다. 1921년 텍스는 직접 제작회사를 차려 《말 탄 자들의 텍사스Texas of the Mounted》, 《텍스의 영혼 The Soul of Tex》, 《텍스의 발톱The Claws of Tex》 등의 구식 영화 시리즈를 만들었다. 회사가 그다지 성공적이지 못했던 까닭에 텍스는 뉴욕으로

---

29) Sophie Tucker. 유명한 코미디언이자 보드빌 가수로 주로 1920년대 왕성한 활동을 보였다.

돌아왔고 그 뒤로 뉴욕을 오랫동안 비운 적이 없었다. 닐스 그랜런드의 주장에 따르면 자신이, 보자르라는 클럽에서 사회를 보고 있던 텍스를 발견했으며 한창 뜨고 있던 갱스터 래리 페이에게 소개를 시켜 주었다. 1924년 래리 페이는 엘 페이를 열어 텍스를 여주인 자리에 앉혔다. 왜 자신의 이름 철자를 바꿔 쓰기로 했는지는 지금까지 아무도 모른다. 6번 애비뉴와 브로드웨이 구간 45번가에 위치한 엘 페이는 2층에 있는 작디작은 방이었는데 이 방에 다다르기 위해서는 사람이 겨우 들여다볼 수 있는 작은 구멍이 난 문을 지나 좁다란 계단을 올라가야 했다. 엘 페이의 합창단원들은 대부분 「지그펠트의 폴리스」에서 공연을 하던 단원들이었는데 뉴암스테르담에서 열한 시에 공연이 끝나면 엘 페이로 오곤 했다. 겨우 열세 살에 불과한 단원들도 있었으며 텍스는 이들의 참견쟁이 엄마와 같았다. 엘 페이에서는 성을 팔 수도, 살 수도 없었다. 어떤 합창단원들의 말에 따르면 욕하는 소리조차 들어 보지 못했다고 한다. 고객들은 어떤 방식으로든 규칙을 위반하면 텍스에게 불려 갈 것임을 알고 있었다.

텍스는 대체로 자정 얼마 전에 아침 식사를 하고 약 한 시쯤 클럽에 도착하곤 했다. 합창단원들은 종종 〈체리Cherries〉라는 노래를 부르며 등장하곤 했다. 노래를 부르는 동안 관객 사이사이로 지나다니면서 바구니에서 체리를 집어 간절한 관객들 입 속에 체리를 넣어 주었다. (성매매금지법은 성적 유혹까지 금지하지는 않았다.) 그리고 나면 금관악기 같은 목소리를 가진 텍스가 의자 위에 올라가 〈캘리포니아, 내가 간다California, Here I Come〉와 같은 옛 명곡을 관객과 함께 열창하곤 했다. 그 뒤에는 고객들 한가운데 앉아 고객들을 조롱하고 놀리곤 했다.

또한 그 가운데 점잖은 사람들을 부추겨 등 짚고 넘기 같은 유치한 놀이를 하게 만들곤 했다. 때로는 주의를 끌기 위해 경찰이 쓰는 호루라기를 불기도 했다. 고객들이 도착하면 "어서 와, 나의 봉!"이라고 외치곤 했는데 여기에는 고객이 곧 텍스의 말도 안 되는 가격에 바가지를 쓰게 될 것이라는 숨은 의미가 담겨 있었다. 사과즙에 알코올을 섞은 것에 불과한 이른바 '샴페인' 한 병에 25달러였으니까. 텍스의 인사말은 또한 텍스 자신을 포함한 '봉'들의 공동체로 들어온 것을 환영한다는 의미도 갖고 있었다. 어느 낙농업계의 재벌이 특별히 많은 돈을 뿌리자 텍스는 이렇게 외쳤다고 한다.

"정말 통 큰 '버터 달걀 사나이Butter and Egg Man'시네!"

코프먼의 연극 제목은 바로 이 말에서 따왔다고 한다. 전설에 따르면 그렇다는 소리다.

신랄하고 호사스러운 텍스는 '무질서의 지배자Lord of Misrule'가 아닌 '무질서의 여주인Dame of Misrule'이었다. 에드먼드 윌슨은 텍스를 '비범한 여인'이라고 묘사하며 이렇게 말했다.

"진주를 늘어뜨린 가슴은 늘 반짝였으며 노랗게 바랜 머리장식은 풍성하고 아름다웠고 눈부시게 흰 치아는 만만찮은 수다를 내뱉었다. 녹색 벨벳 사이로는 넓은 등판이 드러났고 양배추만 한 모란꽃이 넓고 푸른 허벅지 위에 활짝 피어 있었다."

예의범절에 대한 유쾌한 경멸과 순발력 있는 재치가 있고 신나게 노는 것을 좋아하며 세상 풍파를 겪어 본 자만의 지혜를 가지고 있던 텍스는 당대의 특징을 체현하고 있었다고 해도 과하지 않다. 말하자면 알곤킨 원탁이 한 여인 속에 다 들어가 있었던 셈이다. 윌슨과 같은 고급문화 주창자도 텍스의 왕좌를 참배했고 최상층 계급의 귀족들도 텍스의 비위를 맞추었다. 텍스는 에드워드 웨일스 공도 자신의 친한 친구 가운데 하나였다고 주장했다. 경찰이 들이닥치자 텍스는 에드워드 왕자에게 서둘러 부엌에 들어가서 달걀을 부치고 있으라고 말했다고 한다. 한편 마운트배튼 경은 드럼 주자인 것처럼 꾸몄다고 한다. 당국이 텍스와의 싸움에서 유리한 고지를 점령하지 못했음은 물론이다.

텍스는 한군데 너무 오래 머무르지 않았다. 1925년 4월, 경찰이 엘 페이를 폐쇄하자 텍스는 48번가 동부에 위치한 텍사스 기념 클럽에서 다시 나타났다. 4개월 후 이 클럽마저 폐쇄되자 텍스는 45번가 옛 장소에 다시 생겨난 '델 페이Del Fey'에 다시 얼굴을 내밀었다. 텍스의 이런 태평스러운 행동은 계산된 것이었다. 이후 텍스는 300클럽, 클럽 인타임the Club intime, 클럽 아르고나우타the Club Argonaut로 옮겨 다녔다. 텍스의 움직임을 기록하던 뉴요커는 한때 이렇게 보도했다.

"텍사스 기념의 3,465번째 개막 무대가 48번가 서부 117번지에서 열렸다. 텍사스 기념은 2년 전에도 같은 곳에 있었다."

텍스는 경찰을 비웃었다. 그리고 온 뉴욕이 텍스와 같이 비웃는 듯했다. 1927년 초 텍스가 체포되었을 때 군중은 거리로 몰려나왔고 악대는 1924년도의 대히트곡 〈죄수의 노래The Prisoner's Song〉를 애처롭게 연주했다. 뉴욕이 〈자물쇠 법Padlock Law〉이라고 하는 가혹한 법안을 통과시켰을 때 텍스는 자물쇠 레뷔를 무대에 올리고는 자물쇠로 만든 목걸이를 하고 당시 운영하던 클럽을 유유히 거닐었다. 1928년 마침내 화제의 재판에 회부된 텍스는 자신이 클럽을 실제로 소유한 적은 한 번도 없었으며 어쨌든 술이 팔리고 있다는 사실은 전혀 몰랐고 자신의 명예가 바닥에 떨어져 더럽혀졌다는 등의 증언을 했다. 재판은 주간 신문에 크게 다루어졌고 불굴의 텍스는 마침내 모든 혐의를 벗었다.

텍스의 다양한 클럽은, 곧 금주령 시대의 '렉터' 레스토랑이었다. 브로드웨이의 생활방식은 이곳에서 가장 격렬하게 펼쳐졌고 브로드웨이의 진정한 시민들은 이곳에서 남는 시간을 보냈다. 한편 타지 사람들은 이곳에서 공포에 가까운 경외심을 느끼며 진정한 브로드웨이를 맛보았고 한두 가지 이야깃거리를 얻어 고향으로 갔다. 텍스는 모르는 사람도, 모르는 것도 없었다. 기자들은 텍스를 귀중한 소식통으로 여겼다. 『뉴욕 월드』 신문의 헤이우드 브라운도 종종 들렀고 『데일리 뉴스』 신문의 마크 헬링거도 후배 월터 윈첼과 함께 거의 매일 밤 가곤 했다.

윈첼은 텍스와 마찬가지로 보드빌 배우 출신이었다. 「윈첼과 그린Winchell & Green」이라는 노래와 춤이 있는 짧은 공연을 가지고 소도시 극장들을 전전하며 여러 해를 보낸 뒤였다. 그가 기자 일을 시작하게 된 것은, 그날그날 등장할 배우들에 대한 소식을 타자기로 찍어 극장 로비에 붙이기 시작하면서부터였다. 그 뒤에는 『보드빌 뉴스』 사에 일자리를 얻었다. 『보드빌 뉴스』는 팰리스 극장에 본부를 두고 있는 '키스 오르페움Keith-Orpheum' 보드빌 순회 극단에서 발행하던 허풍 심한 신문이었다. 보드빌 세계 전체가 사실상 팰리스 극장을 중심으로 두 블록 내에 집결되어 있었던 까닭에 윈첼은 헐렁한 바지 입은 이 방랑자들의 세계에 대한 극히 자세한 사실까지도 알 수 있었다. 그러나 그는 사교계에 대해서는 아는 것이 없었고 엘 페이가 문을 연 1924년은 윈첼이 『그래픽』이라는 어느 못나고 초라한 신문사에서 가십 기자로 막 활동을 시작한 때였다. 당시에는 가십 기자라는 말도 존재하지 않았다.

스탠리 워커에 의하면 윈첼은 "놀라울 정도로 민첩하고 지나치게 예민한, 작은 체구의 남자"였다. 말이 빨랐고 지칠 줄 몰랐으며 욕심이 많았다. 그의 전기 작가 닐 게이블러Neal Gabler는 이렇게 썼다.

"담배를 쉬지 않고 피워 댔고 끊임없이 수다를 떨었으며 빠른 속도로 메모를 했다. (대개 끝이 뭉툭한 연필로 편지 봉투 뒷면이나 네모나게 접은 신문 위에 썼다.) 그리고 드물게나마 말을 하지 않을 때는 손가락으로 테이블을 두드렸다."

그는 무허가 술집에서 어슬렁거리다가 한 테이블에서 웃음이 터져 나오면 재빨리 뛰어가서 이렇게 외쳤다.

"왜 웃어요? 기삿거리 될 만한 일이에요?"

초기에는 주로 텍스한테서 기사거리를 얻었다. 윈첼은 텍스의 클럽에서 밤을 지새우고는 세 시나 네 시가 되어 클럽이 문을 닫으면 텍스, 헬링거와 포커를 치며 기삿거리를 주고받았다. 이후에 윈첼은 텍스가 사교계 인물에 대해서 기사를 쓸 생각을 하게 해 주었다고 말했다. 텍스가 방 이곳저곳을 가리키며 누구는 합창단원과 바람이 났고 누구는 막 결혼을 앞두고 있으며 누구는 막 리노에서 돌아왔다는 등의 이야기를 해 주었기 때문이다. 그리고 텍스는 매춘부들만큼이나 갱스터들을 잘 알았다.

니사 맥메인의 스튜디오를 드나들던 잘 차려입은 무리의 사람들은 윈첼을 조롱거리로 삼기도 했다. 하찮은 일들에 대한 윈첼의 집착, 숨넘어갈 듯한 그의 말버릇, 그리고 어색한 신조어의 남발 때문이었다. 그러나 윈첼은 장차 그들 가운데 누구보다 더 중요한 인물이 된다. 윈첼은 6학년 때 학교를 그만두었고 그의 야망은 브로드웨이의 비밀을 폭로하는 것에 더도 덜도 아니었다. 그는 브로드웨이를 일컬어 '큰 줄기The Main Stem', 혹은 '조각난 꿈의 거리The Street of Broken Dreams', '꽉 막힌 동맥The Clogged Artery'이라고 했다. 윈첼만큼 브로드웨이에 심취해 있던 국민들은 윈첼이 전하는 소식에 열광했다. 1920년대 후반 『그래픽』을 떠나 더 평판 좋은 『미러』로 옮겼을 때 이미 윈첼은 신문기자들이 전성기를 누리던 당시 가장 유명한 신문기자 가운데 하나였다. 그리고 1930년에 시작해 엄청난 인기를 얻었던 그의 라디오 프로그램 덕택에 윈첼은 그 누구도 따라올 수 없는 명성을 얻었다. 그는 브로드웨이의 시장, 브로드웨이의 시인, 브로드웨이의 전기 작가가 된 것이다. 윈첼은 모두가 무언가를 숨기고 있는 세상을 이야기했다. 그것은 불륜이거나 부정한 돈벌이거나 어두운 비밀이었다. 윈첼은 또한 자기만의 규칙에 따라 사는 사람들이 갖고 있는 사나이 정신이 어떤 것인지 밝혀내기도 했다.

"저 테이블에 있는 사람은 전혀 다른 세상에 사는 사람입니다. 같이 있는 여자는 아내가 아니에요. 아내는 46번가에 있는 은신처에 좋아하는 사람과 함께 있어요. 이해하시겠습니까? (…) 남편에게 들키면 얼마나 끔찍할까요. (…) 하지만 고자질은 바보짓입니다. 남편이 이미 알면서 속고 있다고 해도요. (…) 남편들은 그런 정보를 도통 달가워하지 않아요."

윈첼은 나이트클럽 세계 갱스터의 가치관과 언어를 흡수해 '고자질은 바보짓a guy is a sap to wise a pal'과 같은 자신만의 특수한 방언으로 온 미국에 전달했다. 윈첼은 그 바닥 사람들을 다 알고 있었고 특히 그에게 스포츠카 '스터츠 베어캣Stutz Bearcat'을 선사한 오우니 매든 Owney Madden과 친했다. 텍스의 친구이기도 했던 매든은 동료인 프렌치 드망쥬French DeMange, 피츠 엣슨Feets Edson과 마찬가지로 텍스가 운영하는 클럽 가운데 한 곳의 소유권을 갖고 있었다. 윈첼은 텍스에게 들은 갱스터들에 대한 흥미로운 가십들을 곧잘 독자들에게 전달하곤 했다. 1932년 2월, 윈첼은 "금요일, 시카고에서 다섯 대의 비행기가 기관총 수십 자루를 공수해 왔다."고 썼다. '미친 개' 빈스 콜Vince Coll을 해치우기 위해서였다. 빈스 콜은 많은 사람들의 두려움의 대상이었던 살인 청부업자로 드망쥬를 납치해 매든에게 몸값을 받아 낼 만큼 무모한 자였다. 윈첼이 기사를 쓴 바로 그날 밤 빈스 콜이 어느 공중전화 박스에서 살해되자 윈첼이 복수의 대상이 되었다. 갱스터들은 윈첼이 검찰에 강제 소환될 것을 걱정했기 때문이다. 윈첼을 살린 것은 다름 아닌 매든과의 친분이었을 것이다.

윈첼은 브로드웨이의 소산인 동시에 브로드웨이의 열렬한 지지자였다. 그는 유명한 사람들을 좋아했지만 눈을 반짝이며 행복해하기에는 과거 보드빌 배우로서 너무 많은 것을 알고 있었다. 그는 브로드웨이에 대해서 이렇게 쓴 적도 있다.

"브로드웨이는 거칠고 파괴적인 공동체다. 성공한 사람들에게도 예외는 아니다."

윈첼은 훗날 기괴한 인물이 되고 만다. 연방수사국(FBI) 국장 에드거 후버J. Edger Hoover의 절친한 친구로 공산주의자들을 탄압하는 데 앞장섰던 윈첼은 이야기를 전하는 사람이라기보다 이야기 자체가 되어 버린다. 그러나 무허가 술집을 전전하던 젊은 시절의 윈첼은 스탠리 워커에 따르면 "1920년대 후반과 1930년대 초반 뉴욕의 가락을 탄" 사람이었다. "그 가락이란 덧없고 값싸고 야하고 시끄럽고 불협화음으로 가득했다."

텍사스 기넌은 어느새 브로드웨이의 밤 문화를 대표하는 이름이 되었고 그로 인해 텍스는 1929년 《나이트클럽의 여왕Queen of the Night Clubs》이라는 자신의 영화에 주인공으로 출연하게 된다. 그리고 한동안 연예 기자로 활동했다. 텍스의 칼럼 '텍사스 기넌이 말하기를Texas Guinan Says'은 매일 『그래픽』 신문에 실렸다. 텍스는 윈첼이 하듯, 지금 이야기에서 다음 이야기로 넘어갈 때 점을 세 개 찍어 막 건져 올린 이야기의 생생한 느낌을 살렸다. 텍스는 익살과 사나이들의 수다를 속사포처럼 던져 놓았다.

"회전문 속에서 태어났는지 그런 여자들은 사람을 정말 어지럽게 만들며 늘 같은 자리를 맴돌게 한다."

텍스는 또한 유명인들의 이름을 친구인 양 언급하곤 했는데 이 방면에서는 윈첼을 제외하면 그 누구도 텍스를 따라오지 못했다. 텍스는 약 250단어 사이에 우드로우 윌슨Woodrow Willson, 허버트 후버Herbert Hoover, 베니토 무솔리니Benito Mussolini, 프리모 카르네라Primo Carnera, 데이비드 벨라스코, 헤이우드 브라운, 에델 배리모어까지 집어넣었다. 그러나 따져 보자면 1921년 사망한 우드로우 윌슨이 텍스의 클럽을 찾았을 가능성은 매우 희박하다.

텍스는 주로 데이먼 러니언의 글을 통해 우리에게 전해 내려온다. 데이먼 러니언은 나이트클럽 시대에 활동했던 수명이 몹시 긴 시인이었다. 러니언의 여자 친구 패트리스 그리디에Patrice Gridier는 1925년 텍스의 클럽에서 합창단원이었다. 여자 친구 때문이 아니었더라도 언젠가는 텍스의 클럽으로 이끌렸을 것이라고 해도 과하지 않을 것 같다. 러니언의 추레한 올림포스 산에서 텍스는 태생부터 여신이었다.

러니언의 가장 유명한 단편 소설 가운데 하나인 1929년의『울부짖는 사십대의 정사Romance in the Roaring Forties』는 텍스뿐 아니라 윈첼에 관한 이야기이기도 하다. 러니언은 평소에 윈첼을 자신보다 낮은 수준으로 취급했지만 전형적인 브로드웨이 사람인 윈첼은 완벽한 소설 소재였다. 러니언은 모델이 된 인물의 정체를 감추는 일이 거의 없었다.『울부짖는 사십대의 정사』는 '1600 클럽'에서 시작한다. 이 클럽의 '나이 많고 노련한 미녀 주인'인 '미주리 마틴', 줄여서 '미주'는 "자신이 알고 있는 모든 일을 알게 되자마자 떠벌리는데, 그것은 대개 그 일이 채 일어나기도 전"이다. 이야기는 '월도 윈체스터'라는 가십 기자에 관한 것이다. 윈체스터는 빌리 페리라고 하는 여자와 사랑에 빠지는데 그 여자는 갱스터 '멋쟁이 데이브'의 여자 친구다. 러니언의 전기를 찬란하게, 그러나 여러 가지 착각에 기초하여 쓴 지미 브레슬린은 멋쟁이 데이브가 마피아 프랭크 코스텔로를 모델로 한 것이라고 말했다. 이야기 속의 화자는 여자 때문에 목숨을 내놓은 윈체스터를 말할 수 없는 바보로 취급하고 미주는 빌리에게 배고픈 신문기자와 사랑에 빠지는 것은 '바보짓'이라며 "멋쟁이 데이브가 돈에 관한 한 재빠르다는 것은 누구나 아는 사실"이라고 말한다.

『울부짖는 사십대의 정사』는 러니언의 여러 다른 이야기들과 마찬가지로, 일종의 길게 늘인 농담이다. 러니언은 독자들에게 앞으로 닥칠 폭력 사태에 대한 끊임없는 준비를 시키지만 그 폭력 사태는 일어나지도 않을 뿐더러 질 낮은 감상주의로 무너져 내린다. 데이브는 윈체스터를 죽이고 싶은 애초의 충동을 따르지 않고 빌리와 결혼할 수 있게 도와주면서 그 까닭을 이렇게 이야기한다.

"빌리를 사랑하기 때문에 언제나 행복하길 바라오. 그러기 위해서는 결혼을 해야 한다고 해도."

그런데 윈체스터가 이미 아내가 있고 빌리를 갖고 논 것에 지나지 않는다는 사실을 알게 된 데이브는 다시 윈체스터를 죽일 결심을 했다가 마음을 돌려 빌리와 결혼한다. 데이브는 아름다운 마음을 갖고 있지만 여전히 무자비한 살인자다. 이 이야기가 날카로운 비정함을 잃지 않는 이유는 데이브가 결혼을 했다고 해서 '개심'할 리 없다는 것을 관객이 매우 잘 알고 있기 때문이다. 그렇게 보면 빌리도 개심할 리 없다. 물론 두 사람에게 개심하길 권하는 것은 '바보짓'이다.

러니언의 브로드웨이는 윈첼과 마찬가지로 비극적이라기보다 희극적인 곳이었다. 상상치 못한 사건들로 가득하고 전형적인 인간 행위의 원인을 더 쉽게 파악할 수 있는 곳이다. 브로드웨이의 시민들은 흔히 있는 위선의 껍질 없이 지내기를 더 좋아하는 까닭이다. 줄리언 스트리트나 루퍼트 휴즈의 브로드웨이와는 상당한 차이가 있다. 브로드웨이가 쇠퇴해서 그렇다기보다는 이보다 도덕적으로 우월한 대안을 상상하기가 불가능하게 되었기 때문이다. 금주령과 사회 통념적인 예의범절에 대한 새 세대의 경멸이 특정한 방식으로 혼합되어 전통적인 행위의 표준을 땅에 떨어뜨린 결과 정직한 냉소주의가, 절름발이 개를 사랑하게 되는 불치병의 갱스터(이것도 러니언의 이야기 가운데 하나다.)식의 진부한 감상주의와 겹쳐 고결한 브로드웨이적 이상이 만들어졌다. 친구를 등치는 놈은 바보라는 생각이다.

러니언은 텍스와 마찬가지로 서부 출신으로 뉴욕으로 이민을 왔다. 그가 캔자스 주의 맨해튼에서 태어난 것은 참으로 놀라운 우연이다. 소도시 신문기자였던 러니언은 서부 광산촌을 전전했다. 당시 러니언은 늘상 술에 취해 휘청휘청거렸는데 러니언은 텍스와 달리 이러한 과거를 자랑으로 여기거나 떠벌리지 않았다. 러니언은 텍스처럼 화려한 사람은 아니었다. 러니언은 굉장히 웃기는 사람이었지만 정작 자기 자신은 거의 절대로 웃지 않았다. 다시 말하면 사람을 매우 당황케 만드는 성격이었다. 러니언이 늘 가깝게 지내던 여러 갱스터, 경마광, 기자들 사이에서 그를 사랑받게 만든 것은 냉철함, 강인함과 함께, 편협하고 고지식한 것에 대한 혐오, 이야기를 재미있게 풀어내는 능력이었다. 러니언은 1910년에야 뉴욕에 왔다. 당시 스물여섯이었다. 1914년 그는 윌리엄 랜돌프 허스트William Randolph Hearst의 『아메리칸 신문』에 일자리를 얻어 스포츠 기자이자 특집 기사 작가, 칼럼니스트로서 1928년까지 활동했다. 야구팀의 전지훈련을 취재하러 플로리다에 가 있거나 권투 시합을 위해 시카고에 가 있을 때가 아니면 러니언은 대개 타임스퀘어 내에서 찾을 수 있었다.

러니언은 조지 코프먼이나 그 일당만큼 브로드웨이에서 자리 잡은 인물이었음에도 그들의 글에서 러니언을 발견하기는 쉽지 않다. 그 반대도 마찬가지다. 그들은 타임스퀘어에서 서로 다른 영역을 차지하고 있었다. 그때 이미 타임스퀘어는 굉장히 넓고 다채로운 장소였던 나머지 여러 가지 문화를 수용할 수 있었고 외지 사람들에게는 매우 잡다한 이미지와 연상 작용을 불러일으킬 수 있는 장소였다. 명랑하고 재치 있고 도시적인 타임스퀘어가 있는 반면 깡패들이 있는 어두운 타임스퀘어도 있었다. 이 사실은 지리적으로도 뒷받침되었다. 코프먼의 극장가는 42번가와 그 주변에 집중되어 있었고 러니언의 타임스퀘어, 즉 그의 글에도 등장하고 러니언이 실제 살고 있었던 타임스퀘어는 코프먼의 타임스퀘어 북쪽에 위치한 작은 동네였다.

1925년, 8번 애비뉴의 49번가와 50번가 구간에는 매디슨스퀘어 가든이 새로 들어섰고 프로 권투나 대학 농구, 경륜, 레슬링 시합 등을 보러 매디슨스퀘어 가든에 가던 스포츠팬과 프로모터, 입장권 판매업자, 도박권 판매업자들은 동쪽 가까이에 있던 호텔과 술집에서 지냈다. 49번가에서 50번가 구간 브로드웨이의 동쪽 보도는 '제이콥스 비치Jacobs Beach'라는 이름을 얻었는데 권투 프로모터 마이크 제이콥스와 친구들이 그곳 노천에서 밤을 지새우곤 했기 때문이다. 윈첼과 러니언 둘 다 지역 소식을 듣기 위해 종종 그 무리와 어울렸다. 또한 두 사람은 한동안 48번가에서도 7번 애비뉴 서쪽 구간에 위치한 빌리 라히프Billy LaHiff 선술집 2층에 있는 작은 방에서 지내기도 했다. 복서 잭 뎀프시Jack Dempsey와 칼럼니스트 벅스 배어Bugs Baer도 그곳에서 지낸 적이 있다. 러니언은 훗날 한 블록 북쪽에 있는 포리스트 호텔로 거처를 옮겼는데, 이곳은 복서이자 여성들의 가슴을 뛰게 했던 프리모 카르네라가 셀 수 없는 밀회를 즐긴 곳이기도 했다. 텍사스 기넌의 여러 클럽들도 모두 한 블록 이상 떨어져 있지 않았고 할리우드나

실버 슬리퍼와 같은 당대의 다른 유명한 나이트클럽들과 이웃해 있다 시피 했다. 이 광활하고 복작거리는 세상은 모두 반경 3백 미터를 넘지 않았다.

월터 윈첼이 브로드웨이의 마을 소식을 외치고 다녔다면 데이먼 러니언은 구전 역사가이자 마을의 이야기꾼이었다. 러니언은 세상 사람들에게, 수많은 사건들로 밀도 있게 들어찬 브로드웨이를 이야기 하되 마치 작은 마을의 이야기를 하듯 그 규모를 축소했다. 이 작고 복잡한 장소에서 사람들은 주로 걸어 다니다 친구를 만나면 인사를 했고 우연한 만남이 죽음으로 이어지는 일도 드물지 않았다. 러니언 은 『브레인, 집에 가다*The Brain Goes Home*』에서 이렇게 쓰고 있다.

"하루는 브레인이 이런 저런 이야기를 하며 날 이끌고 브로드웨 이에 있는 민디스 레스토랑 앞을 서성일 때였다. 한 빨강머리 누더기 인형이 하나에 5센트짜리 사과를 팔러 왔다."

화자가 아무데도 가지 않는 이야기도 있다. 민디스 정문 앞에 서 있기만 하면 동네 사람들이 지나가고 그렇게 또 하나의 사건이 시작된다.

러니언의 주 무대는 윈첼이 활동하던 곳과 위치적으로 미묘한 차이가 있었다. 윈첼은 텍스 같은 길잡이 덕분에, 그리고 자신의 뜨거 운 열정 덕분에 47번가의 보드빌 마을을 떠나 클럽과 카바레가 있는 상류사회로 갔다. 그러나 러니언을 사로잡은 것은 바로 그 뒷골목 세상이었다. 브로드웨이의 타오르는 불빛을 간절한 열망의 눈빛으로 바라보는 사람들이 있는 곳이었다. 러니언 자신은 매우 강인했음에도 어처구니없이 큰 꿈을 가진 작은 사람들에게는 약했다. 러니언은, 윈첼은 전혀 흉내 내지 못했을 파토스로 그들을 묘사했다. 심지어는 팰리스 극장 뒤에 있는 블록을 '꿈의 거리'라고 명명하고 이렇게 썼다.

"거기에 가면 스트립 댄서, 탭 댄서, 작곡가, 색소폰 연주자, 신문 팔이 소년, 신문기자, 택시 운전사가 있고 장님, 난장이, 포메라니 안이나 프렌치 푸들을 안은 금발머리, 콧수염이 난 남자, 나이트 클럽 연기자 등등 말로 다 못할 사람들을 만날 수 있다."

그리고 그들 모두가 "꿈의 거리의 계단에 앉거나 난간에 기대어 있다. 때때로 들려오는 잡담은 실로 꿈 같다. 실제로 아편 환자의 꿈처럼 몽롱하다."고 썼다. 이와 같은 서사시적 열거가 끝난 뒤 꿈의 거리의 살아 있는 화신 드림스트리트 로즈는 화자에게 한 젊은 여자, 즉 과거의 자신에 대해 이야기한다. 그 여자는 콜로라도 주 푸에블로의 광산촌 출신이었는데 푸에블로 역시 대박을 터뜨려 자유로워질 꿈을 꾸는 궁지에 빠진 영혼들로 가득한 동네였다. 이는 우연의 일치가 아니다.

러니언의 신비한 매력 가운데 가장 중요한 부분은 어디서 삶이 끝나고 문학이 시작하는지 말하기가 거의 불가능하다는 데 있다. 러니언의 브로드웨이 이야기들을 읽으면, '발이 좀 넓은 편일 뿐'이라고 겸손을 떠는 무표정한 전지적 화자가 러니언 자신이라는 상상을 지울 수가 없다. 물론 러니언은 발이 넓었다. 윈첼이나 텍스와 같은 시간에 활동하곤 했던 러니언은 이른 오후 선술집 라히프나 포레스트 호텔에서 모습을 드러내 제이콥스 비치에 있는 사람들과 합류했다가 린디스 레스토랑으로 들어갔다. 소설 속에서 민디스 레스토랑으로 등장하는 식당이다. 러니언의 자리는 들어가자마자 오른쪽이었다. 윈첼에게 텍사스 기념 클럽이 있었다면 러니언에게는 린디스가 있었다. 듣고 싶은 소식이 있으면 린디스로 가면 되었다. 러니언이 이곳에서 시간 가는 줄 모르고 마주앉아 있곤 했던 사람들 가운데는 닐스 그랜런드나 카네라, 뎀프시, 다양한 3류 갱스터들, 그리고 브레인의 모델이 된 아놀드 로스타인Arnold Rothstein이 있었다.

브로드웨이를 비롯한 뉴욕 내 여러 지역의 포커 게임과 물 위에서 하는 크랩스 게임 판을 쥐고 있던 로스타인은 타임스퀘어에서 신화적인 인물이었다. 말수가 적은 이 신비로운 인물은 아쉬운 것이 없어 보였다. 피츠제럴드는 『위대한 개츠비』에서 그에게 '메이어 울프샤임'이라는 이름을 붙여 주었고, 널리 알려진 그의 1919년 월드시리즈 조작설을 다시 이야기했다. 조작설은 이후 근거가 없는 것으로 밝혀졌다. 피츠제럴드가 그린 로스타인은 사치스러운 괴물로 닉 캐러웨이에게 커프스단추를 보여 주며 이렇게 자랑한다.

"사람 어금니 표본으로 만든 최고급 단추야."

게다가 소설 깊숙이 자리 잡고 있다가 드러나게 되는 어두운 비밀은 바로 개츠비가 울프샤임 밑에 있는 밀수업자이며 울프샤임 덕분에 그와 같은 부를 누리고 있다는 사실이다. 피츠제럴드의 소설에 등장하는 야단법석의 명랑함의 이면에 자리 잡은 모든 어두운 힘은 로스타인에 집중되어 있다.

피츠제럴드 소설과 상관없이 러니언은 로스타인과 사이가 좋았다. 그 밖에도 알 카포네Al Capone와 오우니 매든Owney Madden, 프랭크 코스텔로Frank Costello를 비롯한 당대의 이름난 건달들 거의 모두와 사이가 좋았다. 러니언은 이들 모두를 소설 속의 인물로 바꾸어 놓았다.

러니언은 이들의 정체를 매우 잘 알고 있었지만 합법적인 권력 조직을 존중하는 마음이 너무 희미했던 탓에 이들에게 내려진 벌로 이들을 판단하지는 않았다. 게다가 그는 이들 가운데 몇몇과 사업상 거래를 맺고 있기도 했다. 러니언과 그의 친구들 몇몇은 로스타인이 죽던 날 밤 그와 함께 린디스에 있었다. 당대 저널리즘 역사상 가장 극적인 사건이었다. 로스타인은 린디스를 통해 전화를 주고받곤 했는데 1928년 어느 날 밤 그에게 전화가 왔다. 로스타인은 전화를 받더니 고개를 끄덕이고는 수화기를 내려놓고 친구에게 총을 건넨 다음 밤거리로 나갔다. 그곳에 앉아 있는 사람들 모두 사정을 알고 있었다. 로스타인은 25만 달러의 도박 빚을 갚지 못해 쫓기는 신세가 된 것이다. 러니언이 소중히 여겼던, 브로드웨이 인물들의 고도의 냉혹함이 드러나는 순간이었다. 타임스퀘어가 오케이 목장으로 변하는 순간이었다. 몇 시간 후 총탄 세례를 맞은 로스타인이 센트럴파크 웨스트 아파트의 엘리베이터에서 휘청거리며 걸어 나왔다. 그는 며칠간 목숨이 남아 있었지만 가해자에 대해서는 단 한 마디라도 내뱉기를 거부했다.

'광란의 1920년대'의 타임스퀘어에는 알곤킨 원탁의 번쩍이는 세상과 오우니 매든, 일명 살인자 오우니의 살인 청부업 왕국이 공존했다. 비록 이 두 세상은 겹치는 데 없이 서로 평행선을 이루었지만 한 세상의 분위기가 곧 다른 세상의 분위기를 좌우했다. 갱스터들의 세상에 그토록 매혹적일 수 있었던 것도 화려한 당시의 분위기 때문이었으며 당대의 감춰진 잔인함은 작품 속 이야기에 일종의 공포와 절박함을 심어 주었다.

아마도 1920년대 가장 유명했던 연극은 신문 제1면이라는 뜻의 「프론트페이지*The Front Page*」였을 것이다. 냉담한 시선의 하드보일드파 신문기자 둘이 쓴 이 연극은 갱스터들과 경찰, 살인 청부업자, 그리고 신문기자들의 이야기를 담고 있다. 당시는 국가 권력을 우습게 여기고 불법을 매력적인 모험으로 만들곤 하던 시대였다. 당시 뉴욕 시장인 제임스 워커James Walker마저도 러니언이 만들어 낼 법한 인물이었다. 멋쟁이 재담꾼에다가 술고래였고 만인의 친구였으며 부정한 남편이자 헤비급 권투 시합이나 새로 시작한 나이트클럽 공연은 빠지지 않고 찾아보던 틴팬앨리의 노병이었다. 전기 작가의 말에 따르면 그는 "정치 무대의 존 배리모어[30]"였다. 워커는 경찰에게 금주령의 집행을 멈추도록 지시했으며 진정한 뉴요커다운 냉소주의로 모든 종류의 도덕 실천 운동을 비난했다. '깨끗한 책 만들기 법안Clean Books Bill'이라고 알려진 일종의 검열제도에 반기를 들며 워커가 한 말은 익히 알려져 있다.

"여자 아이가 책 때문에 인생 망쳤다는 얘기는 일찍이 들어 본 적이 없네."

그러다가 거품이 터졌다. 먼저 대공황이 왔다. 하지만 사람들이 극장에 발길을 끊거나 나이트클럽에서 20달러 지폐를 꺼내지 않기 시작한 것은 어려운 시절이 이미 수년 흐른 뒤였다. 다음으로 1933년에는 금주령이 폐지되었다. 금주령의 폐지는, 금주령이 바다가재 궁

---

30) John Barrymore. 당대 최고의 배우였으며 영화배우 드루 배리모어의 할아버지다.

전을 끝장냈듯 나이트클럽을 끝장냈다. 갱스터들은 덜 사치스러운 구역에서 장사를 해야 했다. 워커 시장은 1932년 사임해야만 했다. 도급 계약을 주는 대가로 꽤 커다란 선물을 받곤 하던 그의 습관이 수사로 드러났기 때문이었다. 후임 시장 피오렐로 라 과르디아Fiorello La Guardia는 뉴욕을 청소하기로 약속했고 그렇게 했다. 19세기부터 활동하던 플로렌츠 지그펠트는 1932년에 당연히 빈털터리로 죽었다. 래리 페이는 1933년 1월, 가장 최근에 문을 연 클럽의 문지기에게 살해당했다. 그리고 1920년대 말부터 인기가 시들해지기 시작한 텍스도 그해 말 밴쿠버에서 죽었다. 텍스와 합창단원들은 풍기문란으로 파리에서 쫓겨난 뒤 「파리는 감당할 수 없는 쇼Too Hot for Paris」를 올렸는데 결국 시골 바닥에서도 감당할 수 없는 것으로 밝혀졌다. 그런 뒤 한동안 시카고를 전전했고 웨스턴 스윙 음악을 하다가 죽었다.

텍스의 사망은 모건이 죽었을 때와 마찬가지로 크게 신문에 보도되었다. 부고는 뉴욕 내 여러 신문의 제1면에 올랐고 텍스는 이미 기억의 안개 속으로 사라져 가고 있는 세상의 상징으로 기억되었다. 월터 윈첼은 영감이 되어 주던 텍스에게 찬사를 아끼지 않았다. 윈첼은 이렇게 썼다.

"우리는 텍스에게 브로드웨이를 배웠다. 텍스는 우리에게 '거리'에서 사는 법을 가르쳐 주었다."

7장 "기가 막히는 벼룩 서커스 구경하세요."

1933년 3월 9일, 열흘간의 국토 횡단 일정을 마친 '42번가 특별 열차'가 굉음을 내며 그랜드 센트럴 터미널로 들어섰다. 베티 데이비스Bette Davis와 톰 믹스Tom Mix를 비롯해 워너브라더스와 계약을 맺은 여러 스타들이 이 기차에 타고 있었다. 워너브라더스는 뮤지컬 「42번가」를 홍보하기 위해 기차를 전세 내 야단법석을 떨고 있었다. 당시 브로드웨이 무대 뒷이야기를 소재로 한 영화 시장은 판돈이 점점 커지고 있었고 여기에 「42번가」 역시 발을 들여놓았음을 알리는 기회였다. 초반 유성영화들의 4분의 1 가까이는 모두 무대 뒷이야기를 다룬 영화였다. 물론 최초의 유성영화인 앨 졸슨AL Jolson의 《더 재즈 싱어The Jazz Singer》도 마찬가지였다. 영화에 노래를 짜 넣기 가장 쉬운 방법이었고 브로드웨이의 명성에 편승해 돈을 벌기에도 좋았다. 1933년 가장 크게 성공한 영화 가운데 서넛은 브로드웨이 뮤지컬을 소재로 했다. 《1933년의 황금광Gold Diggers of 1933》, 《풋라이트 퍼레이드Footlight Parade》, 그리고 물론 《42번가》가 있었다. 《42번가》에는 딕 파웰Dick Powell, 우나 머클Una Merkel, 진저 로저스Ginger Rogers, 베브 다니엘즈Bebe Daniels 등이 출연했으며 버스비 버클리는 만화경처럼 변화무쌍한 안무를 선보인다.

때맞추어 등장한 《42번가》는 무대의 에너지와 화려함이 은막으로 이동했음을 상징했다. 마치 할리우드가 브로드웨이의 피와 목숨을 흡혈귀처럼 빨아먹은 것 같았다. 1933년 당시 타임스퀘어는 대공황으로 좌초했고 새로운 형태의 오락, 무엇보다도 영화에 의해 변화되어 갔다. 브로드웨이에 있던 열 개의 극장 중 절반은 영화관이나 야한 스트립쇼가 있는 벌레스크burlesque 무대로 바뀌었다. 타임스퀘어에서 상연되는 연극 개수와 극장들의 평균 개장 일수는 1927년의 전성기 이후로 점차 하락하고 있었다. 『버라이어티』에 따르면 1932년부터 1933년까지의 시즌은 '정극 최악의 해'였다. 117개 중 26개 연극만이 적자를 면하거나 이익을 남겼다. 알 만한 사람들에게 42번가는 더 이상 영화에서 말하는 것처럼 '지하 세계와 상류층의 만남이 있는' 전설의 연계점이 아니었다. 상류층은 이미 떠난 뒤였고 브로드웨이는 빠르게 벌레스크와 댄스홀, 노점상과 핫도그 가게가 있는 싸구려 세상이 되어 가고 있었다.

영화 《42번가》는 이러한 값싼 타임스퀘어가 형성되어 가고 있던 바로 그 순간 모습을 드러냈다. 브래드포드 로프스Bradford Ropes의 소설을 원작으로 한 영화였다. 한때 보드빌 배우였던 로프스는 스물여덟 살 나이에 알 만한 것은 다 깨친 젊은이로, 말하자면 어린 월터 윈첼 같았다. 초보 제작자 대릴 재넉Darryl F. Zanuck이 당시 꽤 큰돈이었던 6천 달러를 주고 구입한 이 원작에는 대공황에 대한 언급이 거의 없다시피 했다. 합창단의 젊은 남녀들은 굶주리지만 그것은 '깨진 꿈의 거리'에서 하루 이틀 있는 일이 아니었다. 소설 『42번가』의 세상은 무자비하며, 무엇 하나 남기지 않고 모조리 소비해 버리는 식육 가공공장 같은 세상이다. 나이 든 배우가 연습 도중 무대 위에서 죽자 제작자의 유일한 걱정은 어떻게 이 불행을 숨겨 개막 공연에 지장을 주지 않느냐 하는 것이다. 여자 합창단원이고 주연 여배우고 할 것 없이 모두 정상에 오르기 위해 음모를 꾸미고 중요한 사람들과 잠자리를 같이 한다. 심지어는 순진한 주인공 페기 소이어도 지위를 높이기 위해 인기 있는 동성애자 무용수의 가짜 애인 역할을 하는 데 동의한다. 페기는 위선적인 자신의 모습을 변명하며 이렇게 말한다.

"몇 계단만 오르자는데, 그게 뭐 어때서!"

마지막에 다다르면 페기의 얼마 남지 않은 양심마저도 사라져 버리고 페기는 극단의 여느 단원들과 다름없이 오만하고 무정해진다. 그러나 이것은 익숙한 이야기다. 로프스의 소설은 근본적으로 감정을 철저히 배제한 1920년대 후반의 코프먼식 브로드웨이 풍자다. 마치 너무 오랜 시간 동안 너무 많은 공연이 상연되는 바람에 공연에서, 그리고 브로드웨이 자체에서 모든 즐거움이 빨려나간 듯하다.

영화 《42번가》는 훨씬 더 생소한 작품으로 경제적 위기에 대한 아찔하게 화려한 쇼였다. 연극 관람객들이 익히 알고 있는 뮤지컬 「42번가」는 합창단의 용감한 젊은이들에 대한 이야기이고, 소설 『42번가』는 냉정한 쇼의 세계에 대한 이야기인 반면 재넉이 '음악을 통한 폭로'라고 묘사한 이 영화는 주로 연출가 줄리언 마쉬Julian Marsh에 관한 이야기다. 줄리언 마쉬는 은퇴 후 주식 폭락으로 전 재산을 잃은 탓에 건강이 좋지 않음에도 다시 일을 시작한다. 마쉬는 절박하고 신랄한 인물로 소리를 잘 질렀으며 혹독한 노예 감독 같았다. 합창단원들에게 치마를 올리라고 지시하며 "높이, 더 높이! 다리가 보여야 해!" 하고 외친다. 합창단원들은 이의를 제기할 처지가 아니다. 뮤지컬만이 먹고살 수 있는 유일한 기회다. 페기가 다친 주연 배우의 역할을 대신할 기회를 일단 거절하자 마쉬는 이렇게 외친다.

"2백 명의 배우들과 2백 개의 일자리, 20만 달러, 5주간 애쓰며 흘린 피와 땀이 다 네게 달려 있어! 여기 있는 모든 사람들의 인생이 걸려 있단 말이야."

등장인물들은 조지 코프먼이나 벤 헤크트, 어빙 베를린의 세상에서보다 훨씬 더 큰 도박을 하고 있다.

그러나 물론 이것은 할리우드 영화고 영화의 배경이 되는 대공황 상태를 마치 데이먼 러니언의 브로드웨이처럼 유쾌하고 비현실적이고 환상적으로 그려 놓았다. 실제로 러니언의 이야기들도 빠르게 영화화되고 있던 시점이었다. 합창단원들 가운데 한 명이 5센트 동전을 발견하고 〈우린 성공했어We're in the Money〉를 부를 때는 고생스런 시절의 아픔이 치통 정도로 보인다. 당시 할리우드에서 홍수처럼 쏟아져 나왔던 다른 브로드웨이 영화들처럼 《42번가》도 수십 년 동안 쌓아 온 타임스퀘어에 대한 전 국민의 애정을 이용했다. 범죄와 대공황의 결합은 42번가에 어두운 그림자를 드리웠지만 그 또한 매력의 일부였다. 영화 《42번가》는 42번가와 사랑에 빠져 있었다. 《브로드웨이 멜로디Broadway Melodys》(1929, 1936, 1938)와 《황금광Gold Diggers》 시리즈 등 다른 영화들도 마찬가지였다.

그러나 《42번가》는 대공황을 겪고 있던 매정한 타임스퀘어에 보내는 러브레터인 동시에, 거의 무의식적으로, 브로드웨이의 인기가 시들고 있음을 시사하고 있다. 영화 속 뮤지컬 「프리티 레이디Pretty

Lady」는 말도 못하게 진부하고 딱딱하다. 케케묵은 유머에 생기 없는 무용수, 노래마저도 옛날식으로 뻣뻣하게 발성한다. 영화는 중간쯤 이르러 버스비 버클리Busby Berkeley의 손에 의해 그 느낌이 돌연히 달라진다. 버스비 버클리의 영감으로 만들어진 영화적 효과들은 배우들의 몸놀림을 환상의 세계로 이끈다. 합창단원들은 돌아가는 탁자 위에 올라가고 카메라는 높은 곳에서부터, 늘어나는 천으로 환상적인 기하학적 무늬를 만들어 내는 이들을 찍는다. (탁자 위에 합창단원들을 올리는 것은 전형적인 지그펠트풍의 기법이기도 하다) 카메라는 또 한 줄로 선 합창단원들의 기다랗고, 발목으로 갈수록 가느다란 완벽한 다리 사이를 지나가면서 끝없이 이어지는 쐐기 모양의 굴을 찍는다. 이것은 지그펠트조차도 대적할 수 없는 효과였다. 아름다운 배우들을 그 어느 때보다 가까이 볼 수 있었다. 《42번가》가 브로드웨이의 자유분방함을 찬양하고 있지만 그 이면을 보면 상승하는 영화계와 몰락하는 연극계가 드러나며 그것이 곧 브로드웨이의 현실이었음을 알게 된다.

유성영화의 출현은 막상막하였던 고전적인 매체와 새로이 나타난 매체간의 승부를 한쪽으로 기울여 놓았다. 영화 속에 나타나는 브로드웨이 쇼는 실제 쇼보다 훨씬 더 크고 화려하고 꿈결 같았고 무대에 올리기에 훨씬 더 저렴했다. 극장보다 영화관에 두세 배는 많은 관객을 입장시킬 수 있었고 하루에 두세 번, 심지어는 네 번까지 관객이 바뀌었기 때문이다. 타임스퀘어를 비롯해 그 전에 있던 연예오락 지구에서 철통같이 지켜지곤 했던 법률이 있다면 부동산의 활용은 최고의 수익을 올릴 수 있는 방향으로 이루어져야 한다는 것이었다. 경제적으로 영화가 우위에 있다는 것은 초기부터 분명해 보였다.

42번가에 최초로 영화관이 생긴 것은 1910년이었다. 타임스퀘어의 경우 빠르게는 1914년부터 영화관이 극장을 대체하기 시작했다. 비타그래프 스튜디오Vitagraph Studio가 해머스타인의 올림피아에 속한 리릭 극장을 크라이테리온Criterion 영화관으로 만든 해였다. 그해 브로드웨이에 최초로 영화 전용 극장 '스트랜드Strand'가 지어졌다. 3천 석 규모로 30인조 오케스트라를 위한 공간은 있었지만 무대는 없었다. 영화 《42번가》도 바로 이곳에서 개봉했다. 42번가에 위치해 있던 영화관들은 극장을 개조한 것이었고 대부분 21세기 초에 지어진 이 극장들은 블록버스터급 영화를 상영하기에는 지나치게 작았기 때문이다. 1920년대 중반에 이르러 상상할 수 없을 정도로 사치스러운 영화관들이 브로드웨이 양편에 줄지어 들어섰다. 리알토the Rialto, 리볼리the Rivoli, 캐피털the Capital 등이 이에 속했고 이 가운데도 록시Roxy가 돋보였다. 6,214석 규모의 록시는 110인조 록시 심포니 오케스트라를 보유하고 있었고 '록시에트'라고 하는 전속 무용단도 있었으며 록시에서 좌석을 안내해 주는 안내원들은 콜 포터Cole Porter가 훗날 '멋쟁이 중의 멋쟁이acme of swank'라고 말한 덕에 영원히 기억되었다. 한때 보드빌계의 태양이었던 팰리스 극장도 1930년 음향 공사를 했고 온 브로드웨이가 이를 애통해했다.

영화는 매우 빠른 속도로 연극을 대체해 미국 대중문화의 주류가 되었다. 펜실베이니아 주 알투나 사람들도 연극보다 영화를 보고 싶어했고 미국 내 모든 시내에 자리 잡고 있던 훌륭한 극장들은 42번가와 마찬가지로 영화관으로 바뀌었다. 정극을 공연하는 극장의 수는 전국적으로 1910년 1,549개에서 1925년에는 674개로 곤두박질쳤고 순회 극단의 수는 훨씬 더 심하게 하락했다. 애초에 브로드웨이에 극장 건축 붐이 일었던 것은 전국 곳곳의 도시에서 진짜 브로드웨이 쇼에 대한 채워지지 않는 욕구가 있었던 탓인데, 이 수요가 감소하자 브로드웨이의 극장도 텅텅 비게 되었다. 1930년대 초반에 이르자 연극은 오로지 타임스퀘어의 골목길에서만 상연되다시피 했고 브로드웨이와 42번가의 대중을 위한 거대한 장소들에서는 영화를 보여주었다.

타임스퀘어는 여러 면에서 미국 영화의 중심지였다. 연예 오락업계의 중심인 브로드웨이에는 국내에서 가장 큰 영화관들이 모여 있었다. 거의 모든 영화 제작사들은 할리우드 영화의 가장 인기 있는 소재를 제공하는 브로드웨이에 동부 지사를 두고 있었다. 그러나 브로드웨이는 영화를 만들지 않았다. 영화는 할리우드가 만들었다. 그래서 브로드웨이는 예전처럼 중요하지 않았다. 미국인들이 즐겨 쓰는 유행어도, 좋아하는 역할도, 유머도, 가십도 더 이상 타임스퀘어에서 나오지 않았다. 사랑받는 배우들도 할리우드로 이사 갔다. 번쩍번쩍한 잡지들도 할리우드의 햇볕 가득한 세상을 칭송했지 틴팬앨리나 메인 스템[31]을 언급하지는 않았다.

영화가 42번가를 우주의 중심으로부터 몰아내고 있었던 것처럼 대중은 이 전설적인 거리의 매력을 포위 공격했다. 42번가와 타임스퀘어에는 대중을 위한 장소와 대중이 접근할 수 없는 장소가 오랫동안 미묘한 균형을 이루고 있었다. 바다가재 궁전과 해머스타인의 빅

---

31) 윈첼이 브로드웨이를 일컬어 쓴 말로 '큰 줄기'라는 뜻(139쪽).

토리아가 그랬고 댄스홀과 옥상정원이 그랬다. 그러나 상류층은 점차 타임스퀘어를 빠져나가 5번 애비뉴의 더 안락한 지역을 선호하기 시작했고 그 빈자리를 대중이 채우는 일이 빈번해졌다. 42번가의 쇠퇴는 이르게는 1925년, 바다가재 궁전 시대의 유물인 '머리의 로마 정원'이 문을 닫고 그 자리에 재빨리 휴버트의 벼룩 서커스가 들어서면서 시작되었다. 휴버트의 벼룩 서커스는 코니아일랜드[32]풍의 싸구려 구경거리가 있는 곳으로 이곳에서는 칼을 삼키는 묘기라든지 몸이 기형인 사람을 볼 수 있었고 물론 훈련된 벼룩도 있었다. 42번가가 갖고 있던 과거의 우아함이 완전히 사라진 계기는 사실상 대공황이었다. 입장료 10센트의 댄스홀이나 벌레스크 홀 같은 싸고 조야한 형태의 오락 공간이 값비싸고 세련된 공간을 재빨리 대체해 버린 까닭이다.

벌레스크의 원조라고 할 수 있는 것에는 「검은 악한」과 리디아 톰슨Lydia Thompson의 「금발머리들Blondes」이 있다. 그리고 1893년 시카고 세계 박람회 때 「작은 이집트Little Egypt」를 화제로 만들었던 배꼽춤이 있다. 벌레스크의 세계에는 음란한 노래와 유치한 농담이 있었고, 주름 장식이 화려한 속옷을 입은 채로 가진 것 모두를 흔들어 대는 여자들이 있었는데 이 여자들은 대체로 가진 것이 꽤 많았다. 벌레스크 역사가 어빙 자이드먼Irving Zeidman은 다양한 예술 장르들의 은하계 속에서 벌레스크의 위치를 다음과 같이 또렷하게 정리했다.

"버라이어티 쇼가 보드빌로 이어져 재능 있는 인물들과 손을 잡았다면 벌레스크는 벌레스크로 이어져 쓰레기와 손잡았다."

---

32) 뉴욕 남부에 위치한 섬으로 놀이 공원과 리조트로 유명했던 곳이다.

벌레스크는 남부 이스트사이드의 집창촌에서 점차 북상하여 유니언스퀘어까지 갔다가 거기서 다시 할렘으로 갔다. 그런 뒤 1931년, 벌레스크의 지그펠트, 또는 해머스타인 격인 빌리 민스키Billy Minsky가 리퍼블릭 극장을 인수하며 최후의 장벽을 무너뜨렸다. 리퍼블릭 극장은 해머스타인이 직접 지었고 수년간 데이비드 벨라스코의 본부 역할을 했던 극장이다. 42번가에 벌레스크가 출현했다는 것은 팰리스 극장이 영화관으로 바뀐 것만큼이나 충격적인 쇠퇴의 증거였다.

이 시기에 이르자 그저 색정적이던 춤은 노골적인 스트립쇼가 되었다. 여자들은 줄 팬티만 남기고 모든 것을 벗어던졌다. 벌레스크에 야하고도 매혹적인 분위기를 가져온 집시 로즈 리Rose Lee 혹은 샐리 랜드Sally Rand와 같은 스트립 예술인들은 아직 등장하지 않은 상황이었다. 『버라이어티』의 기자들도 그다지 정숙하지만은 않았지만 어쨌든 『버라이어티』에서는 민스키의 개막작에 등장한 여자들을 이렇게 평가했다.

"무용단이라고 하기에는 너무 우아하지 못하고 너무 멍청하며 너무 추잡하다."

쇼에 대해서는 이렇게 썼다.

"무대 위나 단상에 떠밀려 나온 가장 값싼 쓰레기이자 가장 쓰레기 같은 춤꾼들이다."

사실 민스키의 무대는 벌레스크 중에서도 고급이었다. 연극과 보드빌이 씨가 마른 까닭에 민스키는 재능 있는 브로드웨이 배우를 합창단에 넣고 표 한 장에 1달러 50센트까지 받을 수 있었다. 그러나 42번가 반대쪽 끝에 자리 잡은 엘틴지 극장이 싼값에 하루 네 번까지 공연을 올리기 시작하자 민스키도 따라갈 수밖에 없었다. 그 뒤 아폴로 극장도 벌레스크 극장으로 바뀌었고 다음은 48번가에 있는 센트럴 극장, 다음은 46번가의 개이티 극장이었다. 타임스퀘어는 보드빌 초기에 그랬던 것처럼 남자들만을 위한 음탕한 세계로 돌아가는 듯했다.

1930년대 중반의 타임스퀘어에도 여전히 우아한 나이트클럽과 정장을 하고 참석해야 하는 개막 공연이 있었고 브로드웨이를 총천연색으로 밝히는 거대한 스펙태큘러가 있었다. 그러나 타임스퀘어의 분위기는, 특히 모든 것이 노출된 대낮의 분위기는 돌이킬 수 없이 비속했다. 대공황은 지그펠트와 해머스타인과 조지 렉터와 캐슬 부부가 불어 놓은 반짝이는 거품 방울을 영영 터뜨려 버렸다. 너무 갑작스럽고 너무 총체적이었던 이 몰락은 브로드웨이 주역들의 심금을 울렸다. 타임스퀘어에는 새로운 형태의 문학이 성행했다. "오 시대여! 오 관습이여!"를 외치는 애도의 노래, 슬픈 비가였다. 브로드웨이가 낳았다고 말해도 충분할 위대한 작곡가 조지 코핸은 즉석에서 철저한 혐오를 담은 소가곡을 지었다.

그것은 싸구려 극장들이 늘어난다는 뜻
댄스홀 문 앞에 붙은 스피커에서는 라디오 소리가 울려 나오고
노점상과 호객꾼들은 목이 터져라 외친다.
"남들 다 사는 풍선 사세요."
"기가 막히는 벼룩 서커스 구경하세요."
"즐기고 싶다면 이쪽으로 오세요."

"스타킹까지 벗고 나오는 쇼입니다."

"일층 발코니에 자리 많이 남았어요. 「죽을 때까지 키스를 했다」가 막 시작됩니다."

"아름다운 사랑 이야기예요. 애들도 데려오세요."

브로드웨이의 쇠퇴는 하드보일드파 신문 편집장 스탠리 워커 Stanley Walker로 하여금 크나큰 절망에 분통을 터뜨리게 만들었다. 그가 쓴 바에 따르면 브로드웨이는 "개척 도시의 주요 도로와 비슷한 수준으로 타락했다. (…) 이제 미국식 중국 요릿집과 남자들만을 위한 스트립쇼, 벼룩 서커스, 무성영화배우 루돌프 발렌티노 Rudolf Valentino 가 죽은 이유에 대한 강좌가 벌어지고 싸구려 무도장을 비롯해 십 년 전의 브로드웨이 사람이라도 가슴 아팠을 수많은 오락 시설이 뒤범벅되어 있다." 전통 있는 훌륭한 스테이크 집들은 1센트 식당으로 바뀌었는데 이곳은 "굶어 죽기 직전인 부랑자가 음식이라는 것을 단돈 1센트에 먹을 수 있는 곳이다." 거리를 누비는 사람들의 얼굴마저도 추악해졌다. "귀가 꽃양배추처럼 울퉁불퉁한 사람, 볼품없는 쭈그렁 할멈, 싸구려 댄스홀에도 어울리지 않을 **빼빼** 마른 여자애들, 꼬부랑 할아범, 얼굴은 창백하고 겉은 번드르르한 젊은이들, 장님과 병신"이 있었다.

간단히 말하자면 브로드웨이는 코니아일랜드가 된 것이다. 관광객들과 촌뜨기들을 위해 꾸민 거리 행사장이 된 것이다. 러니언은 브로드웨이의 거리 문화를 사랑하고 또 글 속에 영원히 남겼지만 1930년대 초반에는 러니언도 린디스가 아닌 마이애미에서 더 많은 시간을 보내고 있었다. 지나간 세월의 건달들은 어디 갔던가? 새로운 세상은 종교 광신자들과 자칭 마법사들, 가려움을 유발한 가루라든가 폭발하는 담배와 같은 신기한 잡동사니를 파는 사람들, 핫도그 장수와 사기꾼 그리고 심지어는 브로드웨이의 동쪽 보도에서 밤늦게 볼 수 있는 마약상들이 끝도 없이 투덜대는 곳이었다. 러니언이 말한 팰리스 극장 뒤쪽 블록의 꿈의 거리는 팰리스 극장과 함께 더 이상 존재하지 않았다. 잭 래잇Jack Lait과 리 모티머Lee Mortimer 같은 가십 기자는 이렇게 썼다.

"약 180미터 구간에 거의 끊이지 않고 싸구려 호텔과 하숙집이 줄지어 있어 온갖 기이한 인물들에게 잠자리를 제공하고 있다. 은퇴한 보드빌 배우, 쫄딱 망한 경마광, 마약중독자, 사기꾼과 협잡꾼, 소매치기, 남녀 부랑자도 있고, 주정뱅이, 남편이 연극에 미쳐 과부가 되다시피 한 여자, 자린고비 은둔자, 뱃사람과 매춘부, 크랩스[33] 호객꾼, 밑장부터 패 돌리는 타짜도 있다."

한편 온갖 악행을 서사시처럼 나열하는 이러한 방식은 쇠퇴기 신문학의 아종亞種이었다.

변화가 가장 격렬했던 곳은 역시 42번가였다. 42번가는 갈수록 사격 놀이장과 엿보는 스트립쇼, 무성영화의 고향이 되어 갔다. 극장들은 은행에 넘어간 뒤 전혀 다른 주인을 갖게 되었다. 뉴욕의 다소

---

33) 미국의 도박장에서 인기 있는 주사위 놀이다. 참가 인원에는 제한이 없으며, 돌아가며 한 벌로 된 두 개의 주사위를 던져 이길 수 있는 조합을 만드는 게임이다. 구경하는 사람들도 주사위를 던지는 사람이 다음 게임에서 이길 것인가, 어떤 숫자들의 조합이 나올 것인가를 놓고 내기를 한다.

보잘것없는 동네에서 영화와 저급 보드빌로 생계를 이어 가던 윌리엄과 해리 브랜트Harry Brant는 1931년 리릭 극장을 사들였다. 그리고 보드빌을 하루 네 번 규칙적으로 상연해 보다가 곧 영화 재개봉관으로 전환했다. 두 사람은 1932년 아폴로 극장을 인수했고 이어서 타임스퀘어, 셀윈Selwyn, 엘팅지the Eltinge, 리퍼블릭 극장까지 사들였다. 이후이 무리의 극장들은 1960년대 포르노 왕국의 핵심을 형성하게 된다. 브로드웨이와 42번가 모퉁이에서 영화를 상영하던 리알토는 1935년 허물어지고 그 자리에 뉴리알토가 들어섰다. 뉴리알토에서 최초로 상영한 영화는 《엄니와 발톱Fang and Claw》이었다. 뉴리알토는 온종일, 그리고 밤늦게까지 영업했고 표 한 장에 비싸 봐야 25센트밖에 안받았다. 이러한 극장들은 벌레스크 쇼와 10센트 댄스홀, 1센트 식당과 마찬가지로 전혀 다른 성향의 고객들을 42번가로 끌어들였다. 스탠리 워커가 앞서 나열한 것과 같은 얼굴을 한 밑바닥 인생들이었다.

사실 타임스퀘어에서 벌레스크의 수명은 매우 짧았다. 벌레스크가 얼마나 조악한 오락 형태였던지 도덕주의자들뿐만 아니라 비평가들도 이를 매우 괘씸하게 생각했다. 그러나 벌레스크를 사라지게 만든 것은 불결함이라기보다 협박이었다. 벌레스크 극장들은 소리를 질러 사람들을 불러 모으거나, 지나가는 사람을 붙잡아 발길을 돌리게 만드는 호객꾼들을 거리로 쏟아내 손님들을 안으로 몰고 들어가게 했다. 반라의 젊은 여자들이 그려진 거대한 전단도 극장 간판 아래서 번쩍거렸다. 벌레스크 극장은 1960년대 섹스 용품점과 포르노 영화관이 그랬듯 거리의 품위를 떨어뜨렸다. 사실상 생태환경적 위험을 초래한 것이다. 1932년 벌어진 공판에서 뉴욕 시 인허가 관련 국장 제임스 게러티James F. Geraghty는 벌레스크 극장의 로비가 '밤 문화의 그늘진 이면에 종사하는 남자들이 빈둥거리는 장소' 역할을 한다고 말했다. 『뉴욕타임스』의 사설은 다음과 같이 불만을 토로했다.

> "전해진 바에 따르면 벌레스크가 음란하다고 하지만 그보다 겉으로 드러난 추잡함이 더 심하다. 그런 극장이 있는 동네는 빈민가의 성격을 띠게 된다."

이후 《민스키 극장 습격 사건The Night They Raided Minsky's》에서 웃음거리가 되고 길이 기억에 남게 되는 벌레스크 반대 운동은 브로드웨이가 엄청난 쓰레기의 파도 밑으로 가라앉고 있다는 두려움이 부추긴 것이다. 피오렐로 라 과르디아 밑에서 일하던 인허가 국장 폴 모스Paul Moss는 벌레스크를 정화하는 데 헌신했다. (5센트 극장 기사였다가 훗날 제작자이자 영화관 소유주가 된 모스B. S. Moss가 바로 이 폴 모스와 형제지간이다.) 그러나 폴 모스의 노력이 헛된 것으로 판명나자 1937년 5월 2일 그는 뉴욕 시내에 있는 14개 벌레스크 극장의 면허를 취소한다. "이로써 조직적 외설의 종말이 시작되었다."고 시장은 말했다. 그러나 잠시뿐이었다. 벌레스크 극장은 스트립쇼를 금지하는 규정 아래서 다시 문을 열었다. 물론 깨끗한 벌레스크란 언어적 모순이었고 1942년, 짧으나마 벌레스크가 군림하던 시대는 불명예스러운 끝을 맞았다.

42번가에서 벌레스크가 기울자 정극도 기울었다. 1930년대 중반에 이르러 42번가에서 여전히 연극을 상연하고 있는 유일한 극장은 가공할 뉴암스테르담뿐이었다. 1937년 1월, 월터 휴스턴Walter Huston이 「오셀로」에 등장했다. 이것이 40년간 42번가에서 상연된 마지막 연극이 되고 말았다. 같은 해 7월, 소유주가 바뀐 뉴암스테르담은 영화관으로 새롭게 문을 열었다. 첫 영화는 《한여름 밤의 꿈*A Midsummer Night's Dream*》이었다. 매체는 다르지만 1903년, 그 아르누보 궁전의 개막을 장식했던 바로 그 작품이었다.

　　이상한 점은 뜻밖에도 연극의 문화적 힘이 약해지면서 극작의 수준이 현저히 올라갔다는 사실이다. 그러나 그것은 뜻밖의 일이 아닐지도 모른다. 브로드웨이가 미국 문화의 실험의 장으로서의 지위를 잃자 브로드웨이에서 태어나 전국 무대로 배급되던 전과 달리 연극은 다분히 지역적인 매체가 되어 갔다. 그 지역의 관객만 만족시키면 그만이었다. 물론 수준 있는 관객이었다. 최저 공통분모를 만족시킬 책임은 영화에 돌아갔다. 국민들의 상상력에 대한 브로드웨이 문화의 지배력이 약해진 까닭이었는지, 아니면 영화가 그 마법 같은 세계를 아름답게 꾸며 주길 바라는 관객들의 기대 덕분이었는지 극작가들은 소재를 찾기 위해 타임스퀘어의 경계를 넘어 멀리 내다보기 시작했다. 1930년대의 주요 극작가들 가운데 아주 적은 숫자만이 브로드웨이 출신이었다. 조지 코프먼, 마크 코넬리, 모스 하트가 여기 속했다. 이들은 전기 작가이자 수필가, 대변인, 소설가 등 이것저것 아닌 게 없었다. 이 가운데 엘머 라이스*Elmer Rice* 같은 사람들은 연극이 현실과 철저히 타협한 표현 방식이라며 혐오했고 다른 사람들은 정의 실현과 같은, 자신이 더 중요하다고 여기는 일을 하는 동안 먹고살기 위해 연극을 쓰기도 했다. 1930년대는 대공황 상태였던 동시에 전쟁이 발발한 시대였기에 적어도 인텔리겐치아 사이에서는 격렬한 이데올로

기의 이동이 일어났다. 당시의 연극은 시대적 상황에 대한 심각한 염려로 인해 매우 숭고하거나 때로는 진부하게 만들어졌다.

수준 차이에 관해서는 의문의 여지가 거의 없다. 1920년대나 그 이전에 만들어진 연극 가운데 학교 교과서에 오르거나 오랜 사랑을 받아 다시 상연됨으로써 비공식적으로나마 인정을 받은 작품은 거의 없다. 그러나 1930년대에 만들어진 브로드웨이 연극 중 적어도 열두 개 이상이 그러한 수준에 올랐다. 그중에는 맥스웰 앤더슨Maxwell Enderson의 「높다란 바위산High Tor」, 윌리엄 사로얀William Saroyan의 「네 생애 최고의 순간The Time of Your Life」, 클리포드 오데츠Clifford Odets의 「황금 소년Golden Boy」, 손튼 와일더Thornton Wilder의 「우리 동네Our Town」, 릴리언 헬먼Lillian Hellman의 「작은 여우들The Little Foxes」, 존 스타인벡John Steinbeck의 「생쥐와 사람Of Mice and Men」, 콜 포터의 「어떻든 좋아Anything Goes」, 조지 거슈윈의 「포기와 베스Porgy and Bess」가 있으나 이들이 전부는 아니다. 어쨌든 언급된 작품들은 당시까지 브로드웨이에 올랐던 뮤지컬 작품 가운데 가장 위대한 것들임에 틀림없다. 1933년부터 1934년까지의 시즌 동안, 영화 《42번가》가 브로드웨이의 관심을 한 몸에 받고 연극의 개수와 수익성이 폭락하고 있을 때 연극 관람객들은 유진 오닐의 「아아, 황야!Ah, Wilderness!」, 시드니 하워드Sidney Howard의 「황열병Yellow Jack」, 거슈윈과 코프먼의 풍자 뮤지컬 「케이크를 먹게 하라Let'em Eat Cake」를 볼 수 있었고 잭 커클랜드Jack Kirkland가 소작인들의 삶에 관한 쓸쓸한 이야기를 담은 어스킨 콜드웰Erskine Caldwell의 소설을 각색해 만든 「토바코 로드Tobacco Road」는 3,182번이나 상연되었다.

1930년대 최고의 연극들은 이전 세대의 작품보다 더 엄숙하고 더 문학적이었다. 「생쥐와 사람」이나 「토바코 로드」 같은 연극은 관객들에게 철저히 낯선 농촌의 참상을 보여 주었다. 「그들은 죽지 않는다*They Shall Not Die*」에서 존 웩슬리John Wexley는 스코츠버러 청년들을 감옥에 넣은 경찰과 검사, 판사를 노골적으로 비난하고 있다. 스코츠버러 청년들은 1931년, 두 명의 백인 여자를 강간한 혐의를 받은 아홉 명의 흑인 청년들인데 그릇된 혐의였음에도 큰 화젯거리가 되었다. 로버트 셔우드Robert Sherwood의 1940년 작품 「밤은 다시 오지 않으리*There Shall Be No Night*」에서 셔우드는 군국주의를 비난하고 유럽의 모든 국가들에 천벌을 내리라던 기존의 입장을 뒤집고 관객들로 하여금 전체주의에 대항해 민주주의를 수호하기 위한 전쟁의 필요성을 받아들이도록 설득했다. 한편 변화무쌍한 오손 웰즈Orson Wells는 아이티 섬을 배경으로 한 섬뜩한 부두교판 「맥베스」와 배우들이 현대적 의상을 입고 연기하는 「줄리우스 시저」로 관객들을 놀라게 했다.

풍자와 재치의 명수이자 당대 극작가의 전형이었던 코프먼이 그랬듯 격렬한 사회 비판으로 유명한 클리포드 오데츠 역시 1930년대 브로드웨이의 상징적 인물이었다. 오데츠는 1930년대 초반 힘든 배우 생활을 하다가 극단 '그룹 시어터'에 들어갔다. '그룹 시어터'는 리코브Lee J. Cobb, 존 가필드John Garfield, 프란초트 톤Franchot Tone과 같은 배우들을 비롯해 연출가 엘리아 카잔Elia Kazan, 그리고 샌포드 마이즈너Sanford Meisner와 스텔라 애들러Stella Adler와 같은 연기 지도자들을 한데 모은 조합식 극단이었다. '그룹 시어터'가 애초부터 정치적인 극단이었던 것은 아니지만 단원 대부분은, 누구보다도 오데츠는 당시 커져가던 급진주의적 경향에 깊은 영향을 받았다. 1934년, 이때까지 자신의 작품을 무대에 올려 본 경험이 없었던 오데츠는「레프티를 기다리며*Waiting for Lefty*」를 썼다. 이 작품은 연극을 간신히 가장한 반자본주의 선전물이었다. 이 짜릿한, 쿠데타가 아닌 '쿠 드 떼아뜨르*coup de théâtre*에서' 배우들은 관객들에게 직접 말을 건다. 극장은 노동조합 집회장이 되고 관객들은 동료 노동자들이 된다. 회사가 고용한 폭력배들이 레프티를 살해했다는 소식이 도착하는 클라이맥스에 달하면 먼저 배우들이, 그 다음에는 관객석에 앉은 관객들이 "파업! 파업! 파업!" 하고 외쳤다. 그러면 완전한 동일시가 이루어진 것이다.「레프티를 기다리며」는 브로드웨이에서 168번 공연했고 이후 특별 극단에 의해 전국에서 공연되었다. 단원 가운데 몇 명은 격분한 그 지역 관계 당국에 의해 감옥으로 끌려가기도 했다.

머지않아 오데츠가 진실한 감정과 진실한 대사를 재현할 줄 아는 재능 있는 극작가임이 판명되었다. 그는 재빨리 이야기 속에 주장을 삽입하는 법을 배웠다.「깨어 노래하라!*Awake and Sing!*」의 비참한 가장 제이콥은 자본주의가 합법적인 절도라고 생각하며 다음과 같은 냉혹한 선언을 하곤 한다.

"만약 이 인생에 앞으로 혁명이 일어난다면 그건 좋은 일이지. 그러지 않으면 쓸모없는 인생이야."

오데츠도 제이콥의 시각에 동의하는 듯하지만「깨어 노래하라!」는 불과 1년 뒤 작품인데도「레프티를 기다리며」의 노골적인 선동적 정신에서 멀리 벗어나 있다.「깨어 노래하라!」는 기가 드센 어머니에게 벗어나려는 젊은 남자의 고투를 중심으로 벌어지는 연극이다. 이 작품에는 오늘의 가혹한 현실주의와 비슷한 무언가가 있으나, 동시에 인류의 장래에 대한 오데츠의 열렬한 낭만주의가 어우러져 있다. 대사에는 이디시 어투가 풍부하게 섞여 있다. 이를테면 "개 먹이 줬냐?You gave the dog eat?"는 문장에서처럼 필요한 문장 요소를 일부 생략한다든가 "너 같은 녀석과 말상대가 되겠니, 어르신이?He should talk to you an old man?" 하는 문장에서처럼 단어의 순서를 바꾸거나 한다. 모스 하트와 베어먼이 날마다 집에서 들었겠지만 극작품에 넣는다는 것은 꿈도 꾸지 못했던 어투다. 브로드웨이의 세계는 브롱스에 사는 가족에게는 존재하지 않는 것이나 마찬가지다. 제이콥의 아들 마이런이 아무 생각 없이 이를 쑤시는 동안 그의 딸은 소피 터커의 근황을 읽는다. 결국 중요한 것은 정치적 혁명이 아니라 개인적 해방이다. 한 인물의 말대로 "무슨 짓이든 해서 얻어야" 한다. 마이런에겐 그것이 없다. 현실이 그를 납작하게 눌러 버렸다. 그러나 마이런의 아들이자 이 연극의 주인공 랄프에게는 가능성이 있다. 제이콥은 자신의 재산을 랄프에게 물려주도록 유서를 쓰고 끔찍하게도 스스로 죽음을 택한다. 그리고 마침내 독립한 랄프는 이 무시무시한 희생을 기쁘게 받아들인다.

"할아버지가 돌아가셨을 때 내가 태어난 것을 알았어요."라며 오데츠가 즐겨 쓰는 신파조의 연설에서 랄프는 말한다.

"하느님께 맹세하건대 나는 태어난 지 일주일 됐어요!"

1930년대의 연극은 사회문제에 관여하기로 이름 높았다. 그러나 그 배경은 관객의 시공간과 매우 멀리 떨어져 있었다. 링컨이나 스코틀랜드 왕비 메리의 시대를 배경으로 하기도 했다. 당시의 연극들은 문학과 마찬가지로 보편적 진실을 열망했다. 「프론트페이지」의 관객들을 즐겁게 했던 류의 즉시성이나 친밀함을 추구하지 않았으며 얼 캐롤의「허영」과 추구하는 바가 달랐음은 말할 것도 없다. 전통적으로 연극은 관객과 유대를 맺기 위해 공통적인 관심사에 의존한다. 그러나 어떤 특수한 일시적 사태보다는 거의 언제나 '인간 조건'을 주제로 한 소설가 손튼 와일더는「우리 동네」에서 특수한 상황에서 철저히 탈피한 형태의 극을 꾸며 낸다. 연극의 배경이 되는 마을, 뉴햄프셔의 그로버스 코너스는 우화처럼 일반적이다. 이 마을은 어디든지 될 수 있다. 실제로 그렇다. 와일더는 심지어 사건 자체도 없이 간다. 이는 대담한 행위이자 따분함과의 의식적인 유희로 사무엘 베케트 Samual Beckett 이전의 작가들은 시도할 생각도 하지 못했던 것이다.

와일드가 추구하는 계층의 삶은 사건의 분주함과 소란 아래 놓여 있다. 그로버스 코너스에서 일어나는 일들을 서술하는 무대감독은 이렇게 말한다.

"이것이 우리의 예전 모습입니다. 자라나서 결혼하고 살고 죽고 하던 모습입니다."

산문체 대사 자체는 일종의 위엄 있고 경건한 평온함을 추구한다.「우리 동네」에는 재치도 없고, 정치도 없으며 어떠한 '관점'도 없다. 이 소도시 사람들은 끊임없이 날씨에 대해 이야기하며 자기 생각을 말할 때 진심 어린 격언들을 빌려 오곤 하는데 이전 세대의 번뜩이는 연극 속에서 그랬다면 멍청이 취급을 받았을 것이다. 이 연극 속에서 나타나는 상식에 대한 믿음은 도시 생활 자체에 대한 비난이다. 그러나 와일더가 비난을 의도한 것은 아니다.「우리 동네」는 우리에게 우리의 공통적 인간성을 떠올리게 하고 죽음이 모든 불화를 해결하며 모든 허영을 가라앉힌다는 것을 일깨워 주고자 한다. 브로드웨이에서 좀 안다는 사람들은 「우리 동네」를 인정했고 작품을 알아본 것만으로도 이들은 큰 칭찬을 받아 마땅하다. 이후 브로드웨이에서 가장 재치 있고 가장 자부심 강한 연극을 제작하고 연출해 온 제드 해리스Jed Harris가 아주 나긋나긋한 손으로 이 작품을 연출했다. 그리고 비평가들 가운데 가장 장황하고 시끄러운 알렉산더 울콧은 이 작품을 '부드러운 걸작'이라고 칭송했다.

조지 코핸과 스탠리 워커, 칼럼니스트 잭 래잇 같은 사람들, 댄스홀과 1센트 오락실로 들어찬 새로운 브로드웨이를 소름끼치도록 혐오하는 이런 사람들은 바다가재 궁전과 옥상정원이 있는 옛 브로드웨이에서 자랐고 때로는 그런 브로드웨이를 만드는 데 일조한 사람들이다. 그러나 젊은 세대는 그들의 향수도 혐오도 함께 할 수 없었다. 리블링은 1904년에 태어났다. 파크 애비뉴에서 부잣집 아들로 자라나던 그에게 타임스퀘어는 무허가 술집과, 제이콥스 비치에서 노닐던 복서들이 있던 타임스퀘어였다. 리블링은 건방지고 사고를 잘 치는 인물로 타임스퀘어의 사기꾼들과 거리에서 신화를 만드는 사람들을 매우 좋아했다. 어떤 형태의 거짓말이든 독창적이거나, 적어도 터무니없이 황당하기만 하다면 그를 매료시켰다. 『월드 텔레그램』의 젊은 기자로서 리블링은 브로드웨이의 변변찮은 인사들을 만나고 또 만났다. 그는 인허가 국장 게러티의 1932년도 벌레스크 공판을 취재했다. 당시 게러티는 휴버트 박물관의 인기 종목인 헤클러 박사의 벼룩 서커스를 열렬히 지지했다고 한다. 벼룩 서커스도 면허를 갱신해야 하는 상황이었다. 이에 대해 빌리 민스키는 콧방귀를 뀌며 말했다.

"당신이 우리 단원들을 벼룩과 비교한 걸 알면 우리 단원들이 기분 나빠할 테니 말하지 않겠소."

그랬더니 그 자리에 있던 한 법률가가 이렇게 말했다.

"글쎄, 적어도 벼룩은 옷을 입고 있지 않소?"

리블링은 당시 가장 잘 나가고 뻔뻔스러웠던 『뉴요커』의 기자가 되고 싶어했고 1935년, 그 소원이 이루어졌다. 이미 비범했던 그의 문학적 재능이 한결 더 반짝이며 빛나게 된 것은 『뉴요커』의 익살꾸러기 동료들과의 교류 덕분이고, 더불어 더 많은 여유를 갖고 더 길게 쓸 기회가 있었기 때문이기도 했다. 그러나 그의 주제와 기본 어조는 전혀 바뀌지 않았다. 리블링은 타임스퀘어의 이름 없는 사람들에 대해 썼다. 특히 북부 지역의 이름 없는 사람들에 대해 썼다. 십 년쯤 전 데이먼 러니언이 자주 드나들던 곳에 사는 이들이다. 그는 49번가와 7번 애비뉴 모퉁이에서 '아이앤와이I. & Y.' 담뱃가게를 하는 이지 예레세브스키Izzy Yereshevsky에 대해서 쓰기도 했다. 밤늦게 이지의 가게에서는 자유로운 모임이 벌어지곤 했고 이지는 손님들에게 늘 친절한 주인이었다. 리블링은 이지와 손님들에게 의사疑似영웅시적 뜨거운 공기를 살며시, 그러나 잔뜩 불어넣었다. 그는 이렇게 썼다.

"그의 저녁 손님들은, 워낙 물건을 사는 일이 적기 때문에 고객이라고 하면 그릇된 말일 테니 손님이라고 한다. 어쨌든 그의 손님들은 흰 펠트 모자와 그들이 '잉글리쉬 드레이프'라고 부르는 스타일의 외투를 입었다. 키 작은 남자들은 이러한 외투의 넓게 벌어진 어깨에 파묻힌 채 위를 올려다보곤 했는데 그 모습이 마치 줄에 매달려 외투 속으로 내려진 뒤 다시 기어 나오려고 하는 것 같았다. (리블링이 이 구절을 타이핑하면서 소리 내어 웃었음은 말할 것도 없지 않을까?)"

그에 따르면 이 사람들은 하나같이 "잃어버린 부에 대한 작은 신화를 갖고 있다. 하루 동안 경마에 5만 달러를 쏟아 부은 일, 애틀랜틱시티에서 머문 짧은 기간 동안 어여쁜 여자에게 2만 달러를 날린 일 등. 도박을 해 보지 못한 사람은 풋내기, 혹은 시시한 놈으로 낙인 찍힌다. 큰돈에 대한 이야기가 불가능하기 때문이다."

리블링은 타임스퀘어가 생생한 가난을 겪던 시절 타임스퀘어의 시인이었다. 그는 하이미 캐츠Hymie Katz에 대한 긴 인물평을 쓴 적도 있다. 하이미는 그 지역 사기꾼 가운데 대가였는데 경마장에서 "정보 제공 서비스"를 운영해 외지에서 온 목사들과 의사들을 대상으로 사기를 쳤다. 아이앤와이에서 그는 영웅이었다. 단골들은 그를 '돈 벌 줄 아는 사람'이라고 했다. 하이미는 평생 스물다섯 개의 나이트클럽을 운영했는데 나이트클럽을 바라보는 그의 태도에는 모든 형태의 감정이 배제되어 있었다. 그는 이렇게 비꼬곤 했다.

"나이트클럽이 뭔가? 침과 두루마리 휴지뿐이지."

하이미는 50달러만 빌리고도 나이트클럽을 개장하는 것이 어떻게 가능한지 설명하곤 했다. 서부 40번가에서 49번가 구간 부근에서 술집 용도 말고는 다른 용도가 없는 수많은 지하 방의 임대 계약서를 써 줄 변호사를 사는 데 드는 돈이 50달러였다. 그리고 나면 어느 휴대품 보관소의 영업권자에게 그 계약서를 보여 주고 3천 달러를 빌렸다. 이 자금을 이용해 나이트클럽 설비 판매상에게 싼값에 설비를 임대했다. 술도 샀다. 그리고 웨이터들에게 일자리를 팔았다. 지배인은 4백 달러, 수석 웨이터는 2백 달러, 나머지 직급은 50달러에 팔았다. 리블링은 이렇게 썼다.

"웨이터들은 하이미 밑에서 일하는 것을 좋아했다. 웨이터들이 고객에게서 마음껏 가져갈 수 있게 해 주었기 때문이다."

리블링에 의하면 하이미는 이렇게 말했다고 한다.

"도둑질은 대부분 고객들이 당하는데 내가 상관할 바 뭐 있겠소?"

리블링은 유명한 미식가이자 대식가였지만 뉴욕의 고급 레스토랑에 대해서는 거의 쓰지 않았다. 마찬가지로 당대의 유명한 클럽들에 대해서도 기사를 쓸 만한 가치가 없다고 생각했다. 그는 대공황 후기의 타임스퀘어를 '기아 지역famine area'이라고 불렀고 기아 상태의 삶만이 그의 상상력을 휘젓고 유머 감각을 자극했다. 리블링이 이러한 도미에스러운 정신[34]으로 빚어낸 걸작은 졸리티 빌딩에 대한 연작 기사였다. 졸리티 빌딩은 허구의 사무실 건물인데 브로드웨이 45번가 북쪽 구간에 실제 존재했던 여러 저층 건물을 바탕으로 꾸며 낸 것이다. 리블링은 독자를 이끌고 졸리티의 여러 층들로 안내하는데, 마치 지옥을 탐사하는 단테처럼 열중하며 주의를 기울인다. 베르길리우스가 단테의 안내자라면 졸리티 빌딩의 안내자는 임대 중개인 마티다. 그는 "나이 사십의 깡마르고 창백한 남자로 안색이 죽은 울새와 닮았다는 소리를 듣는 사람인데 그 비유는 약간 부당해 보인다."

졸리티 빌딩의 1층에는 전화박스가 여덟 개 있고 마티가 '전화박스 인디언'이라고 하는 사람들이 각각 박스 하나씩을 지키고 있다.

---

34) Honore Daumier. 프랑스의 풍자화가. 분노와 고통을 호소하는 사람들의 모습을 인간적이고 따뜻하면서도 풍자적인 유머를 담아 표현했다.

마티가 이들을 '전화박스 인디언'이라고 부르는 이유는 "아라파호 족과 수 족 인디언에게 물소가 그랬듯이 이들에게도 이 전화박스가 생계를 책임지고 쉴 곳을 제공해 주기 때문이다." 예를 들면 마권 영업 같은 것을 통해 돈을 좀 모은 전화박스 인디언은 1층을 졸업하고 3층에 있는 작은 칸막이 방으로 올라갈 수도 있다. 그러면 '말단'이 된다. 그리고 말단이 나이트클럽에 동물 곡예를 섭외해 준다든가 해서 위층에 있는 빈 사무실에 보증금을 치를 정도의 돈을 모으면 말단을 졸업해 '세입자'라는 매우 높은 지위로 올라서게 된다. 물론 이지위는 상당히 일시적이다. 리블링은 이렇게 썼다.

"사무실에서 쫓겨난 세입자는 때로는 인디언이 되어 졸리티 빌딩에 다시 나타나기도 한다. 돌고 도는 인생이다."

약 25년 전, 당대의 리블링이라고 말해도 좋을 줄리언 스트리트는 브로드웨이의 탐욕과 무분별함이 역겨워 진저리쳤다. 그로부터 십 년 후 데이먼 러니언은 서로에게 총알을 박아대는 폭력배들을 보고 눈도 깜짝하지 않았다. 물론 드림스트리트 로즈Dream Street Rose 같은 부랑자에 감정을 싣기도 했다. 그러나 탐욕주의조차도 먼 옛날의 추억이 되었고 남아 있는 폭력배들도 별 볼일 없던 그때, 리블링은 비난을 퍼붓지도 감상에 빠지지도 않았다. 대신 그는 인류학자 같은 조심성과 기자다운 열정으로 졸리티 빌딩 사람들이 입에 풀칠하기 위해 동원하는 셀 수 없이 많은, 대체로 불법적인 수단들을 기록한다. 리블링이 쓴 바에 따르면 졸리티 구내에서 '흥행주'란 "다른 사람에게 달러 한 장이나 그 일부, 혹은 그 갑절을 등쳐먹는 사람"으로서 "굉장히 똑똑한 사람들을 흥행에 끌어들였다."는 말이 입주자들 사이에서 가장 큰 칭찬이다. 리블링이 언급하는 3류 흥행주들의 무리 가운데는 혹티켓 찰리Hockticket Charlie라는 자가 있는데 원래 공연 계약을 대행하는 자로서 부업으로 '전당표hockticket'를 팔았다. 그런데 이 전당표를 갖고 가 찾을 수 있는 물건은 사실상 쓰레기나 다름없었다. 이 자 외에도 엉터리 문서를 꾸며 있지도 않는 토지lot를 파는 '랏츠 앤 랏츠 Lotsandlots'도 있다. 그러나 이 사기꾼 무리 가운데 가장 훌륭한 인물은 두말 할 것 없이 맥스웰 빔버그Maxwell C. Bimberg일 것이다. 그의 별명은 '페니 백작Count de Pennies'이었는데 그것은 그가 윤기 흐르는 콧수염을 갖고 있었고 단 1센트penny를 쓰는 데도 인색하기로 악명 높았기 때문이다. 홍보 대행이 직업인 백작은 만나는 사람 모두에게 사기를 쳤다. 스트리퍼나 마권 영업자, 나이트클럽 주인같이 등쳐먹기 쉽지 않은 인물들도 거기 포함되었다. 백작은 수천 달러를 훔친 뒤 경마장에서 도박으로 탕진하고 곧 전화할 돈도 없어 5센트를 구걸한다. 백작의 표적이 된 사람들조차 백작의 허세에 감복한다. 마티는 이렇게 말한다.

"페니 백작은 아무한테도 쓸모없는 존재였지만 졸리티 빌딩에서는 최고의 말단이었습니다."

리블링의 글에 양념처럼 뿌려진 별명과 속어들을 생각해 내는 것은 리블링 자신이 아니라 리블링의 등장인물들이다. 어쨌든 리블링은 등장인물들의 입을 빌어 말한다. 타임스퀘어의 소외된 마을에서 사는 인물들의 색다른 삶에서 색다른 언어가 거의 무의식적으로 발생한다. 아주 오래 전 권투 매니저였던 화이티 빔스타인Whitey Bimstein은 이렇게 말한다.

"난 시골이 좋아. 아주 괜찮은 장소잖아."

타임스퀘어의 언어에는 이디시어, 연예계의 언어, 그리고 이것도 저것도 아닌 사투리가 있었다. 그러나 그뿐이 아니었다. 브로드웨이 스튜에는 온갖 맛이 다 들어 있었다. 브로드웨이의 마을 이야기꾼으로서 리블링의 유일한 맞수, 그의 친구이자 『뉴요커』의 동료인 조 미첼Joe Mitchell은 자신과 같은 노스캐롤라이나 출신인, 휴버트 박물관의 수염 난 부인의 말을 인용한다.

"어렸을 때는 올가 공주라는 이름을 썼지. 결혼하자마자 마님으로 바꿨는데 좀 배웠다는 여자들부터 손금 보는 점쟁이까지 전국의 여자들이 괘씸하게 죄다 무슨무슨 마님으로 바꾸는 통에 나는 부인으로 바꾸는 게 더 우아할 거라고 생각했어."

연극이 특색을 잃자 언어가 곧 브로드웨이의 훌륭한 문화 수출품이 되었다. 1920년대 데이먼 러니언과 월터 윈첼, 링 라드너와 『버라이어티』의 기자들은 브로드웨이 마을 사람들만의 속어를 재현하기 시작했다. 곧 좀 안다는 에반스빌의 코즈모폴리턴들까지 "잘못 '불었다squawk'가 '처리된bump off' 배신자 '쥐새끼rats'들"에 대해 이야기하고 있었다. 문화 역사가 윌리엄 테일러William Taylor가 쓴 대로 "언론은 연극을 대신해 지역의 목소리가 되었다. 에너지가 무대에서 지면으로 옮겨 간 것이다." 그러나 러니언이나 윈첼의 언어는 만화에나 나올 법한 언어였다. 어디서 엿들을 수 있는 언어라기보다 꾸며 낸 언어였다. 코프먼이 무대에서 보여 주는 것과 다를 것 없는 극적 창작물이었다. 리블링과 미첼, 마크 헬링거Mark Hellinger와 벤 헥트Ben Hecht, 마이런 버거Myron Berger는 신문기자였다. 그들은 재능 있는 기자답게 특색 있는 말이나 행동을 잘 포착했다. 그들의 언어에서 독자들은 타임스퀘어를 형성하는 지방색과 코즈모폴리턴적 특성의 기묘한 결합을 느낄 수 있었다.

2차 대전을 불과 몇 년 앞둔 타임스퀘어가 아주 사랑스럽게 일그러진, 매우 기이한 꽃이 피는 비밀 정원이라는 느낌을 리블링뿐만 아니라 미첼에게서도 받을 수 있다. 미첼은 조용하고 정중한 남부 사람이었다. 그는 자신이 묘사하는 별난 인물들의 슬픔을 함께 나누는 듯한, 생각이 많은 사람이었다. 그가 쓴 제인 바넬, 즉 올가 부인의 인물평은 애정 어린 관찰의 결과로 보인다. 커피를 마시러 나갈 때 스카프로 조심스럽게 수염을 싸매는 이 여인의 품위를 지키려는 과장된 행동은 우습다기보다 감동적이다.

"바넬 씨보다 못한 동료들은 바넬 씨가 도도하다고 생각하고 싶어한다."

미첼은 무표정하게 이렇게 썼다.

"그러나 바넬 씨는 수염이 한 자가 넘는 여자에게는 도도할 권리가 있다고 생각한다."

몇 십 년 후 휴버트 박물관이 무허가 술집이 되는 날이 올 터였다. 그러나 미첼이 그리는 휴버트 박물관은 값싼 박물관의 뉴암스테르담이었다. 벼룩 서커스의 지휘자 로이 헤클러 박사는 벼룩 떼를 하나하나 팔뚝 위로 떨어뜨린다. 그가 담배를 피우고 신문을 보며 친구 올가 부인과 조용한 한때를 보내는 동안 벼룩들은 "15분간 먹이를 먹는다." 미첼은 또 이렇게 적고 있다.

"말이 없는 바넬 씨는 수다스러운 사람을 별로 좋아하지 않는다."

미첼과 리블링은 오늘날에도 살아 있는 타임스퀘어를 만들어 냈다. 추억의 황금빛 안개 속에서만 살아 있는 것이 아니다. 우리가 다시는 돌아오지 않을 사라진 브로드웨이를 슬퍼할 때 우리 가운데 지그펠트와 캐슬 부부, 피츠제럴드와 그의 프린스턴 대학 친구들의 실크 모자와 흰 나비넥타이가 돌아오길 바라는 사람은 많지 않다. 그러한 모습은 너무 오래되었을 뿐만 아니라 특권과 부에 의해 너무 많이 오염되었다. 우리는 이제 다 대중주의자들이고 타임스퀘어가 다시 그렇게 번쩍번쩍하고 그렇게 호화롭고 그렇게 다가가기 어려운 장소가 되기를 바라는 사람들은 많지 않다. 그 타임스퀘어는 휴버트나 졸리티 빌딩의 타임스퀘어만큼 진정하게 느껴지지 않는다. 후자의 타임스퀘어는 대중적인 장소다. 괴짜 대중주의의 고향이다. 이지와 마티, 페니 백작과 올가 부인 같은 사람들은 타임스퀘어에 대한 일종의 소유권이 있다.

우리가 원하는 타임스퀘어는 이런 별난 사람들에게 열려 있는 타임스퀘어다. 그걸 원하는 이유는 리블링과 미첼이 이러한 인물들을 아주 생생하게 그려 냈고 이들에게 타임스퀘어의 활력을 부여해 이들이 마치 타임스퀘어의 정신이 깃든 천재들인 양 만들었기 때문이다. 우리들 대부분은 당시 살아 있었다고 해도 아이앤와이 담뱃가게는 보지도 못하고 타임스퀘어를 지나쳤을 것이다. 우리들은 리블링과 미첼이 보던 타임스퀘어를 보지 못했을 것이다. 그러나 우리는 그들의 타임스퀘어와 함께 살고 있다. 우리가 「아가씨와 건달들Guys and Dolls」, 혹은 「1929년의 브로드웨이 멜로디Broadway Melody of 1929」와 틀림없이 함께 사는 것처럼.

우리는 이지 예레세브스키에게 친절한 타임스퀘어를 갖고 싶다.

이지의 자손은 아마 지금 부자 동네 웨스트체스터에 살고 있겠지만. 타임스퀘어가 어떤 모습을 가져야 하느냐는 논란 속에 괴짜 대중주의의 매력은 과거에도 지금도 건재하다. 우리는 1938년의 활기차고 번지르르한 타임스퀘어와 마주섰을 때 우리의 타임스퀘어가 가짜라는 느낌을 감출 수 없다. 그러나 다시 돌이킬 수는 없다.

우리는 조 리블링이 무척 좋아했을 그 타임스퀘어를 가질 수는 없다.

8장 영화, 타임스퀘어를 정복하다

1945년 8월 14일 저녁 7시 3분, 온 미국이 기다려 왔던 말이 드디어 타임스 타워를 휘감은 전광판 위를 반짝이며 지나갔다. "트루먼 대통령, 일본 항복 공식 발표." 다음 날 신문 기사에 따르면 바로 그 순간 타임스퀘어를 꽉 채우고 있던 약 50만 명의 인파가 내지른 엄청난 함성은 20분 뒤까지 한 번도 쉬지 않고 그 넓게 펼쳐진 공간을 가로질러 파도쳤다고 한다. 타임스퀘어 주변의 건물 직원들은 종이와 색종이 조각들을 왕창 뿌려 댔다.

"남녀들은 얼싸안았다. 어제 하루 뉴욕에서 '모르는 사람'은 없었다."

그러고 나서 오늘날의 우리들에게는 더 놀라워 보이는 일이 일어났다. 뉴욕 전역의 사람들이 집을 나서 타임스퀘어로 몰려든 것이다. 물론 타임스 타워의 뉴스를 보기 위해 모인 것은 아니다. 집에서 라디오를 들으면 훨씬 더 많은 정보를 얻을 수 있었을 터였다. 그러나 그들은 이러한 숭고한 감동의 순간을 사람들과 함께 나누고 싶었던 것이다. 그래서 그들 세상의 중심에 모여들었다. 저녁 열 시가 되었을 때 타임스퀘어에 모인 인파의 수는 2백만 명이었다. 타임스퀘어 역사상, 그리고 아마도 미국 역사상 가장 많은 사람들이 모인 것이다. 40번 가에서 52번가까지, 그리고 6번 애비뉴에서 8번 애비뉴까지는 기뻐하 며 입맞춤하고 껴안고 울고 혹은 안도감과 즐거움에 말없이 바라보는 사람들의 빽빽한 무리로 가득했다. 아무도 자리를 떠나고 싶어하지 않았다. 새벽 세 시가 되었는데도 여전히 50만 명의 사람들이 타임스 퀘어를 메우고 있었다. 그것은 그들 대부분이 일고여덟 시간 동안 서 있었다는 의미다.

오늘날 이와 조금이라도 비슷한 사건을 상상하기는 어렵다. 우리 는 모이는 습관을 버렸고 텔레비전이 우리의 새로운 마을 광장이 되 었다. 그러나 대대적인 교외화가 이루어지기 전까지, 그러니까 제2차 세계대전이 끝날 때까지, 도시 사람들은 매우 중요한 순간에 중심적 인 장소에 모이곤 했다. 그리고 같은 곳에 밀집한 사람들의 존재에 안도감과 확신을 느꼈다. (사람들은 밀집된 분노의 감정에서 같은 안도감과 확신을 느꼈다.) 그런 시대에 타임스퀘어는 우리의 가장 위대한 도시 문화의 광장이었다. 20세기 초 이후 뉴욕 사람들은 새해 축제뿐만 아니라 더 엄숙한 대통령 선거라든가, 중요한 프로 권투 경기, 월드 시리즈의 일곱 번째 경기를 보기 위해서 타임스퀘어에 모이기도 했 다. 어두운 정장과 회색 중절모를 쓰고 타임스 타워의 전광판을 향해 고개를 길게 빼고 있는 인해人海를 기록한 당시 사진들은 20세기 중반 도시의 영광스럽던 순간을 상기시켜 준다.

'브이제이 데이V-J day', 즉 대일 전승 기념일을 상징하는 사진이 있다. 이것은 곧 타임스퀘어의 사진이기도 한데 전형적 이미지들의 국가적 전당에서 확고한, 그리고 영원한 자리를 지키고 있는 사진으로서『라이프』지의 사진작가 알프레드 아이젠슈테트Alfred Eisenstaedt가 찍었다. 이 사진에서는 파란 제복 차림의 해군 병사가 흰옷을 입은, 아무 예상도 못 하고 있던 간호사의 입술에 뜨거운 입맞춤을 하고 있다. 이 사진은 무엇보다도 역사적인 순간에 관한 것이다. 엄청난 안도감과 환희, 방종이 있고, 뉴욕 사람들은 모두 친구라는 생각에 관한 것이다. 그러나 이 사진은 한 장소에 관한 것이기도 하다. 아이젠 슈테트는『라이프』지의 관점에서 본 타임스퀘어를 담은 것이다. 그 곳은 거대한 무리의 사람들이 있고 우연한 만남이 있고 자유로움, 감정의 표출, 그리고 싼값에 즐길 수 있는 짜릿함이 있는, 말하자면 미국을 대표하는 일종의 도시 놀이터였다. 그 시대의 타임스퀘어는 작가 잰 모리스Jan Morris가 말하듯 "솔직하고 유쾌한 분위기였다. 그곳 에서 할 수 있는 가장 나쁜 짓에도 뻔뻔스러운 천진함이 있었다."

1940년대에 이르러 새로운, 중도의 타임스퀘어가 나타났다. 품위 있지도 않고 타락하지도 않은 타임스퀘어였다. 우아한 밤 문화는 5번 애비뉴나 이스트사이드로 이동했고 1920년대와 1930년대의 훌륭한 클럽을 밀어내고 들어선 것은 작고 누추한 지하 클럽이나 라틴 쿼터 Lantin Quarter, 혹은 '빌리 로즈의 다이아몬드 말굽Billy Rose's Diamond Horseshoe'과 같은 거대한 백화점식 클럽이었다. 해군 병사가 여자 친구 를 데리고 가 저녁 식사를 사 주고 화려한 쇼를 보여 줄 만한 곳이었다. '리플리 밀랍 박물관'이 브로드웨이 43번가와 44번가 사이 구간 동쪽 보도에 문을 열었다. 42번가에는 밤늦게까지 문을 여는 큰 카페테리 아와 핀볼장, 잡동사니 가게들이 줄지어 서 있었고 심지어는 누드 잡지를 파는 서점도 몇 군데 있었다. 42번가의 훌륭했던 옛 극장들은 유치한 액션 영화를 밤늦게까지 보여 주는 '그라인더 하우스'로 바뀌었다. (포르노물을 상영하는 극장은 아니었다.) 타임스퀘어는 뻔뻔스러운 천진함을 훨씬 넘어선 다양한 형태의 나쁜 짓을 제공하고 있었다. 그중에는 마약 거래, 남성 매춘도 있었지만 범죄의 밑바닥 세계를 찾아 나선 관광객이 아니라면 이런 것을 접하는 일은 매우 드물었다.

타임스퀘어는 관대한 개성의 거리가 되었다. 2차 대전 이후 미국은 변화하고 있는 나라였고 타임스퀘어는 미국의 유랑민 대부분이 거쳐 가는 거대한 환승역이 되었다. 그 다양성과 순전한 기이함이 대단한 곳이었다. 잭 케루악Jack Kerouac은 1950년에 발간된 그의 첫 소설 『시골과 도시The Town and the City』에 이 정신을 담았다.

"타임스퀘어는 모든 '인물'들이 그들의 뿔뿔이 흩어진 외톨이 인생에서 한번쯤은 국토를 가로질러 결국 도달하게 되는 곳이었다."

여전히 토마스 울프Thomas Wolfe의 영향 아래 있던 젊은 케루악은 다음과 같이 부조화의 폭포를 쏟아 내기도 한다.

"브로드웨이의 잘난 체하는 도박꾼이 바라보고 있는 늙은 농부는 신문지로 싼 꾸러미를 든 채 벌린 입을 다물지 못하며 이 사람 저 사람과 부딪히고 (…) 드 피나De Pinna 정장을 빼입은 부드러운 신사는 리츠 바Ritz Bar로 향하고 그 부드러운 신사는 비틀거리다가 하수구에 주저앉아 침을 뱉고 주정을 하다가 경찰에게 끌려가고 (…) 포드햄에서 온 건장하고 젊은, 볼이 붉게 상기된 목사는 대학 2군 팀들의 농구를 보면서 '건전하고 유쾌한 즐거움이 있는 밤'을 즐기고 몸서리나는 고통으로 충만한, 수척한 얼굴의 모르핀 중독자는 주사를 찾아 넘어지듯 걸어간다."

아이젠슈테트의 사진은 일종의 정점 위에서 균형을 잡고 있던 타임스퀘어를 포착했다. 인구조사에서 대도시 인구가 소규모 도시나 시골 인구를 초과한 것은 1950년이 마지막이었다. 곧 교외 소도시들로 인해 균형이 깨졌다. 뉴욕의 인구는 8백만 명으로 일정했고 대부분 미국 문화에 잘 동화된 중산층이거나 적어도 노동자층 사람들로 이루어져 있었다. '도시 위기'는 먼 이야기였다. 국민들의 재산 대부분이 여전히 도시에 몰려 있었다. 가난은 여전히 시골에 있었다. 대부분의 도시들은 안전하고 깨끗하고 질서 있었다. 그리고 도시적 삶이 여전히 높게 평가되던 시절에 타임스퀘어는 평판 나쁘고 간담 서늘하기로 보자면 모든 도시 가운데 최고였다. 물론 위험하다고 느껴졌을 수도 있겠지만 유령의 집에서 느끼는 오싹함 정도였다. 심지어는 1959년에 이르러서도, 동서로는 5번 애비뉴와 허드슨 강 구간, 남북으로는 42번 가에서 50번가 구간을 아우르는 전설적인 제16구역 관할 경찰의 보고에 따르면, 마약 범죄로 인한 체포가 거의 이루어지지 않았으며 (관광객들처럼 대충 살펴보았기 때문일지도 모르지만) 강력 범죄도 비교적 적었다. 가장 심각한 문제는 노점상이었다고 한다.

전후의 타임스퀘어는 이와 같이 폭발적으로 발전하고 있었으며, 북적거리고 숨김없고 즐거운 장소였지만 아이러니하게도 더 이상 나머지 국민들이 정말로 아끼는 문화적 상품을 만들어 내지 못했다. 브로드웨이와 8번 애비뉴를 가로지르는 거리에는 여전히 극장이 줄지어 서 있었지만 연극을 상연하는 극장과 상연되는 연극의 수는 전후 지속적으로 줄어들었다. 사람들은 연극 대신 영화를 보러 갔다. 그리고 1950년대에는 집에서 텔레비전을 보는 시간도 점점 늘어났다. 연극 구경을 다니고 나이트클럽을 다니던 사람들 대부분은 교외로 물러났다. 게다가 해묵은 소방법이 극장 위에 고층 건물을 증축하는 것은 금지하면서도 영화관 위에 짓는 것은 허용한 까닭에, 극장은 부동산 가치를 위한 투쟁, 다윈론의 생존경쟁을 닮은 이 투쟁에서 경쟁력이 점점 약해져 갔다. 히트작의 거리로 알려진 48번가의 극장들은 하나둘 문을 닫았다. 1948년에 이르러서는 브로드웨이 배우의 80퍼센트가 일이 없었다고 한다. 1950년부터 1951년까지의 시즌에는 타임스퀘어에서 겨우 81작품만이 무대에 올랐다. 아서 밀러Arthur Miller 와 테네시 윌리엄스Tennessee Williamms의 작품은 널리 사랑받았고 사람들은 작품을 보러 갔지만 브룩스 앳킨슨Brooks Atkinson이 말했듯 "연극을 보러 가는 것은 사소하고 보조적인 사교 행사에 불과했다."

그럼에도 한편으로는 공연 문화가 여전히 옛 명성을 지킬 수 있었다. 거대 스타들은 할리우드라는 새로운 신神들 앞에서 무대에 섰고 라디오와 텔레비전이 이들을 공기 중으로 휩쓸고 올라갔다. 그러나 이것만으로는 모자라 스타들은 자신을 사랑하는 대중과의 관계를 돈독히 하기 위해 주기적으로 공개 석상에 모습을 드러내야 했다. 게다가 타임스퀘어는 여전히 공연 문화의 중심이었다. 1920년대 이후로 계속 브로드웨이의 거대한 영화관들은, 즉 파라마운트the Paramount나 스트랜드the Strand, 캐피털the Capital, 리볼리the Rivoli, 로우스 스테이트Loew's State 등은 영화 중간에 화려한 쇼를 올려 코미디언, 댄서를 비롯해 뛰어난 여가수들과 주연급 남자 배우들을 출연시켰다.

그중에서도 가장 규모가 컸던 영화관은 단연 파라마운트로, 이 화려한 도원경은 스튜디오의 황제 아돌프 주커Adolph Zukor가 43번가와 44번가 사이, 브로드웨이 서쪽 보도에 세운 스타들의 전시장이었다. 1926년에 1,650만 달러를 들여 문을 연 이 극장은 타임스퀘어의 가장 높은 사무실 빌딩 아래 자리하고 있었는데 이 건물 꼭대기에는 지름 7미터의 유리 공이 세워져 있었다. 이 공은 '영화로 세계 정복을 이룬다'는 뜻을 지니고 있었는데 유성영화의 대두와 함께 세계 정복의 희망은 더 확실해졌다. 이 유리 공에는 사방으로 시계가 달려 있었는데 타임스퀘어에서 시간을 알고 싶으면 파라마운트 시계를 올려다보면 된다는 사실은 누구나 알고 있었다. 파라마운트는 무려 4천 명 가까이 수용할 수 있는 거대한 시설이었다. (그럼에도 6천2백 석의 락시에 비하면 간소해 보였다.) 파라마운트 극장은 또한 훌륭한 음향 효과로 많은 칭찬을 얻고 있었다. 1920년대와 1930년대에 걸쳐 파라마운트 스튜디오와 계약을 맺은 거대한 스타들은 모두 이 극장에 섰다. 그 가운데는 모리스 슈발리에Maurice Chevalier, 글로리아 스완슨Gloria Swanson, 개리 쿠퍼Gary Cooper, 에디 캔터Eddie Canter, 프레드 어스테어Fred Astaire, 매리 픽포드Mary Pickford, 진저 로저스Ginger Rogers, 루디 발리Rudy Vallee, 레이 볼저Ray Bolger, 대니 케이Danny Kaye, 잭 베니Jack Benny, 밥 호프Bob Hope가 있었다. 1931년과 1932년에 걸친 빙 크로스비Bing Crosby의 기록적인 10주 연속 계약은 그를 '스타'에서 '슈퍼스타' 반열로 올려놓았다. 브로드웨이의 다른 대형 영화관과 마찬가지로 파라마운트 역시 웅장하고 화려한 공연으로 유명했다. 파라마운트에는 전속 발레단과 무용단, 합창단, 70인조 오케스트라가 있었다. 화려한 피날레는 늘 두 대의 거대한 월리처 오르간[35) 소리를 신호로 시작하곤 했다.

1935년 파라마운트는 전국을 강타한 빅밴드를 정기적으로 고용하기 시작했다. 빅밴드의 반주에 맞추어 추는 '지터버그Jitterbugging'는 1937년, 베니 굿맨Benny Goodman의 공연에서 젊은이들이 관객석 사이 통로를 왔다 갔다 하면서 추던 춤에서 유래했다고 한다. 파라마운트에서의 공연만큼 더 큰 기회는 없었다. 토미 도시Tommy Dorsey, 글렌 밀러Glenn Miller, 폴 화이트먼Paul Whiteman, 듀크 엘링턴Duke Ellington, 그리고 베니 굿맨까지 모두 파라마운트에서 종종 공연을 하곤 했다. 1942년 12월 30일, 굿맨은 특별 공연을 선보였다. 이 공연에서 토미 도시와 함께 노래를 부른 깡마른 청년은 바로 프랭크 시나트라Frank Sinatra였다. 시나트라는 파라마운트에서 8주간 공연을 했고 그 사이 젊은이들의 동경의 대상이 되었다. 시나트라에 대한 관심은 일찍이 그 어떤 가수도 겪어 보지 못한 정도의 것이었으며 그 이후로도 엘비스 프레슬리가 등장하기까지는 누구도 받아 보지 못했다. 시나트라는 열다섯 살 소녀들을 미치게 만들었던 것이다. 짧은 양말을 신은 소녀라는 뜻의, 사춘기 '바비 삭서bobby-soxer'들은 소리를 지르기도 하고 정신을 잃기도 하고 눈물을 흘리기도 하고 무대에 몸을 던지기도 했다. 그들은 일어나자마자 와서 밤늦게 떠났다.

고상한 척하는 비평가들은 처음에는 이러한 시나트라 현상을 일시적인 유행이라고 무시했다. 그러나 시나트라는 1944년 10월 파라마운트로 돌아와 공연을 가지며 '콜럼버스의 날 소동'이라고 알려지게

---

35) Wurlitzer-Orgel. 악기 제작으로 유명한 월리처가에서 제작한 유명한 다기능 오르간을 일컫는다.

된 사건을 촉발했다. 집으로 돌아가야 할 시간이었음에도 청소년들은 공연이 있기 전날 밤 매표소 앞에 모이기 시작했다. 1만 명의 십대들로 이루어진 줄이 43번가를 지나 8번 애비뉴를 거슬러 올라갔다가 다시 44번가로 이어졌다. 추가로 2만 명의 청소년들이 타임스퀘어를 가득 채웠다. 수백 명의 경찰들이 콜럼버스의 날 퍼레이드를 지키지 못하고 이들이 있는 곳으로 와 질서를 유지해야 했다. 그러나 질서는 지켜지지 않았다. 시나트라의 전기 작가 가운데 한 명인 아놀드 쇼Arnold Shaw는 이렇게 말한다.

"매표소는 몰려드는 사람들로 인해 뭉개졌다. 가게의 진열창도 박살났다. 지나가는 사람들은 짓밟혔고 소녀들은 정신을 잃었다. 첫 공연이 끝나자 3천6백 석의 공연장에서 겨우 2백5십 명만이 나왔다. (…) 딸과 함께 줄을 서 있던 한 여성은 기자와의 인터뷰에서 딸이 공연을 보지 못하면 자살하겠다고 협박했다고 말했다."

그 자리에는 아무런 제재 없이 환희를 표출하는 거대한 군중이 있었으며, 적지 않은 위험, 그리고 무엇보다도 시나트라의 대중적 인기를 보여 주는 즉각적이고 부정할 수 없는 증거가 있었다. 타임스퀘어의 진면모가 드러나는 순간이었다.

영화가 세계를 정복한 마당에도 타임스퀘어는 여전히 '정통' 공연을 하는 데 없어서는 안 될 무대를 제공하고 있었다. 그러나 텔레비전에 정복당한 세계에서는 공연 자체가 무의미해졌다. 파라마운트 극장의 공연을 보기 위해 돈을 낼 이유가 없어졌다. 에드 설리번Ed Sullivan이 같은 공연을 무료로 보여 주었기 때문이다. 1950년 미국의 텔레비전 보급률은 4천4백만 가구였고 1960년에 이르러 6천만 가구에 육박했다. 이에 따라 브로드웨이의 훌륭한 공연장들은 불을 꺼야 했다. 파라마운트는 1952년 공연을 중단했다. (1956년 프랭크 시나트라가 이곳에서 다시금 공연을 올려 매진이 된 적은 있었다.) 51번가의 캐피털 극장에는 이미 오래 전부터 영화 상영 계획만 잡혀 있었다. 밀턴 벌Milton Berle과 잭 베니, 캡 캘러웨이Cab Calloway를 무대에 올렸던 '록시'도 1948년 공연을 중단했다. 1960년에는 50번가와 6번 애비뉴 교차로의 북동쪽 모퉁이에 있던 이 극장은 사무실 빌딩을 짓기 위해 철거되었다. 캐피털 극장도 곧 사라졌다.

그러나 타임스퀘어가 할리우드에 자리를 내주기 전에 해야 할 마지막 역할이 남아 있었다. 할리우드가 1940년대와 1950년대 생산해 내기 시작한 블록버스터 영화들, 예를 들면 고대 로마나 이집트, 하와이, 혹은 상상 속의 나라를 배경으로 한 눈부시고 환상적인 총천연색의 작품들은 비록 야외 촬영소에서 만들어졌어도 거의 모든 작품이 브로드웨이에서 개봉했다. 《쿼바디스Quo Vadis?》나 《화이트 크리스마스White Christmas》, 《80일간의 세계 일주Around the World in Eighty Days》 같은 영화는 호화로운 영화관에서 화려한 시사회를 가졌다. 붉은 카펫과 크고 작은 스타들이 있었고, 촬영용 조명, 정신없이 밀고 밀치는 사진기자들, 얼빠진 팬들도 빠지지 않았다. 이런 행사는 작은 부분까지 영화사의 계획에 따라 이루어졌는데 이들은 타임스퀘어에서의 거창한 개봉 행사만큼 언론의 관심을 끄는 데 효과적인 것은 없다는 사실을 잘 알고 있었다. 《클레오파트라》는 주연 배우였던 리처드 버튼Richard Burton과 엘리자베스 테일러Elizabeth Taylor 간의 열애 덕분에 화려한 스캔들을 뭉게뭉게 피우며 1963년 리볼리 극장에서 개봉했다. 브

로드웨이와 7번 애비뉴 사이 49번가에 위치한 이 극장 앞에 모인 만
명의 팬들을 경찰의 바리케이드가 힘겹게 막아섰다. 어느 기자는 이
렇게 바라보았다.

"유명인사가 탄 리무진이 한 대씩 도착하자, 카메라를 준비한
채 길가에 서서 목이 빠져라 기다리고 있던 사람들이 까치발을
딛고 몸을 기울였는데 그 경사가 너무 심해서 꼭 자동차 위로
쓰러질 것처럼 보였다."

영화의 대중성을 입증해 준 것은 바로 이 군중이었다. 격동하는
반미치광이들의 세상, 타임스퀘어에서만 볼 수 있는 군중이었다. 20
세기 중반의 타임스퀘어는 고급스런 소비의 상징이 아니라 미국적
환상과 기호의 상징으로서 엄청난 힘을 유지했다.

이 와중에도 여전히 미국인들의 상상력을 사로잡고 있었던 연극
장르가 있었는데 바로 브로드웨이 뮤지컬이다. 1940년대에 나온 뮤
지컬만 해도 다음과 같다. 「네 친구 조이*Pal Joey*」(1940), 「오클라호마
Oklahoma」(1943), 「시내에서*On the Town*」(1944), 「회전목마*Carousel*」(1945), 「브리
가둔Brigadoon」, 「애니, 총을 잡아*Annie Get Your Gun*」(1946), 「피니언의 무지
개*Finian's Rainbow*」(1947), 「키스 미 케이트*Kiss Me, Kate*」(1948), 「남태평양*South
Pacific*」(1949). 뮤지컬 공연은 엄청난 인기를 누렸다. 「오클라호마」는
2,212회를 공연했다. 당연히 모든 작품들은 대부분 몇 년 지나지 않아
영화로 만들어졌고 열 배, 스무 배 많은 사람들이 보았다.

그러나 뮤지컬이 미국인의 삶에 큰 의미가 있었던 것은 단순히

정극보다 더 인기가 있었기 때문이 아니라 미국인들에게 그들만이 알 수 있는 공통 언어, 즉 뮤지컬 노래들을 제공했기 때문이다. 당시는 포크나 락 음악이 대두되기 이전이었다. 따라서 대중음악의 대부분은 뮤지컬을 위해 작곡된 곡이 차지하고 있었다. 라디오에서 나오는 노래도, 인기 가수들이 부르는 노래도, 파티에서 피아노를 치며 부르던 노래도 이러한 뮤지컬 노래였다. 위에서 언급한 뮤지컬에 나오는 노래를 몇 개만 꼽아 보자면 이렇다. 〈아름다운 아침*Beautiful Morning*〉, 〈유월의 기운이 완연하네*June Is Busting Out All Over*〉, 〈너무 매력적이야*Too Darn Hot*〉, 〈쇼 비즈니스만 한 사업은 없지*There's No Business Like Show Business*〉, 〈멋진 남자*A Wonderful Guy*〉, 〈못된 달님*Old Devil Moon*〉, 〈거의 사랑에 빠진 것처럼*Almost like Being in Love*〉.

브로드웨이 정극과 연관되었던 소재를 다루는 모험을 감행한 뮤지컬은 매우 적었다. 대부분의 뮤지컬은 관객이 익숙한 세계를 환상적으로 재구성한 작품들이었다. 아름다운 여자들은 완벽한 남자를 찾느라 결혼을 하지 않는다. 완벽한 남자가 나타나면 둘은 즉시 사랑에 빠진다. 가장 큰 비극은 잘못된 배우자를 선택하는 일이지만 운 좋게도 최후에 순간에 비극을 면한다. 그리고 「브리가둔」에서 말하듯 "사람을 깊이 사랑하면 무슨 일이든 일어날 수 있다." 브리가둔이라는 작은 마을을 지배하는 자연의 법칙도 뛰어넘을 수 있다. 거의 모든 뮤지컬이 집요하게 결혼으로 달려간다. 그 길을 막는 장애물은 대개 연약한 발사나무로 이루어져 있는 듯하다. 「남태평양」과 같은 작품이 훌륭한 이유는 유혹의 노래 〈발리 하이*Bali Ha'i*〉에서 나타나듯 남자가 자신의 임무를 잊게 만드는 어떤 그리움에 대한 작품이기 때문만은 아니다. 매우 심각한 어떤 것, 즉 이유 없는, 뼛속 깊은 인종차별을 직면하고 극복해야 비로소 혼인 의식이 시작될 수 있다.

하지만 누가 뮤지컬을 볼 때 줄거리를 따졌겠는가? 줄거리는 노래를 걸기 위한 틀에 불과했다. 많은 뮤지컬에 사건이나 인물과 사실상 아무 관계가 없는데도 단지 곡이 너무 좋아 뺄 수가 없어 끼워 넣은 곡들이 있다. 콜 포터의 「키스 미 케이트」에 나오는 〈너무 매력적이야〉가 그런 곡이다. 지칠 줄 모르는 뮤지컬 애호가 에선 모든Ethan Mordden은 실제로 이렇게 적고 있다.

"「키스 미 케이트」는 엉성한 리얼리즘 덕분에, 엉뚱한 곳에 셰익스피어가 뭉텅이로 들어가 있어서 사랑받는 것이 아니라 (실제로 이 뮤지컬은 「말괄량이 길들이기」의 브로드웨이 버전이다.) 곡이 너무 좋아 다른 것은 아무래도 상관없기 때문이다."

말이 나온 김에, 이 뮤지컬에 나오는 곡에는 〈왜 얌전하게 굴지 못해?Why Can't You Behave?〉, 〈사랑에 푹 빠진So in Love〉, 〈그대에게 진실해, 내 방식으로Always True to You, In My Fashion〉, 〈내 인생은 어디로 갔을까?Where Is the Life That Late I Led?〉, 〈셰익스피어 공부 좀 해Brush Up Your Shakespeare〉 등이 있다.

아마도 뮤지컬의 원형은, 가장 뛰어나거나 가장 혁신적인 뮤지컬은 아니지만, 어빙 베를린의 「애니, 총을 잡아」일 것이다. 이 어빙 베를린이 20세기 초 토니 패스터를 위해 작곡해 주었던 바로 그 어빙 베를린이라는 점은 강조하고 지나가야 할 것이다. 1911년 〈알렉산더의 래그타임 밴드〉를 작곡했을 때 그는 미국에 래그타임을 소개했고 19세기 여러 명이 함께 춤을 추는 것이 여전히 유행이던 시절에 전

국민을 자리에서 일어나 흔들게 만들었다. 1차 대전 중 베를린이 「아침에 일어나기가 얼마나 싫은지!*Oh! How I Hate to Get Up in the Morning*」에서 보여 준 단순한 진리는 참전 군인들과 사랑하는 가족과 연인들을 동시에 기쁘게 만들었다.

재즈 시대가 오자 그는 자신의 뮤직 박스 극장에서 가장 기교 있는 뮤지컬 레뷔들을 선보였다. 베를린은 〈이 노인네 같은 불황*Old Man Depression*〉에 대한 대답으로 낙관적인 곡들을 만들어 냈다. 「음악을 바라봐*Face the Music*」의 〈커피 한 잔 더 마시자*Let's Have Another Cup of Coffee*〉가 그 가운데 하나다. 「저녁시간*Supper Time*」에서는 뉴욕에서의 흑인의 삶의 고달픔을 환기한다. 1930년대에 그는 「걱정 근심 없이*Carefree*」, 혹은 「실크 모자*Top Hat*」와 같은 어스테어와 로저스의 공연에 곡을 작곡해 주었다〈볼을 맞대고*Cheek to Cheek*〉, 〈음악과 함께 춤을 춥시다*Let's Face the Music and Dance*〉). 2차 대전 직전과 전쟁 중에 그는 〈미국에 신의 축복을*God Bless America*〉, 그리고 〈화이트 크리스마스〉를 작곡했다. 이 두 곡은 미국 역사상 가장 인기 있는 곡이 되었다. 그리고 이 모든 일이 있은 뒤에, 여전히 환갑이 채 안 된 나이에 「애니, 총을 잡아」를 쓴 것이다.

대중 예술의 역사에 이와 같은 이력이 또 있을까? 놀라운 것은 베를린이 작곡가로서 장수한 것이 아니라 시대가 바뀔 때마다 그 시대에 맞는 음악과 분위기를 포착해 낼 수 있는 그의 능력이다. 그는 어떤 순간에도 어떤 자리에서도 관객의 마음속으로 마법처럼 다가갈 수 있는 듯 보였다. 베를린은 어떤 면에서 거의 신화적인 인물이었다. 글도 몰랐던 이 유대인 부랑아는 악보도 겨우 읽을 수 있는 정도였지만 손끝에서는 노래가 쏟아져 흘러나왔다. 마치 라틴어는 잘 모르고 희랍어는 더 모르던 셰익스피어 같았다. 감상적인 애국자이자 자수성가한 미국인이었던 베를린은 미국의 위인들 가운데 브로드웨이 출신으로서는 가장 중요한 인물이었다. 알렉산더 울콧은 이미 1924년에 이렇게 생각했다.

"어빙 베를린의 인생은 미국이라는 서사시의 일부이다."

「애니, 총을 잡아」는 「키스 미 케이트」처럼 공연계, 즉 쇼 비즈니스에 관한 브로드웨이 공연이다. 공연의 시작은 신나는 주제가 〈쇼 비즈니스만 한 사업은 없지〉로 시작한다. 이 곡에서는 순회공연을 하며 무대 뒷일을 담당하는 일손들이 나와 어빙 베를린이 반세기 동안 알고 지내며 사랑했던 세상에 대해 열광적인 존경의 표시를 한다. 그 세상은 그에게 우주의 중심이었다. 「애니, 총을 잡아」는 뮤지컬 무대 뒤에서 일어나는 이야기를 주제로 브로드웨이 스타의 성장과 그 스타가 모든 뮤지컬의 최고선, 즉 사랑을 찾아가는 모습을 그리고 있다. 애니 오클리는 동료 사격수인 프랭크 버틀러에 대한 자신의 절박하고 충실한 사랑과 여자가 실력을 발휘하면 안 되는 분야에 대한 자신의 능력 사이에서 갈팡질팡하고 있다. 〈총으로 남자를 얻을 수는 없어 _You Can't Get a Man with a Gun_〉에서 애니의 한탄은 베를린의 다른 훌륭한 곡들과 마찬가지로 매우 단순해 보이는 부분들로 이루어진 복합적인 장치다.

"권총을 차고 있는 여자한테 잠옷을 선물하지는 않지. 아무리 멋져도 총 맞으면 끝장인 게 남자니까."

애니는 둘 중 그 어느 것도 포기할 수 없다. 〈네가 잘하는 것이라면 _Anything You Can Do_〉에서는 애니가 자신의 멈추지 않는 경쟁의식을 자랑하며 마크 트웨인Mark Twain과 앰브로즈 비어스Ambrose Bierce에 의해 유명해진 서부 사람 특유의 허풍을 보여 준다. 이 허풍은 어느새 마이스터징거36)들의 대회처럼 변하면서 애니는 숨이 차서 더는 못 할 때까지 한 음을 계속 끈다. (초연 때는 에델 머먼이 연기했다.) 〈네가 잘하는 것이라면〉은 탁월한 음악적 기량에 대한 노래면서도 그 자체가 놀라운 기량의 표현이다. 여기 얽힌 이야기는 이렇다. 베를린은 두 주인공을 위해 곡을 작곡해 달라고 부탁받았는데 부탁 받은 지 15분 만에 연출자 조시 로건Josh Rogan에게 전화를 걸어 첫 번째 후렴구 전체를 불러 주었다고 한다. 로건은 나중에 자신이 "평생 겪은 일 가운데 가장 놀라운 일이었다."고 말했다.

조지 코프먼의 「6월의 달」의 주인공인 인기 작곡가 프레드가 차세대 어빙 베를린이라는 말도 안 되는 찬사를 받자 평소에는 냉소적이던 한 여자 출연자가 즉각 반대하며 베를린에 대해 이렇게 말한다.

"베를린의 곡엔 무언가가 있어요. 인정이 있어요."

대중 예술에서는 관객을 자기편으로 만들지 않으면 아무리 독창적이라도 소용이 없음을 베를린은 누가 말해 주지 않아도 알고 있었고 절대 잊지 않았다. 베를린의 곡에는 늘 인정이 있었다. 다른 주제를 전달하느라 바쁜 와중에도 말이다. 애니 오클리는 그 순진함과 열정, 그리고 사랑을 전하고자 하는 마음을 자꾸만 방해하는 경쟁의식으로 우리에게 호감을 불러일으킨다. 그리고 좀 더 속물이 뒤에도 동정심을

---

36) Meistersinger. 음유시인과 구별하기 위하여 붙인 이름으로 장인 시인, 직인가인職人歌人이라 한다. 가사·곡조에 대한 엄격한 규칙에 의해 작사·작곡을 하고 노래를 부른 가수들이다. 14세기부터 16세기까지 독일에서 활동했다.

불러일으킨다. 풍부한 재즈풍의 오케스트라 반주가 있는 〈그의 품속에 빠져Lost in His Arms〉, 혹은 몽롱한 〈아침에는 태양이 있으니까 I Got the Sun in the Morning〉를 부르는 애니는 〈네가 잘하는 것이라면〉을 힘차게 불러 대던 그 애니가 아니다. 그럼에도 우리는 전과 하나도 다를 것 없이 애니가 프랭크와 잘 되기를, 자신을 잃지 않기를 바란다. 베를린은 콜 포터나 조지 거슈윈처럼 매혹적이지만 동시에 관객의 마음을 건드리는 법을 알았다. 그는 길버트 셀데스가 '살아 숨 쉬는 예술'이라고 이름 붙인 것의 대가였다. 살아 숨 쉬는 예술이란 대중에게 다가가려고 하는 예술이며 보편적이기보다 국부적이고 지역적인 문제를 다루고자 한다. 그럼에도 때때로 그와 같은 겸손한 목표를 초월하기도 한다.

1940년대와 1950년대, 그리고 1960년대에 이르기까지 타임스퀘어는 굉장히 낭만적인 장소였다. 낮에는 노후한 모습과 상처가 보였지만 밤에는 여전히 화려하고 매혹적이었다. 고급스러운 공연은 동쪽으로 이동했을지 몰라도 오직 타임스퀘어에서만 스펙태큘러의 화려한 빛이 밤을 물들였다. 타임스퀘어의 거대한 교차로, 즉 7번 애비뉴가 브로드웨이와 합쳐지는 곳은 전기의 광장이었다. 브로드웨이 양쪽에 줄지어 선 극장들은 전구로 극장의 이름과 간판을 돋보이게 만들었다. 심지어는 46번가와 브로드웨이에 있는 혼 앤 하다트Horn&Hardart 자동 판매식 식당까지도 밝게 불을 밝히고 있었다. 그리고 독창적인 특수 효과가 가미된 환상적인 간판들이 브로드웨이 양쪽에 줄지어

선 낮은 빌딩 위에 앉아 있었다. 42번가에도 간판들은 북쪽을 향하고 있었고 47번가에서는 남쪽을 향하고 있었다. 타임스퀘어의 마지막 화려한 순간에 이곳을 방문한다는 것은 곧 빛에 온 몸을 적시는 것과 같았다.

구드는 물론 사라진 지 오래였지만 '브로드웨이의 점등부'라는 호칭은 이제 매력 있고, 민첩하며 창의력이 비범한 더글러스 리Douglas Leigh에게로 돌아갔다. 리는 특유의 상냥하고 부드러운 성격으로 토니 패스터나 오스카 해머스타인, 혹은 플로렌츠 지그펠드와 함께 브로드웨이의 신화적인 존재 가운데 하나가 되었다. 이들에 대한 이야기는 적절히 다듬어져 대중매체를 통해 반복해서 전해졌다.

앨라배마 주의 애니스턴에서 은행가의 아들로 태어난 리는 광고 회사에서 일하기 위해 뉴욕으로 왔지만 말단 사원의 생활에 지루함과 불만을 느끼고 대공황이 한창일 때 직장을 그만두었다. 낡은 포드 자동차도 팔아 버린 그는 타임스퀘어에 스펙태큘러를 달기 위해 나섰다. 못 말릴 자신감이 있는 (혹은 미친) 사람에게만 가능한 종류의 광기 어린 충동이었다. 리는 남부 특유의 예의 바른 태도 뒤에 자신의 과대망상증을 조심스럽게 숨겼다. 그는 상대하는 사업자들을 빠짐없이 '선생님'이라고 칭했다. 왜소한 몸집이지만 늘 단정하게 가꾸고 언제나 싱싱한 꽃을 옷깃에 꽂고 다녔다. 한 작가는 그를 '프린스턴 대학의 새내기'에 비유하기도 했다. 아마도 바로 이런 이유 때문에 리가 최고의 세일즈맨이 될 수 있었을 것이다. 리가 고안해 낸 첫 번째 스펙태큘러는 거대한 커피 잔으로 가장자리에 난 구멍을 통해 진짜 증기가 흘러나오게 하는 것이었다. 리 이전에는 그 누구도 생각해 내지 못한

'특수 효과'였다. 그는 이 아이디어를 에이앤피A&P 음식점 체인에 팔았고 1933년 말 브로드웨이와 47번가에 이 간판을 달았다. 이때부터 타임스퀘어는 리의 화폭이 되었다.

리는 예술가와 영업사원의 특징이 독특하게 결합된 인물이었다. 그는 타임스퀘어를 헤매며 빈 옥상이 있으면 그곳을 간판을 걸 용도로 빌렸다. 그러고는 사무실에 앉아 간판 구상을 하거나 광고사에서 이미 이용한 이미지를 이리저리 굴려 보곤 했다. 『뉴요커』 기자 칸E. J. Kahn이 1941년 작성한 리에 대한 소개글에 의하면 리는 "브로드웨이가 내려다보이는 곳에, 몇 초에 한 번씩 빨간 눈이 깜빡이는 거대한 펭귄을 올려놓는 것이 예술적으로도, 그리고 상업적으로도 보기 좋을 것이라고 판단했다. 그의 생각은 쿨 담배의 제조사가 그동안 잡지 광고에 펭귄을 등장시켜 왔다는 점에 영향을 받은 것이다." 리는 광고에 타고난 관심이 있는 듯했다. 그는 커피 잔에서 증기가 나오게 한다든가 빨간 눈을 깜빡이게 하는 기술적인 능력은 없었지만 이러한 이미지가 효과적일 것이라는 사실은 잘 알았으며 실행에 옮겨 줄 기술자들도 찾아낼 수 있었다.

리는 적어도 스스로의 생각으로는, 불빛을 꿈꾸는 몽상가였지만 그의 꿈은 불빛에서 끝나지 않았다. 리는 헨리 포드Henry Ford를 매우 존경했고 정치에 입문하는 것이나 사업가 정당을 만드는 것, 라디오를 통해 강의를 하는 것에 대해 이야기하곤 했다. 리가 한때 뉴욕타임스에 말했던 바에 따르면 그가 꿈꾸는 타임스퀘어에는 송풍기가 나무와 깃발을 흔들고 있고 인공 눈과 안개가 있으며 향기 나는 간판이 있고, 살아 있는 동물, 입체 간판 등이 있다. 우리가 요즘 디즈니랜드,

혹은 라스베이거스에서나 기대할 수 있는 종류의, 화려하게 조직된 환상의 세계인 것이다. 그는 본능적으로 새로움을 추구했다. 1930년 대 후반 그는 에폭Epok이라고 하는 새로운 조명 기술의 특허권을 구매했다. 이 기술은 타임스퀘어의 엄청나게 큰 스펙태큘러에 5분짜리 만화영화를 올릴 수 있게 해 주었다. 오늘날의 타임스퀘어에 부쩍 많아진 발광다이오드(luminescent diode, LED) 기술의 초기 형태였던 것이다. 전쟁이 끝난 직후 리는 해군에게 잘게 잘라 비웃으로 만들 계획이었던 비행선을 구입했다. 그러고는 1만 5천 개의 아주 작은 전구가 달린 고무 장치를 비행선에 부착하고 하늘의 스펙태큘러로서 광고주에게 빌려 주었다. 엠지엠MGM 영화사는 《내셔널 벨벳National Velvet》을 홍보하기 위한 수단으로 이 비행선을 이용했다.

리는 또한 타임스퀘어 역사상 가장 유명한 간판을 만들어 낸 사람이기도 하다. 43번가와 44번가 사이 브로드웨이의 동쪽 변에 위치한 클라리지Claridge 호텔의 옥상에 있던 캐멀Camel 담배의 광고가 그것이다. 이 간판의 참신함은 제작 과정이 아니라 그 착상에서 비롯한다. 이 간판은 붉은 색 칠을 한 합판 위에 매우 만족스러워하며 담배를 피우는 잘생긴 흡연자의 사진이 있는 형태였는데 입이 있어야 할 곳에 구멍이 있었다. 그 구멍에서는 4초마다 완벽한 고리 형태의 연기가 나왔다. 실은 연기가 아니라 증기였다. 호텔의 난방 시설에서 모인 증기는 피스톤에 의해 더 작은 구멍을 통해 밀려나왔다. 이 광고 간판의 가장 참신한 점은 불빛에 의존하지 않는다는 점이었다. 간판이 완성된 것은 진주만 공격이 있기 사흘 전, 타임스퀘어의 모든 불빛을 꺼 버린 등화관제 여섯 달 전이었다. 불빛은 없어도 간판의 흡연자는 계속해서 고리 모양의 연기를 내뿜었다. 그뿐 아니라 간판을 내린 1966년까지 놀랍게도 무려 25년 동안이나 연기를 내뿜고 있었다.

리의 마지막 작품은 아마도 가장 훌륭한 작품일 텐데 캐멀 담배 간판이 있는 위치에서 북쪽으로 한 블록 떨어져 있는 본드 의류 백화점 옥상에 있는 광고였다. 본드는 타임스퀘어에서 고급 양품점에 가장 가까운 상점이었다. 사실상 타임스퀘어에는 자랑할 만한 상점이 없었다. 리가 고객을 위해 고안한 것은 성性과 허세가 어우러진, 높이는 30미터, 폭은 거리 한 블록에 이르는 이미지였다. 타임스퀘어에 세워진 간판 가운데 가장 눈이 휘둥그레지는 간판에 속했다. 리는 높이가 약 15미터인, 실물보다 큰 남녀 나체 석고상을 주문했다. 상체에는 토가처럼 금빛 네온 줄이 늘어져 있었다. 밤에는 빛으로 된 이브닝 가운 하나만 달랑 입고 있는 것처럼 보였다. 두 석고상 사이에는 가로 40미터, 세로 8미터인 진짜 폭포가 있었다. 물 4만 리터가 이 폭포에서 떨어지면 밑에 있는 펌프가 물을 순환시켰고 그동안 이 모든 것은 2만 3천 개의 백열등과 네온관이 비추고 있었다. 『경이로운 간판들』의 저자 타마 스타의 집안에서 운영하는 회사 아트크래프트 스트라우스Artkraft Strauss는 본드 의류 백화점 간판뿐 아니라 리가 고안해 낸 여러 간판도 제작했는데, 스타에 의하면 폭포는 사람들에게 나이아가라 폭포를 떠올리게 만드는 역할을 했고 나이아가라 폭포는 유명한 신혼여행지이기 때문에 결국 섹스를 떠올리게 만들었다고 한다.

어빙 베를린과 마찬가지로 더글러스 리는 궁극적으로 브로드웨이에서 가장 장수한 인물 가운데 하나가 되었다. 1960년대 초 그는 타임스 타워를 구매한 뒤 대리석 표면을 뜯어내고 건물 자체를 거대한 간판으로 바꿔 놓았다. 30년 뒤 이 건물은 결국 정말 간판이 되어버렸다. 1979년 타임스퀘어가 돌이킬 수 없는 쇠퇴의 길을 가고 있는 것처럼 보일 당시 리는 아끼던 열일곱 군데의 간판을 전국적인 광고 간판 회사였던 밴 왜그너Van Wagner에 판 뒤 전혀 새로운 사업을 시작했다. 엠파이어스테이트 빌딩을 포함한 큰 건물의 외부 조명을 설치하는 일이었다. 1990년도 중반까지도 그는 1996년 애틀랜타 올림픽을 위한 조명 쇼를 계획하고 있었다. 리는 1999년, 아흔두 살에 사망했다. 그가 베를린과 비슷했던 점은 이 밖에도 많다. 그도 베를린처럼 빈틈없는 판매 수완을 발휘했고 활발한 창작 활동을 했으며 쾌락의 원천을 아이처럼 드나들었다. 그는 살아 숨 쉬는 예술의 천재였고 타임스퀘어의 조물주였다.

9장 지옥에 빠져 버린 42번가

1952년 출간된 소설 『가라*Go*』에서 존 클릴런 홈즈John Clellon Holmes
는 동료 비트족 잭 케루악, 앨런 긴즈버그, 허버트 헝크Hebert Huncke와
함께 마리화나를 찾아 소란을 피우며 42번가에 갔다가 허탕 친 이야
기를 소개한다. 1945년쯤이었다. 알프레드 아이젠슈테트가 타임스퀘
어의 솔직하고 유쾌한 이미지를 사진으로 포착하던 시절이었다. 밤늦
은 시각 시인들과 마약중독자들의 무리는 42번가와 브로드웨이에 위
치한 리 카페테리아에 멈춘다. (실제 카페테리아의 이름은 그랜트 카페테리아
였는데 홈즈가 재치 있게 바꾼 것이다.) 홈즈는 이렇게 쓰고 있다.

> "그 장소는 사기꾼과 마약상, 소매치기, 늙은 싸구려 창부, 부랑
> 자들을 위한 기이한 사교 클럽처럼 보였다. 이들은 밤에만 다니
> 고 새벽 거리가 회색빛을 띠기 시작하면 사라져 버리는, 타임스
> 퀘어의 숨겨진 시민들이었다."

리 카페테리아에 모인 무리는 '길 잃고 저주 받은 사람들의 결사'
였다.

비트족의 악마적인 타임스퀘어가 '바비 삭서'와 어빙 베를린의
타임스퀘어와 같은 장소라는 것을 생각하면 이상하다. 그러나 실제

그러했다. 이런 이유로 케루악은 타임스퀘어에 이탈리아제 신사복을 입은 신사들도 있고 하수구에 드러누운 취객도 있다고 썼다. 타임스퀘어는 언제나 묘하게 다채로워서 스스로 원하는 대로 정의 내릴 수 있었지만 전쟁이 끝난 직후는 특히 그러했다. 비트족이 42번가와 8번 애비뉴에 주로 집중되어 있었고 이탈리아제 신사복을 입은 사람들의 타임스퀘어는 주로 브로드웨이와 극장가였다는 말은 어느 정도까지는 사실이다. 그러나 파라마운트 극장의 사람들이 과거의 타임스퀘어를 찬미했다면 비트족은 변화하는 타임스퀘어에서 살았다. 그들은 위대했던 타임스퀘어의 쇠퇴를 진심으로 반겼던 마지막 사람들이었다. 그들 이후로는 쇠퇴가 너무 심해 문학으로 찬양할 수 있는 정도를 넘어섰다.

짧은 기간 동안, 주로 1945년과 1948년 사이, 타임스퀘어는 비트족의 분위기와 문화, 심지어는 언어 형성에 주요한 역할을 했다. '비트'라는 말 자체는 사기꾼이자 마약중독자, 소매치기였던 허버트 헝크가 생각해 낸 것이다. 헝크는 타임스퀘어에서 시간을 보내다가 여러 비트족의 아파트 방바닥에 쓰러져 잠을 자곤 했다. 앨런 긴즈버그는 이후 이렇게 쓰기도 했다.

"타임스퀘어에 새로운 사교 클럽이 생겨났다. 네온 불빛으로 눈부시게 밝힌 거대한 공간으로 슬롯머신이 가득 차 있고 낮이든 밤이든 열려 있다. 뉴욕의 모든 히피 종말론자들은 시간에 구애받지 않는 이 공간에 매혹되어 결국 이곳에서 발을 멈춘다."

그들은 포커리노Pokerino 오락실이나 빅포드Bickford 카페테리아에 모이거나 42번가와 8번 애비뉴에 있는 앵글Angle 바에 모이기도 했다.

그곳은 포주와 마약상, 시시한 사기꾼들이 들락거리는 곳이었다. 비트족들에게 이러한 텅 비고, 환상적인 영역은, 정신 올바르고 성공한 '모범생'들의 세계에서는 보이지 않는 진리로 가는 열쇠를 쥐고 있었다. 그랜트 카페테리아의 악몽 같은 세상을 묘사한 후『가라』의 화자는 소설의 주인공 홉스가 "이상하게도 혐오감을 갖는 대신 그 세상의 모든 면면을, 그곳 사람들이 어떤 인생을 사는지, 어떤 감정을 견뎌내는지 그리고 어떻게 해서 그런 운명을 만나게 되는지 알고 싶어했다."고 말한다. 홉스에 의하면 그들이 그런 운명에 처한 것은 "아마 뜻밖이었을 것이다." 의식적으로 그러한 타락한 운명을 선택하는 사람이 있을 리가 없기 때문이다.

비트족의 신조는 이런 것이었다. 진리를 찾기 위해서는 숨 막히는 정상 세계를 벗어나 타락을 경험해야 했다. 앨런 긴즈버그는 교외의 개방적인 유대인 집안에서 태어났다. 1943년 컬럼비아 대학으로 떠난 뒤에야 루시언 카Lucien Carr, 잭 케루악, 윌리엄 버로즈William Burrough 등의 구도자seeker를 만났다. '구도자'는 긴즈버그가 가장 좋아하는 말 가운데 하나였고, 스스로도 구도자라고 생각했다. 긴즈버그보다 나이가 많고 교양과 학식, 험악함이 뒤섞인 태도를 갖고 있던 버로즈는 긴즈버그와 케루악을, 안정적이고 합리적이던 컬럼비아 대학 영문학과 출신 작가들에게 소개시켜 주었다. 바로 랭보와 베를렌, 콕토, 그리고 운명에 대해 종말론적 시각을 갖고 있던 스펭글러였다. 버로즈 역시 타임스퀘어의 시민이었다. 버로즈는 1944년 타임스퀘어 주변 술집을 서성이기 시작했다. 훔친 톰슨 기관총과 모르핀을 팔기 위해서였다. 그 뒤로는 마약을 공급받기 위해, 그리고 매혹적인 거리 풍경을 바라보기 위해 타임스퀘어를 찾았다. 긴즈버그는 버로즈에게 문학 취향과 세상을 보는 눈, 암페타민 복용 취미, 그리고 타임스퀘어의 밑바닥 인생에 대한 크나큰 호기심을 물려받았다.

1945년, 긴즈버그와 케루악은 버로즈와 헝크가 타임스퀘어에 갈 때면 늘 함께 가곤 했다. 두 사람은 버로즈와 헝크를 밑바닥 세계의 진정한 시민으로서 존경했다. 그들은 시간 가는 줄 모르고 아폴로 극장의 간판 아래 위치한 거대한 식당 빅포드 카페테리아에 앉아 그곳에 모인 무감각한 사람들과 이야기하곤 했다. 긴즈버그는 빅포드 카페테리아에서 종업원으로 잠깐 일하기도 했다. 알프레드 킨제이 Alfred Kinsey 박사는 이들의 성생활을 취재하기도 했다. 킨제이 박사는 헝크의 다양한 성 경험에 매료되어 있었다. 벤제드린(Benzedrine, 암페타민의 상품 이름이다.)에 취한 채 비트족들은 낯선 인간쓰레기들과 함께 42 번가를 오락가락하며 눈부시고 총천연색인 종말의 환상을 떠올리며 즐겼다. 타임스퀘어에는 그들의 환각적인 정신 상태에 어울리는 환각적인 광경이 펼쳐져 있었다. 이들이 간판에 부여한 의미는 더글러스 리의 그것과는 전혀 달랐다. 네온 불빛의 화려한 파랑과 녹색, 노랑은 사람의 살결을 투과해 그 밑에 있는 소름 끼치는 창백함을 드러냈다. 긴즈버그는 나중에 이렇게 말했다.

"그것은 과장된 음산함이었고 모두 타임스퀘어 포커리노 괴물 쇼의 불빛 바다 속에서 벌어졌다."

포커리노는 42번가에 있는 핀볼 게임장으로 각성제에 열광하는 족속들로 가득 찬 곳이었다. 케루악의 전기 작가는 이렇게 쓰고 있다.

"그들은 암페타민에 취해 놀라운 집중력을 발휘하면서 핀볼 테이블을 부여잡고는 핀볼이 구멍으로 빠지지 않길 바란다. 게임기에서 나는 요란한 소리와 강력한 불빛은 머리를 빙빙 돌게 만든다."

긴즈버그의 결론에 의하면 바로 여기, 42번가의 중심에서, 그리고 타임스퀘어의 중심에서, 뉴욕의 중심, 그러니까 세계의 중심에서 아메리칸 드림의 종말이 미리 펼쳐지고 있었다. 케루악의 『마을과 도시The Town and the City』에서 긴즈버그의 대역 리안 레빈스키는 포커리노의 대역 니켈로의 중심을 가리키며 그곳에서 '미국이라는 슬픈 낙원의 자식들'을 발견한다. 그들은 창백한 불빛 아래 좀비로 변해 "부르주아 문명의 폐허에서 불안해하며 떼 지어 몰려다닌다." 잔뜩 신이 난 레빈스키는 이어서 니켈로의 수감자들을 '괴짜geek'라고 표현한다. 그것은 니켈로의 각성제 중독자들뿐만 아니라 그 자신을 포함하는 말이기도 하다. 불결하고 병든, 죄악으로 좀먹은 모든 사람들도 포함한다. 열광적인 독백 속에는 비트족이 신이 주신 지혜라고 여기며 소중히 여겼던 종류의 신들린 광기가 서려 있다. 정신 나간 듯한 장광설을 늘어놓으며 레빈스키는 자신의 괴짜 같은 성격이 실은 역병의 현대적인 형태인 '핵의 질병atomic disease'이라고 말했다. 그는 또한 이렇게 말한다.

"모든 사람들이 무너질 것이며 분해될 것이고 전통과 올곧음, 이른바 도덕성을 토대로 한 인격 구조는 천천히 썩어 갈 것이다. 사람들 심장에 두드러기가 날 것이며 두뇌에는 거대한 기생충이 달라붙을 것이다."

종말론주의자 히피들은 환상의 지역을 좇아 서부로, 멕시코로,

파리로 모로코로 곧 옮겨갔다. 그들의 작품과 그들의 인생에서 그들은 타임스퀘어라는 거대한 고고학적 유적지에 또 한 꺼풀을 더한 셈이었다. 리블링과 미첼, 마이런 버거Myron Berger와 같은 경제 공황 시절의 언론인들이 말발 좋은 괴짜들과 잊혀져 가는 보드빌 배우들의 타임스퀘어를 빚어낸 것처럼 그렇게 비트족은 도스토예프스키적인 지하 세계를 남기고 떠났는데 이 세계의 타락은 그 자체로 쾌락을 즐기는 부르주아 문화에 대한 도전이었다. 비트족이 헝크와 같은 인물을 이상화하고 심지어 떠받드는 모습에는 특정한 형태의 낭만이 있었다. 아마도 타임스퀘어의 러니언식 충동이 퇴폐적인 느낌으로 되풀이된 것일지도 모른다. 그러나 얼마 가지 않아 낭만적으로 여길 것이 아무것도 없게 된다.

타임스퀘어는 다음 십 년간 눈에 띄게 쇠퇴하지는 않았지만 대체로 지하에 숨어 있던 것들이 밖으로 나오기 시작했고 초현실주의적 환기 작용의 주제가 되던 것들이 부쩍 '문제'로 나타났다. 1960년 3월, 『뉴욕타임스』는 '웨스트 42번가에서의 삶. 부패에 대한 연구'라는 헤드라인 아래 장문의 1면 기사를 실었다. 밀턴 브래큰Milton Bracken 기자에 의하면 7번과 8번 애비뉴 사이 42번가가 "시내에서 '가장 안 좋은' 동네라고 많은 사람들이 주장하고 있다." 그 증거로 브래큰은 그 지역에 아침 여덟 시부터 새벽 네 시까지 선정적이거나 폭력적인 영화를 보여 주는 열 개의 싸구려 영화관이 있음을 들었다. 그리고 영화 상영 중에 '못된 짓을 하는 변태 남자들'이 있음을 들었다. 그 밖에도 인도

에 모이는 동성연애자들이 있었고, 여장 남자, 남장 여자들, 지역 양
끝에 위치한 지하철역 구내에 온갖 부랑자와 가출 소년들이 몰려드
는, 핀볼 게임과 사격 연습장이 있는 오락실이 있었다. 군인과 순진한
관광객에게 돈을 떼어먹는 사기꾼들이 있는가 하면 '허리 위로는 아
무 것도 입지 않은 여자들의 사진이 실린 과월호 잡지'를 파는 책방도
있었다.

이제 와 돌이켜 보면 1960년경 42번가의 암흑의 구렁은 비교적
해가 없어 보인다. 이 지역은 날이 갈수록 유해하다고 소문이 났지만
현실은 달랐고 브래큰은 이를 구분하기 위해 애썼다. 그는 '비행 청소
년'들이 정신과 치료를 요할지언정 경찰서에 보낼 만한 사람들은 아
니라고 적고 있다. 오락실의 부랑아들은 구역을 순찰하던 경찰들이
지시하면 순순히 흩어지곤 했다. 가게에 진열되어 있는 칼은 전시용
이지 전투용이 아니었다. 아이아르티IRT 오락실에 있는 주크박스의
곡은 전부 오페라 곡이었다. 평소에는 경찰의 체포 건수도 비교적
적었다. 42번가는, 그곳을 제외하면 건전한 이 도시에 하나의 '수수께
끼'였다. 실제로 브래큰은 이렇게 썼다.

"'비행 청소년'과 사고뭉치들이 주로 모이는 곳은 고급 술집과
음식점 가운데 산재해 있었다."

그러나 뉴욕 시민들이 깨끗하고 정돈된 도시 거리에 익숙해져
있는 만큼 그들에게 42번가의 무정부 상태는 충격적이었다. 브래큰이
관찰한 바에 따르면, "점잖은 시민들은 깊은 불쾌감을 느꼈고 심지어
는 분노했다."

비트족이 주로 모이던 타임스퀘어는, 그러니까 브로드웨이와 8

번 애비뉴의 30번지 후반부터 50번지 초반까지 주소의 거리는, 더 최근에 타락했다. 퇴폐 서적을 팔던 서점은 1950년대 번창했다. 과거에는 우스갯소리를 모아 놓은 책이나 전쟁 이야기, 서부극, 별점 책이 주를 이루었던 상품은 갈수록 음란물로 기울었는데 그다지 노골적인 내용은 아니었다. 벌거벗은 여자들의 사진이 뒷면에 인쇄된 트럼프 카드라든가 달력, 『현직 경찰의 성생활Sex Life of a Cop』과 같은 문고판 소설, 그리고 앞서 말한 과월호 잡지 같은 것이 여기 속했다. 매춘부들이 그 지역을 맴돈 것은 19세기 이후부터지만 1950년 말 42번가와 8번 애비뉴에 포트 어소리티Port Authority 버스 터미널이 문을 열자 매춘에 징발된 십대 소년 소녀의 수가 크게 증가했고 아마 고객 수도 증가했을 것이다. 1960년대 초반 타임스퀘어는 '허슬링hustling'이라고 하는 남성 매춘의 중심지가 되었다.

타임스퀘어 지역은 오래 전부터 동성연애자에게 관대했다. 분위기가 전반적으로 자유로웠을 뿐만 아니라 연극계, 그리고 의상 디자인이나 세트 디자인 등의 연극 관련 분야에 동성애자의 비율이 비교적 높았던 탓이다. 애스터 호텔의 바, 적어도 바의 한쪽은 이르게는 1910년대부터 동성연애자들의 모임 장소로 알려졌고 2차 대전 도중 군인들이 몰려들면서 더 유명해졌다. 관광객들은 종종 벅포드와 같은 42번가의 커피숍에 머리를 들이밀고는 화려한 '요정'들을 훔쳐볼 수 있기를 기대했다. 그들 덕분에 42번가는 미국 문화의 매우 색다른 일부분이 되었다. 이 주제의 전문가인 티모시 길포일Timothy Gilfoyle은 1930년대 초반 타블로이드 신문을 인용한다. 대체적인 내용은 이런 것이다.

"요즘 유행은 새벽 두 시쯤 타임스퀘어에서 게이 한둘과 함께 사진을 찍는 것이다."

길포일에 따르면 경제 공황의 시작과 함께 허슬링은 덜 희극적이 되었고 더 음울하고 상업적이 되었다. 42번가는 '험악한 거래'의 중심이 되었고 노골적으로 여성적인 동성애자들은 한 블록 동쪽에 있는 브라이언트Bryant 파크로 밀려났다. 1963년 발간된 존 레치John Rechy의 『밤의 도시City of Night』의 이름 없는 주인공은 몸을 팔아 돈을 벌기로 작정하고 뉴욕에 도착하자마자 이곳 사정에 밝은 사람으로부터 타임스퀘어로 가 보라는 말을 듣는다. "언제든 한 건 할 수 있는 곳"이기 때문이다. 그곳은 정말로 그랬다. 42번가와 브로드웨이에 선 주인공은 이렇게 말한다.

"근육질의 젊은 남자들이 할 일 없이 서성거리는 것이 보인다. 때때로 나이 든 남자한테 다가가 나직한 목소리로 이야기한다. 둘은 함께 어딘가로 가거나 그게 아니면 젊은 남자는 다른 사람한테로 간다."

신호는 모두 매우 은밀하지만 그럼에도 오해의 여지는 없다. 적어도 입문자에게는. 아폴로에서 '야한 외화' 두 편을 보고 난 뒤 레치 소설의 화자가 간판 아래 서 있는데 중년 남자가 다가와 말한다.

"십 달러 줄게. 대신 앙탈부리지 마."

그렇게 그는 42번가의 삶에 입문한다.

1960년대 초반의 이 시절은 42번가가 달리던 내리막길의 중간 지점을 나타낸다. 이 거리는 아직 몇 년 뒤처럼 그렇게 폭력적이지도, 퇴폐적이지도 않다. 반면에 비트족에게 타임스퀘어가 가졌던 의미,

즉 사회적 관습으로부터의 자유라는 행복감, 보들레르적인 느낌을 불러일으키던 곳으로서의 의미는 사라졌다. 대신 침울한 통찰의 장소가 되었다. 『밤의 도시』는 이렇게 시작한다.

"훗날 나는 미국이 타임스퀘어에서 할리우드 대로까지 펼쳐진 거대한 밤의 도시라고 생각하게 된다. (…) 하룻밤의 정사가 있고 담배 연기가 있고 외로움에 짓눌린 방이 있는 곳."

중요한 부분은 '짓눌린'이다. 레치의 42번가는 은밀하고 기쁨이 없는 곳이다.

동일한 종류의 패배와 속박의 느낌이 허슬링을 주제로 한 당시의 또 다른 소설에 묻어난다. 1965년 출판된 제임스 레오 헐리히James Leo Herlihy의 『미드나잇 카우보이Midnight Cowboy』가 그것이다. 헐리히 소설의 주인공 협객 조 벅은 텍사스 주 엘 파소El Paso를 떠나 뉴욕에 도착하자마자 타임스퀘어 팰리스 호텔로 직행한다. 그가 방에서 보는 첫 광경은 "길 건너편 영화관 간판 아래 인도에 앉은 몹시 지저분한 할머니"로 할머니는 "병에 담긴 무언가를 더러운 맨발에 붓더니 남은 한 손으로 발을 문질렀다." 그런 형태의 밑바닥 인생은 텍사스에서는 보지도, 상상하지도 못하는 것이었다. 존은 뉴욕에서 머무는 동안 무미건조한 배움을 얻었다. 넘치는 의욕에도 그는 일련의 참담한 실패를 겪는다. 의기양양한 청년으로 도착했던 그는 곧 허슬링을 하는 지경에 이르렀지만 그마저도 그다지 성공하지 못한다. 그는 밤새 문 여는 극장에서 잠을 자고 자판기 식당에서 삶은 콩을 먹으며 살았다. 마침내 플로리다로 가지 않을 수 없게 된다. 결국 타임스퀘어에 눌러 살게 된 기괴한 인물들 가운데는 존의 짝 랫소 리조Ratso Rizzo가 있었는데 그는 남녘의 약속의 땅에 다다르기도 전에 죽는다.

조가 플로리다행 고속버스에 몸을 실을 때쯤 타임스퀘어는 쇠퇴의 나선 계단을 따라 또다시 방향을 틀어 아래로 내려가고 있었다. 타임스퀘어는 사회적 관습이 대부분의 미국인들을 예의범절의 선 안에 가두어 놓고 있던 시절 자기표현과 자기만족이 허용된 피난처였다. 이것은 1910년대에 그랬듯이 1950년대에도 마찬가지였다. 그러나 1960년대에 그 관습이 도덕적 강제력을 잃고 보통 시민들이 '마음 가는 대로 하자'라는 좌우명에 따라 살기 시작하자 타임스퀘어는 건방진 순진함에서 진정한 타락으로 곤두박질쳤다. 1966년 자판기를 운영하던 마틴 호더스Martin Hodas는 구형 영사기 열세 대를 구입해 당시 뉴욕에서 살 수 없었던, 정면 누드가 담긴 포르노 영상으로 가득 채워 음란물을 취급하던 서점에 배급했다. 처음에는 가게 주인들이 선뜻 승낙하지 않았다. 벌레스크 시절부터 그러한 물건은 경찰 단속을 자극하곤 했기 때문이다. 그러나 음란 영상을 엿볼 수 있는 이 자판기는 곧 가게에서 가장 인기 있는 물건이 되었다.

경찰의 단속이 이와 같은 새로운 수준의 음란물을 없애거나 적어도 억제할 수 있었겠지만 1966년, 대법원은 노골적인 음란물에 대해서 표현의 자유의 권리를 허락하는 일련의 판결을 내렸다. 타임스퀘어의 부동산은 언제나 가장 많은 소득을 창출하는 산업에 맞추어 갔기에 이제 42번가와 8번 애비뉴는 매우 빠른 속도로 급성장하는 포르노그래피 산업이 차지했다. 마틴 호더스는 곧 수위가 높은 포르노그래피의 중요 제작자이자 배급자가 되었고 매번 부인했지만 마피아와 협력을 한다는 의심도 받았다. 호더스와 다른 사람들은 42번가와 8번 애비뉴의 상점의 임대 계약서를 사들이기 시작했다. 거리에 줄지어 서서 그나마 다듬어지지 않은 매력을 유지하고 있었던 카메라 가게, 각종 기기 판매점, 식품점, 카페테리아, 그리고 핀볼 오락실 등이 음란물 서점과 음란 영상을 보여 주는 가게로 바뀌었다. 곧 동성애자나 아동, 가학적 변태 성욕자들이 등장하는 포르노그래피만 전문으로 파는 곳도 생겼다. 엿보지 못하게 하려고 유리창을 검게 칠하거나 앞에 변태적인 포스터를 붙인 가게들이 줄지어 들어섰다. 싸구려 술집이 성행하던 시절 42번가의 마지막 유물인 휴버트 박물관은 1975년에 문을 닫았다. 3년 후 그 자리에는 '피플랜드Peepland'라는 음란물 천국이 들어섰다. 휴버트 박물관이 머리의 로마 정원의 자리를 차지했을 때처럼 이 변화는 하나의 불길한 전조였다.

대법원의 판결은 또한 마사지 업소를 허용하기도 했다. 이곳은 남성들이 성매매를 할 수 있는 칸막이 방이 있는 길가 업소로 실상 거리의 매음굴이었다. 1967년에 이르자 8번 애비뉴에는 마사지 업소들이 줄지어 늘어섰다. 설탕집이라는 뜻의 '슈거 섁Sugar Shack', 꿀이 있는 안식처라는 뜻의 '허니 헤븐Honey Haven', 데니쉬 팔러Danish Parlor, 러브 머신Love Machine 등이었다. 타임스퀘어의 밑바닥에 얽힌 이야기를 흥겹고 맛깔나게 풀어내는 『타임스퀘어 이야기Tales of Times Square』의 저자 조쉬 앨런 프리드먼Josh Alan Friedman에 따르면 1970년 42번가의 '미네 시네Mine-Cine'에서는 처음으로 실황 섹스 공연을 올렸다. 관객을 향해 기울어진 무대에서 남녀가 성교하는 것을 돈을 받고 보여 주는 공연이었다. 프리드먼에 따르면 첫 번째 '나체 여성 실황 쇼'는 1972년에 처음 이루어졌는데 고객은 돈을 내고 구멍을 통해 나체 여성들이

스스로를 만지는 모습을 볼 수 있었다고 한다. 몇 년 지나지 않아 고객과 여성 사이에 있던 칸막이가 없어졌고 고객들은 추가 요금을 내고 간단한 섹스나 애무를 할 수 있었다. 영화는 수위가 더 높아졌고 더 변태적이 되어 갔다. 프리드먼이 눈도 깜빡 하지 않고 태연히 인용하는 광고지에 따르면 피플랜드에서는 "질과 항문으로 살아 있는 뱀장어를 넣는 화끈한 두 여자", 혹은 "농장 소년이 소와 성교를", "한 남자가 암탉과 성교를", 혹은 "소녀가 동시에 개와 말, 돼지와 성교를" 하는 모습이 담긴 영상을 빌릴 수 있었다. 이것은 프리드먼이 인용한 목록에서 그나마 덜 기괴한 축에 속한다.

1970년대 중반에 이르러 42번가의 영화관은 대부분 포르노그래피를 상영했다. 이 변화는 거리의 삶을 더욱 타락시켰다. 매춘부들은 종종 극장 통로를 지나다니며 남자들을 지하 화장실로 데리고 갔고 소매치기들은 극장에서 살다시피 하던 노숙자들을 목표 삼아 잠을 잘 때 주머니를 칼로 찢어 털었다. 타임스퀘어에서 일한 적이 있는 뉴욕 경찰서 형사 애덤 다미코Adam D'Amico는 한 극장에서 내부 수리를 하던 중 벽을 뜯었는데 벽 속에서 지갑 사오십 개가 굴러 나온 것을 기억한다. 지갑 안에는 1950년대의 신분증도 있었다고 한다. 소매치기들이 내용물을 챙기고 난 뒤 지갑을 그곳에 버린 것이다. 다미코는 악취 나는 극장 화장실에서 몇 달이고 잠복근무를 하기도 했다. 아이들 여러 명이 극장 고객이 화장실에 갈 때까지 기다렸다가 지갑을 뺐고 바지를 발목까지 내린 다음 도망쳤다는 것이다. 그의 말에 의하면 아이들은 대부분 아시아인을 목표로 삼았다고 한다. 그들은 현금을 꽤 많이 갖고 다녔으며 영어를 잘 못했고 창피해서 신고를 꺼렸기 때문이다.

1960년 42번가의 쇠퇴는 이례적이었다. 그러나 1960년대 말에 이르자 미국 북동부와 중서부의 거의 모든 오래된 도시들의 시내는 기울거나 쓰러지기 시작했다. 사람들이 교외로 이주함에 따라 백화점이나 식당, 영화관에는 손님이 없었던 것이다. 그리고 회사들도 사람들을 따라 이주함에 따라 시내의 고용 기반도 감소하기 시작했다. 그리고 백인 중산층이 시내를 빠져나가는 동안 수많은 흑인들, 대부분 교육을 받지 못하고 기술도 없는 사람들이 남부로부터 이주해 오고 있었다. 1940년과 1960년 사이에만 275만 명이 이주했다. 그러나 그들이 도착할 때는 기술이 필요 없는 제조업 일자리 역시 이미 줄어들고 있었다. 대혼란이 일어나기에 알맞은 조건이었다.

20세기 중반 도시의 개화기 동안 놀라울 정도로 낮았던 범죄율은 치솟기 시작했다. 1961년 뉴욕 시에는 390건의 살인 사건이 발생했고 1964년에는 637건으로 증가했다. 1972년 천7백 명에 달하는 뉴욕 시민들이 살해당했다. 십 년 전에 비해 네 배나 증가한 숫자였다. 도난 신고는 1966년에서 1970년대 초반에 이르기까지 세 배 가까이 늘어났다. 횟수뿐만 아니라 범죄의 성격도 달라졌다. 칼이나 몽둥이 대신 소형 권총이 등장했다. 헤로인은 1964년경 거리를 강타했다. 총과 마약, 그리고 엄청난 액수의 현금은 살인적인 동력을 만들어 냈다.

수세대에 걸쳐 뉴욕의 자유와 에너지, 부주의한 쾌락주의를 상징한다고 여겨지던 타임스퀘어는 이제 바로 그러한 가치 때문에 도시 광기의 상징이 되었다. 이 변화는 『밤의 도시』와 1976년에 출간된

『택시 드라이버』간의 차이를 통해 가늠할 수 있다. 레치 소설의 화자는 『밤의 도시』에서 자신이 마치 마약을 정맥에 주사하는 중독자처럼 "타임스퀘어의 세상에 빠졌다."고 말한다. 『택시 드라이버』의 중심에 있는, 쉽게 화를 내고 망상에 시달리는 외톨이 트래비스 비클 역시 타임스퀘어에 빠지지만 그 결과는 훨씬 더 치명적이다. 트래비스의 타임스퀘어는 어둠의 중심이다. 그 자신의 어둠과 세상의 어둠이다. 그는 매춘부와 남창, 정신 나간 행인들로 꽉 찬 초현실적인 거리로 다시 돌아온다. 열네 살 매춘부 아이리스는 트래비스가 모는 택시 안으로 뛰어들지만 포주가 끌어내자 온순하게 말을 듣는다. 그런 가벼운 폭력이 트래비스를 미치게 만든다.

"밤엔 별의별 동물들이 다 나온다."

트래비스가 42번가를 어슬렁거리며 불길한 목소리로 으르렁거린다.

"언젠가는 비가 내려 이 더러움을 거리에서 씻어 내겠지."

트래비스는 그 비가 되고 싶어한다. 그는 자신의 손으로 행하는 정화 행위를 꿈꾼다. 마침내 도시의 모든 광란의 폭력을 빨아들인 뒤 아이리스의 포주와 남부파 두 명을 죽인다. 도시는 감사하며 그를 축하한다.

『택시 드라이버』시절 타임스퀘어는 두 개의 행정 구역에 속해 있었는데 그 전까지만 해도 범죄 건수가 비교적 낮았던 이곳은 곧 중죄로 인한 형사 소송의 수가 뉴욕에서 가장 많은 두 구역이 되었다. 그 다음으로 많은 구역이었던 할렘은 3분의 1에 불과했다. 낮에는 사람들의 발길이 잦은 주요 통행 도로였던 42번가와 8번 애비뉴는 밤에는 거의 야생 상태로 되돌아갔다. 조쉬 앨런 프리드먼은 포트 어소리티 버스 터미널 주변 지역에 대해서 이렇게 썼다.

> 아직 수술은 하지 않은 한 푸에르토리코 성전환자가 날카로운 손톱으로 택시 손님의 눈을 찌른다. 기사에게 돈을 건네기 전에 택시 요금을 뺏기 위해서다. 뇌가 손상된 복음 전도사들이 혼자서 지껄여 댄다. 백 킬로그램이 넘는 매춘부가 교통을 마비시키려고 가슴을 밖으로 내놓는다. (…) 죽어 가는 인간 식물이 저주받은 문간에서 자기 배설물에 뿌리를 내리고 있다. 대부분은 술병을 바꿔 모은 돈을 빼앗으려는 거리의 청소부들로 인해 주머니가 칼로 그어져 있다. (…) (대중교통 경찰들이 '중범죄 운동화'라고도 하는) 프로케드Pro-Ked 운동화를 신은 빈민가 게릴라 열다섯 명이 피해자에게 와락 달려들었다가 흩어져 지하철로 사라진다.

법을 지키는 가게 주인과 식당 주인, 극장 매니저와 행인, 심지어는 그 지역에서 일하거나, 자주 다니거나, 지역을 순찰하는 경찰들에게도 타임스퀘어는 지옥이 되어 버렸다. 데일 핸슨Dale Hansen은 1975년 위스콘신 주의 작은 마을 와소Wausau를 떠나 목사가 되기 위해 8번 애비뉴 동쪽으로 난 46번가의 성 누가 루터 교회로 온 사람이다. 와소의 그 어떤 것도 핸슨 목사에게, 타임스퀘어에서 그가 보게 될 것에 대한 마음의 준비를 시키지 못했다. 그가 타임스퀘어에 온 첫 해 동안 교인 다섯 명이 죽었는데 그 가운데 한 사람은 지하철 선로에 등이 떠밀려 죽었다. 그 후 몇 년 동안 매춘부 한 명이 교회 앞 계단에서 살해당했고 일흔네 살 먹은 교인이 몸져누운 사람에게 꽃을 가져다주러 길을 내려가다가 강도를 당했다. 핸슨 목사 자신도 두 번이나 칼을 맞았다. 열 명 넘는 매춘부들이 교회 옆에서 고객을 끌었고 마약상들은 드러내 놓고 거래를 했다. 옆 건물은 쿠바에서 건너온 여장 남자들이 차지하고 있었는데 1980년 마리엘 항에서 보트를 타고 건너와 구출된 사람들이었다. 핸슨 목사가 기억하기로는 옷가방과 쓰레기 등 온갖 물건이 창문 밖으로 던져졌다. 야구 방망이로 사람들의 다리를 부러뜨리기도 했다.

뉴욕 시는 사실 1970년대 중반 범죄에 대한 단속을 강화했다. 당시 시장의 도심 단속 프로젝트는 마사지 업소와 그 밖의 성매매 업소를 목표로 했으며 많은 업소들의 문을 닫고 다시 열지 못하게 하는 데 성공했다. 1978년 경찰은 42번가에 새로운 경찰지서를 세우고 경찰력을 늘려 80명 가까운 제복 경찰과 사복 경찰 25명이 지역을 정기적으로 순찰하게 되었다. 그러나 경찰들은 여전히 신화 속에서 바다에게 물러나라고 명령하는 카뉴트 왕King Canute[37])과 같은 심정이었다. 매춘부들과 마약상은 잡아들이자마자 풀어 줘야 했고 낮에는 사기꾼과 카드놀이 야바위꾼들이 있던 자리를 매일 밤 소매치기와 '밀치기' 강도들이 차지했는데 '밀치기' 강도들은 피해자를 어두운 문간으로 밀어 넣고 소지품을 빼앗아 달아나곤 했다. 그리고 경찰은

---

37) 영국을 지배한 최초의 덴마크 왕이다. 자신을 떠받들고 전지전능하다고 아첨하기만 하자 신하들을 데리고 바닷가로 간 왕은 밀려오는 파도를 향해 "바다야, 더 이상 오지 말 것을 명령한다!"고 소리쳤다. 오만을 절제하고 자신이 지닌 힘을 두려워해야 한다는 것을 몸소 보인 겸손한 왕.

'피해자 없는 범죄', 즉 포르노그래피, 노숙, 성매매, 심지어는 소규모 마약 거래를 강력한 단속 대상으로 보지 않는 시각이 널리 퍼져 있어서 영향을 받지 않을 수 없었다. 타임스퀘어에서 벌어진 많은 일들은 어느 정도 피할 수 없는 것이고 어느 정도까지는 참을 수 있는 도시적 삶의 결과라고 생각되었다.

핸슨 목사의 말에 의하면 경찰들은 "골목 어귀에 서서 마약이 거래되는 것을 마치 담뱃가게 앞에 세워 둔 인디언 목각 인형처럼" 지켜보았다. 하루는 지역 모임에서 거리의 무질서에 대해 주민들이 불만을 토로했더니 구역 경찰들의 상관이 핸슨 목사를 불러 조용히 얘기했다고 한다.

"목사님, 그냥 사셔야지 어쩔 수 없어요."

바로 이러한 절망적인 자포자기가 트래비스 비클을 이성의 절벽 아래로 밀었던 것이다. 핸슨은 덜 폭력적이지만 거의 비슷하게 충격적인 행동을 취했다. 당시에는 시민 방범 단체인 '수호천사'가 꾸려진 상태였다. 천사들은 빈민가의 십대 소년 소녀들이었는데 빨간 베레모를 쓰고 준군사 조직의 분위기를 풍겼다. 이들은 법을 무시하고 사적 제재를 가하는 법을 훈련받고 있다고 하여 널리 비난 받았다. 그러나 핸슨 목사와 지역 상인들은 절박했다. 그들은 성 누가 교회 근처에 초소를 차려 아이들에게 식사와 무전기를 제공했다. 핸슨은 교회에서 이들의 베레모에 축복을 내렸다. 천사들은 길을 왔다 갔다 하는 것이 전부였다. 단지 그 자리에 있을 뿐이지 그 이상의 역할을 하지는 못했다.

핸슨은 이렇게 기억한다.

"투쟁이 한창일 때는 거리에 스무 명에서 서른 명 정도 있었다."

천사들이 범죄 자체를 억제하지는 못했지만 지나치게 포학한 행동은 제거했다는 점은 일반적으로 인정된다. 그리고 이들은 새로운 안정을 가져왔다. 핸슨 목사는 사적인 제재를 부추겼다는 비난을 들어도 좋았다. 그러나 물론 서부 46번가의 고통 받던 시민들이 사적인 보안 인력, 그것도 가난한 십대들로 이루어진 인력에 도움을 구해야 했다는 것 자체가 뉴욕 시의 무너지는 질서에 대한 섬뜩한 고발이었다.

1981년 여름 『뉴욕타임스』는 42번가에 대한 연재 기사 가운데 하나를 실었다. 42번가는 『뉴욕타임스』의 뒷마당이나 다름없었다. 밀턴 브래큰이 그 지역을 조사했던 1960년의 42번가와 1981년의 42번가 간의 차이는 비트족이 즐겼던 1940년의 42번가와 브래큰의 1960년 42번가 간의 차이보다 훨씬 컸다. 1981년의 42번가는 그저 단순한 골칫거리가 아니었다. 이미 타락해 있었다. 조쉬 바바넬Josh Barbanel 기자는 아흐레 전 "스물여섯 살 코네티컷 젊은이가 타임스퀘어 지하철 선로에서 병을 던지는 군중을 피해 뛰어가다가 죽은 것을 목격한" 거리 사람들을 취재했다. 그는 남자가 죽은 이유가 매우 단순했다는 것을 알게 됐다. 그는 한밤중에 거리를 쏘다니던 한 열세 살 소녀에게 이런 얘기를 들었다.

"볼거리가 필요했던 거죠. 한 사람이 빠지려고 했고 나머지 사람들이 흥분하기 시작했어요. 달리 할 일이 없었던 거죠."

한 마약상은 경찰이 멀지 않은 곳에서 영업을 하는 대가로 얼마나 많은 소환장을 받았는지 이야기한다. "머리를 짧게 깎은 땅딸막한 젊은이"가 다가오더니 "난 강도예요. 난 강도짓을 좋아해요."라고 말한다. 한 남자는 피를 쏟으면서 극장 문을 두드린다. 보안 요원한테 곤봉으로 맞았으니 체포해 가라고 요구한다. 밤이 권태와 광기 속에 깊어 간다.

지난 75년간 타임스퀘어는 환락과 축연의 문학, 시들한 경멸의 문학, 장난스러운 쾌락의 문학, 예지적인 환멸의 문학에 영감을 주었다. 그런 뒤 몹시 신선한 무언가가 나타났다. 바로 진단의 문학이었다. 타임스퀘어는 묘사해야 하는 장소나 정신 상태가 아니라 가능하다면 치료해야 되는 질병이 된 것이다. 1970년대 말에 이르자 타임스퀘어, 특히 42번가를 손보려는 움직임이 시작되었다. 그리고 1978년 뉴욕 시립대학 대학원에서는 학자들이 모여 포드 재단이 지원한 연구 결과를 내놓았다. 제목은 '빛 밝은 거리, 서부 42번가에 대한 연구'였다. 이 연구는 42번가와 그 주변을 한정하는 사회인류학적 구성, '사회적 생태'에 대한 것이었다. 지역의 상권과 성매매, 마약 거래, 허슬링 실태 등에 관한 것이었다. '빛 밝은 거리' 연구에 뒤따라 곧 다른 연구들이 진행되었다.

'빛 밝은 거리' 연구는 지역에서 일어난 엄청난 양의 범죄를 기록하고 있지만 이 연구의 근본적인 주제는 범죄가 아니라 병태病態였다. 그 어떤 제재 노력에도 꺾이지 않는 것 같아 보이는 병태였다. 다음은 연구원의 전형적인 현지 조사 기록의 일부다.

8번 애비뉴 남쪽으로 돌아 내려가다가 인도에서 소변을 보는 나이 든 흑인 남성을 보았다. 이 남자는 42번가와 8번 애비뉴가 만나는 이 골목 어귀에 수년간 나타났다. 몸이 아프고 입원해야 하는 상태다. 이름은 캐딜락이다. 몇 년 전부터 그를 보아 왔다. 술에 취해 시끄러운 목소리로 지나가는 사람들을 희롱한다. 잘 차려입은 백인이 두 경찰에게 남자의 행동을 신고한다. 경찰은 어쩔 수 없다고 대답한다. 42번 가와 43번가 사이, 8번 애비뉴 서쪽에 노상 방뇨를 하는 술에 취한 병자를 어쩔 수 없다고!

연구원들은 캐딜락이 알코올 중독자의 조직인 "술병 패거리와 거리 폭력의 세계를 누벼 왔다."고 기록한다. "이러한 조직은 서부 42번가의 시민 문화뿐만 아니라 이들 자신을 파괴하고 있다."

'빛 밝은 거리' 연구는 대체로 경찰에 호의적이다. 경찰은 하수구 에 쓰러진 술에 취한 노숙자들을 깨우거나 거리로 몰려난 정신 이상 자들과 상대하는 데 대부분의 시간을 소비하는 것으로 기록되어 있 다. 한번은 다리가 없는 노숙자가 경찰의 손을 물기도 했다. 수갑을 찬 채 경찰서 바닥에 앉은 이 노숙자는 지나가는 사람들을 피투성이 의 남은 다리로 후려친다. 지친 경찰이 동료에게 말한다.

"이 일은 밑 빠진 독에 물 붓기야."

문제는 범죄라기보다 만연한 반사회적 행동이다. 취객들이나 정 신이상자, 여자 마약상, 하급 남창들이 만들어 낸 자생적 거리 문화는 단속의 한계 너머에 있어 보인다. 한 경찰 지휘관은 이렇게 말한다.

"우리가 옛날처럼 경찰 일을 할 수 있다면, 순찰하면서 풍기를 단속하고 질서를 유지시킬 수 있다면 서부 42번가도 삽시간에 청소할 수 있을 겁니다."

그러나 당시에는 뉴욕 시의 판사들도, 일부 시민들도, 지식층들은 물론, 그와 같이 공격적이고 도덕주의적인 경찰 단속을 허용하지 않았을 것이다. '제도 완화' 정책을 뒤집으려는 의지도 전혀 없었다. 이 정책은 수천 명의 정신질환자들을 어떤 관리나 보호 대책도 없이 거리로 방출한 정책이기도 하다.

'빛 밝은 거리' 연구는 문화인류학적 연구였다. 저자들은 타임스 퀘어가 여러 거리 시민들의 필요와 욕구를 충족해 주고 있다는 점을 보여 주기 위해서 애썼다. 이렇게 쓰기도 한다.

"서부 42번가 사람들과 그들의 다양한 삶의 방식은 여러 맨해튼 거주 지역에 켜켜이 쌓인 놀랍도록 다양한 계층의 사람들에 익숙한 사회과학자들에게도 충격적인 것이다."

42번가는 교외 사람들이 그토록 두려워하는 '빈민 거리'가 아니라 굉장히 다양한 관광객과 직장인, 쾌락주의자들로 가득 차 있었고 적어도 한낮에는 뉴욕 시에서 가장 사람이 많은 지역이었다. 값싼 영화관과 식당, 오락실은 준법정신이 투철한 젊은이들과 가족에게는 매우 흥미로운 곳이었다. 특히 할렘과 같이 영화관이 드문 동네에서 온 사람들에게는 더욱 그랬다. 42번가는 구제불능의 상태가 아니었다. 비록 21퍼센트만이 서부 42번가에 가는 것을 '즐긴다'고 답하고 38퍼센트가 그 지역을 '피하겠다'고 대답했지만 꽤 많은 대다수가 만약 '제대로 된 연극과 무용'이 돌아온다면 42번가를 다시 찾겠다고 대답했다. 다시 말하면 어떻게든 병태의 고리를 끊으면 42번가가 옛 모습과 비슷한 어떤 것을 회복할 수 있다는 뜻이었다.

이것은 결국 어떻게 해서 그 고리가 시작되었는지에 관한 물음을 제기했다. 이 연구의 저자 가운데 하나인 스탠리 브루더Stanley Bruder는 타임스퀘어의 역사에서 극장과 식당의 쇠퇴, '최소 공통분모에 맞춘' 값싼 오락실과 사격장, 포르노그래피 업소의 증가가 '점잖은 요소'를 몰아냈다고 말한다. 다시 말하면 나쁜 용도가 나쁜 사람들을 끌어모으는 것이지 그 반대가 아니라는 것이다. 따라서 그 반대도 사실이어야 한다. 브루더는 이렇게 결론지었다.

"거리의 용도를 바꾸어 이러한 업소들을 몰아낸다면 바람직하지 못한 사람들이 스스로 떠나게 될 것이다."

그의 동료 가운데 몇몇은 '점잖은 요소'들보다 '바람직하지 못한 사람들'을 더 동정했지만 연구의 총 지휘자였던 윌리엄 콘블럼William Kornblum은 브루더의 견해를 인정하고 '빛 밝은 거리'에 처방을 내리는 데 중심적인 장치로 채택했다.

"42번가의 무질서와 타락의 악순환을 저지하는 데는 경찰 인력 증가와 경찰 단속을 더 강력하게 적용하는 것이 중요하다."

콘블럼은 이렇게 썼다.

"동시에 이 지역의 경제적 재개발만이 현재와 같은 형태의 거리 유동 인구와 범죄를 상당히 변화시킬 수 있을 것이라는 데 모든 전문가들은 동의한다."

이 연구 결과는 도시 정책뿐만 아니라 도덕 행위에 대한 중요한 인식을 담고 있다. 진보적 학자들에게 나왔기 때문에 더욱 그러하다. 거리가 '점잖은' 사람들에게 친근하려면 노숙자와 매춘부들은 허용할 수 없었고 '진정한' 도시 생활의 대가로 받아들여질 수도 없었다. 동시에 값싼 오락 문화의 중심으로서의 42번가의 역할은 전문가들이 바라는 재탄생을 위해 간단히 처분될 수는 없는 것이었다. 게다가 존중해야 하는 역사도 있었다. 연구는 손쉽게 답할 수 없는 질문을 만들어 냈다. 어떻게 하면 42번가와 그 주변 지역의 질병이 무엇이든 그것을 없애는 동시에, 애초에 그곳을 지킬 만할 가치가 있는 곳으로 만들어 준 것을 없애지 않을 수 있는가, 하는 것이었다.

제2부 신선하고 재미난 곳 만들기

10장 42번가의 재개발을 막아선 사람들

1976년 12월 말, 부동산계의 거물 알렉산더 파커Alexander Parker는 42번가를 내려다보며 다시 태어난 세상을 목격했다. 한 경제 잡지의 기자는 숨 쉴 새도 없이 이렇게 썼다.

"알렉스 파커는 천장이 높은 커다란 회의실에서 바닥에서 천장까지 이어진 아치형의 통창을 통해 타임스퀘어를 내려다본다. 그는 창녀도 포주도 치한도 노상강도도 보지 못한다. 그의 눈에 보이는 것은 되살아난 타임스퀘어에 대한 기대로 관광객들이 모여들, 크고 번쩍이는 건물뿐이다."

파커는 타임스퀘어의 야심가로 의류 지구와 서부 30번가에서 40번가 구간에 부동산을 소유한 건축 개발업자였다. 한 해 전 파커는 앨라이드 화학Allied Chemical Corporation으로부터 타임스퀘어 1번지이자 타임스퀘어의 근원인 구 타임스 타워를 사들였다. 타임스 타워의 회의실에서부터 새로운 42번가의 꿈을 실행에 옮기기 시작한 것이다.

'크고 번쩍이는 건물'은 회의장으로 40번가에서 43번가까지, 7번 애비뉴에서 8번 애비뉴까지 펼쳐질 예정이었다. 기사에 난 구상도는 무無로부터 상상해 낸 오염되지 않은 순수한 아름다움을 담고 있었다.

정원과 분수가 있는 광장이 있었고 보도는 직사각형의 화강암 석판으로 이루어진 건물로 이어졌다. 아마도 회의 참가자들이 머무르게 될 곳인 듯했다. 파커는 '거대한 쇠공을 이용해' 구 42번가의 '쓰러져 가는 건물들을 파괴할' 예정이라고 했다. 사실상 매춘부와 강도뿐만 아니라 42번가 자체, 도로가 놓여 있어야 할 위치도 구상도에는 보이지 않았다. 이 새로운 42번가의 모습은 유엔 광장과 비슷했다.

파커는 때를 잘못 잡았다. 1976년에 이르자 부동산 시장과 뉴욕 시의 경제는 무너졌다. 파커는 회의장을 건축하는 데 필요하다고 했던 5억 달러의 투자를 모으지 못했다. 파커는 결국 주인이 자주 바뀌는 타임스퀘어 1번지를 팔았고 타임스퀘어와 42번가의 역사에서 사라졌다. 그러나 그의 꿈은 말하자면 살아남았다. 1970년대 중반에 이르자 42번가는 죽은 공간으로 여겨졌다. 한때는 세계에서 가장 훌륭한 도시의 중심이었으나 이제 뉴욕 시와 마찬가지로 빛나던 과거만을 상기시켜 주는 유물처럼 느껴졌다.

그러나 42번가를 낡은 공장터의 오염된 토지처럼 그냥 버려둘 수는 없었다. 상징적으로도 42번가 블록의 약육강식의 환경은, 아무리 뉴욕이 미국 내에서 가장 혐오스럽고 위험한 도시로 알려져 있더라도, 그 명성에 막심한 피해를 끼쳤다. 더 중요한 것은 42번가가 맨해튼의 중심으로 지하철 노선과 버스 노선, 주요 도로가 집중되는 위치에 있었다는 것이다. 거대한 규모의 재산이 낭비되고 있었다.

'빛 밝은 거리'의 연구자들은 "맨해튼 중심가에 사업체가 있는 대출 기관들은 타임스퀘어 지역이 최상의 투자 조건을 갖추고 있다고 여긴다."고 기록하고는 이렇게 덧붙였다. "그러나 이 조건은 빛 밝은 거리 42번가의 재개발 계획이 진행되는 데 한한다." 이 계산에서 '타임스퀘어'와 '42번가'를 구별해 놓았다는 점에 주의할 필요가 있다. 지역 전체가 타락했고 재개발을 필요로 했지만 그 가운데서도 42번가의 특징적인 병태부터 해결해야 했다. 재개발 과정에서 42번가와 타임스퀘어의 운명은 연관성이 있었지만 그럼에도 분리되어 있었다.

그래서 알렉산더 파커와 같은 사람들은 높은 곳에서 42번가를 바라보며 새로운 모습을 상상했던 것이다. 42번가의 중심성, 과거와의 연관성은 42번가를, 도시 미래상을 비출 신명나는 스크린으로 만들어 주었다. 그럼에도 참 괴이한 백지 상태였음은 분명하다! 이곳은 분명 우글우글한 도시 한가운데의 빽빽한 블록이었고 화려한 건물은 끔찍하게 타락했을지언정 매우 멀쩡했다. 그런 지역을 죽었다고 말할 수 있는가? 그런 지역을 말끔히 제거하는 대신 '구제'할 수 있는가? 만약 가능하다면 남겨야 할 것은 무엇인가? 건물 그 자체? 지역의 '정신'? 정신이라면 어떤 정신일까? 1910년대의 바다가재 궁전 사회인가, 아니면 1940년의 벼룩 순회 서커스 세상인가? 지식층이 또다시 지하 세계의 문을 두드리게 될 것인가? 아니면 수세대에 걸쳐 도시인들의 통제할 수 없는 욕구의 상징이었던 장소를 의식적으로, 그리고 양심적으로 재설계하는 것 자체가 바보 같은 짓이며 자기모순인가? 42번가는 1960년대에 시작해서 1970년대와 1980년대에는 더욱 구제해야 하고 복구해야 하며 다시 상상해야 하는 곳이 되어 갔다. 재개발 과정은 42번가와 타임스퀘어에 대한 관념들의 경쟁의 장이었을 뿐만 아니라 도시 삶 자체에 대한 것이었다.

이와 동시에 도시 개발이 근본적으로 심미적인 과제가 아니라 정치적인 과정이었던 만큼 도시에 대한 관념과 이미지는 서로 다른 관심사, 그리고 각자의 권력의 원천과 정도를 가진 개인이나 단체에 따라 다르게 형성되었다. 그들 중에는 부동산 개발업자, 도시계획 전문가, 정부 관리, 극장주, 논설위원, 도시의 한량들, 그리고 노골적으로 말하자면 부동산 개발업자가 있었다. 상은 가장 뛰어나거나 가장 인기 있는 아이디어에 돌아가는 것이 아니었다. 사실상 알렉산더 파커는 사람들이 회의장을 원하는지 물어볼 생각이 없었다. 그래서 42번가의 재개발에 관한 논쟁은, 누가 '공공의 이익'을 염두에 두고 있으며 그것을 가장 잘 실현할 수 있느냐에 대한 경쟁이기도 했다.

42번가의 재창조 문제에 대해 어떤 좋은 해답도 없을 가능성은 다분했다. 다만 다양한 사람들을 다양한 방법으로 실망시킬 해답만 있을 뿐이었다.

알렉산더 파커의 불도저식 접근 방식은 1970년대 중반에 이르러 이미 구시대적 발상이 되었다. 지나친 '도시 재개발'로 인해 극단적인 실용주의자들마저 도시의 역사와 성격을 통째로 파괴해서는 도시가 살아남을 수 없다고 생각하게 되었다. 42번가는 그 지역 나름의 생명이 있으며, 따라서 그것을 밀어 버리기보다 되살리고 싶어하는 개혁론자들을 끌어당기기 시작했다. 1976년, 파커가 웅장한 계획으로 경제지를 놀라게 하고 있을 때 광고 회사 간부이자 도시의 불만분자 프레드 페이퍼트Fred Papert는 42번가의 서쪽 끝을 부활시키고자 42번가 개발 회사를 차리고 있었다. 페이퍼트는 여러 큰 재단에서 얻어 낸 자금으로 9번 애비뉴 서쪽에, 지금은 '시어터 로우Theatre Row'라고 알려져 있는 작은 극장 여러 개를 지었다. 페이퍼트는 또한 연방 정부에 자금을 받아 10번 애비뉴에 임대 아파트를 짓고 예술가와 배우들을 보조한다는 독창적인 아이디어를 냈다. 독창적이 아니라면 적어도 이 아이디어가 자신의 것이었다고 주장하는 대여섯 명 가운데 한 명이었다. 페이퍼트는 서부 42번가를 급성장하는 문화 지구로 만들고 싶어했다. 그는 동쪽으로 눈을 돌리기 시작했다. 7번과 8번 애비뉴 사이의, 구제불능이라고 악명이 드높았던 블록이었다. 그는 가장 중요한 후원자였던 포드 재단에 도움을 요청했다.

포드 재단은 그때도 지금과 마찬가지로 미국에서 가장 큰 재단이었을 뿐만 아니라 뉴욕 시의 일류 재단이었고 뉴욕의 문화 엘리트주의를 선도하고 있었다. 42번가 동쪽 끝에 위치하고 있던 재단 본부는 반짝이는 유리 상자 모양으로, 절대로 서쪽 끝의 싸구려 동네와 비슷한 취급을 받고 싶어하지 않았다. 그뿐 아니라 42번가가 상징하는 대중적·상업적 문화와도 거리를 두고 싶어했다. 반면 포드 재단은 고급문화에 큰 관심이 있었다. 그리고 프레드 페이퍼트가 재단에 접근했을 때쯤 예술 부문을 담당하던 포드 재단의 임원이었던 로저 케네디Roger Kennedy는 재단이 후원하는 무용단들을 위한 극장을 구매하려던 참이었다.

그는 건축가 리처드 와인스타인Richard Weinstein과 도시계획가 도널드 엘리엇Donald Elliot에게, 7번 애비뉴 서쪽에 자리하고 있고 버려진 지 오래된 전설의 뉴암스테르담 극장을 살펴봐 달라고 부탁했다. 두 사람은 블록 전체가 어찌나 난장판인지 뉴암스테르담 극장을 예전같이 화려하게 복구한다고 해도 아무도 오지 않을 것이라고 했다. 케네디는 그들에게 약간의 지원금을 주어 42번가를 손볼 수 있다면 어떻게 손보아야 할 것인지 구상해 보도록 했다. 이렇게 해서 포드 재단이 42번가 재개발의 추진을 맡고 후원을 담당하는, 어울리지 않는 역할을 맡게 된 것이다.

재개발은 작은 규모에서부터 출발했다. 와인스타인이 말하기를 1차적 목표는 "지역 상권 개발을 부추기는 방법을 찾아 거기서 취한 이득으로 극장을 재개발하고 그 과정에서 포르노그래피를 없애는 것이었다." 그러나 개발 회사들은 와인스타인과 엘리엇에게 그러한 계획으로 극장을 복구시키는 데 충분한 자본을 발생시킬 수 없을 것이라고 말했고 그들은 훨씬 더 야심 찬 구상을 하기 시작했다. 페이퍼트를 위해 새로 구성된 팀이 1978년 2월 포드 재단에서 만났을 때 와인스타인은 파커의 구상처럼 웅장한 계획을 세워 놓고 있었다. 회의록에 따르면 '계획'은 다음과 같았다.

여러 극장 건물에 있는 2층짜리 공연장 열 개를 소비자 중심 전람회장으로 만들어서 도보용 구름다리를 이용해 42번가를 건널 수 있도록 한다. 전람회는 홍보를 목표로 한 대기업의 후원을 받아 진행하고 스미스소니언 국립 우주과학 박물관이 사용하는 기술을 본떠 시청각 경험을 가능하게 만든다. 1층은 포트 어소리티 터미널을 이용하는 약 20만에서 30만 명의 중산층을 겨냥한 상점과 식당으로 개발한다.

이렇게 해서 맨해튼의 중심에 '시티스케이프Cityscape'라는 놀이 공원을 기획하게 된다. 소비자는 표를 사서 돌아다니며 놀이 시설을 타거나 전람회를 구경한다. 여느 놀이 공원과 같이 시티스케이프는 자급자족하는 하나의 세상이 될 터였다. 유리로 둘러싼 거리 두 블록 안에서 사람들은 보도가 아니라 구름다리를 통해 주로 이동한다. 알렉산더 파커의 목가적인 광장과 달리 시티스케이프의 기획안은 대중 예술뿐만 아니라 새로운 문화와 새로운 기술의 중심으로서의 42번가의 특징을 재치 있고 신선하게 재현하고 있었다. 와인스타인은 몬트리올에서 열린 국제 박람회 '엑스포 67'에서 체코 전시관을 만들어 낸 예술가와 디자이너들을 고용했다. 그 가운데 마일로스 포면Milos Forman과 디자인 회사 체르마예프&가이스마Chermayeff&Geismar가 있었다. '체르마예프&가이스마'는 미국 전시관을 담당했는데 벅민스터 풀러 Buckminster Fuller가 디자인한 측지선 돔이 미국 전시관의 일부였다. 이 회사는 1970년 오사카 박람회에도 참여했다. 시티스케이프는 보존 과제가 아니었다. 42번가는 과거가 아니라 미래를 향해 나가야 한다는 것을 전제로 한 공간이었다.

앞서 말한 디자인 회사가 제공한 단면 조감도는 오늘날로 말할 것 같으면 마치 공상과학 만화 '플래쉬 고든Flash Gordon'처럼 환상적이었다. 위층 가장자리로는 모노레일이 다닌다. 처음 오는 사람들을 위한 오리엔테이션용이다. 그리고 42번가 남부 보도를 따라 동쪽에서 서쪽으로는 '세계에서 가장 큰 영화 스크린'이 있는 극장이 위치하고 있다. 당시 새로운 기술이었던 아이맥스 기술을 이용해 뉴욕 시의 다섯 개 자치구의 조감도를 제공한다. 일종의 패션 극장도 있었다.

와인스타인에 의하면 이 극장에서는 해설자가 나와 "특정한 패션과 그러한 패션이 나오게 된 사회·문화·정치적 배경 간의 관계"를 설명하는 동안 벽에 난 움푹한 공간에 줄지어 서 있는 마네킹에 조명을 비춘다. 이것이 끝나면 실제 패션쇼가 관객 눈앞에 펼쳐진다. 관객이 광고나 텔레비전 프로그램이 만들어지는 것을 구경할 수 있는 세트장과 스튜디오도 있다.

블록 북쪽에는 이 설계에서 가장 독창적인 발명품이 두 개 있다. 하나는 원뿔 모양 극장으로 관객은 회전하는 가장자리 좌석에 앉아 영화 스크린을 내려다보게 설계되어 있다. 스크린에는 세계 유명 도시들을 하늘에서 바라본 광경이 펼쳐진다. 다른 하나는 '인생의 단면 The Slice of Life'라고 하는 공중 회전차인데 관객들은 전선과 배관으로 얽혀 있는 도시 지하에서부터 가장 높은 건물의 꼭대기까지 올라가는 듯한 느낌을 받는다. 와인스타인에 따르면 이것은 "사람들에게 도시를 국지적 현실의 조합으로서 이해하게끔" 만들기 위한 것이었다.

아무리 풍부한 상상력을 동원했어도 시티스케이프는 자기모순으로 가득했다. 주제가 '도시'인 놀이 공원임에도, 그러니까 도시 생활의 모상으로서 기능해야 하는 곳임에도 유리벽 저편에는 도시 삶의 지저분한 현실이 거리에 나뒹굴고 있을 터였다. 시티스케이프는 통제 불능 상태에서부터 싹트는 도시적 창의성을 보여 주는 통제된 환경이었던 것이다. 시티스케이프의 설계 속에는 거리와 거리 문화에 대한 어떤 두려움이 있었고 이 같은 두려움이 알렉산더 파커가 '거대한 쇠공' 운운하게 만들었던 것이다. 그런데 시티스케이프의 배후에 있는 인물들은 파커와 달리 이해타산적으로 움직이지 않았다. 그들은 대체로 합의가 이루어진 42번가에 대한 생각, 더 넓게 말하면 도시 거리에 대한 생각에 적극적으로 반응하고 있었던 것이다. 포드 재단이 위탁한 '빛 밝은 거리' 연구는 단지 42번가의 의미가 되찾을 수 없을 정도로 퇴색되었다는 것을 확인하는 정도에 그치는 것 같아 보였다. 비록 저자들 자신은 이런 생각을 하지 않았지만 말이다. 프레드 페이퍼트는 이렇게 말했다.

"당시에는 42번가, 또는 타임스퀘어라고만 말을 해도 불만스러운 신음소리가 터져 나왔다. 따라서 거리로부터 보호받는다거나 격리되었다는 느낌은 장점으로 작용했다."

특히 로저 케네디는 도시 거리를 건물로 둘러싼다고 해서 도시 삶을 적대시한다고 생각하지 않았다. 포드 재단에 오기 전 그는 세인트폴에서 은행가로 일하면서 건물을 구름다리로 연결하는 도심 재개발사업에 자금을 지원한 적이 있었다. 세인트폴에 북극에서 불어오는 듯한 차가운 바람이 있었다면 뉴욕 거리에도 나름대로의 장애물이 있었다.

"외투를 입지 않고 외식을 하러 가거나 연극을 보러 갈 수 있다면 뉴욕에서는 꽤 괜찮은 일일 것이다."

케네디의 말이다.

"길거리에 있는 흙탕물 웅덩이에 바지를 더럽히지 않는다면 좋을 것이다. 남이 내 주머니에 손을 넣는 게 싫다면 그것도 또 하나의 이유가 될 것이다."

설계는 뉴욕 시 공무원들의 허가를 받아야 했다. 공무원들은 그 지역의 사유지를 매입해서 시티스케이프 측에 넘겨야 했다. 디자이너들은 설계를 반영하는 정교한 모형을 만들었고 1978년 후반과 1979년 초반 기자들과 시민 대표, 잠재적 투자자들과 에드 코치Ed Koch 시장하의 공무원들을 포드 재단의 화려한 본부로 초청해 이를 공개했다. 모형과 설계는 둘 다 반응이 좋았지만 중요한 인물 한 명이 문제였다. 바로 코치 시장이었다. 시장은 모형에 본능적인 혐오감을 느꼈다고 한다. 『뉴욕타임스』의 건축 평론가 폴 골드버거Paul Goldberger와의 인터뷰에서 코치는 이렇게 말했다.

"뉴욕은 디즈니랜드와 경쟁할 수도 없고 경쟁해서도 안 됩니다. 디즈니랜드는 플로리다에 있는 것으로 족해요. 사람들은 놀이 기구를 타려고 맨해튼 중심가에 오는 것이 아닙니다. 좋은 설계이고 협력하고 싶지만 뉴욕에 적절한 방법으로 살을 붙여야 해요." 그 다음 말이 압권이었다. 코치 시장다운 재치 있는 한마디였다. "오렌지주스가 아닌 탄산수를 팔아야 한다는 겁니다."

잊을 수 없는 마지막 거부 의사였다. 와인스타인은 이렇게 말했다. "디즈니랜드의 이미지가 너무 강렬해서 우리가 하고자 하는 일의 내용을 어떤 식으로 진척시키든 도심 놀이 공원이라는 느낌을 지울 수 없었다."

그뿐만이 아니었다. 사유지를 매입하고 건물을 짓는 데 드는 비용이 대기업의 후원이나 티켓 판매 수익보다 훨씬 많으리라는 것이 명백했다. 그래서 시티스케이프는 또 다른 변화를 거치게 되었다. 한 블록을 살리려는 작은 시도가 놀이 공원으로 확장되었는데 이제 그 놀이 공원이 거대한 부동산 사업으로 번진 것이다. 단체의 재정 고문은 시티스케이프가 사무 공간 개발을 확대하고 부족한 수익을 임대료로 얻어야 한다고 결론지었다. 이름도 더 이상 시티스케이프가 아니었다. 더 사무적으로 들리는 '42번가의 도시The City at 42nd Street'가 되었다. 캐나다의 개발 회사 '올림피아 앤 요크Olympia&York'의 사장 폴 라이크먼Paul Reichmann은 7번 애비뉴와 브로드웨이의 교차로 세 필지에 사무 빌딩을 짓는 데 동의했다. 거래를 성사시키기 위해서 '42번가의 도시'는 블록 중간에 부여되어 있던 '공중권air rights'38)을 사무 빌딩이 지어질 세 필지에 양도했다. 이로써 개발자는 건축법이 허락하는 것보다 훨씬 더 큰 건물을 지을 수 있게 되었다. 록펠러 센터 주식회사와 뉴욕 시에서 가장 큰 부동산 업자 해리 헴슬리Harry Helmsley도 '패션 상가'를 짓는 데 동의했다. 40번가에서 42번가까지 이어지는 이 건물은 추가적으로 70만 평방미터의 공간을 차지하게 될 터였다. '42번가의 도시' 자체는 15만 평방미터가 조금 넘는 규모였고 길가의 식당과 상점도 거의 비슷한 넓이를 차지할 예정이었으니 적당한 크기의 오락 시설이 배라면 거대한 부동산이 배꼽인 셈이었으니, 배보다 배꼽이 더 큰 형국이었다. '42번가의 도시'는 파커의 회의장만큼이나 극적으로 거리를 바꾸어 놓을 블록버스터급 계획이었다.

코치 시장이 '42번가의 도시'에 실제로 사망 선고를 내린 것은 아니었다. 그리고 이 계획이 뉴욕의 일류 재단과 금융 기관, 부동산 업자들을 끌어들이는 초대형 프로젝트가 되자 42번가의 부활은 마침내 이루어질 준비가 된 것 같았다. 그러나 실은 그렇지 않았다. 1980년 코치 시장의 뉴욕 시 정부는 건축을 불허했다. 최후의 일격을 가하는

---

38) 건물과 구조물의 옥상 이상의 공간을 이용하는 권리를 말한다. 햇빛·공기·광고 가치 등의 보호를 목적으로 일정한 공중에 설정한 공간의 소유 권리도 포함된다.

기자회견에서 코치 시장은 오렌지 주스와 탄산수 이야기는 접어 두고 개발에 대한 시의 역할을 이야기했다.

"어느 한 단체에게만 유리하게 되어서는 안 됩니다. 얼마나 뛰어 난 단체이든 간에 말이지요."

공익을 추구한다고는 하지만 '42번가의 도시'는 민간사업이었다. 전통적으로 정부의 힘이 강한 뉴욕 시에서 그토록 상징성이 짙은 지 역을 민간 업체에게 관리하도록 넘긴다는 것은 지방 권력의 포기와 다름없었다.

그러나 디즈니랜드 문제가 코치 시장의 뇌리에서 완전히 사라진 것은 아니었다. 여러 해가 지난 뒤 코치 전 시장은 모형을 구경하러 포드 재단에 갔던 기억을 되살렸다. 이때 코치 전 시장은 이미 일흔일 곱 살에 머리가 다 빠지고 배가 나온, 멜빵을 한 할아버지였지만 그래 도 요란하고, 극적으로 과장하기를 좋아하는 것은 시장일 때와 다름 이 없었다.

"42번가 박람회장에 공중 회전차가 포함되어 있다니요!"

몇 십 년이 지났지만 그런 말도 안 되는 배짱은 여전히 기가 막히 다는 투였다.

"솔직히 말하자면 쓰레기였어요. 난 도시계획 전문가는 아니지 만 황금과 쇠똥은 구분할 줄 알아요. 그래서 말했죠. '이건 안 되겠습니다.' 하고요."

'42번가의 도시'를 후원했던 기득권층의 인물들과 달리 코치는 자신을 거리의 소년, 수다스럽고 삐딱한 동네의 수석 택시 기사라고 믿었고, 그렇게 받아들여졌다. 그는 도시의 이익뿐만 아니라 시대정신을 지키고자 했던 사람이다. 그에게 공중 회전차는 외래 정신의 침입을 의미했다. 반면 코치는 곧 42번가를 엄습하게 될 대기업의 정신이 이 거리의 격동의 역사와 어울리지 않는다고 생각지는 않았다.

'42번가의 도시'를 뭉개 버리기로 한 코치 시장의 결정으로 인해 시 정부는 무시할 수 없는 책임을 떠안게 됐다. 중지된 프로젝트는 그 결함이 무엇이든, 42번가의 타락한 현 상황이 피할 수 없는 진화의 결과가 아니라 변화시킬 수 있는 상태라는 생각에 힘을 실었다. 시 공무원들은 더 이상 평소대로 경찰 단속이나 강화하는 것으로 만족할 수 없었다. 재개발 계획이 새 국면에 접어든 것이다. 이제 42번가의 운명을 결정하는 것은 민간이 아니라 공공단체였다. 그러나 그들은 소극적이었다. 시 정부는 파산에 이를 지경이었다가 겨우 회복하는 중이었다. 그리고 거대한 규모의 야심 찬 개발은 로버트 모우지즈 Robert Moses의 실패로 인해 다시 생각할 수밖에 없었다. 로버트 모우지즈라는 전설적인 인물은 뉴욕 시의 공원 관리위원장이자 여러 개발 회사의 소유주로 주택 단지를 허물고 고속도로와 상업 개발 지구를 지었다. 물론 공원과 해변을 체계적으로 조성한 것도 이 사람이다. 뉴욕 시가 추진했던 주요 개발 사업은 허드슨 강을 따라 지하 도로를 놓는 웨스트웨이 사업으로, 이 사업은 1972년 이후로 첨예한 논쟁과 법정 다툼을 야기했다.

1980년 6월, 코치 시장이 '42번가의 도시'를 쓰레기장으로 보내 버린 지 단 몇 주 뒤, 뉴욕 시와 뉴욕 주 공무원들은 42번가를 살리는 데 힘을 모으기로 합의하는 각서에 서명했다. 이듬해 2월에는 '논의서'를 작성해 개발업자들과 도시 전문가, 언론에 돌렸다. 그리고 6월, '42번가 개발 사업단'이라고 이름 붙여진 이들은 대략적인 사업 계획을 발표했다. 이 계획서는 사업의 근거와 목표를 설정하고 있었다.

"사업의 주요 목표는 황폐해 있고 물리적으로 쇠퇴한 지역을 되살리는 것이다."

물론 시 정부는 황폐한 42번가를 되살리기 위해 수년간 노력했지만 실패한 바 있었다. 새로운 계획이 전제하고 있는 것은 '42번가의 도시'의 전제와 마찬가지로, 현재 역기능을 일으키며 성장하고 있는 42번가의 경제가 그 어떤 단편적인 개혁이나 단속 노력도 소용없게 만든다는 것이었다. 개발이 환경에 미치게 될 영향에 대한 주장은 1984년에야 사업 계획에 포함되었는데 '빛 밝은 거리' 연구의 관점과 일치했다.

"사업 지역의 현 용도를 개선하지 않는다면 42번가에는 영원히 노숙자들과 범죄자가 남아 있을 것이다. (…) 새로운 용도와 새로운 사용자를 도입함으로써 이곳이 '범죄 활동 구역'이라는 생각을 아주 바꾸지 않으면 부랑자들의 범죄, 불법 행각은 계속될 것이다."

황폐해진 지역을 되살리는 것은 수단이었다. 그렇다면 목표는 무엇인가? 이전에 시 정부에서 역사적 가치가 있는 극장들을 밀어버리고 타임스퀘어에 호텔을 짓기로 하고 공청회를 한 적이 있었는데 이때 큰 봉변을 당한 뒤로 극장 보존은 논의할 필요도 없는 문제가 되었다. 그래서 뉴욕 시와 뉴욕 주 공무원들은 당시 포르노그래피나

3류 영화들을 상영하고 있던 뉴암스테르담과 리릭, 아폴로 등 42번가의 여러 유명한 극장들을 보존하고 또 재건하기로 약속했다. 시 정부는 또한 '타임스퀘어의 독특한 분위기를 유지하는' 방향으로 지하철역 등 공공시설을 보수하기로 했다.

그러나 사업 계획은 무엇보다도 큰 사무 빌딩을 새로 짓는 데 많은 면적을 할애하고 있었다. 대략적 사업 계획에 따르면 사업 지역의 동쪽 끝에는 고층 사무 빌딩 네 채가 지어질 예정이었다. '42번가의 도시'가 제안했던 것보다 하나 더 많았다. (계획에 따르면 사업 지역 서쪽 끝에 소매상에게 도매로 물품을 파는 백화점과 호텔도 지을 예정이었는데 이 또한 '42번가의 도시'에서 따 온 것이다.) 또한 '42번가의 도시'에서 제안했던 것처럼 블록 중앙에서 사무 빌딩이 지어질 곳으로 공중권이 이전되었는데 이로써 개발업자들은 매우 큰, 그야말로 거대한 건물을 지을 수 있게 되었다. 건축법에 따르면 네 필지에 약 85미터에서 112미터 높이로 지어야 했지만 공중권 덕분에 약 111미터에서 214미터까지 지을 수 있게 되었다. 42번가와 브로드웨이의 교차점에 지어질 가장 높은 빌딩은 뉴욕에서 최근 몇 년 동안 지어진 건물 가운데 가장 거대한 사무 빌딩이 될 터였다. 개발업자들은 큰 규모의 보상 없이는 타임스퀘어에 건물을 짓지 않으려고 했고 개발 계획에 따르면 개발로 인한 이익 없이는 극장을 재건하거나 보존하기 위한 자금을 구하는 것은 불가능했다. 결과적으로 42번가의 독특한 성격은, 그것을 보존하기 위하여 파괴되어야 했다.

어떻게 해서 사무 빌딩의 개발이 지하철 개선과 극장 보존에 도움이 될 수 있었을까? 42번가의 재개발 비용을 떠맡은 것이 시 정부가 아니라 개발업자들이었기 때문이다. 사무 빌딩의 건축 사업권을 획득한 사업자는 지하철과 도로를 개선하는 데 드는 비용과 시 정부에서 사유지를 수용하는 데 드는 비용을 지불할 의무가 있었다. 어느 정도까지는 극장을 보존해야 할 의무도 있었다. 시 정부가 그 비용을 직접 지불하기로 했다면 당시 맨해튼 남부의 배터리 파크 시티Battery Park City 사업 때 그러했듯, 시 정부가 개발업자들에게 원하는 지시를 할 수 있었을 것이다. 그러나 코치 시장의 시 정부는 민간 투자 유치를 위하여 공공 규제를 희생시킨다는 중대한 결정을 내렸다. 그로써 시 정부는 하늘의 일부와 도시 풍경 일부도 포기했다. 적어도 도시계획자들에게 이와 같은 것들은 손으로 만질 수 없는 재산이었으므로 돈을 쓰는 것보다 훨씬 수월하게 넘길 수 있었다. 그리하여 코치 시장하의 시 정부는 귀중한 공적 재산을 포기함으로써 사업 계획을 공적으로 관리할 권리의 일부를 유지할 수 있었다.

민간 개발 사업은 42번가에 이득을 가져다줄 수단이었을 뿐 아니라 그 자체가 목표였다. 뉴욕 시는 1960년대 이후 동부를 개발하려고 노력 중이었다. 1970년대 후반에 이르자 동부 도심은 여러 세대 전과 다름없는 나지막한 모습이었던 반면 서부 도심은 사무 빌딩으로 숨 쉴 틈 없이 꽉 들어차 있었다. 당시 도시 개발 위원장이었던 허버트 스터즈Herbert Sturz는 그때를 이렇게 기억한다.

"매디슨 애비뉴에는 에이티앤티AT&T 건물과 아이비엠 건물이 올라가고 있었다. 블록 중앙에도 고층 건물이 들어찼다. 도심은 더 이상 어떻게 할 수가 없었다. 웨스트사이드 서부 지역으로 개발을 옮기고 싶었다."

그리하여 42번가 사업이 공표되자마자 거의 동시에 뉴욕 시는 새로운 건축 조례를 제정하기 시작했다. 1982년 공표된 새 조례는 5번 애비뉴에 트럼프 타워와 같은 거대한 건물을 짓는 것을 가능하게 했던 여러 특별 조항을 없앴다. 물론 이것만으로는 시 정부의 목표를 달성하기 어려웠다. 웨스트사이드 지역의 일부 지구는 '승격'되었다. 다시 말하자면 개발업자들은 더 큰 건물을 짓고도 더 적은 세금을 내게 된 것이다. 42번가 개발 사업은 새로운 건축 조례와 마찬가지로 민간 건설 사업을 지원하기 위해 고안된 것이다.

그러니까 새로운 사업은 공적 물품의 구입 부담을 민간 업자가 지불하도록 설득해야 하는 정치적 의무, 그리고 부동산의 측면에서는 새로운 사업 지구를 탄생시켜야 한다는 의무에 따라 형성된 것이다. 그렇다면 '탄산수'는 어떻게 되었을까? 다시 말하자면 타임스퀘어를 거대한 고층 빌딩 숲으로 바꾸면서 코치 시장이 꼭 지켜 내겠다고 약속했던 타임스퀘어의 근본, 그러니까 '타임스퀘어의 독특한 분위기'는 어떻게 '보존'했을까? 답은 '그럴 수 없었다'이다. 타임스퀘어의 분위기는 명백히 그 규모에 기인했기 때문이다.

시 정부가 내놓은 대안은 디자인 지침을 세워 이처럼 상호 모순적인 두 가지 목표를 조화시키는 것이었다. 공무원들은 이 업무를 '쿠퍼 앤 엑스팃Cooper&Eckstut'이라는 건축 회사에 맡겼다. 이 회사는 배터리 파크 시티 개발 사업에서 같은 일을 하고 좋은 평을 얻은 바 있었다. 매우 상세하고 구체적이었던 이들의 지침에 따르면 블록 중심에 가까운 건물들을 높이를 낮게 유지하고 계속해서 간판과 불빛으로 꾸며야 했다. 그러나 가장 중요한 규제는 사무 빌딩에 관한 것이었다. 사무 빌딩이야말로 타임스퀘어의 전통적인 성격에 가장 큰 위협을 가하고 있었기 때문이다. 이 건물들은 유리나 금속으로 되어 반사율이 뛰어난 외장재를 써야 했다. 42번가에 예전부터 있었던 석조 건축물과 구분하기 위해서였다. 그러나 이러한 외장재는 지상에서 5미터 높이까지는 설치하지 않고 행인들을 위한 상점 거리라는 분위기를 풍기게 만들어야 했다. 지상층에는 '눈에 띄는 간판과 눈부신 조명'을 달아 42번가를 여느 사무 지구와 다른 분위기로 만들 예정이었다. 상점의 정면은 75퍼센트 내지 85퍼센트를 유리로 지어야 했다. 건물은 또한 5층 높이에서 안으로 일정 간격 후퇴하도록 설계되어야 했는데 그 지역 건물이 전통적으로 지니고 있던 건물 외부 장식인 수평돌림띠cornice를 보존하기 위해서였다. 그 위로도 일정한 간격마다 계속 후퇴해야 했고 "재료와 색상, 외장재의 이용에서 다양성과 대조"가 이루어져 "외관이 획일적으로 보이는 것"을 막아야 했다. 타임스 타워는 "타임스퀘어의 초점으로" 계속 보존될 예정이었다. 거리 전체는 35미터 높이의 가로등에서 비추는 눈부신 흰빛에 잠기게 될 터였다.

가장 중요한 것은 디자인 지침이 사업에 대한 시 정부의 공적 관리권을 보장했다는 것이다. 시 정부는 42번가를 민간 소유주들에게 넘기고 있었다. 사실상 토지 수용을 통해 민간에서 또 다른 민간 소유주에게로 옮긴 것뿐이었다. 그러나 이것은 엄중한 규제 아래 이루어졌다. 디자인 지침은 결과적으로 '42번가의 도시'에서 볼 수 있었던 사적 의사 결정을 배제했다. 그리고 이러한 지침은 공무원은 아니지만 뉴욕 시를 아끼는 시민들이 소중하게 여기던 가치를 대변했다.

저명한 도시 전문가이자 수필가 윌리엄 테일러는 '쿠퍼 앤 엑스팃' 사의 지침이 뉴욕 시의 전통에 대한 존경의 표시이며 시장의 이익보다 "공공의 이익을 중시한다는 강력한 의미"를 담고 있다고 말했다. 폴 골드버거는 이들의 디자인이 "현존하는 도시의 성격에 대한 충분한 이해에서 나오며 현존하는 건축물 안에서 최선의 가치를 찾아 건축적으로 밀접하게 연관시켰다."고 썼다.

상세한 지침은, 적어도 이론적으로는, 여러 건축적 결정이 앞서 이루어져야 한다는 것을 의미했다. 시 정부는 건축가를 지정하지 않았다. 시 정부가 개발 사업자를 선택하면 사업자가 건축자를 선정하게 될 터였다. 1981년 9월, 사업자들은 42번가 개발 사업에 제안서를 제출했다. 이듬해 4월, 개발 사업의 책임자들은 열두 개 필지의 개발 사업자들을 '조건부'로 지정했다.

가장 중요한 것은 사무 빌딩이 지어질 네 개 필지였는데 이것은 조지 클라인George Klein이라는 사업자에게 돌아갔다. 이것은 놀라운 선택이었다. 클라인은 다른 경쟁자들에 비교해 경험이 훨씬 적었고 부동산 업계에서 훨씬 덜 중요한 인물이었다. 바튼 캔디Barton Candy 회사의 후계자였던 클라인은 불과 8년 전에 브루클린에서 건설 사업을 시작했다. 맨해튼에는 사무 빌딩을 겨우 두 동 지어 본 것이 고작이었다. 그는 심하게 배타적인 뉴욕 부동산 업계의 외톨이였다. 자유주의적이고 개혁을 추구하는 문화에서 그는 정치적으로는 보수주의자였고 종교적으로는 정교회 신자였다. 클라인은 신중하고 진지했으며 존경받을 만한 뛰어난 인물이었기에 그는 그러한 자신의 인격을 자신의 발자취로 남기고 싶어했다. 클라인은 이렇게 결론지은 바 있었다.

"이 업계로 들어서는 가장 좋은 길은 최고의 건축가들을 구해 최고의 세입자를 끌어올 만한 건물을 짓는 것이다."

건설업자가 된 지 얼마 되지 않아 그는 이미 페이I. M. Pei, 에드워드 래러비 반스Edward Larrabee Barnes, 그리고 필립 존슨과 함께 일한 경험을 갖고 있었다.

클라인은 조용했지만 매우 큰 야망을 가진 사람이었다. 그가 함께 지위를 누리고 싶어하는 전통 있는 가문 사람들보다도 더 큰 야망을 갖고 있었다. 클라인은 뉴욕 시의 얼굴을 바꾸고 싶어했다. 물론 더 나은 방향으로 말이다. 그의 최초의 부동산 사업은, 그가 브루클린 도심의 회복에 박차를 가했다고 자부하는 도심 재개발사업이었다. 그리고 42번가의 재개발사업에서 그는 자신에게 "엄청난 규모의 일을 벌일 기회"가 찾아왔다고 생각했다. 클라인은 부동산 시장의 원리와 '공공의 이익' 사이에 뚜렷한 구분을 두는 것을 받아들이지 않았을 것이다. 그는 타임스퀘어를 브루클린 도심과 같이 황폐한 지역으로 보았고 재개발로 되살릴 수 있다고 믿었다.

"타임스퀘어는 정말 엉망이었다."

클라인은 이렇게 회상했다.

"아이들은 마약과 범죄의 소굴로 빠져들고 있었다. 뉴욕 시에 있어서는 안 될 곳이었다."

알렉산더 파커와 마찬가지로 클라인은 옛 42번가를 지우고 그 자리를 새로운 것으로 채우고 싶어했다. 그는 타임스퀘어가 록펠러 센터처럼 될 수 있으며 그렇게 되어야만 한다고 생각했다. 대기업과 우아한 상점들의 근거지가 되어야 한다고 생각해 사업 이름을 '타임스퀘어 센터'라고 짓기까지 했다.

클라인은 필립 존슨에게 건축 위원회를 맡겼다. 존슨에게는 "대기업 임대 수요를 끌어들이는 데 필수적인 고급스러운 이미지"가 있다고 여겼기 때문이다. 당시 존슨은 기업 고객들 사이에 명성이 자자했는데 그것은 지금까지 그 어떤 미국 건축가도 누려 보지 못한 명성이었다고 해도 과언이 아니었다. 그가 설계한 에이티앤티 본부, 치펜데일Chippendale 빌딩이라는 별명이 붙은 이 건물은 포스트모던 건물의 상징이 되었고 그를 『타임』 지의 표지 모델이 되게 해 주었다. 클라인과 마찬가지로 존슨 역시 옛것을 깡그리 지워 버리는 데 망설임이 없었다. 전쟁 전, 뉴욕의 젊은 존슨은 애스터 호텔을 무척 좋아했다. 그러나 애스터는 이제 사라졌고 존슨은 클라인과 마찬가지로 타임스퀘어를 피해야 할 장소로 생각했다. 사실 그는 그곳을 어떤 '장소'라고 생각지도 않았다. 그와 그의 사업 동료였던 존 버기John Burgee는 도시의 황야에 '장소'라는 느낌을 주는 것이 자신들의 역할이라고 생각했다. 타임스퀘어 센터는 단지 건물 여러 개로 그치는 것이 아니라 록펠러 센터처럼 그 자체로 하나의 장소, 사무 빌딩으로 만들어진 도시의 개척지가 될 터였다.

1983년 후반 존슨과 버기는 네 개의 사무 빌딩으로 이루어진 이 복합 건물의 설계를 공개했다. 높이와 크기는 서로 달랐지만 외장재는 동일하게 연분홍 화강암으로 덮개를 씌운 유리였다. 건물 꼭대기는 '만사드 지붕'이라고 하는 2단 경사의 유리 지붕으로 되어 있었으며 꼭대기 장식은 쇠로 되어 있었다. 이것은 존슨이 지적하기를, 마치 근처에 있는 니커보커 빌딩과도 비슷했고 샌프란시스코에서 방금 준공한 건물과도 매우 닮아 있었다. 이 복합건물은 미적으로뿐만 아니라 물리적으로도 진정한 센터, 즉 '중심'이었다. 각각의 건물은 서로 연결되어 있었으며 지하도를 통해 지하철과도 연결되어 있었다. 이 건물을 임대하게 될 기업 사람들은 '42번가의 도시' 계획에서 극장 관객들이 그러했듯, 모욕적인 거리를 피해 다닐 수 있었다. 그리고 80년 동안 타임스퀘어의 추축이었던 타임스 타워는 온데간데없었다. 간판으로 치장한 타임스 타워는 타임스퀘어의 수치였고 우스꽝스러운 거리의 부랑아 같은 건물이었다. 클라인이 말하듯 "록펠러 센터는 중앙에 나무가 있는 스케이트장이 있는데 여기는 간판이 덕지덕지 붙은 건물이 있다. 그게 어떤 의미일지는 뻔하지 않은가?" 존슨은 레이저 불빛을 내뿜는 분수대를 계획했다. 존슨은 조지 클라인이 갈망하던 타임스퀘어의 이미지를 정확히 담아낸 것이었다.

당시 몇 년간 존슨은 건축 비평가들에게 엇갈린 비평을 받는 데서 그치곤 했다. 치펜데일 빌딩은 칭송을 받은 만큼 화려하게 조롱을 받았다. 그러나 비평가들은 타임스퀘어 센터를 보자 무수한 벽돌이 되어 존슨을 깔아뭉갰다. 과거에는 존슨의 충성스런 팬이었던 『뉴욕 타임스』의 에이다 루이즈 헉스터블Ada Louise Huxtable도 존슨의 디자인을 "화려한 모자를 쓰고 뺑하고 튀어나온 거대한 건물"이라고 조롱했는가 하면 『뉴요커』의 브랜던 길Brendan Gill은 "빛을 차단하고 타임스퀘어를 깊은 우물 바닥으로 처넣는 잿빛 유령 같은 건물들"이라고 묘사했다. 대중 잡지, 전문 잡지를 가릴 것 없이 비평가들은 설계안의 거대한 규모와 답답함, 획일성, 그리고 그 압도적인 '기업 건물다움'을 애석하게 여겼다. 폴 골드버거만이 "스카이라인에 날카롭고 경쾌한 윤곽을 더해 줄 수 있겠다."는 뜻을 내비쳤을 뿐이다. 그런 골드버거만도 그 규모가 "걱정스럽지 않을 수 없다."고 말했다. 게다가 타임스 타워를 철거한다는 생각 또한 추가적인 공포의 발작 사태를 일으켰다.

어떻게 된 것인가? 필립 존슨이 화강암 절벽을 스케치하고 있는 동안 대중의 취향이 변한 것일까? 폴 트래비스의 생각은 이랬다. 그는 뉴욕 시 공공 개발 공사의 부사장으로 사업을 추진하는 데 주도적 역할을 하고 있었다. 트래비스는 말했다.

"존슨의 관점은 역사적으로 타임스퀘어에 대로를 따라 파라마운트 극장과 같은 엄숙한 건물이 줄지어 있다는 것을 염두에 둔 것이다. 그는 이와 같은 건물을 만들고자 했다. 그가 놓친 것은 타임스퀘어가 어떤 곳이냐에 대한 사람들의 관점이 변화하고 있다는 점이었다. 우리가 원하는 타임스퀘어는 따로 있었는데 그것은 전승기념일에 시끌벅적한 음악과 수많은 군중이 몰려 있던 그 신화적인 순간의 타임스퀘어였다."

그러나 타임스퀘어에 대한 이러한 관점이 존슨과 버기에 의해 구체화된 것 또한 사실이다. 많은 뉴욕 시민들이 42번가를 조지 클라인과 마찬가지로 지워야 하는 악몽처럼 생각했다. 그러나 42번가 위로 거대한 돌덩이 네 개가 올라간다는 생각은 이 거리가 어떤 거리인지, 그러니까 무엇을 의미하는지 상기시켜 준 것이다. 6번 애비뉴나 3번 애비뉴에는 무엇을 올려도 상관없었다. 아무리 못 지어도 그저 보기 싫을 뿐이었다. 왜냐하면 이러한 사무 지구의 대로에는 모독할 과거도 없었고 더럽힐 정신도 없었기 때문이다. 브로드웨이와 45번가의 교차로만 해도 그랬다. 흉측한 매리어트 마르퀴스Marriott Marquis 호텔이 지어지고 있는 이곳에서도 개발의 중요성 때문에 보존과 미적 가치는 뒷전이었다. 그러나 42번가는 달랐다. 이곳은 사무 빌딩의 추상 세계에 의해 가려진, 활기차고 도발적인 문화의 구체적인 보고였다. 존슨과 버기의 설계안은 불경한 행위, 끔찍한 도전이었다.

존슨과 버기의 설계안은 타임스퀘어에 대한 공통적인 감정에 모순되었을 뿐만 아니라 보란 듯이 지침을 위반했다. 아기자기함을 강조하기 위해 5층 높이에서 외벽을 후퇴시키라는 지침도 지키지 않았고 간판도 조명도 포함시키지 않았으며 그 자체의 표면을 밝힐 조명도 없었다. 표면은 금속이나 유리보다 주로 화강암으로 이루어져 있었다. 디자인 지침은 구속력이 있는 의무 조항이었지만 클라인은 사실상 그 조항들이 타협 가능하다고 생각했다. 재개발에서 중요한 역할을 담당하고 있었던 뉴욕 주 소유 기업 도시개발공사의 당시 사장이었던 리처드 케이헌Richard Kahan은 이렇게 기억한다.

"조지 클라인이 내게 와서 말했다. '이 지침을 갖고 뭘 어쩌라는 겁니까?' 그래서 내가 말했다. '어떻게 할지는 당신이 더 잘 알잖소. 내가 없어지면 당신과 허브 스터즈가 바로 쓰레기통에 처넣겠지'."

이기적으로 보여도 케이헌의 설명은 사실이었다. 클라인은 외벽을 후퇴시키면 윗층 면적이 좁아져서 이 사업에서 필요로 하는 기업의 관심을 끌 수가 없다고 주장했다. 그리고 사업을 관리하던 뉴욕시 공무원들은 이 주장을 받아들였다. 그들은 또한 간판과 조명에 대한 의무 조항도 없애 주기로 했다. 임대 수요자들이 천박하다고 여길 것이라고 클라인이 주장했기 때문이다.

　물론 그동안 건축 비평가들과 시민 단체들은 건축 지침 덕분에 안심할 수 있었다. 이 지침으로 인해 사업이 시장 원리가 아닌 공공의 이득을 따르게 될 것이라고 믿었기 때문이다. 그러나 이제 명백해졌다. 웨스트사이드로 개발 중심을 옮김으로써 질서 있는 성장을 촉진해야 한다는 부동산 업계의 필요와 뉴욕 시민들이 공감할 수 있는 타임스퀘어를 만들어야 한다는 시민들의 필요가 충돌한다면 시 정부는 예술과 문화보다 성장을 선택할 것이라는 사실이다. 존슨과 버기의 설계안이 공개된 기자회견에서 한 기자가 코치 시장에게, 건물들이 시 정부에서 만든 건축 지침을 그토록 노골적으로 위반하고 있는 까닭을 물었다. 코치 시장은 이렇게 쏘아붙였다.

　"더 발전했는데 무슨 설명이 더 필요합니까."

　무슨 설명이 필요했겠는가? 설계안이 바로 답이었다. 이후 케이헌에 이어 도시개발공사의 사장이 된 빈센트 티즈Vincent Tese는 이렇게 말했다.

　"건물은 크고 못생겼을지 몰라도 셈은 들어맞았다."

　설계안은 예산위원회의 승인을 앞두고 있었다. 예산위원회는 다섯 개 자치구의 구청장과 토지 사용 결정을 담당하는 세 명의 고위 공무원으로 이루어져 있다. 그런데 이를 앞두고 언론 기자들과 지식인, 도시 전문가들과 뉴욕을 사랑하는 사람들이 이 만신창이 땅을 지키려고 나섰다. 타임스퀘어가 그토록 과감한 개발이 필요할 정도로 쇠퇴했는가? 아주 죽어 버린 것인가, 그저 좀 병든 것인가? 『뉴욕타임스』 기자 마틴 고틀립Martin Gottlieb은 그 지역을 거닐며 흑인이나 스페인계 가족이 저렴한 식당과 극장에서 즐거운 시간을 보내는 모습을 많이 보았다. 한 젊은이는 이렇게 말했다.

"사고를 바라고 오면 사고가 날 거예요. 하지만 즐거운 시간을 바라고 온다면 그것도 찾을 수 있어요."

고틀립은 '빛 밝은 거리' 연구를 주도했던 뉴욕 시티 대학의 윌리엄 콘블럼 교수의 말을 인용했다.

"사람들은 우리가 어렸을 때 타임스퀘어에 갔던 것과 똑같은 이유로 여전히 그곳을 찾는다. 다른 자치구나 도시 변두리에서 재미있는 것을 찾아온다. 햄버거도 먹고 영화도 본다."

물론 이곳은 『뉴욕타임스』의 보도에 따르면, 몇 년 전 할 일 없는 청소년들이 지하철 선로에서 한 남자가 죽을 때까지 괴롭혔던 바로 그 거리였다. 그러나 이제는 다른 견해가 있었다.

사업에 비판적인 사람들에게 42번가 개발 계획은 오래 전에 죽었다고 생각했던 도시의 악몽이었다. 건축 비평가 에이다 루이즈 헉스터블에 따르면 "심하게 비판받았던 1960년대 불도저식 도시 재개발이 죽은 것을 다시 살려 낸 격"이었다. 뉴욕 대학의 도시 역사가 토머스 벤더Thomas Bender가 『뉴욕타임스』에 쓴 바에 따르면 필립 존슨의 '거대한 사무 빌딩들은' 42번가를 워싱턴 시내와 같은 곳으로 만들어 놓을 터였고 "그곳이 오후 다섯 시 이후 얼마나 무서운 도시 공간이 되는지 모르는 사람은" 없었다. 『뉴요커』에 부드럽고 간결한 건축 수필을 쓰는 수필가로도 유명하고 도시 문화재 보존 위원장이자, 뉴욕 시의 가장 위대한 거리 신사 가운데 하나인 브랜던 길은 타임스퀘어 개발 사업과 한 단계 한 단계 싸워 나갔다. 그는 도시개발공사의 공청회에서 "120만 평방미터의 따분한 사무 공간"은 타임스퀘어를 죽이면 죽였지 되살릴 수 없다고 말했다. 『뉴욕타임스』의 마틴 고틀 립은 여러 번 심기 불편한 문제를 제기했다.

"인위적이거나 딱딱하게 보이지 않으면서도 생기 있는 거리 문화를 설계한다는 것이 과연 가능한가? (…) 43번가와 브로드웨이에 있는, 네이선스와 타임스퀘어 1번지 플라자가 입주해 있는 곡선의 리알토 극장 건물을 철거한다면 타임스퀘어의 분위기도 손상될 것인가?"

첫 번째 질문에 대한 대답은 "아니오.", 두 번째는 "예."였다.

하지만 이들에게는 42번가의 지역적 특성을 알아볼 수 없을 정도로 크게 바꾸어 놓지 않고도 위협적인 거리 문화를 없애는 방법에 대한 설득력 있는 대안이 없었다. 브랜던 길을 포함한 일부는 위협적인 거리 문화를, 그것이 어떤 것이든, 42번가의 매력을 보존하기 위해 어쩔 수 없이 치러야 하는 대가라고 생각했다. 아무 건물도 짓지 말자는 주장보다는 더 작은 건물을 짓자거나 덜 획일적인 건물을 짓자는 좀 더 합리적인 주장도 있었다.

그러나 이러한 주장은 별 소용이 없었다. 공공사업이긴 했지만 시민 투표에 부칠 사안은 아니었고 사업은 이미 너무 많은 정치적 추진력을 얻은 뒤여서 멈출 수가 없었다. 코치 시장과 새 주지사 마리오 쿠오모Mario Cuomo는 사업에 전념하고 있었고 뉴욕 시 대부분의 기업과 언론계 상류 인사들도 그러했다. 42번가를 앞마당으로 여기며 수년간에 걸친 지역 쇠퇴에 점점 심기가 불편해져 가고 있었던 『뉴욕타임스』도 사업을 전적으로 지지했고 타임스 타워 철거 제안까지 받아들일 정도였다. 1984년 10월 말과 11월 초 사이 열린 예산위원회의 심의는 복잡한 절차에 불과했다. 공무원들은 사업안을 칭송했고 지역 정치가들과 지역 위원들, 학자 그리고 비판론자들은 과장된 비난을 퍼부었다. 예산위원회는 모든 주장을 듣고 만장일치로 사업을 승인했다.

42번가 재개발에 대한 논란은 개발 계획을 둘러싼 거의 모든 논의가 그렇듯 상류 인사들 간의 논쟁이었다. 이번에는 힘의 균형이 보존을 원하는 인사들보다 개발에 찬성하는 상류 인사들에게로 기울어져 있었다. 그러나 수정의 여지는 있었다. 조지 클라인이나 필립 존슨 누구도 대중이 싫어하는 건물을 올리고 싶지 않았고 대중의 강력한 항의는 이들이 다시 설계 단계로 되돌아가도록 만들었다. 특히 존슨은 즉각 다른 생각을 하기 시작했다. 1994년 그는 한 인터뷰에서 "처음부터 큰 고층 건물은 싫었다."고 말했다. 그러면 왜 그렇게 설계했느냐고 묻자 존슨은 "피에르 호텔을 떠올리게 만드는 건물을 짓고 싶었다. 자연스러워 보일 거라고 생각했다. 이런 건물에는 지붕이 있어야 한다. 나는 당시에 포스트모더니즘을 추구하고 있었기 때문에 그걸 적용하고 싶었다." 대수롭지 않다는 듯 넘어가는 이 같은 태도는 존슨의 전형적인 태도다. 그는 이러한 불손한 태도를 총알받이로 자신의 터무니없는 문화적 권위에서 스스로를 보호해 온 모순적인 인물이다. 최근 어떤 대화 중에 95살 먹은 존슨은 자신의 디자인 그림을 보고 흥미롭다는 듯 눈썹을 치켜 올리며 이렇게 중얼거렸다.

"내가 정신이 나갔나 보군."

설계 단계로 돌아간 존슨은 새로운 건물 여러 동을 그려 냈다.

더 날씬하고 추상적이며 덜 지시적이었다. 건물은 지침에 따라 대부분이 유리로 만들어져 있었고 획일적이지도 않았다. 그러나 여전히 외벽의 후퇴는 없었고 간판도 없다. 존슨과 분리해서 나온 버기는 1989년 완성된 최종 디자인에서 훨씬 더 화려한 건물을 만들어 냈다. 표면은 더 복잡해졌고 대규모의 전기 간판이 건물의 일부로 달려 있었다. 이 디자인은 사업에 비판적인 사람들을 만족시키는 데 가장 가까이 다가간 형태였다. 비록 건축 지침에 그토록 중요한 부분을 차지했던 외벽의 후퇴는 이제 기억 속으로 사라졌지만. 어쨌든 이 디자인은 어느 것도 실행에 옮겨지지 못했다.

모우지즈 이후의 새로운 개발 사업의 세계에서 이와 연관된 정치적 절차는 온갖 방면에서 외부인들의 공격에 노출되어 있었다. 반대파는, 찬성파를 투표로 이길 수는 없어도 부정적 언론 공세와 법정 싸움으로 죽을 때까지 쪼아댈 수는 있다는 것을 깨달았다. 그래서 42번가를 건 서열 싸움이 즉시 시작되었다. 첫 소송은 사업이 승인되기도 전에 시작됐다. 승인이 된 후에는 홍수처럼 쏟아졌다. 총 47건이었다. 이것은 뉴욕의 기준으로 볼 때도 놀라운 숫자였다. 이 소송들은 표현의 자유나 법의 절차를 따를 권리, 혹은 토지 수용법이나 독점 금지법을 위반했다고 주장했지만 두 건을 제외한 나머지 소송은 모두 기득권자들에 의해 이루어졌다. 그들은 주로 개발업자들로 사업에 참여하지 못했거나 참여하려고 하지도 않은 자들이거나 공무원들에게 토지 보상비를 올려 받으려고 하는 소유주들이었다. 이들 가운데는 밀스타인 가문이나 더스트 가문이 있었는데 이들은 여러 세대에 걸쳐 부동산 투기를 해 왔으며 뉴욕에서 어떻게 일이 성사되는지,

혹은 그렇지 못한지 잘 알고 있었다.

개발 과정에서 가장 큰 손해를 입게 될 이들은 브랜트 가문이었다. 이 가문은 42번가와 그 주변에서 소규모 영화관 단지를 독점 운영하고 있었다. 브랜트 가문과 동업자가 소유한 단지 내 영화관은 하루 18시간을 상영하면서, 평소 대부분의 자리가 비더라도 엄청난 양의 이윤을 가져다주고 있었다. 브랜트 가문은 또한 42번가와 43번가 사이 브로드웨이에 두 동의 사무 빌딩을 소유하고 있었으며 7번과 8번 애비뉴 사이 43번가에도 건물이 있었다. 저급한 것들의 제국이었다고 해도 그것은 제국이었다. 그러니 브랜트 가문이 싸워 보지도 않고 포기할 리 없었다. 브랜트 가문은 민간 정극 극장으로 이용될 다섯 개 극장을 복구하는 사업권을 따기 위해 입찰했다. 그러나 중요한 문제는 언제나 보상이었다. 가문의 부동산 사업을 지휘하고 있던 로버트 브랜트는 이렇게 말했다.

"시에서는 사업 입찰권이라는 당근을 주면서 보상비를 낮추려고 했다. 시에서 우리 재산에 대해 제시한 액수는 지나치게 부족했다."

브랜트 가문은 신문 편집국에 편지를 쓰거나 특집 기사란을 이용해 맞서 싸웠다. 저명한 사회학자를 고용해 도심 재개발의 해악에 대해 떠벌리도록 시키기도 했다. 그리고 법정 소송으로 끝을 맺었다.

브랜트 가문을 비롯한 여러 힘 있는 부동산 세력들의 못 말리는 반대는 도심 재개발법을 이용해 타임스퀘어를 되살리는 일이 왜 그토록 어려웠는지 보여 준다. 주 정부에서 수용하려고 하는 토지는 이미 엄청난 경제적 가치가 있을 뿐만 아니라 앞으로 더 큰 잠재적 가치가 있는 재산이었다. 만약 소유주들이 적당하다고 생각되는 액수를 주 정부가 보상해 주어야 했다면 사업은 불가능했다. 그러나 이 싸움은 주 정부의 강력 대응이 왜 필요했는지 또한 반증한다. 타임스퀘어의 인구를 상대로 하는 사업은 잘 되고 있었다. 그들에게 수준 있는 고객을 끌어들일 좀 더 점잖은 사업을 하라고 하는 것은 마치 아편을 재배하는 농부에게 밀을 키우라고 하는 것과 같았다. 42번가에 포르노 극장과 포르노그래피 가게, 주류 가게가 줄지어 있는 한 고급 식당과 상점들이 그곳에 공간을 임대할 리 없었다. 현 용도는 현 고객들을 끌어들일 터였다. 도시 환경 영향 평가 자료에 따르면 지역성은 강력한 힘, 즉 도심 재개발법만이 변화시킬 수 있었다.

고소인들이 바라던 대로 법정은 소송을 수년 동안 질질 끌었다. 부동산 시장이 호황이었던 1980년대 중반에서 후반 동안이라면 클라인이 사업을 진행시킬 수 있었겠지만 마지막 법정 소송이 기각된 1990년에 시장은 불경기에 접어들었다. 클라인이 사무 빌딩에 입주시키려고 조심스럽게 작업해 오던 은행과 아이비리그 출신의 변호사들이 모인 로펌은 손을 든 지 이미 오래였고 사업 전체가 깊이 동결되었다. 법정 소송은 나름대로 강력한 힘을 발휘했던 것이다. 사업에 대한 미적이고 지적인 비판은 적절했지만 아주 작은 변화를 일으킨 반면에 근거가 부족하고 하찮기까지 했던 법정 소송들은 비판이 해내지 못한 일을 성공적으로 이루어 냈다.

11장 타임스퀘어, 간판으로 되살아나다

42번가의 재개발은 그 결함이 무엇이었든 도시계획 행위였고 제한된 도시 공간의 의식적이고 철저한 재창조였다. 반면 누추하지만 병적이지는 않은 타임스퀘어의 나머지는 여러 해 동안 시장 변동에 따라 개발되거나 혹은 개발을 제한받았다. 쭉 뻗은 브로드웨이와 7번 애비뉴에는 1930년대 이후 어떤 큰 건물도 들어선 적이 없었다. 그러나 1960년대의 부동산 시장 호황이 맨해튼 도심의 이스트사이드 지역을 거대한 건물로 가득 채우자 아기자기한 옛 모습을 간직한 웨스트사이드는 매력 있는 개발 지역으로 떠오르기 시작했다. 1966년 애스터 호텔은 문을 닫았다. 파라마운트 극장 북쪽에 위치한 애스터 호텔은 부유하던 시절 타임스퀘어의 유물이었다. 이 호텔은 철거되었고 그 자리에는 '애스터 플라자 1번지'라는 54층 건물이 들어섰다. 애스터 플라자 1번지는 실제 주소가 아닌 꾸며 낸 주소로, 많은 호응을 얻지 못하던 새 빌딩을 과거의 애스터 호텔과 연결시키기 위함이었다. 그러나 이 건물은 '브로드웨이 1,515번지'로 널리 알려졌고 여러 해 동안 고독하게, 그리고 대부분이 텅 빈 채 브로드웨이 입구를 지켰다.

피터 샤프Peter Sharp라는 개발업자는 인내심을 가지고 애스터 호텔 북쪽 블록의 필지를 사들이고 있었다. 1970년에 이르자 샤프는 설계를 맡길 준비가 되어 있었다. 그는 로버트 벤투리Robert Venturi에게 도움을 구했다. 벤투리는 『건축의 복합성과 모순Complexity and Contradiction in Architecture』이라는 책을 쓴 도발적인 건축가였다. 그는 애스터 플라자 1번지와는 전혀 딴판의 건물을 제안했다. 잡동사니 건물들을 하나의 큰 고층건물로 만들기보다 여러 건물을 거대한 간판으로 둘러싸는 것을 제안한 것이다. 벤투리는 후에 출판하게 될 『라스베이거스의 교훈Learning from Las Vegas』(스티븐 이제너어Steven Izenour, 드니스 스캇 브라운Denise Scott Brown 공저)에서 이 아이디어에 대해 설명한다.

"타임스퀘어는 극적인 공간이 아니라 극적인 꾸밈이다. 2차원적이며 상징과 불빛, 움직임으로 꾸며져 있다."

따라서 그는 "거대 규모의 구름다리와 발코니, 공간"보다 "잘 꾸민 창고"를 만드는 것이 타임스퀘어의 전통을 더 적절히 존중해주는 것이라고 결론지었다. 벤투리는 타임스퀘어의 뒤죽박죽, 잡종의 과거에 충실한 새로운 표현 형식을 처음으로 제안한 건축가였다. 그러나 그는 개발 지역의 경제적 가치에는 기분 나쁠 정도로 무관심했고 개발업자는 이 제안을 거절했다.

대신 샤프는 존 포트먼John Portman의 작업에 마음을 빼앗겼다. 건축가이자 개발업자였던 포트먼은 아틀랜타에 피치트리 센터Peachtree Center를 지은 인물로 탁 트인 실내 공간이 특징인 유리 호텔로 이름을 알리고 있었다. 포트먼은 도시 재개발 시대에 우상과도 같은 인물이었다. 전통적인 바둑판 모양의 도시계획을 가로지르는, 심지어 지워버리는 거대한 구조물들을 지었기 때문이다. 이 구조물들은 대체로 거대하고 밋밋한 콘크리트 벽을 거리로 향하고 있었다. 포트먼은 매우 바쁜 사람이었다. 그는 당시 디트로이트의 '르네상스 센터'와 샌프란시스코의 '엠바르카데로 센터Embarcadero'를 짓고 있었다. 그는 벤투리가 잘 꾸민 창고를 짓고 싶어하던 곳에 2천여 개의 객실이 있는 호텔을 짓자고 제안했다. 포트먼은 56층의 두 거대한 콘크리트 덩어리를 상상하고 있었다. 두 건물은 사다리의 가로장을 연상시키는 5층 높이의 구름다리 여러 개로 연결될 예정이었다.

　　계획이 진행되면서 매우 귀중하고 뜻 깊은 극장 두 곳, 즉 모로스코Morosco와 헬렌해이스Helen Hayes 극장, 그리고 추가로 중요성이 덜한 극장 여러 곳이 철거되어야 할 것이라는 사실이 명백해졌다. 뉴욕시와 주 공무원들은 포트먼에게 북쪽으로 조금 더 떨어진 곳에 있는 다른 필지를 이용하거나 극장 위로 호텔을 튀어나오게 짓는 방법을 쓰도록 설득했지만 포트먼은 거부했다. 1980년이 되자 여러 극단들이 뭉쳐 사업 중단을 위한 움직임을 시작했다. 제이슨 로바즈Jason Robards와 로렌 바칼Lauren Bacall, 제임스 얼 존스James Earl Jones 등을 포함한 유명 배우들은 임박한 사태를 극화해 두 극장에서 상연을 시도했고 거리 시위를 하기도 했다. 포트먼 사업에 대한 논란은 42번가 개발 사업의 예행연습처럼 되어 버렸다. 여기서도 보존을 주장하는 사람들이 개발 세력에 맞서 싸웠기 때문이다. 극장을 파괴하겠다는 위협은 사람들에게 타임스퀘어를 전혀 다른 시각에서 바라보게 만들었다. 타임스퀘어는 사랑받는 문화재가 있는, 사라질 위기에 처한 지역이 된 것이다. 과장된 종말론적 성향이 다분하던 로바즈는 포트먼의 사업을 "모든 것의 끝"이라고 말했다. 뉴욕 시가 양보하지 않자 사업에 반대하던 사람들은 문제를 법정으로 가져갔고 소송은 대법원에서 패소하기까지 계속되었다. 모로스코와 헬렌해이스 극장은 1982년 3월 23일에 철거되었다.

매리어트 마르퀴스는 곧 타임스퀘어에서 가장 혐오스런 건물 가운데 하나로 전락했다. 1985년 개업 당시 폴 골드버거는 이곳을 "뒤집어진 콘크리트 벙커", "밀폐된 공간", "덩치 크고 즐거움 없는 존재감"이라고 묘사했다. 로버트 벤투리가 타임스퀘어의 있는 그대로의 모습을, 아니 과거 모습을 찬양했다면 포트먼은 거리 문화를 막아 내려고 그 호텔을 디자인한 것이다. 포트먼은 이렇게 말한 것으로 기록된다.

"사람들은 타임스퀘어의 촌스러운 이미지에 너무 매달린다. 타임스퀘어에는 괜찮은 구석이 하나도 없는데."

매리어트 마르퀴스는 포트먼의 다른 건물과 마찬가지로 거대한 콘크리트 등성이를 보란 듯이 거리로 향하고 있다. 로비는 8층에 있다. 길 가는 행인이 그냥 한번 들어와 볼 수 없도록 높이 올려놓은 것이다. 그 아래층은 천정이 낮고 어두우며 붉은 카펫이 깔려 있고 육중한 콘크리트 기둥이 공간을 나누고 있다. 엘리베이터를 타고 여러 층을 올라가서 로비에 다다르더라도 거대한 돌출부가 여전히 시야를 가린다. 바를 향해 걸어가야지만 위를 볼 수 있고 그곳에는 건물의 가장 중심적인 건축 요소인 광대한 중정이 있다.

매리어트 마르퀴스는 반대 운동이 실패했고 공무원들이 포트먼의 편을 들었기 때문에 지어질 수 있었던 것만은 아니다. 당시 디자인의 문제와 귀중한 극장의 철거 문제는 개발을 해야 한다는 필요에 비하면 자질구레했다. 『건축 포럼*Architectural Forum*』의 편집자들은 1973

년 이렇게 지적했다.

"혼란 속의 (특히 타임스퀘어에서) 포트먼 작품이라면 무엇이든 어울릴 것이다."

브로드웨이와 보호주의 주요 인사들이 사업을 지지했다. 『뉴욕타임스』 사설은 "브로드웨이를 사랑하는 사람들"이 "무엇을 저지할까 생각지 말고 얻을 수 있는 것에 집중해야 한다."고 말했다. 실제로 마르퀴스는 매리어트 호텔 가운데 가장 성공적인 지점 중 하나였다. 이 호텔은 소란스러운 타임스퀘어 중심에 자리 잡은 덕에 적당한 부를 가진 관광객들에게 안전하면서도 흥미로운 환경을 제공할 수 있었다. 건축가 휴 하디Hugh Hardy는 이렇게 비꼬아 말한다.

"매리어트 마르퀴스는 말할 수 없이 역겨운 건물이지만 그 안에 들어가면 엘리베이터에서 치어리더 마흔세 명이 나오곤 한다. 중산층 미국인들이 편안하게 느끼는 일종의 피난처인 셈이다."

매리어트 마르퀴스를 놓고 벌어진 다툼은 전통을 깔아뭉개더라도 타임스퀘어의 박동을 빠르게 할 따분한 건물과 미적·문화적으로 만족감을 주지만 개발 목적에 맞지 않아 지어질 수 없는 건물 간의 선택을 의미했다. 다시 말해서 타임스퀘어를 되살리기 위해서는 파괴해야 한다는 의미였다. 42번가 개발 계획이 42번가를 파괴해야 살릴 수 있다는 뜻을 내비쳤던 것과 마찬가지로 말이다. 선택의 여지는 없었다. 이후 여러 해에 걸쳐 타임스퀘어를 살리려는 몸부림이 있었고 이 노력은 오히려 타임스퀘어에 되살릴 만한 가치를 불어넣어 주었다.

뉴욕 시에서는 부동산 시장이든 다른 어떤 시장이든 자유롭지 못했다. 그러니 '시장'이 타임스퀘어를 변화시키고 있다고 말하는 것은 잘못일 것이다. 주 정부와 지역 정부의 보상 제도가 매리어트 마르퀴스를 상품성 있는 사업으로 만들어 주었다. 새로 이루어지는 개발 사업에 세제 혜택을 주고 타임스퀘어 지역 용적률을 추가로 높인 1982년 건축 조례는 타임스퀘어 지역 개발을 그 어느 때보다 더 매력 있게 만들었다. 게다가 건축 조례에는 만기일이 있었다. 건설업자들은 1988년 5월까지 착공을 해야 혜택을 받을 수 있었다. 그래서 브로드웨이와 7번 애비뉴에 건물을 지으려는 경쟁이 빠르게 나타났다. 예산위원회가 42번가 개발 사업을 승인해 기정사실화한 1984년에 이르자 건설 지구 가장자리에 새 건물이 올라가기 시작했다. 앞으로 더 많은 건물이 지어지리라는 사실도 명백했다. 필립 존슨의 엄청나게 거대한 잿빛 고층 건물 단지는 새로운 타임스퀘어가 어떻게 식민지화될 것인지, 그 이미지를 제공했다. 뉴욕의 도시전문가들에게 이것은 악몽 같은 형상이었다. 그래서 1980년 중반, 42번가 개발 사업이 소송의 안개 속으로 사라져 갈 때 타임스퀘어 문제가 대두됐다.

42번가의 경우, 당시 상황에 대한 위기감을 여러 사람들이 널리 공유하고 있었고 여기에 조지 클라인과 필립 존슨의 명성이 더해져 재개발에 대한 지식층의 생각을 흔들거나 적어도 중립적으로 만들 수 있었다. 그러나 타임스퀘어에서는 이것이 통하지 않았다. 변호사들과 건축가들, 논설위원들은 여전히 이곳에 식사를 하거나 연극을 보러 갔다. '타임스퀘어'는 '42번가'라는 말보다 훨씬 더 따뜻한 연상 작용을 불러일으켰다. 타임스퀘어에 있는 거의 모든 극장의 발코니에서 뮤지컬을 보면서 자라났고 여전히 피아노로 뮤지컬 곡을 칠 수 있었던 휴 하디는 이렇게 말했다.

"타임스퀘어는 축하할 일이 있을 때 가는 곳입니다. 그런데 타임 스퀘어를 록펠러 센터로 만들려는 개발업자가 있다니요!"

타임스 타워를 철거하겠다는 클라인의 결정은 그의 본심을 가장 잘 드러내 주고 있었다. 하디는 '시민예술협회Municipal Art Society'의 중요 회원이었다. 이 단체는 뉴욕의 시민 단체 가운데 가장 덕망 있었고 보호주의자들의 보루와도 같았다. 구드 시절, 타임스퀘어에서 간판을 몰아내려던 바로 그 엘리트 단체였다. 이 단체는 존슨의 계획을 미온 적이나마 지지했다. 그러나 대기업의 사무 빌딩이 자꾸 북상할 경우 뉴욕 시의 생명에 매우 소중한 무엇인가가 사라질 수 있다는 것을 인정했다.

시민예술협회는 이 문제를 연구하기 위한 위원회를 구성했다. 위원회는 타임스퀘어가 42번가와 진정 다르다는 사실을 재빨리 알아 챘다. 브로드웨이의 영화관들의 개봉작 티켓 판매량은 이 지역을 제 외한 뉴욕 시 전체 영화관들의 티켓 판매량을 합친 것보다 더 많았으 며 호텔과 식당은 활기찼다. 위원회는 당연히 극장의 보존을 요구하 는 운동을 시작하게 되었고 모로스코와 헬렌해이스 극장 철거의 분노 가 가시지 않은 연극계에서도 이들을 적극적으로 지지했다. 그러나 그것으로 충분치 않았다. 42번가에서와 마찬가지로 물리적 구조물을 넘어서서, 혹은 그것에 덧붙여 보존되어야 할 것이 정확히 무엇인가 하는 문제가 제기되었다. 하디 등이 내놓은 대답에 따르면 그것은 타임스퀘어의 규모와 자유분방한 분위기, 그리고 무엇보다도, 대단한 역사의 아이러니이긴 하지만, 조명과 간판이었다. 이것들은 모두 '타임스퀘어'라는 이름이 붙은 무형의 현상을 생산해 내는 유형의 요소들이었다. 하디는 시민예술협회의 운영위원들에게 위원회의 목표가 "타임스퀘어를 청소하려면 먼저 그것을 제거해야 한다는 논리를 반박하는 것"이라고 말했다. 시민예술협회는 보존 절대주의를 주장하지도, 파괴를 통한 고급화를 받아들이지도 않기로 했다.

시민예술협회는 곧 치밀하고 끈질긴 홍보 운동을 벌이기 시작했다. 1984년 3월, 시민예술협회는 타임스 타워를 대체할 건물의 디자인 공모전을 열었다. 이 공모전은 건축가들이 조지 클라인이나 필립 존슨이 그랬던 것보다, 태생이 불운한 그 건물을, 그리고 그것을 둘러싼 쇠퇴한 도시 구조를 훨씬 더 아끼고 있음을 증명했다. 또한 시민예술협회는 타임스퀘어에 밝은 조명이 없어서는 안 된다는 생각을 극적으로 표현하는 작업에 들어갔다. 1984년 가을 어느 토요일 밤, 42번가에 대한 논란이 극도로 악화되고 있던 시점에 협회는 7시 반에 타임스퀘어의 모든 조명이 꺼지도록 계획했다. 거리가 연극이나 뮤지컬을 보려는 관객들로 가득 붐빌 시간이었다. 다만 간판 하나에만 불이 켜져 있었는데 그 간판에는 이렇게 써 있었다.

"시장님! 어두워요! 타임스퀘어에 밝은 빛을 켜 놓을 수 있게 해 주세요!"

이 건방진 깜짝 홍보 전략은 엄청난 호응을 얻었다.

1985년 협회는 디자인 회사를 고용해 만약 타임스퀘어의 모든 빈 필지에 용적률을 최대로 적용한 건물이 들어선다면 어떻게 될지 모형을 만들어 보도록 했다. 손쉬운 조작으로 다양한 가상의 결과를 보여 줄 수 있었던 이 모형은 제이슨 로바즈가 해설을 맡은 단편영화의 소재가 되었다. 이것은 가장 효과적인 수법이었다. 단순한 수법만은 아니었기 때문이기도 한다. 영화에는 타임스퀘어를, 다소 목가적인 말을 이용해 표현하면서 '균형 잡힌 거대한 야외의 방'이라며 규모가 작은 것이 특징임을 강조한다. 그리고 새로운 건축 조례는 5백만 평방미터의 건축 면적을 추가할 것이라고 경고한다. 위에서 내려찍은 모형은 건축 조례에 따라 최대한 건축을 할 경우 지면에 닿게 될 햇빛의 양을 아주 가는 빛줄기로 표현했다. 로바즈는 이렇게 경고했다.

"빛의 땅 대신 협곡을 갖게 될 것입니다."

극장은 그대로 있겠지만 단지 "지나간 시절에 대한 호기심을 자극하는 도구"로만 남을 것이라고 했다.

시민예술협회가 어찌나 교묘하게 문제의 심각성을 강조했는지 타임스퀘어 자체가 존폐 위기에 처한 것 같았다. 협회는 뉴욕 사람들의 의식을 바꾸는 데 성공했다. 적어도 도시계획 과정에서 역할을 맡은 사람들의 생각은 바꿀 수 있었다. 폴 골드버거도 몇 년 전만해도 조지 클라인의 42번가 개발 사업과 심지어는 매리어트 마르쿠스에 대해서도 긍정적인 의견을 갖고 있었지만 협회에서 만든 영화를 보고 난 뒤 "오랫동안 타임스퀘어를 특징지어 왔던 불빛과 에너지, 그리고 규제된 혼란의 분위기는 고층 사무 빌딩이나 매리어트 같은 황량하고 거친 현대식 호텔 건물과 어울리지 않는다."고 적었다. 그리고 협회의 모의실험은 타임스퀘어의 무분별한 개발의 영향이 '파괴적'이리라는 것을 증명해 준다고 쓰고 있다.

시민예술협회와 지역 주민 회의 지지자들, 그리고 건축가들과 간판 전문가 등은 1982년의 건축 조례가 폐지될 수 없다는 것을 알고 있었다. 따라서 개발을 막기보다는 구슬려야 했다. 이와 같은 끈질긴 홍보 운동은 시 정부가 타임스퀘어에 대한 건축 지침을 재고하게 만들어서 개발업자들이 6번 애비뉴에나 지을 법한 유리 건물을 타임스퀘어에 짓는 것을 막기 위함이었다.

개발업자들은 하나같이 이 운동에 반대했다. 이들은 자신의 가장 중요한 임대 고객인 로펌과 투자 회사, 연예 기획사들이 간판 있는 건물을 싫어한다고 생각했다. 이러한 업체들은 당시 간판 있는 건물에 입주해 있지 않았다. 간판은 장식에 대한 모더니즘의 금기를 위반하고 있었다. 필립 존슨이나 다른 포스트모더니즘 건축가들이 짓고 있는 독특한 빌딩도 외벽은 말끔했다. 꼭 집어 말하자면 간판은 촌스러웠다. 브로드웨이와 47번가에 짓고 있는 새 고층 건물을 모건 스탠리Morgan Stanley에 임대하기로 되어 있었던 개발업자 데이비드 솔로몬David Solomon 이 말하듯 "투자 전문가나 변호사들은 빛이 번쩍이는 데서 일하고 싶어하지 않는다. 나무와 말끔한 거리, 박물관과 노천카페를 원한다." 짧게 말하자면 5번 애비뉴, 혹은 포부르 생또노레Faubourg St. Honoré 같은 곳을 원한다는 것이다. 시민예술협회가 25년 전 그러했듯이.

그러나 극장의 철거와 조지 클라인의 사업 계획에 대한 승인 결정은 지역과 시민, 연극 단체들의 움직임을 그 어느 때보다 활발하게 만들었다. 홍보 운동이 시각의 균형을 바꾼 것이다. 1984년 말, 뉴욕 시 도시계획위원회는 건축 지침을 재고하는 데 동의했다. 더 중요한 것은 위원회가 지명한 자문위원들이 타임스퀘어와 뉴욕 시에 대해, 뉴욕 시의 주요 개발업자들과는 매우 다른 시각을 갖고 있는 사람들이었다는 점이다. 간판과 조명에 대한 자문을 담당하게 된 사람은 폴 마란츠Paul Marantz로, 무대 조명 전문가이자 타임스퀘어에 평생을 몸 바쳐 온 사람이었다. 마란츠는 타임스퀘어를 계획한다는 것 자체에 거부감이 있었으며 뉴욕 시 공무원들이 처음 접근했을 때도 그렇게 말했다고 한다. "어떤 결단에 의해서가 아니라 자연스러운 결과로 이루어져야 한다는 것"이 마란츠의 생각이었다. 공무원들은 자연스러운 쪽으로 가다 보면 마란츠가 그토록 사랑하는 타임스퀘어는 사라질 것이라며 마란츠를 설득했다. 마란츠가 할 일은 다만 "시동을 켜는 일"일 뿐이었다.

마란츠는 '줄스 피셔 앤 폴 마란츠Jules Fisher and Paul Marantz'의 동료들과 함께 '타임스퀘어의 타임스퀘어다움'에 대해 이해하려고 시도했다. 조명과 간판과 건물, 시선이 어떻기에 타임스퀘어가 그렇게 독특할 수 있는지 알아보고자 한 것이다. 그들은 1980년대 중반의 헐벗은 타임스퀘어를 걷고 또 걷거나, 옛 사진을 뚫어져라 쳐다보거나 도쿄와 홍콩, 런던의 네온사인이 즐비한 거리 디자인을 공부하기도 했다. 마란츠는 결국 "규모와 상관이 있다는 것을 깨달았다."고 했다. "1층에 무엇이 있고 2층에 무엇이 있어야 하는지"와 상관이 있었다. 타임스퀘어 특유의 풍경은 '층'이었다. 건축 지침을 세운다면 지층에 상점 간판이나 극장 상영 내용을 알리는 간판을 두고 윗 층에 좀 더 큰 간판을 달게 한 다음 지붕이나, 안쪽으로 후퇴한 외벽에 '슈퍼 간판'을 달게 해야 했다. 마란츠는 이로써 '결단'에 의해서도 자신이 사랑했던 타임스퀘어의 모습을 불러일으킬 수 있다는 것, 적어도 그것에 불을 붙일 수는 있다는 사실을 인정했다. 마란츠는 또한 타임스퀘어에 있는 여러 다른 종류의 간판 목록을 만들었다. 게시판, 네온 간판, 전구 위에 플렉시 유리를 씌운 간판 등이 여기 속했다. 그리고 새로 짓는 모든 건물은 이런 간판을 다양하게 섞어 달 것을 제안했다.

간판뿐 아니라 조명 역시 필수 요소로 만들어야 한다는 것도 명백해졌다. 간판이 타임스퀘어에 멋들어진 혼란, 웅장한 뒤죽박죽의 분위기를 자아냈다면 전기야말로 이곳을 훌륭하게 만들어 주었다. 타임스퀘어를 생각하면 가장 먼저 다채로운 빛을 떠올린다. 그러나 어디까지가 적정 수준일지가 문제였다. 게다가 그 양을 수치화하기도 어려웠다. 마란츠는 타임스퀘어에 남아 있는 전기 간판의 밝기 정도는 되어야 한다고 생각했다. 대부분 일본 간판이었다. 마란츠에 따르면 "거리에 서서 간판의 실제 효과를 가늠하기는 어렵다. 간판에서 나오는 빛의 양을 측정할 수는 있겠지만 간판이 보는 사람에게 끼치는 영향은 잴 수가 없다." 마란츠가 측정하고 싶어한 것은 바로 간판의 실제 효과였다. 그는 35밀리미터 카메라의 뒤쪽에 구멍을 뚫고 노출계를 장착한 다음 간판에 대고 수치를 측정했다. 이러한 방법으로 새로운 단위를 발명했다. 바로 루츠(LUTS), 즉 '타임스퀘어 빛의 단위 Light Unit Time Square'였다. 마란츠와 동료들은 이미 달려 있는 간판들을 기초로 해 루츠 수치를 기록한 책을 펴냈다.

엄청나게 구체적이고 까다로운 지침으로 이루어진 여덟 쪽짜리 새로운 건축 조례가 1986년 도시계획위원회에 의해 승인되었고 예산위원회가 밤늦게까지 열띤 토론을 가진 뒤인 1987년 2월에 최종 승인이 났다. 조례에 따르면 7번 애비뉴와 브로드웨이의 새 건물은 18미터 이상의 높이에서 급격하게 후퇴해야 했다. 1981년 42번가에 적용했던 원리로 조지 클라인이 업신여겼던 조례지만 타임스퀘어에서는 좀 더 엄격해졌다. 그리고 마란츠와 피셔가 제안한 지침은 루츠의 하한선을 제한하는 형태로 지침에 포함되었다. 루츠의 측정은 마란츠와 동료들이 고안한 장치를 이용해 측정해야 했다. 지침에는 또한 간판의 최소 숫자와 크기, 종류가 명시되어 있었고 밝기의 최소한도도 정해져 있었다. 따라서 길이가 한 블록을 차지하는 건물은 적어도 5천 평방미터의 전기 조명이 있어야 했고 이것은 타임스퀘어의 가장 밝은 블록에 달려 있는 간판 면적과 비슷했다.

이것은 뉴욕 역사를 통틀어 전혀 새로운 것이었다. 이때까지 건축 조례는 조명과 간판을 금지하거나 심하게 제한하기 위해서였지, 이를 요구한 적은 없었다. 5번 애비뉴에는 전기 간판이 있을 수가 없었지만 타임스퀘어에는 가능했다. 이제 타임스퀘어는 네온 보호구역이 될 터였다. 수년 전에는 보호주의자들의 가장 큰 표적이었던 현상을 보호하기 위해 고안된 새로운 보호주의가 등장한 것이다.

42번가는 극단적으로 변해야 했다. 그동안 시도해 온 모든 단편적인 해법을 모두 삼켜 버렸기 때문이다. 타임스퀘어의 나머지 지역은 비록 누추하기는 해도 제 역할을 하고 있는 오락 지구였다. 따라서 지역 발전을 핑계로 타임스퀘어의 특징을 희생시킬 필요는 없었다. 실제로 타임스퀘어의 개발에 비판적이었던 사람들은 그러한 장소를 애초에 '개발'하는 것은 불경하며 도시적 가치 자체에 타격을 날리는 것이라고 생각했다. 1991년 브랜던 길은 『뉴요커』에서 타임스퀘어를 새로운 도시의 디즈니랜드의 중심이라고 묘사했다. "값싸고 번지르르한 극장과 식당, 연습실, 호텔" 대신 공무원과 개발업자들은 "수백만 평방미터의 사무 공간을 수만 명의 일벌레들로 채우기 위해 고안된, 놀이 공원의 냉혹한 기업적 허상"을 길러 냈다.

시민예술협회의 모의실험은 폴 골드버거로 하여금 타임스퀘어의 '규제된 혼란'이 사무 빌딩 숲 사이에서 증발해 버릴 것이라고 생각하게 만들었다. 이것은 사실일 수도, 그렇지 않을 수도 있지만 타임스퀘어를 타임스퀘어답게 만들었던 아기자기함이 개발로 사라진 것은 사실이다. 1990년 출간된 『공간의 경험The Experience of Place』에서, 시민예술협회와 긴밀하게 협력하고 '빛의 땅'이라는 이미지를 구축하는 데 일조한 토니 히스Tony Hiss는 개발되기 전의 타임스퀘어를 인간적인 규모의 공간이라고 기억했다. 그는 오후 햇빛 속에 서서 "브로드웨이의 낮은 건물들을 똑똑히 보았다."고 쓴 뒤 이렇게 말했다.

"타임스퀘어 한복판에서 건물들을 보니 건물이 단지 길 건너에 있는 것이 아니라 훨씬 멀리 있는 것 같아 보였다. 이때, 내가 경험하고 있던 것의 일부가 이해되기 시작했다. 타임스퀘어는, 예를 들면 브루클린의 그랜드 아미Grand Army 광장처럼 크지도, 열려 있지도, 치밀하게 계획되지도 않았지만 특이하게도 브루클린의 광장이나 뉴욕의 교차로 그 어느 곳보다 더 따뜻하고 넉넉했다. 타임스퀘어에는 누구에게든 내어 줄 자리가 있었기에 그곳에 있으면 보호받는 느낌이 들었다."

이와 같이 타임스퀘어에서 개발의 수문이 열렸을 때 되찾을 수 없는 귀중한 무언가가 사라졌다. 브랜던 길은, 타임스퀘어 개발의 결과가 너무 명백하게 끔찍한 나머지 고층 건물이라는 개념 자체가 위기에 처할 것이라고 예언했고 그러한 가능성을 환영했다. 물론 그런 일은 일어나지 않았다. 그런 일이 일어났다면 끔찍했을 것이다. 진정한 현대 도시라면, 사무 빌딩과 그것이 가능케 하는 화이트칼라 경제에 어떤 속물근성이 내재해 있다는, 시대에 역행하는 그런 생각을 받아들이지 않을 것이다. 그 논리가 피렌체에서는 통할지 몰라도 뉴욕에서는 통하지 않는다. 그렇다면 옛것의 무자비한 파괴는 불가피한가? 그럴지도 모른다. 그러나 도시는 원래 그런 것이다. 옛것 위에 새것을 짓는 것이다.

12장 디즈니, 42번가에 합류하다

1980년대 전반에 걸쳐 42번가 개발 사업은 사무 빌딩 단지가 주축이고 극장과 상점이 꼬리를 물고 있으며 저 멀리 거대한 도매점이 희미하게 빛나고 있는 형국인 것처럼 보였다. 그러나 1980년대 말에 이르러 사무 빌딩들은 추락하는 부동산 시장의 불황 속에서 헤어나지 못했고 도매점 역시 진퇴양난의 수렁이 되어 개발업자들은 하나둘씩 사업에서 손을 뗐다. 건너편에 짓기로 계획되었던 호텔 역시 가설에 불과했다. 이 거대한 공공사업의 가장 눈에 띄는 효과는 42번가 자체에 일어나고 있었다. 1990년에 이르러 개발 사업을 지연시키고 있던 소송이 마침내 끝나고 도시개발공사는 정식으로 42번가의 동쪽 3분의 2 블록을 수용했다. 이곳은 모든 극장이 위치한 지역이었고 앞으로 지어질 상점의 대부분이 위치할 곳이었다. 곧 상인들은 가게를 비우기 시작했고 거리는 셔터 내린 상점들의 황무지로 변해 가고 있었다. 42번가를 따라 골프공을 날려도 아무도 맞지 않을 것 같은 오후도 있었다. 그러나 도시개발공사에 수용되지 않은 8번 애비뉴 쪽 거리에는 여전히 포르노그래피가 성행했다. 이것은 전혀 기대하지 못했던 상황이었다. 사무 빌딩의 건설이 지체되는 동안, 42번가의 토지 수용은 이 지역의 비뚤어진 생태에 철구鐵具를 갖다 댔다.

거리는 마침내 개발업자들이 늘 원해 왔던 백지 상태가 되었다. 문제는 누가 와서 새로운 글을 써 넣느냐 하는 것이었다. 42번가 개발 사업의 전제는 모든 것이 동시에 이루어져야 한다는 것이었다. 실제로 조지 클라인은 사업 전체에 대한 권리를 따고자 했는데 그래야만 이 한쪽에서 기업 임대 수요를 유치하려는 와중에 다른 한쪽에서는 '진저의 몽정Ginger's Wet Dream'이라는 상점에서 엉뚱한 사람들이 줄지어 나오는 일이 없을 터였기 때문이다. 그러나 마침내 거리는 사무 빌딩의 포로가 되어 가고 있었다.

토지의 수용은 기묘하게도, 공무원들이 거리를 새로운 시각으로 볼 수 있게 만들었다. 42번가 개발 사업은 해당 블록의 거의 대부분의 소유권을 넘겨받았고 따라서 책임을 져야 했다. "최고의 순간은 소유권을 넘겨받은 순간이었다."고 전 뉴욕 시 도시계획 공무원 레베카 로버트슨Rebecca Robertson이 말했다. 토지 수용 당시 개발 사업의 총책임자였던 로버트슨은 1990년의 대부분을 포르노 가게의 소유주와 극장 소유주, 그리고 같은 건물 윗층에 입주해 있던 조명과 의상 공급업자, 리허설 스튜디오 운영자들과 이야기하며 보냈다. 로버트슨은 42번가가 조지 클라인이나 필립 존슨의 눈에 보였던 것처럼, 단순한 도시적 광기의 병력이 아니라 심각하게 훼손된 연예 오락의 메카라는 사실을 깨달았다. 로버트슨은 사라져 버린 휴버트의 벼룩 서커스나 네이선스, 1센트 오락실의 흔적을 42번가에서 보았다. 혹은 보았다고 생각했다. 로버트슨은 이렇게 말한다.

"거리에서 시간을 보내다 보면 거리가 말을 걸어온다. 대부분 폐허가 되었지만 폐허에는 현실보다 강력한 무언가가 있다."

시 정부와 주 정부의 계획은 해당 지역 극장들을 복구해서 정극 극장으로 운영하는 것이었다. 이 극장들은 50년 넘도록 극장 역할을 하지 못하고 있었다. 빅토리 극장과 리버티 극장은 비영리 공연장으로, 나머지는 영리 단체로 운영할 예정이었다. 관객을 어디서 데려올지는 분명치 않았다. 게다가 뉴암스테르담을 제외한 42번가의 모든 극장들이 수익을 올리기에는 규모가 너무 작다는 사실을 로버트슨과 연극계의 모든 사람들은 뻔히 알고 있었다. 로버트슨은 공무원들이 상업 지구 개발에 대한 대중의 지지를 얻기 위해 극장 보존의 가능성을 대중의 눈앞에 빈정대며 흔들어 댔다고 결론지었다. 그러나 42번가의 투박하고 상업적이며 거친 분위기에 대해 보호주의 자체는 꽤 그럴 듯한 대답이었다. 로버트슨은 이렇게 말한다.

"그들이 만약 거리의 원래 모습을 더 존중했더라면 그런 식으로 계획하지 않았을 것이다."

42번가에 대한 로버트슨의 시각은 휴 하디가 타임스퀘어에 대해 갖고 있던 시각과 크게 다르지 않았다. 바로 번쩍이는 불빛과 거대한 간판, 대중문화였다. 타임스퀘어의 새로운 건축 조례는 지역의 본질적 특성을 보존하기 위해 고안된 미래 지향적인 계획이었다. 이 조례도 거대한 사무 빌딩의 불가피성을 인정할 수밖에 없었지만.

로버트슨의 야망은 구태의연하고 성사될 수 없는 엘리트주의에 치우친 기존의 계획에 대중적인 대안을 제시하는 것이었다. 로버트슨이 총책임자가 된 시기는 새로운 42번가를 꾸미기에 묘하게 상서로운 때였다. 타임스퀘어의 어지러운 혼돈과 값싼 흥밋거리를 있는 그대로 받아들이는 것이 멋스럽게 여겨지고 있었다. 십 년 전 시티스케이프가 42번가를 유리로 둘러싸려고 했을 때만 해도 분위기는 달랐다. 대중문화, 그러니까 상업 문화는 고급문화의 방어벽을 두드리고 있었다. 1990년 '현대미술관Museum of Modern Art'에서 열린 전시회 '높음과 낮음High and Low'은 고급 예술과 저급 예술 간의 위계적 구분에 문제를 제기했다. 『뉴욕타임스』 건축 비평가로 1992년 폴 골드버거의 뒤를 이은 허버트 머스챔프Herbert Muschamp는 이 주요 일간지에 새로운 목소리를 가져왔다. 1992년 여름, 어느 기사에서 머스챔프는 타임스퀘어가 대중문화의 아이콘으로, "대중과 문화가 만나는 곳, 즉 보통 사람들이 대중가요, 탄산음료, 코러스 라인, 헤드라인, 미니스커트, 포스터, 만화영화, 문고판 책, 잡지 표지, 간판, 청바지, 립스틱, 동시 상영이라는 대중문화의 아이콘을 만날 수 있는 곳"이라고 말한다.

골드버거는 조금 망설인 뒤에 고층 건물이 타임스퀘어 특유의 아기자기함을 망친다는 전통적인 보호주의 관점을 지지했다. 그러나 머스챔프는 사무 빌딩들을 대중문화의 생산에 몰두하고 있는 새로운 타임스퀘어의 완벽한 상징으로 받아들였다. 머스챔프는 아무렇지도 않다는 듯 묻는다.

"소니와 디즈니, 에이비시(ABC) 방송과 스파이크리 엔터프라이즈 Spike Lee Enterprises가 영화 《킹콩》에 나오는 건물들에서 서로 경쟁해서 안 될 것 있겠는가?"

머스챔프는 네 명의 건축가와 디자이너에게 새로운 타임스퀘어에 대한 제안을 유도해 냈다. 이들은 전면이 유리로 되어 행인들이 근육질의 곡선이 살아 있는 몸을 감상할 수 있는 헬스클럽을 제안하기도 했고, 24시간 운영하는 '뉴스 카페'를 생각해 내기도 했다. 이곳에서는 행인들이, 건물 꼭대기의 대형 화면과 연결된 비디오카메라에 대고 '꿈을 이야기'할 수 있는 장소였다.

이것은 새롭고 솔직하며 있는 그대로 즐길 줄 아는 도시 미학이었다. 이것은 대중문화의 엉뚱한 모순을 즐기는 일이었고, 더 중요하게는 대중문화를 찍어 내는 거대 기업들을 받아들일 준비를 하는 일이었다. '기업형 타임스퀘어'라는 문구가 자연히 비난을 불러오던 시대는 지났다. 중요한 것은 활기찬 '기업형 타임스퀘어'냐, 빈사 상태의 '기업형 타임스퀘어'냐의 문제였다. 새로운 시대가 온 것이다. 레베카 로버트슨은 이것을 이해한 소수의 공무원 가운데 하나였다. "대중문화의 개념은 변화했다."고 로버트슨은 말했다.

"1930년대의 순회 서커스가 있던 대중문화를 되찾을 수는 없다." 휴버트의 벼룩 서커스나 사격장을 되돌릴 수는 없다는 의미였다. "좋든 싫든 이제 대중문화는 기업 문화다. 우리가 생각하는 대중문화는, 그것이 무엇이든 사람들이 여가 시간에 하고자 선택하는 바로 그것이다. 여기에 어떤 잣대를 들이대서도 안 된다."

취향에 대해 어떤 잣대도 들이대지 않는다고 결정하면, 마찬가지로 무비판적인 대중문화의 생산자들과 합의점을 찾을 수 있게 된다.

실용적인 관점에서 볼 때 가장 시급한 문제는 42번가의 운명을 사무 빌딩의 운명에서 분리시키느냐 하는 것이었다. 로버트슨을 포함한 공무원들은 조지 클라인과 개발업자들이 시장 회복을 기다리는 동안에도 새로운 42번가가 들어설 수 있게 한다는 내용의 임시 계획을 만든다는 데 합의했다. 이 계획은 개발업자들과 개발업계를 달래는 방법으로 42번가에 무엇을 짓든 간에 때가 되면 철거한다는 내용을 담고 있었다.

로버트슨은 건축가 로버트 스턴Robert Stern에게 임시 계획안을 맡겼다. 로버트 스턴은 통찰력이 있어서인지 운이 좋아서인지는 몰라도 디자이너 티보 캘먼Tibor Kalman을 이 계획안의 공동 저자로 끌어들일 수 있었다. 두 사람은 조심스럽게 말하자면, 희한한 한 쌍이었다. 스턴은 여러 면에서 구시대적 인물로 신흥 부자들에게 고상한 과거가 있는 것처럼 가장해 주는 어여쁜 저택들을 디자인하는 것으로 비웃음의 대상이 되곤 했던 건축계의 랄프 로렌Ralph Lauren, 건축계의 역사가였다. 반면 캘먼은 아마 틀림없이 당대의 가장 창의적이고 가장 자유로운 정신의 소유자로 장난꾸러기였고 선동가였으며 1960년대에는 개혁주의자, 1980년대에는 사업가로 부조리에 대한 자신만의 해석을 사업으로 번창시킨 연금술사였다. 캘먼의 디자인에는 자기 조롱, 조화롭지 못한 사물, 분열된 문자, 뒤엉킨 논리가 담겨 있었다. 그는 숫자가 순서 없이 뒤죽박죽인 시계를 고안한 것으로 유명했다. 24시간 '뉴스 카페'와 꿈을 방송하는 것도 캘먼의 아이디어였다. (그는 1999년, 50세에 죽었다.) 캘먼은 스턴이 질서를 사랑한 만큼 무질서를 사랑했다. 두 사람은 끊임없이 언쟁을 했다.

"캘먼은 내가 그곳을 주류 디즈니랜드로 만들어 놓을까 봐 걱정했고 나는 그가 외계 어딘가로 만들어 놓을까 봐 걱정했다."

실제로 스턴은 디즈니의 임원이었고 디즈니 사의 회장 마이클 아이즈너Michael Eisner의 집을 디자인하기도 했다. 그러나 스턴은 예일 대에서 로버트 벤투리의 제자로 있었고 고급 현대 미학에 대한 벤투리의 반발심을 이어받아 존슨의 포스트모더니즘보다 더 장난스러운 자신만의 포스트모더니즘으로 만들었다. 그는 또한 뉴욕 토박이로 순회 서커스가 있던 시절의 타임스퀘어에 대한 애틋한 추억이 있었다. 스턴은 자신이 '록펠러 센터 충동'이라고 이름 붙인 것에 반발했다. 그는 비록 캘먼의 체제 전복적인 충동은 나눠 갖고 있지 않았지만 로버트슨과 마찬가지로 대중문화와 키치를 이용하여 과거에 대한 향수에 얽매이지 않으면서도 옛 42번가로 돌아가는 길을 찾을 수 있으리라고 생각했다.

'42번가는 지금!'이라고 적절히 이름 붙여진 임시 계획은 1993년에 공개되었다. 이것은 계획안인 동시에 캘먼의 선언서였다. 아마도 이것은 타임스퀘어 재개발 역사상 부동산 개발업자들보다 도시 전문가들을 더 많이 흥분시킨 첫 문건이었다. 스턴과 캘먼의 계획은 이 지역 전성기 거리 문화의 "한치 앞을 내다볼 수 없는 아찔한 드라마"와 부끄러움 모르는 상업주의를 상기시켰다.

"42번가는 다른 거리나 지역과 달리 개인 기업가를 존중했고 이들의 무모한 자신감과 적절한 사업 수완은 지나치게 낙관적인 동시에 냉정하고 실리적인 것으로 도시의 힘과 미래를 결정하는 데 큰 역할을 했다."

극적인 거리 문화와 상업성, '정통성'과 시장이 모순되어야 할 필요는 없다는 생각은 그 자체로 일종의 깨달음이었다. 적어도 42번가의 미래에 대한 논란에서는 그러했다. 실로 이 계획은 다음과 같은 사실을, 약간 과장했을지언정 날카롭게 지적했다.

"최고 수준의 사무 빌딩은 언제나 42번가 개발 지역의 일부였으
며 앞으로도 장기적 재개발 계획에서 중요한 부분을 차지할 것
이다."

심지어 사무 빌딩도 활기찬 거리 문화와 양립할 수 있었던 것이
다. (존슨과 버기의 원래 계획은 이미 역사 속으로 사라진 지 오래였다.)

공간에 대한 이론을 변호하는 요약문으로 '42번가는 지금!'은 설
계 문건이라기보다 수사修辭적인 문건이었다. 스턴과 캘먼은 이렇게
썼다.

"새로운 42번가는 현 모습의 좀 더 발전된 모습이지, 고급화된
놀이동산이나 축제 시장이 아닐 것이다."

그러나 문제가 있었다. 즉흥성이 그 본질인 정신을 어떻게 계획
안에 담을 수 있겠는가? 애초에 의도를 가지고 창조된 것이 아닌 것을
어떻게 의도적으로 재창조할 수 있겠는가? 『뉴욕타임스』의 마틴 고
틀립은 십 년 전 같은 질문을 했지만 답은 내놓지 못했다. 스턴과
캘먼은 답이 42번가의 특이한 고고학적 특성에 있다고 말했다.

"새로운 것이 옛것 위에 쌓아올려졌다. 이제 이 거리는 층이 켜켜
이 포개진, 콜라주 작품 같은 외관을 갖게 되었다. 세계의 그 어떤
오락 지구에도 이런 풍경은 없다."

42번가는 "또 하나의 층을 기다리고 있는 콜라주 작품"이었다.
그들은 빼기가 아니라 더하기를 하겠다고 제안했다. 그들이 더하고자
하는 것은 본질적으로 번지르르한 조명과 간판, 그리고 번쩍이는 새
로운 외장재였다. 그들이 북돋고자 하는 즉흥성을 파괴하지 않은 채

어떻게 이런 것을 더할 수 있을지는 언급하지 않았다. 실제로 '42번가는 지금!'은 매우 캘먼스러운, '무계획'의 계획이었고 그 목적은 "어떤 획일적이거나 조화로운 체계"를 금지함으로써 제멋대로의 다양성을 자극하는 것이었다.

스턴과 캘먼의 전제는 42번가에 새로운 옷을 입혀 놓으면 옛 정신이 스스로 돌아온다는 것이었다. 계획에는 42번가 개발 지역을 번쩍이는 간판으로 장식해 놓은 세 가지 '개념도'가 포함되어 있었다. 이것은 하나의 제안일 뿐이었지만 오늘날 42번가와 8번 애비뉴의 북동쪽 모퉁이는 캘먼과 스턴이 디자인했던 모습과 거의 일치한다. 본질적인 사항만 포함하고 있는 '42번가는 지금!'은 1987년 타임스퀘어 지침의 가벼운 개정판이었다. 이 계획은 거리 조명과 간판의 하한선을 정했고 투명한 외장재와 긴 영업시간, 노점 등을 필수 사항으로 했다. 그리고 이전 지침들과 마찬가지로 용도의 문제, 그러니까 거리에서 실제로 무슨 일이 벌어질 것이냐 하는 것은 세입자들에게 맡겨 놓았다.

언어 자체가 구상 자체보다 화려했을지는 몰라도 어쨌든 대담한 구상이었다. 논란이 되는 부분을 제외하면 디자인 자체는 약간 디즈니스러웠다. 42번가 동쪽 가장자리는 개념도에 의하면 텔레비전 화면으로 뒤덮인 거대한 원구가 있었고 게시판에는 거대한 다이어트 코크 캔이 반쯤 뛰어나와 있었으며 건물 옥상에는 포장된 선물 상자가 있어 마치 '미친 디즈니랜드' 같았다. 공중 회전차는 없었지만 하나 있어도 어울렸을 것이다. 그렇다면 이것은 새 부대에 헌 술을 담는 격 아닌가? 답은 "그렇지만은 않다."였다. '42번가의 도시'는 반밀폐식의 통제된 환경을 제공함으로써 도시적 즉흥성을 기념하는, 전혀 즉흥적이지 못한 기념비였다. '42번가는 지금!' 계획은 디자인 기반을 제공했다. 재료와 규모, 미적 원칙을 한정하는 일련의 규칙을 제공해 이것으로부터 무한한 가능성이 나오도록 했다. 아울러 이 계획은 내부가 아닌 거리를, 행인을 중심으로 하고 있었다. 날마다 반복될 극적인 사건들도 받아들이기로 한 것이다. 그럼에도 대중문화를 탐험하려는 새로운 의지는, 그것이 어떤 수준의 냉소나 지나친 의욕을 담고 있든지 간에, '디즈니스럽다'라는 말이, 1980년과는 다른 의미를 가지게 되었음을 의미했다. 도심 놀이 공원이라는 총천연 세계는 과거처럼 끔찍하게 여겨지지 않았다.

42번가를 포기한 지 오래였던 대중은 이제 '42번가는 지금!'을 열렬히 환영했다. (머스챔프는 "잠들어 있었던 가능성을 깨워 빛내 줄 멋진 계획"이라고 말했다.) 그러나 '쿠퍼 앤 엑스텃' 지침도 훌륭했지만 쓸모없다고 여겨지자 망설임 없이 폐기되었다. (물론 타임스퀘어의 디자인 원칙은 엄격하게 적용되었다.) 조지 클라인은 레베카 로버트슨만큼 42번가에 생명의 빛이 돌아오는 것을 보고 싶어했고 사무 빌딩 개발에 투자하고 있던 프루덴셜 보험회사도 임시 계획을 성사시키는 데 2천만 달러를 지불하기로 동의했다. 그러나 임시 계획은 조지 클라인이 개발하려던 다섯 개 필지에도 해당되는 내용이었다. 조지 클라인은 여전히 록펠러 센터를 꿈꾸고 있었다.

"그 지역이 천박해서 개발을 하는 거라면 왜 도로 천박함을 집어넣으려 하는가?"

클라인은 이렇게 푸념했다. 클라인은 간판과 번쩍번쩍 넘실거리는 불빛은 타임스퀘어에 고유한 것이지 42번가의 것은 아니라고 주장했고 이것은 일리 있는 주장이었다. 그러나 클라인은 1984년보다 훨씬 더 불리한 위치에 있었다. 프루덴셜 보험은 이미 토지 보상과 개보수 비용으로 2억 달러 이상을 지불한 뒤였다. "이미 너무 많은 돈을 들이부어서 선택의 여지가 없었다."는 말이 맞았다. 게다가 로버트슨도 양보하지 않았다. 그래서 부동산 시장의 역학과 공익이, 공익까지는 아니라도 적어도 공공이 정한 공통 선의 관념과 맞붙었을 때, 이번에는 후자가 이겼다.

이제 42번가를 위한 훌륭한 새 각본이 마련되었다. 그러나 누군가가 손을 대기 전에는 여전히 각본에 불과했다. 대중오락 문화의 거리가 될 터이니만큼 허버트 머스챔프가 상상했던 거대 기업이 나서야 했다. 이것은 더없는 아이러니로 이어졌다. 42번가에 가장 큰 도움이 될 수 있는 브랜드는 명백히 디즈니였다. 그러나 디즈니는 비非도시적인 오락 기업이었을 뿐만 아니라 근본적으로 반反도시적이었다. 디즈니랜드의 완벽하게 통제된 환경은 도시 삶의 우연적인 성격과 전혀 어울리지 않았고 예측 불가의, 스릴 넘치는 42번가의 날마다 반복될 극적 사건들과 어울리지 않음은 말할 것도 없었다. 그러나 1992년에 이르러 디즈니 회장 마이클 아이즈너는 새로 나온 《미녀와 야수》를 시작으로 디즈니의 인기 영화를 뮤지컬로 만드는 것을 생각하고 있었다. 아이즈너 자신도 뉴요커였으며 브로드웨이 연극은 거의 놓치지 않고 보는 연극광이었다.

뉴욕의 공무원들과 사업가들은 모두 입을 모아 아이즈너에게 새 뮤지컬 사업을 위해 브로드웨이로 눈을 돌리라고 부추겨 오고 있었다. 아이즈너는 그동안 번번이 거절했다. 미키 마우스를 마사지 업소와 마약 용품 가게에 그토록 가까운 곳으로 들이고 싶지 않았던 것이다. 1993년 3월, 아이즈너는 새로 지을 집의 설계도를 보기 위해 뉴욕에 있는 로버트 스턴 사무실을 방문했다. 스턴은 스티로폼으로 만든 길이 8미터짜리 '42번가는 지금!' 모형을 아이즈너에게 보여 주면서 새로운 42번가는 새로운 디즈니와 더할 나위 없이 잘 어울릴 것이라고 제안했다. 그들은 지그펠트의 본거지이자 전설적인 옥상 정원이 있던 뉴암스테르담 극장에 대해 이야기했고 포드 재단과 42번가의 악연을 있게 했던 지역에 대해서도 이야기를 나눴다. 다음날 아이즈너와 그의 아내와 아이들, 스턴, 그리고 레베카 로버트슨은 함께 타임스퀘어를 둘러보았고 이 사건은 타임스퀘어 재개발이라는 작은 세계에 전설처럼 남아 있다. 이들은 장화를 신고 물웅덩이와 비둘기 똥, 부스러진 벽돌, 그리고 호화로웠던 아르누보풍 극장 내부의 희미한 윤곽 사이를 누볐다. 아이즈너는 즉각 극장을 인수하는 데 관심이 있다고 말했다. 그러나 그 이상의 약속은 하지 않았다.

디즈니는 도시 환경이라는 낯선 개념을 심각하게 고려하기 시작하면서 몇 가지 생각의 변화를 겪었다. 처음에 디즈니는 이 지역 전체를 담으로 에워싼 뒤 맨해튼 중심의 디즈니랜드를 만들거나 거리 전체를 디즈니 볼거리로 통일하려고 생각했다. 아이즈너가 어떤 부탁을 하든 시 정부는 들어 줄 태세였다. 명성이 명성이니만큼 디즈니가 참여한다고만 하면 그 약속만으로도 42번가는 금방 채워질 터였다. 다행스럽게도 디즈니는 담을 쌓는 것보다 거리에 자리를 잡고 새 환경 속에 적응하는 것이 낫겠다는 결정을 내렸다. 궁극적으로 디즈니

는 극장을 보수하는 데 드는 3천4백만 달러 거의 전부를 시 정부가
내야 한다고 주장했다. 이것은 전체 사업에서 시 정부가 추구하던
전략과 정반대로 이전에는 개발업자가 모든 비용을 부담해야 했지만
이번에는 시 정부도 손을 들었다.

1994년 말, 협상이 거의 완료될 무렵 디즈니는 다른 조건 몇 가지
를 추가했다. 그 가운데 가장 중요한 두 가지는 다음과 같았다. 디즈니
는 시 정부가 "전국적으로 이름 있고 평판이 좋은 기업 가운데 연예
오락 사업에 관여하고 있는" 두 개의 기업을 찾아 해당 지역에 공간을
임대하도록 할 것을 요구했고 또한 해당 지역에 있는 스무 개 남짓의
포르노 가게를 없앨 것을 요구했다. 시 정부는 근처 타임스 타워와
그 곁의 업무용 필지를 차지하는 데 실패한 '마담 투소의 밀랍 인형
박물관'에게 공간을 임대하는 데 합의했고 '에이엠시AMC 엔터테인먼
트' 역시 8번 애비뉴 쪽에 복합 상영관을 운영하기로 동의했다. 새로
취임한 루돌프 줄리아니Rudolph Giuliani 시장은 포르노그래피 업소들을
쫓아내기로 굳게 약속했다. 디즈니와 시 정부는 1994년 12월 31일에
협의안에 서명했다. 마침내 새로운 42번가가 태어난 것이다.

25년 가까이 뉴욕의 도시계획과 공무원들이 신조로 삼았던 것은
뉴욕 시의 미래가 사무 빌딩의 꾸준한 확산에 달려 있으며 그런 고층
의 수익 창출 기계가 뉴욕 특유의 매력과 고귀한 문화유산을 계속해
서 생산할 수 있게 만들 것이라는 생각이었다. 극장이 가지고 있던
가장 값진 재산은 아마도 개발업자에게 팔 수 있는 공중권뿐이었을

것이다. 극장의 공중권을 개발업자에게 파는 대신 개발업자는 공공시설과 극장의 복원을 맡는다. 이것이 42번가 개발 사업의 주요 취지였다. 그러니 거리에 새 생명을 부여한 것이 다름 아닌 극장이었고 '42번가는 지금!' 사업의 키치적인 활기가 시장성 있는 새로운 정체성을 부여했다는 것은 아이러니가 아닐 수 없다. 게다가 이 모든 것은 이 버림받은 거리를 구원해 줄 사무 빌딩 네 동이 지지부진한 상태에서 벌어졌다. 사업이 어찌나 오래 걸렸는지 그동안 대중문화가 자동차나 강철만큼이나 강력하고 충분히 세계적인 상품인 새로운 세상이 도래한 것이다. 이 탈공업화 세계에서 타임스퀘어는 거의 아무도 눈치채지 못한 타고난 이점을 갖고 있었던 것이다.

오래도록 인내해 왔던 조지 클라인은 더 이상 인내할 수 없었다. 프루덴셜이 토지 수용과 공공시설 보수에 들인 돈은 1990년대 중반이 되자 3억 달러가 넘어가고 있었다. 보스턴의 프루덴셜 센터나 샌프란시스코의 엠바르카데로 센터와 같은 거대한 사업에 자금을 대 왔던 이 회사는 부동산 사업에서 손을 떼기로 결심했다. 1992년에 이르러 클라인은 프루덴셜을 인수하기 위해 새 동업자를 찾기 시작했다. 클라인은 이렇게 말한다.

"필사적으로 노력했다. 뉴욕 시의 투자 은행은 모조리 다 찾아다녔다."

그러나 투자하려는 이가 없었다. 1995년에는 프루덴셜 스스로가 인수할 사람을 찾기 시작했다. 이때는 어렵지 않았다. 시장이 다시 상승하고 있었기 때문이다. 사업 초반에는 주요 소송 당사자 가운데 하나였고 개발에 참여한 다른 상대들을 조용히 매수해 오고 있던 더

글러스 더스트Douglas Durst는 이제 가장 크고 매력 있는 필지의 개발
권리를 사들였다. 42번가와 브로드웨이의 북동쪽 모퉁이로 타임스퀘
어 4번지로 알려져 있는 곳이었다. 뉴욕 시의 오래된 부동산 가문인
루딘 가문과 출판인 모트 주커먼Mort Zuckerman이 소유한 '보스턴 프로
퍼티스Boston Properties'가 나머지 세 필지를 샀다. 프루덴셜은 약간의
이득을 남기고 손을 털었다.

패자는 조지 클라인뿐이었다. 클라인은 42번가에서의 완패 이후
건설에서 손을 떼다시피 했다. 보수적인 건축적 취향의 권위자인 찰
스 왕자와 손잡고 공습 때 피해를 입었던 런던의 성 바오로 성당 옆
지구를 복원하는 작업을 맡게 되기를 기대하고 있었지만 이 사업마저
도 시장이 침체되자 취소되었다. 감정을 쉽게 드러내지 않는 조지
클라인은 패배 후에도 담담했다. 엷은 미소를 띄고 이렇게 말하기도
했다.

"좋은 공부 했습니다."

클라인은 42번가의 진정한 영웅은 레베카 로버트슨이나 로버트
스턴이 아니라 프루덴셜이라고 생각한다. 도매점과 극장, 호텔의 개
발자들이 도망갔을 때 프루덴셜은 사업을 계속 추진했으며 인내심
을 갖고 자금을 제공해 거리의 재건을 가능케 했다. 클라인은 '개발업
자'들이 "공익에 대한 어떤 책임이 있다."고 생각한다. "마지막 한
푼까지 쥐어짜는 것"이 아니라는 것이다. 소송을 통해 사업을 막으려
고 했던 밀스타인과 더스트 같은 인물을 겨냥한 말이었다. 클라인
자신은 부끄러울 것이 전혀 없다고 생각한다.

"우리가 약속을 지키지 않았거나 자존심을 지키지 않았거나 최

선을 다하지 않은 것은 아닙니다. '최선'이 건축적으로 무슨 의미인지에 대해서는 의견이 다를 수는 있겠지만 말입니다."

반박의 여지가 없는 논리다.

42번가 개발 사업이 효과가 있었다면 그것은 실패함으로써 효과를 거두었다. 공무원들은 개발업자가 건축가를 선택하기도 전에, 심지어는 모형을 제작하기도 전에 거대한 사무 빌딩 네 동의 건설권에 대한 입찰을 받았다. 그리고 공무원들이 설정한 지침을 건축가들이 공익을 생각해서 무시한다고 하자 지침은 조용히 폐기 처분되었다. 시민들의 압력만이 디자인의 변화를 가져올 수 있었다. 그런 뒤 소송이 있자 시 정부와 주 정부 공무원들이 어떤 힘도 쓸 수 없었고 새 디자인은 구현될 수 없었다. 부동산 시장의 붕괴는 사무 빌딩 사업을 멈추어 버렸고 도매점과 호텔을 짓고 극장을 복원한다고 동의했던 개발업자들도 하나둘 손을 뗐다. 그 가운데 한 사람으로 과거 코치 시장 정부에서 일했던 마이클 라자르Michael Lazar는 극장 보수 경험이 없는데도 블록 북쪽에 다섯 개의 극장을 복원할 권리를 따 냈는데 이후 공직에 있을 당시 받은 뇌물 때문에 기소되어 형을 살았다. 이와 같은 실패의 연속은 지역을 일종의 백지 상태로 만들어 놓았고 '42번가는 지금!'을 가능케 했다.

다른 방향으로 이루어질 수도 있었을까? 두 개의 가상 시나리오를 생각해 보자. 하나는 시장주의 시나리오, 하나는 국가주의 시나리오라고 해 두자. 뉴욕의 개발 과정에 개입이 너무 많다고 주장하는 자유시장주의의 보수 세력과 부동산 관련 부서 공무원들은 42번가가 민간 개발업자들의 구미를 당길 때까지 그냥 기다렸다면 훨씬 나았을 것이라고 주장한다. 뉴욕 시가 42번가를 가능한 깨끗하고 안전하게 만들지 않았다면, 그냥 아무것도 하지 않았다면, 5번 애비뉴 동쪽에서 개발 비용이 엄청나게 비싸졌을 때 자연스럽게 서쪽으로 이동했을 것이라는 주장이다. 42번가는 7번 애비뉴나 브로드웨이와 마찬가지로 사무 빌딩이 들어섰을 것이다. 밀도도 덜하고 빌딩 수도 적었을 것이다. 시 정부는 별다른 수익을 올리지는 못해도 건물주들이 내는 세금이 이를 충당했을 것이다. 그러면서 새로운 다국적 연예 오락 기업이 42번가와 타임스퀘어로 몰려들었을 것이다. 1994년부터 줄리아니 시장이 범죄 활동에 선전포고를 했다는 것을 전제로 한다면 말이다. 유럽 디자이너들이 매디슨 애비뉴에 몰려든 것과 같은 이유로 그렇게 되었을 것이다. 매디슨 애비뉴에 주소를 갖고 있다는 것 자체가 세계적인 브랜드임을 말해 주었기 때문이다. 도시계획가들이 1981년 이와 같은 결과를 상상하지 못했다는 것은 도시계획의 한계를 증명하는 것이다.

42번가 개발 사업이 존재하지 않았다면 무슨 일이 일어났을지 아무도 알 수 없다. 그러나 자유방임주의의 가장 근본적인 문제는 42번가가 1980년대 초반 이미 자립적인 시장이었다는 점이다. 포르노그래피와 액션 영화, 마약, 알콜, 섹스, 사기의 시장이었을 뿐이지만 외부 개입이 없었다면 거리의 변태적인 생태는 그대로 남았을 것이다. 다시 말하자면 주 정부의 토지 수용권 없이는 거리를 청소할 수 없었을 것이다. 게다가 필지가 조각조각 분리되어 있어 소유주가 많은 것도 새로운 투자를 막았을 것이다. 1981년 당시 개발 지역에 토지를 갖고 있던 소유주는 240명이었다. 더글러스 더스트와 같은 부동산 가문의 후계자는 더스트 가문과 같은 누군가가 인내심을 갖고 땅을 사들여 천천히 필지를 키우다가 건물을 지으면 된다고 주장했지만 더스트 가문은 30년 동안 42번가의 7번 애비뉴 동쪽 부분을 사들이고도 건물을 지을 기회를 갖지 못했다. 그곳에는 타임스퀘어와 같은 변태적인 생태가 없었는데도 말이다. 게다가 42번가에 사무 빌딩을 짓고자 하는 개발업자들은 남창과 부랑아들로 가득한 거리에 입주할 임대업자를 찾을 수 없었을 것이다.

정반대 시나리오는 어떨까? 정부 개입이 더 심하고, 지적으로 더 엄격하며, 고급화를 지향했다면? 파리를 보라. 최근 파리는 고속도로 체계를 재정비하고 외곽을 넓혔으며 퐁피두 센터 같은 엄청난 기념비적 사업을 마쳤다. 퐁피두 센터 사업은 사실상 구시가지의 일부인 마레 지구를 밀고 재건설하는 큰 사업의 일환이었다. 이 사업은 42번가 재개발만큼 규모가 컸고 같은 시기에 이루어지고 있었다.『탈공업 도시*Post-Industrial Cities*』에서 새비치H. V. *Savitch*는 이 두 사업과 런던의 코벤트 가든 복구 사업을 비교한다. 새비치가 지적하는 바에 따르면 파리는 프랑스와 프랑스 시민들의 크나큰 자랑이다. 그러니 파리 구시가지와 같은 지역의 확장이나 보존과 같은 심각한 문제를 시장에 맡긴다는 것은 상상도 할 수 없다. 프랑스 정부는 마레 재개발에 든 1억 달러의 비용을 모두 떠안았고 계획을 맡은 파리 지사는 고위직으로서 정부의 가장 높은 자리에서 일하며 거의 모든 외부 영향에서 보호받았다. 19세기 중반 고대 파리를 밀어 버리고 현대의 파리를 세운 바롱 오스망Baron Hausman의 현대판이었다. 시민은 마레 재개발에 거의 아무 역할도 하지 않았다. 큰 시장이 열리곤 하던 레알 지구는 공청회조차 없이 철거되었다. 민간 개발업자도 발언권이 없기는 마찬가지였다. 새비치에 따르면 이와 반대로 뉴욕에서 개발은 '정치적 기업 정신'의 문제로 여러 경쟁 세력이 이기적인 목적으로 연합하려고 애쓴다. 파리가 무척이나 계획적인 도시 같고 뉴욕이 무척이나 무계획적인 도시 같은 것도 우연이 아니다. 파리는 파리의 본질이 어떻다는 믿음에 따라 모양이 정해진다. 뉴욕에서는 "성장의 여세가 너무 커 건축 보존의 문제에 관한 한 신성한 것은 아무것도 없다."고 새비츠는 말한다.

만약 뉴욕이 좀 더 파리 같았다면 42번가 재개발은 서쪽으로 사업 공간을 확장하고자 하는 욕구보다는 뉴욕의 역사와 문화에서 42번가가 차지하는 위치에 따라 이루어졌을 것이다. 도시계획은 지금보다 훨씬 더 막중한 책임이 되었을 것이다. 시 정부가 개발업자들에게 공공시설 비용을 부담하게 전가함으로써 자치 의무를 포기하는 일도 일어나지 않았을 것이다. 아마도 미국인들이 미국의 대도시를, 프랑스 사람들이 프랑스의 대도시를 사랑한 만큼 사랑했다면 뉴욕이 애초에 그와 같은 자금난을 겪도록 내버려두지 않았을 것이다.

물론 지금이라면 뉴욕 시민들도 구시가지가 파괴되는 것을 앉아서 바라보고만 있지는 않을 것이다. 뉴욕 시에도 한때 전능한 고위직이 있었으니 그의 이름은 로버트 모우지즈였다. 모우지즈라는 이름은 오늘날 불도저식 개발이라는 수치스러운 정책과 같은 의미로 통한다. 복잡하고 지나치게 많은 시간을 잡아먹었던 장황한 42번가 개발 과정의 대부분, 즉 공청회와 건축 지침, 도시 환경 영향 평가 등은 그러한 독재적 개발에 대한 반발이었다. 결론적으로 뉴욕 시민들은 도시의 미래상을 단순히 강요받을 바에는 차라리 아무런 개발도 하지 않을 위험을 무릅쓰겠다는 결정을 내린 셈이다. 이런 과정이 자동적으로 개발의 마비나 변변치 못한 것으로 이어지지는 않는다. 2003년 월드 트레이드 센터 자리에 새로운 건물을 짓는 사업에 유명 건축가 대니얼 리베스킨트Daniel Libeskind를 선택한 주체도 시 정부와 주 정부에서 협력해서 꾸린 단체였다.

월드 트레이드 센터의 재건축 공모전은 개발업자의 뜻에도 정부 공무원의 뜻에도 휘둘리지 않으면서, 혼란을 일으키지 않는 선에서 시민들의 뜻이 표출될 수 있도록 허락한 도시계획의 모범이라고 할 수 있다. 물론 월드 트레이드 센터 자리의 개발 과정을 책임지고 있었던 단체 역시 처음에는 상상력 부족한 안을 내놓았고 시민들이 열렬히 반대하자 그제야 전 세계적인 건축 공모전을 여는 데 동의한 것이다. 이것은 도시 개발 역사에서 선례가 없는 일이었다. 42번가의 재건은 시민들이 무관심한 비교적 정상적인 조건 아래 이루어졌다. 그리고 1980년대 초반에 건축가들은 지금과 같은 명예를 누리지 않았다. 건축가의 미래상이 지역을, 심지어는 도시 전체를 변화시킬 수 있다는 생각은 당시 매우 낯설었다. 뉴욕에서 건축이 개발의 시녀 역할에서 벗어난 것은 아주 최근에 이르러서다.

따라서 월드 트레이드 센터가 마이클 블룸버그Michael Bloomberg 시장과 조지 파타키George Pataki 주지사가 그랬듯 코치 시장과 쿠오모 주지사가 42번가를 재건하는 데 세계의 훌륭한 건축가 대여섯 명을 초청하지 않은 것을 안타까워해 봤자 소용없을 것이다. 고려 대상조차 아니었다. 그러나 만약 그렇게 했다면 이때까지 열린 건축 공모전 가운데 가장 흥미롭고 매력적인 공모전이 되었을 것이다. 위대한 건축가들은 위대한 도시를 좋아한다. 세계에서 가장 대단한 도시의 대단한 도심 공간을 재창조하는 것을 일생일대의 위업으로 삼고 싶지 않은 건축가가 어디 있겠는가? 그랬다면 "타임스퀘어의 촌스러운 이미지에 너무 매달린다."며 비웃는 사람도, 쓰러져 가는 건축물을 거대한 철구로 때려 부수는 장면을 꿈꾸는 사람도 없었을 것이다. 25년 전에는 도시 생활에 대한 공포가 널리 퍼져 있어 도시를 밀어 버린다는 생각에 흥미를 갖는 필립 존슨 같은 사람이 있었을 법한 것도 사실이다. 시티스케이프의 건축가들처럼 42번가의 미래상을 디자인한 사람도 있었을 법하고 로버트 벤투리의 스타일대로 잘 꾸민 창고를 상상하는 사람도 있었을 법하다. 아무도 생각하지 못한 것을 상상한 사람도 있었을 것이다. 로버트 스턴과 티보 캘먼이 잘 알고 있었듯이, 42번가에 필요한 것은 건축적 속박이 아니라 전체 계획이었다. 타임스퀘어 지역의 과거에 존경을 표하는 동시에 알 수 없는 미래 속으로 떠나보내기 위한 전체 계획이었다.

후회하기에는 늦었고 비난할 수도 없다. 어떤 다른 모습이 가능했을지는 상상에 맡기고 대중이 그 어느 때보다 건축과 디자인 문제에 흥분하고 있다는 점을 위안으로 삼을 수밖에 없다. 아마도 다음에는, 그 다음이 언제든, 실패했기 때문에 효과를 본 것이 아니라 효과적이었기 때문에 효과를 거두기를 바란다.

제3부 기업형 재미

13장 42번가, 미국의 거울인가?

타임스퀘어 역으로 지하철을 타고 가 보라. 2달러밖에 들지 않고 거의 어디서든 이곳으로 올 수 있으며 거의 백 년 동안 별다른 문제없이 잘 작동했다. 지하철에서 올라와 42번가와 브로드웨이의 모퉁이로 나오면 거리의 규모에 놀라지 않을 수 없을 것이다. 유리로 된 네 동의 사무 빌딩이 머리 위로 솟아 있다. 건축물로서 특별한 특징이 있는 것은 아니지만 조명과 간판으로 인해 3번 애비뉴에 있는 비슷한 건물보다는 더 가볍게 느껴진다. 42번과 브로드웨이의 북서쪽 모퉁이에 있는 로이터스 빌딩은 한 모퉁이에 데코 스타일의 브이(V) 자 모양 장식 띠가 있는데 한때 그 자리에 있던 리알토 빌딩과 어렴풋이 닮았다. 사무 빌딩에 입주해 있는 주요 업체들은 로펌이나 투자회사, 언론과 연예 오락 회사로 맨해튼 도심의 다른 사무 빌딩과 크게 다를 것이 없다. 브로드웨이와 42번가의 북동쪽 모퉁이에 있는 건물이 네 동 가운데 가장 큰데 이 건물에는 『뉴요커』, 『배니티 페어』, 『보그』 등의 유명 잡지를 출판하는 콘데 나스트Condé Nast가 입주해 있다. 타임스퀘어는 75년 전만큼 흥미롭지도 세련되지도 않아 이 잡지들의 주요 주제가 되지는 못하지만 과거 어느 때보다 이 기업 본사에 적합한 환경을 제공하고 있다.

이제 몸을 돌려 8번 애비뉴를 향해서 내려가 보라. 사무 빌딩 바로 서편에 있는 곳은 문화 지구다. 이곳은 보존 지구이기도 하다. 남쪽으로는 애정을 가지고 복원한 뉴암스테르담 극장이 있고 북쪽으로는 뉴빅토리 극장과 포드 센터가 있다. 뮤지컬 「42번가」가 오랫동안 지키고 있던 곳이 바로 포드 센터. 전혀 새로운 건물인 듀크도 이곳에 있는데 연습 공간을 갖추고 있고 '라운드어바웃Roundabout'이라는 존경받는 비영리 극단도 입주해 있다. 듀크는 9층짜리 건물로 밤이 되면 가로로 놓인 색색의 네온이 불을 밝히는데 42번가에 새로 지어진 건물 가운데 유일하게 미적인 건물이다. 이 거리에는 박물관도 있다. 한때 피플랜드와 휴버트 박물관이 있었던 남쪽에는 '마담 투소 밀랍 인형관'이 있어 완벽하게 복제된 밀랍 인형을 전시하고 있다.

이 블록의 나머지 3분의 2에는 한때 밤새 문을 여는 식당과 1센트 오락실, 사격장과 선물 가게, 핫도그 파는 노점 등이 있었으나 이제 다국적 소매업체 지구와 패스트푸드 지구, 그리고 연예 오락 콘셉트 회사 지구가 있었다. 남쪽 블록 보도를 따라 동쪽에서 서쪽으로 이동하면 (2003년 중반 현재) 세계에서 가장 큰 맥도날드가 있고 그 밖에도 식당가에는 애플비스Applebee's, 캘리포니아 피자 키친California Pizza Kitchen, 칠리스Chili's, 시나본Cinnabon 등이 있다. 에이치엠비(His Master's Voice, HMV) 음반 가게와 뉴욕에서 가장 큰 복합 상영관 에이엠시(AMC) 25도 있다. 길을 건너 동쪽으로 방향을 바꾸면 셰비스Chevys가 나오는데 이곳은 낚시터 분위기의 식당으로 열세 가지의 마가리타 음료를 판다. 더 내려가면 미도리Midori와 라바 램프Lava Lamp가 있고 일본식 패스트푸드

점, 뉴욕 양키스 기념품점, 헬로 키티를 파는 산리오 판매점이 있다. 블록 중앙에는 브로드웨이 시티 오락실과 비비 킹 블루스 클럽이 있는데 둘 다 뉴욕 시민이 소유하고 있는 곳으로 이 지역은 토착 사업 소지구인 셈이었다.

이 오락실의 소유주이자 전통을 잇고 있는 리처드 사이먼Richard Simon은 42번가에 남은 마지막 진정한 고향 사람이다. 머리가 벗겨져 가는 다혈질의 중년 신사 사이먼은 진정한 뉴욕 사람답게 속 쓰린 불만이 가득했다.

"나야말로 진정한 뉴욕 사업가입니다. 나는 여기서 번 돈을 어디 피오리아 같은 데 있는 본사로 보내지 않거든요. 나는 뼛속까지 뉴욕 사람입니다." (뼛속까지 뉴욕 사람이 아니고서는 본사가 피오리아 같은 곳에 있다고 상상하지 않을 것이다.)

브로드웨이 시티 오락실은 사이먼의 돌아가신 아버지 알버트가 1950년대 말 브로드웨이 51번가와 52번가 사이에 문을 연 브로드웨이 오락실의 직계 후손이다. 옛날 오락실 지하에는 당구대와 탁구대가 있었고 위층에는 핀볼 게임기와 마술 용품, 특수 의상, 집에서 만든 사탕과 집에서 볶은 땅콩, 그리고 물론 게임기가 있었다. 후기 황금시대 활기찼던 타임스퀘어의 모습이었다.

아들 사이먼은 모든 것이 제자리에 있고 제 역할을 하던 먼 과거를 애틋한 마음으로 회상한다. 데이먼 러니언이 늘 드나들던 린디스Lindy's가 저기 49번가에 자리 잡고 있었을 때를. 아버지와 함께 점심을 먹으러 가서 찹스테이크와 크림소스에 버무린 시금치를 먹고 그것으로 충분했던 때를. 미칠 듯이 시끄러운 오락실에서도 문만 닫으면 조용한 미궁 같은 사이먼의 사무실은 그가 영웅 중의 영웅이라고 생각하는 1950년대 금발의 신, 미키 맨틀Mickey mantle에게 바치는, 그리고 아버지 세대의 남루한 화려함에 바치는 신전과도 같았다. 브로드웨이 오락실이 있기도 전에 알버트는 42번가와 43번가 사이 10번 애비뉴에 위치한 사무실에서 동전으로 작동하는 게임기를 판매했다. 그런데 피오렐로 라 과르디아 시장이 범죄 퇴치 운동의 일환으로 핀볼을 금지했고 리처드 사이먼은 폭력단이 아버지의 물건을 부수는 사진을 갖고 있다. 이보다 더 진정한 뉴욕 사람은 없다.

브로드웨이 시티 오락실은 대체로 괜찮은 곳이다. 괜찮지 않은 오락실도 많다. 42번가와 43번가 사이 브로드웨이의 서쪽 보도에서 번창해 온 플레이랜드는 위조 면허증과 남창을 손쉽게 구할 수 있는 험악한 업소다. 나는 한 번도 플레이랜드에 들어가 본 적은 없지만 매일 이곳을 지나쳐 걸어야 했다. 반면 브로드웨이 시티 오락실에는 종종 아들 알렉스를 데리고 가 버추얼 복싱 게임을 하곤 한다. (헤비급 챔피언을 피해 고개를 숙이고 좌우로 흔들다 케이오까지.) 깨끗하고 유쾌하며 안전한 장소다. 밤늦은 시각이 아니라면. 그래도 옛날의 브로드웨이 오락실과는 다르다. 오락실 천장에는 나무판자에 앉아 점심을 먹는 건설 노동자들을 조각한 예스러운 작품이 매달려 있는데 사이먼은 이것이 자신이 아주 잘 기억하고 있는 옛 시절의 '온기와 분위기'를 살려 줄 복고적인 요소라고 말했다. 물론 그러한 분위기를 되살리려는 행위 자체가 강조되어 장소의 특성을 살려 주기보다 경영 전략으로 보인다. 아마도 브로드웨이 시티 오락실이 새롭고, (대체로) 깨끗하고 안전하며 밝은 42번가 중심에 위치해 있다는 단순한 사실이 이

오락실과 그 전신 사이에 엄청난 간격을 만들어 낼 터이다. 사이먼이 집에서 볶은 땅콩을 팔아도 그 간격은 없어지지 않을 것이다.

그렇지만 그것은 상관없을 수도 있다. 사이먼 자신도 이렇게 말한다.

"나는 타임스퀘어의, 특히 42번가 부활의 일부가 되고 싶었을 뿐입니다."

실제로 그는 그 일부다. (비록 임대료가 최고 수준이고 지역 직장인들이 자신의 '기업 공간'을 이용하지 않고 '8번 애비뉴 녀석들', 그러니까 흑인 아이들이 몰려든다고 불평을 하기는 해도 말이다.) 42번가는 한동안 뉴욕 시민과 많은 관광객들이 드나드는 오락실은 꿈도 못 꾸는 곳이었다. 이제 새로운 42번가에서는 사람들이 오락실에 드나들 수 있게 되었다. 현대인의 삶의 많은 부분이 그러하듯 물질적 진보는 그 자체로 정신적 손해에 대한 보상이 된다.

새로운 42번가가 과거의 여러 모습과 같을 수 없다는 사실은 명백했다. 적어도 어떤 의도적인 자기 모방이 없는 한. 그렇다고 해서 '42번가의 도시'를 계획한 이들이 상상했듯 미래 연예 오락 사업의 밀폐된 전시 공간이 될 수도 없었다. 그러나 꼭 이래야만 했을까? 꼭 세비스와 애플비스, 헬로 키티가 있어야만 했을까? '42번가는 지금!'에서 스턴과 캘먼은 42번가가 "지금보다 좀 더 발전된 모습이지, 고급화된 놀이동산이나 축제 시장이 아닐 것"이라고 했다. 이곳이 요란스러운 놀이동산이 될 줄은 그들도 몰랐을 것이다. 뉴욕 시민들은 이 지역을 세계적 단일 문화의 동떨어진 조각이 도시의 지도에 접붙여진 것으로 본다. 지역적 특성이 전혀 없는 곳으로서 말이다. 더 정통성이 있을 수는 없었을까? '빛 밝은 거리' 연구는 이 지역에서 할 수 있는 온갖 종류의 특이한 오락 활동을 제안한 바 있었다. 이 연구에서 제안한 '스포츠 전람회장'은 아마추어 선수들이 길거리 농구 게임이나 스케이트보드 슬라럼[39], 가라테 등을 즐길 수 있는 곳이었다. 그 밖에도 롤러스케이트 디스코장이나 재즈 카바레, 그리고 '미래적인 전자 놀이 기구'를 선보이는 곳도 제안했다. (듣고 보니 브로드웨이 시티 오락실과 별다른 것이 없다.) 문제될 것은 없는 듯했다.

문제는 롤러스케이트 디스코장은 그 많은 임대료를 낼 수 없었다는 점이다. 42번가 개발 사업은 해당 지역이 민간 개발업자들의 구미를 당기도록 고안된 사업이었다. 민간 개발업자들은 대부분의 거리 공간을 임대할 터였다. 공무원들은 지침을 세울 수는 있어도 누가 공간을 차지하는지 결정하는 것은 시장이었다. 그리고 시장은 최소 공통분모를 제공할 터였다. 과거 시 공무원으로 브루클린에서 중요한 부동산 업자가 된 브루스 래트너Bruce Ratner는 마지막으로 42번가 남쪽의 임대권을 죄다 사들였고 뉴욕 시의 유명 부동산 가문 출신인 존 티쉬먼John Tishman에게서 북쪽을 사들였다. 두 사람은 새로운 42번가로 엄청난 사람들이 몰려들 거라 생각했고 관광객과 직장인, 행인들이 거대한 새 시장을 형성할 거라고 생각했다. 그러니 엄청난 액수의

---

39) skateboard slalom. 원뿔 모양의 작은 컵을 여러 개 거꾸로 세워 놓고 지그재그로 그 사이를 빠르게 지나가는 스포츠를 일컫는다. 인라인, 스케이트보드를 타는 사람들이 즐긴다.

임대료를 요구해도 될 거라고 생각했다. 하지만 웬만한 크기의 가게 하나에 1년에 백만 달러를 내야 하는 세입자들은 대개 모험을 하지 않았다.

래트너는 1997년 세입자를 찾을 당시 하드록카페와 레인포리스트 카페, 물랑루즈 나이트클럽, 태양의 서커스, 프레드 앤 버스터스 게임장, 유니버설 워크, 이에스피엔 존ESPN Zone 등에서 관심을 보였다고 한다. "연예 오락 콘셉트 회사의 시대"였다고 그는 말한다. 뉴욕 시티 대학 학자들이 소박한 오락 활동을 제안했을 때인 이십 년 전만 해도 이러한 체인 회사는 존재하지도 않았다. 그 사이 디즈니와 워너 브라더스, 그리고 비아콤이 연예 오락 사업의 본질을 변화시켰고 의류 소매 업체인 갭Gap과 대형 서점 반즈 앤 노블Barnes&Noble, 음반 가게 에이치엠비(HMV)는 유사한 방법으로 소매업의 본질을 변화시킨 것이다. 지역적이고 소박했던 '팝 문화'는 거대한 기업에서 쏟아 내는 '대중문화'가 된 것이다. 이러한 연예 오락 사업과 소매업의 거물들은 브랜드에 적합한 지역을 찾아 전 세계를 돌아다녔다. 이러한 브랜드가 위치한 곳의 대중문화가 얼마나 바뀌었는지 알고 싶으면 라스베이거스를 떠올리면 된다. 1970년대까지만 해도 라스베이거스는 독특하고 대부분 가족 경영식의 카지노가 많았고 이는 『라스베이거스의 교훈Learning from Las Vegas』 저자들의 흥미를 끌었다. 1990년대에 이르러 라스베이거스는 연예 오락 콘셉트 회사의 거대한 독점의 장이 되었다. 42번가도 그랬다.

도시가 강렬한 특이성의 고향이고 구속받지 않는 개인의 고향이라는 생각은 발자크와 디킨스, 도스토예프스키, 그리고 드라이저와 하웰의 많은 작품의 중심을 차지하고 있다. 그러다 최근 몇 년간 새롭고 걱정스러운 생각으로 대체되고 있다. 도시가 동떨어진, 보편화하는 대중문화의 장소라는 생각이 그것이다. 라스베이거스 같은 도시 말이다. 건축가이자 이론가인 렘 쿨하스Rem Koolhass는 이를 '일반 도시', '역사 없는 도시', '정체성이라는 속박에서 해방된 도시'라고 불렀다. (쿨하스는 일반 도시를 "좋아한다." 정말 그런 건지는 몰라도 어쨌든 무표정한 얼굴로 좋아한다고 주장한다.) 또 하나의 건축 비평가이자 도시 이론가 마이클 소킨Michael Sorkin은 이렇게 쓴다.

"새로운 도시는 옛 도시의 변칙과 즐거움을 보편적 특이성, 일부러 꿰매어 넣은 특징에 의해서만 굴곡이 있는 일반적 도시 생활로 대체한다. 이런 도시에서는 불 미쉬[40] 맥도날드에서 크로크 무슈를 파는 것, 혹은 뉴올리언스 공항에서 케이준 마티니를 파는 것으로써 (잔까지 무료로 가져가게 해 준다.) 편리하게 지역성을 드러내고 있다."

다시 말해서 정통성은 가치의 시금석에서 경영 전략으로, 유행에 민감한 도시에서 거래되는 판매 가능한 상품으로 격하되었다.

42번가에서 지역성을 대변하고 있는 것은 브로드웨이 시티 오락실에 있는 건설 노동자의 조각상, 그리고 물론 거리를 수놓은 간판과 조명이다. 비평가들과 냉소적인 뉴욕 시민들이 42번가에 가장 흔히

---

40) Boule Miche. 소르본느 대학이 있는 불바르 생 미셸Boulevard Saint-Michel 근처를 줄여서 부르는 말이다. 불바르 생 미셸을 가로지르는 불바르 생 제르맹까지 Boulevard Saint Germain도 포함하며, 파리에서 가장 파리의 냄새가 짙고, 가장 파리다운 곳이라고 정평이 나 있다.

붙이는 수식어는 '디즈니스러운'이다. 실제로 최근 나온 재개발 과정에 대한 비평을 읽어 보면 첫 문장이 다음과 같다.

"디즈니 대형 상점의 꼭대기에서 미키 마우스가 환한 얼굴로 타임스퀘어를 찾는 관광객들을 맞는다."

수식어로 '디즈니'라는 단어는 치밀하게 조작한, 따라서 간접적이고 겉보기만 그럴 듯한 형태의 재미를 떠올리게 한다. 그러나 공평하게 말하자면 42번가를 디즈니스럽게 만든 것은 디즈니가 아니다. 디즈니는 뉴암스테르담 극장의 옛 영광을 치밀하게 재창조한 뒤 이곳에서 「라이언 킹」을 무대에 올렸다. 이 아방가르드적 인형극은 그 집요한 현대성과 뚜렷한 작가적 특성으로 디즈니에 비판적이었던 사람들을 당황케 했다. 그럼에도 거리는 디즈니스러웠다. 위 비평을 쓴 알렉산더 라이셜Alexamder J. Reichl은 이렇게 예측하기도 했다.

"고층 빌딩에서 대형 상점, 전기 간판의 향연까지, 42번가와 타임스퀘어는 공적 공간에 대한 기업의 지배를 단적으로 보여 주게 될 것이다."

그럼에도 어쩐지 42번가는 허상이라거나 다국적 연예 오락 문화의 '터전'처럼 느껴지지 않는다. 적어도 그것뿐만은 아닌 것 같다. 다시 지하철을 타고 아이아르티(IRT) 역으로 가 보자. 이번에는 밤에 가 보자. 일반적이었던 거리가 갑자기 살아 움직인다. 역 앞에 서서 앞에 펼쳐진 블록을 보면 42번가는 리처드 사이먼의 게임기 속처럼 빨갛고 파랗게 빛나고 있다. 속 빈 제품과 맛없는 음식을 팔던 건물들은 정신없이 번쩍이는 간판 뒤로 숨는 듯하다. 스턴과 캘먼이 바라던 바 그대로다. 블록을 거니는 사람들의 엄청난 흐름 속에 낮의 건조함 역시 사라진다. 날씨 좋은 여름날 밤 42번가는 꼭 축제거나 상업 목적의 카니발 같다. 대부분 흑인인 십대들은 북쪽 보도에 있는 지하철역 앞에서 빈둥거린다. 즉흥적으로 반원을 그리며 모인 관객은 화가가 스프레이 페인트를 가지고 작은 화판에 달과 피라미드와 고층 건물을 그리는 것을 지켜본다. 영업용 자전거는 캘커타에서보다 백 배나 비싼 요금을 받고 손님을 태우며 지나간다. 그러자 크고 흰 리무진이 파도 밑으로 들어가기 직전의 잠수함처럼 미끄러져 지나간다. 포드 센터의 문이 열리고 「42번가」의 관객이 중간 휴식을 틈타 몰려나온다. 그리고 옹기종기 모여 보도를 막아서고는 막 끝난 탭댄스 곡에 대해 즐겁게 수다를 늘어놓는다.

좀 더 걸어 내려가면 비비 킹스에서 늦은 공연을 기다리고 있는 한 무리의 사람들이 보인다. 인내심이 덜한 십대 소년들은 브로드웨이 시티 오락실에 들어가기 전 수색을 받으려고 기다리고 있다. 주크박스 모양의 오락실 외벽은 희고 밝은 조명이 빙 두르고 있다. 말 탄 경찰 세 명이 입구를 감시한다. 화가들은 접이식 의자에 앉아 초상화나 캐리커처를 원하는 고객들을 기다린다. 좀 더 많은 경찰들이 보이고, 몰려다니는 관광객들도 보이고 벽에 기대 지나가는 광경들을 지켜보면서 지하철 표 한 장 값으로 외출을 즐기는 십대 소년들도 보인다. 마치 이 대단한 도시의 활기를 담고 있는 전류가 보도 바로 밑에 깔려 있는 것 같다. 낮에는 지루하고 너무 넓다고 느껴지기까지 했던 거리였는데 말이다. 42번가가 어떻게 아이들과 관광객, 경찰, 노점상, 교통, 소음, 빛, 그리고 표면 바로 아래에 있는 잠재적인 폭력의 가능성까지 모두 수용하고 있는지 놀랍기만 하다.

간단히 말하면 저 무리의 주체할 수 없는 에너지, 자동차들이 내뿜는 소음과 불빛, 그리고 보도에 늘어선 노점이 42번가를 디즈니스러움에서 구원해 주고 있다. 이 지역의 생명은 거리에 있다. 2001년 10월 말의 어느 토요일 밤, 나는 서쪽으로 걸어가다가 스프레이 페인트 화가를 지켜보고 있는 사람들 무리에 끼어들었다. 화가는 챙이 잘 말린 빨간 모자를 푹 눌러쓴 강인한 청년이었다. 또 한 명의 스프레이 페인트 화가는 저편에서 할 일 없이 재료만 만지작거리고 있는데 이곳에는 사람들이 두세 줄 겹쳐 있었다. 마침내 사람들이 흩어지자 나는 남아서 말을 붙였다. 화가의 이름은 아이한 콜락Ayhan Colak이었다. 그는 3년 전 이스탄불에서 타임스퀘어에 왔다. 아이한은 자신이 주변 환경에 대해 독특한 이해를 갖고 있기에 늘 사람을 모을 수 있다고 말했다.

"뉴욕은 정말 힘들어요. 경쟁이 너무 많아요. 그렇지만 여긴 42번가고 모두가 공연을 하는 곳이니까 나도 공연을 해요."

정말 그랬다. 아이한은 재빨랐고 긴장감 있는 모습으로 몰두하고 있었다. 스프레이 캔을 들고 판지 화판 위를 빠르게 움직이는 동안 그는 잭슨 폴락Jackson Pollock의 영상에서 볼 수 있는 것과 같은 광적인 힘을 내뿜고 있었다. 하지만 그의 작품이 폴락과 같은 수준의 예술이었다고 말하는 것은 공평하지 않다. 어떻게 보면 그것은 예술도 아니었다.

아이한은 예술을 공부한 적이 한 번도 없었다. 그는 거리 공연인이었지만 거리 공연인치고는 대가였다. 그는 페인트 캔을 마치 일류 요리사처럼 다루었다. 때로는 페인트 캔을 거꾸로 세워 화판에 대고 노즐을 몇 번 눌러 쐐기 모양을 내기도 했고 캔을 약간 아래로 내려서 조준한 다음 두꺼운 선을 그리기도 했다. 그 밖에도 구겨진 신문이나 냄비 뚜껑, 조각칼이나 팔레트 나이프를 도구로 쓰기도 했다. 아이한의 공연 목록은 제한되어 있었다. 가장 인기 있는 작품은 다른 사람들과 마찬가지로, 가상의 맨해튼 스카이라인에 기자의 피라미드를 겹쳐 놓은 그림이었는데 검은 하늘에는 지구와 달, 그리고 마치 토성처럼 보이는 것이 떠 있었다. 보는 사람을 네온 불빛 가득한 42번가에서 끌어올리기 위한 특별한 기운이 담긴 일종의 환상이었다. 공연은 무료였고 작품은 원한다면 20달러에 가져갈 수 있었다. 이날 밤에는 아이한이 허리를 펴자 관객이 박수를 쳤다. 한 고객이 돈을 내려고 앞으로 나왔고 그 고객의 친구는 천재적인 예술가의 기에 눌렸는지 수줍게, 남아 있는 작품이 있는지 물었다.

2주 후 나는 다시 42번가를 찾았다. 쌀쌀한 일요일 오후였다. 또 다시 관객들에 둘러싸인 아이한이 보였다. 관객 가운데는 하시디즘파 유대인 세 명이 있었고 해군 한 명, 아이한의 작품을 네 점이나 샀다는 뉴저지에서 온 미셸이라는 여성도 있었다. 나는 미셸에게 여러 개를 사는 대신 값을 좀 깎았냐고 물었더니 미셸은 나를 꾸짖듯 바라보며 말했다.

"예술가한테 내 마음대로 요구할 수는 없지요."

미셸은 그림이 크리스마스 선물로 최고라고 했고 나는 동의했다.

그러나 아이한마저도 '정통성'은 없다. '정통성'이 토착성을 요구한다면 말이다. 거리 문화는 소매업 문화만큼이나 세계화되었다. 터키어와 영어뿐만 아니라 러시아어와 불가리아어, 독일어까지 구사하는 아이한은 도쿄와 휴스턴 등지를 순회했다. 그에게 그림을 가르쳐 준 것은 샌프란시스코에서 만난 멕시코인이라고 했다. 내가 파리에서 만난 또 하나의 스프레이 페인트 화가는 마이애미에서도 일을 한 적이 있었는데 그곳에서는 사무 빌딩보다 물고기를 그려야 했다고 했다. 42번가에서 볼 수 있는 캐리커처와 중국 서예는 피렌체의 폰테 베키오Ponte Vecchio에서도 볼 수 있고 아마 카트만두에서도 볼 수 있을 것이다. 거리 사람들은 해외 이동이 잦고 한곳에 오래 있지 않는다. 매년 42번가로 돌아오는 사람들은 드물다. 이렇게 거리 예술가나 노점상들조차 상점들과 마찬가지로 42번가에 '귀속'되어 있지 않다. 아이한의 자리는 곧 다른 사람이 차지할 것이다. 그게 중요한가? 토착성은 뉴욕과 같은 세계적인 도시에서 시대착오적인 발상일 뿐이다. 창의력과 즉흥성이면 충분하다.

뉴욕 토박이들이 만들고 또 선보이는 몇 안 되는 거리 문화 가운데 하나는 브레이크댄싱이다. 브레이크댄싱은 타임스퀘어 지하철역이나 브로드웨이와 7번 애비뉴 전역에서 보도에 춤출 만한 공간이 있는 곳이면 어디서든 볼 수 있다. 한 손으로 물구나무서기, 재주넘기, 어지러운 헤드스핀을 선보이는 브레이크댄서들은 타임스퀘어에서 아마 가장 재능 있는 거리 예술가임이 틀림없을 것이다. 아이한과 마찬가지로 브레이크댄서들은 연극의 세계적 중심에서 연극적 요소가 얼마나 중요한지 잘 깨닫고 있었다.

어느 오후 나는 할렘에서 동생뻘 아이들과 함께 나온 라심Rasheem을 만났다. 이들은 44번가와 45번가 사이에 있는 교통 안전지대에 있었다. 라심은 관객들 가운데 네 명의 지원자를 받았다. 이들은 지시에 따라 나란히 서서 허리를 굽히면 되었다. 댄서 가운데 한 명이 제일 끝에 섰다. 라심은 모여드는 관중 앞을 활보하면서 여섯 명 모두를 뛰어넘어 반대편에 착지할 것이라고 했다. 실은 다섯 명이었다.

"먼저 여러분 모두가 표를 들어 주셔야 해요."

라심이 말했다.

"표가 어떻게 생겼는지 아시죠?"

라심은 1달러짜리를 들어 보였다. 그러고는 휴대용 스테레오에서 흘러나오는 랩 음악의 음량을 있는 대로 높이고 안전지대 저편으로 가서 몸을 풀기 시작했다.

"모두 비키세요!"

라심이 소리쳤다.

"저 보험 같은 거 없어요."

댄서 한 명이 바구니를 들고 돌았다. 라심은 관객의 표가 꽤 많이 모일 때까지 아무것도 보여 주지 않을 태세였다. 이것은 생각보다 오래 걸렸다. 마침내 라심은 가볍게 뛰기 시작해서 멀리뛰기 선수처럼 속도를 내더니 첫 사람 바로 앞에서 도움닫기를 하고 재주를 넘어 깔끔하게 반대편에 착지했다. 오토바이만 없다 뿐이지 스턴트맨 이블 크니블Evel Knievel과 다를 게 없었다. 라심은 내게 지원자 위에 착지한 적은 없지만 댄서와 부딪힌 적은 몇 번 있다고 고백했다. 그러면서 그런 실수는 관객의 격려가 부족해서라고 덧붙이기도 했다.

42번가에서 돈을 벌기란 쉬운 일이 아니다. 내가 만난 여러 거리 상인들은 타임스퀘어에서보다 고향에서, 그게 어디든, 돈을 더 많이 벌고 훨씬 더 잘 살았다. 여러 사람들은 타임스퀘어를 떠나고 싶다는 애기를 하곤 했고 그 가운데 몇몇은 갑자기 사라지기도 했다. 인파가 많이 몰리긴 했지만 상인들 역시 너무 많았다. 그리고 거리 판매는 엄격한 단속을 받고 있었다. 예술품을 판매하는 상인들은 표현의 자유를 보장받았지만 표현의 시간이나 장소, 방법에 한해 규제를 받았다. 뉴욕 시는 7시 이전에는 42번가에 노점을 금지했다. 퇴근길 인파가 흩어질 시간을 주기 위해서였다. 그리고 11시 이전에 장사를 끝내라고 했다. 극장 관객이 거리로 쏟아져 나올 시각이었다. 어느 날 밤 나는 10시 반에 경찰이 장사를 멈추게 하는 것을 지켜보았다. 나는 왜 그렇게 서두르느냐고 한 경관에게 물었다.

"경위님이 '긴급 상황'이라고 하셨습니다."

경관의 대답이었다. 다시 말해 위험할 정도로 혼잡해질 우려가 있다는 것이었다.

"거리에서 누가 다치는 것을 원치 않거든요."

11시가 되자 상인들은 모두 사라지고 초상화 화가 한 명만이 외로이 남아 있었다. 쪼그리고 앉아 허벅지에 스케치북을 놓고, 엄마가 조급한 마음으로 지켜보는 동안 어린 남자아이의 초상화를 그리고 있었던 것이다.

대부분의 상인들은 실패하지만 그래도 처절하게 실패하는 사람들은 드물다. 42번가의 거리 상인들은 거의 전부가 젊은 남자 이민자들이다. 그리고 이들 대부분은 지난 1세기 동안 뉴욕 시를 규정짓는 특징 가운데 하나였던 이민자 특유의 오뚝이 근성을 갖고 있다. 2002년 봄, 어느 약간 쌀쌀한 저녁에 나는 불가리아 벨리코 티르노보Veliko Tirnovo 지역의 자랑, 아이반 아이바노프Ivan Ivanoff를 만났다. 아이반은 창백하고 각진 얼굴과 다부진 턱 선을 갖고 있었다. 아이반은 직업이 여러 가지였다. 아이반이 처음에 뉴욕에 왔을 때 브레이크댄스 팀에 합류했지만 팀원들이 성실하지 못했고 지위가 낮아 제 몫을 받지 못했기 때문에 기분이 나빠 그만두었다고 했다. 나는 그가 불가리아에서 브레이크댄스를 배웠는지 물었다.

"브레이크댄스를 17년 정도 했어요."

아이반은 자랑스럽게 말했다. 아이반은 서른 살이었고 십대 때는 "불가리아에서 가장 성공한 브레이크댄서 가운데 하나"였다고 한다. 춤은 미국 영화나 뮤직 비디오에서 배웠다.

"여러 댄스 팀끼리 브레이크댄스를 겨루기도 했어요. 그런데 문제는 불가리아에서는 이 일을 해서 돈을 벌 수가 없다는 거였죠. 사람들은 돈을 내고 브레이크댄스를 보러 오지 않아요. 게다가 불가리아에서는 거리에서 춤을 추는 사람도 없어요."

아이반은 피자 가게를 열었다. 이어서 2호점과 3호점도 냈다. 그는 이렇게 말한다.

"사업이 잘 되기는 했지만 지역 사업에 불과하잖아요. 전 전국적인 사업을 하고 싶었어요."

그래서 아이반은 여성 의류 공장을 시작했다.

"피자 가게로 번 돈을 몽땅 털어 넣었다가 모든 걸 잃었어요."

그의 말에 따르면 당시 불가리아 경제가 갑자기 휘청했다고 한다. 그래서 아이반은 여자 친구와 함께 기회를 찾아 불가리아를 떠났다.

아이반은 이제 스프레이 페인팅을 한다. 손님이 많은 날은 백 달러까지 번다고 했다. 내가 그를 만난 날은 손님이 많은 날이 아닌 것이 명백했다. 우리의 대화를 방해하는 사람이 아무도 없었다. 그러나 아이반은 의욕을 잃지 않았다.

"앞으로 무슨 일을 할지 생각이 많아요."

그의 첫 번째 아이디어는 사진을 티셔츠에 찍어 주는 일이었다. 아이반은 이미 최고급 디지털 카메라와 전사기, 인쇄기를 사는 데 5천 달러를 소비한 뒤였다. 그러나 그것은 궁극적인 목표는 아니었다.

"전처럼 요식업을 하고 싶어요."

아이반은 마치 음모를 꾸미는 듯 비밀스럽게 내게 말했다. 그러나 너무 기발한 아이디어라서 밝힐 수는 없었다.

"아주 좋은 아이템이에요. 새로운 음식이죠. 2, 3달러 할 거예요."

아이반은 여기까지만 말했다. 여전히 생각을 다듬고 있었지만 불가리아 음식은 아니라고 장담했다.

새로운 42번가의 '거리 문화'에는 아이한과 아이반같이 길 위에서 지내는 사람들이 있고, 플랫아이언 빌딩이나 월드 트레이드 센터의 사진을 파는 무뚝뚝한 중년의 중국 여성들이 있으며, 이리저리 움직이는 행인들의 거대한 파도와 한곳에 너무 오래 머무르는 바람에 부랑자로 분류되는 방문객들도 있다. 그 무리의 대부분은 십대 흑인들이다. 이것은 기이한 아이러니다. 42번가 재개발을 반대하던 사람들은 개발 사업을 거리의 소수 인구를 몰아내고 백인 전문직을 끌어들이려는 고급화 과정이라고 묘사했고 그 뒤로도 계속 그렇게 묘사해 왔기 때문이다. 아이들에게 물어보면 그들은 42번가가 여자를 만나기에 좋은 장소이며 경찰의 지시를 따르는 게 싫지 않으면 돈 안 들이고 놀고 싶은 만큼 놀 수 있는 곳이라고 말할 것이다. 게다가 에이엠시

25에서 영화를 보고 애플비스에서 저렴한 식사를 할 수도 있다. '빛 밝은 거리' 연구의 주요 저자 윌리엄 콘블럼에 따르면 이것은 1970년 대에 아이들이 놀던 방식과 다를 게 없다. 브로드웨이 시티 오락실에 주로 드나드는 고객은 소수민족이 많았고 물론 나이 어린 사람들이 많다. 42번가는 밤에는 백인들의 비율이 줄어들곤 한다. 밤 11시경 관객의 대다수가 백인이던 영화관은 대다수가 백인이 아닌 곳으로 바뀐다.

오락실과 그 주변에서 노는 아이들은 옛 42번가의 험악함을 약간 이나마 되돌리는 효과가 있었다. 그것은 거리 전체가 부르주아화 될 까 봐 두려워하던 비평가들을 만족시킬 만한 정도에 그쳤다. 어느 토요일 밤 나는 '바코드'라는 오락실에 들어가려고 줄을 서 있었다. 브로드웨이와 45번가의 모퉁이에 있는 이 오락실은 2003년 초에 문을 닫았다. 창문에 잘 보이도록 붙여 놓은 종이에는 '컬러'나 '두건', '챙 없는 모자', 스포츠 팀 셔츠, 혹은 '벨루어 트레이닝복'을 입은 사람은 들어올 수 없다고 적혀 있었다. 내 앞에는 서섹스 카운티Sussex County에 서 온 고등학생 네 명이 있었는데 보아 하니 뉴저지에서 비교적 시골 동네였던 것 같다. 모자를 거꾸로 쓴 키 크고 마른 아이가 '컬러'가 뭐냐고 물었고 나는 갱 표식을 뜻하는 말이라고 대답했다. 아이는 새하얗게 질린 얼굴로 고등학교 미식축구 팀 셔츠를 입고 있으니 규 칙에 걸리지 않을까 걱정했다.

스포츠 팀 셔츠를 금지하는 것은 처음 겪은 일이었기 때문에 내 가 들어갈 차례가 되었을 때 안전 요원에게 물었다. 그는 이렇게 설명 했다.

"당신이 자이언츠 팀 셔츠를 입고 다른 사람은 제츠 팀 셔츠를 입고 있다고 합시다. 그것만으로도 싸움이 일어날 수 있어요."

그렇다면 벨루어 트레이닝복은? 오락실에서 트레이닝복을 금지하기 시작했기 때문에 훨씬 더 비싼 디자이너 트레이닝복을 금지하지 않을 수 없었다고 한다. 불만 많은 아이가 "왜 쟤는 되고 나는 안 돼요?"라고 묻는 것을 막기 위해서라고. 안으로 들어간 뒤 우리는 주머니에 든 것을 모두 꺼내야 했다. 그리고 가벼운 몸수색과 신발 검사, 금속 탐지기 검사가 끝난 뒤에야 위층에 있는 오락실에 들어갈 수 있었다. '바코드'는 갱단의 활동을 우려해 '데프콘 4' 수준의 경계 체계를 발동하고 있는 듯했다. 마침내 안으로 들어가자 너무 조용하고 손님이 없어서 업소가 고객을 겁을 주어 쫓아내고 있는 것은 아닌가 하는 생각이 들었다. 아마 그래서 문을 닫은 건지도 모르겠다.

브로드웨이 시티 오락실은 보안 체계가 훨씬 덜 삼엄했고 밤에는 훨씬 더 정신없고 거칠었다. "8번 애비뉴 녀석들"을 싫어한다고는 해도 리처드 사이먼은 그들이 고객이라는 사실을 알았고 2층에는 주말 밤늦게 모여드는 고객들을 위해 춤을 출 수 있는 공간을 마련했다. 어느 날 새벽 2시 40분경, 랩 음악이 벽을 울리고 있는데 퀸즈의 같은 동네 흑인 십대 청년 두 무리 간에 난투가 벌어졌다. 어느 형사의 말에 따르면 "기분 나쁜 표정을 지었다."는 것이 이유라고 했다. 아이들은 입장할 때 들키지 않은 무기를 갑자기 꺼내 휘둘렀고 여덟 명이 총에 맞았고 두 명이 칼에 찔리고 나서야 (치명적인 부상은 없었다.) 경찰이 달려와 소란을 잠재웠다. 이것은 과거의 42번가를 떠올리게 하는 끔찍한 사건이었다. 놀라운 아이러니는 이 폭력 사태가 거리의 가장

'정통성 있는', 가장 덜 디즈니스러운 장소에서 일어났다는 점이다. 이것은 개발에 가장 열렬히 반대했던 사람조차도 원하지 않는 수준의 '정통성'이었을 것이다. 또한 이것은 부르주아화, 규제와 단속, 공공 장소에 대한 기업 지배의 필요성에 대한 암묵적인 논거가 되었다. 아무도 애플비스에서 패싸움이 벌어졌다고 들어 본 적은 없었기 때문이다.

마담 투소의 밀랍 인형 박물관과 애플비스를 유치한 개발업자 브루스 래트너는 뉴욕 시민들의, 적어도 그와 같은 계층의 뉴욕 시민들의 42번가에 대한 불평을 잘 알고 있다. 그래서 내가 블록을 뒤덮은 온갖 대량 쓰레기에 대해 물어 봤을 때 그는 방어적인 태도를 취하려고 했다. 그러나 생각을 하면 할수록 그는 변명할 필요가 없다고 여기기 시작했다. 래트너는 토박이 뉴욕 시민이 아니고 뉴욕의 과거에 뉴욕 시민처럼 집착하지 않는다. 래트너의 아버지는 클리블랜드에서 가업으로 부동산 사업을 시작했고 래트너는 어린 시절 뉴욕에 왔던 것을 기억한다. 래트너는 재개발을 마친 브루클린의 한 상업 지구에 있는 자신의 사무실에서 이렇게 말했다.

"1960년을 생각해 보세요. 오락실이 있었겠죠. 오락실이 기억나요. 영화관이 기억나요. 요즘에는 오락실에 전자 오락기가 있죠. 25년 뒤에 사람들은 그걸 기억할 거예요."

래트너는 요점에 다가갈수록 말이 빨라졌다. 아마도 새로운 42번가에 대한 자신의 입장을 굳혀 가는 것 같았다.

"애플비스와 셰비가 오늘날의 미국이에요. 그게 좋다 나쁘다 말하는 것이 아니에요. 본드 의류점처럼 말이에요."

44번가와 브로드웨이에 있는 본드 의류점은 1940년대와 1950년대에 타임스퀘어에서 가장 큰 소매업체였다.

"지난 칠십 년 동안 그래 왔어요. 난 타임스퀘어가 미국의 거울이라고 말하겠어요. 1900년에는 품위 있었던 당시 미국을 비추는 거울이었어요. 연극을 보러 간다든지 하는 걸 즐기는 소수의 사람들에 의해 지배되었어요. 지난 칠십 년 동안은 평범한 사람들을 위한 장소였지요. 그러니 미국을 반영하는 거울이에요."

래트너가 우회적으로 주장하고자 한 것은 42번가가 맥도날드와 이에스피엔 존에 지배당함으로써 비로소 과거에 충실하고 있다는 점이었다. 42번가는 대중오락의 본고장이었고 우리 시대에는 대중문화가 거대 기업에 의해 생산된다. 상류층은 지역적이고 특별한 것을 즐길 금전적 여유가 있다. 보통 사람들은 덜 비싼 체인점의 상품을 소비한다. 따라서 '기업형' 42번가는 민주적 42번가였다. 래트너의 곁에 있던 부하 직원들은 상관의 격해지는 연설에 약간 당황하며 키득거렸지만 래트너는 멈출 수 없었다.

"하위 중산층 뉴욕 시민들이 놀러 갈 수 있는 곳이었습니다. 토요일 밤에 나가 보면 중산층에서도 하위에 속하는 사람들이 다른 자치구에서, 뉴저지에서, 롱아일랜드에서 데이트를 하러 옵니다. 세계의 모든 훌륭한 거리들을 생각해 보면 거리에서 그 문화권의 사람들을 볼 수 있다는 게 중요해요. 타임스퀘어도 그래요. 혹시 압니까? 결국 그게 성공한 거리입니다. 그 자리에 애플비스가 있어야 할까요? 다른 게 있어야 할까요? 누가 압니까? 어쨌든 훌륭한 곳이에요.”

42번가가 훌륭한 이유는 미국의 거울이어서인가? 그렇다면 평범한 백화점도 훌륭한 장소인 건 마찬가지다. 42번가가 정말 훌륭했을 때는 실제보다 더 큰 어떤 것, 화려함, 무절제, 성적 매력, 방종을 상징했다. 현재 42번가가 상징하고 있는 것은 세계적 경영 전략의 힘이며, 아마도 ‘공공장소에 대한 기업의 지배’일 것이다. 42번가는 더 이상 훌륭한 장소가 아니다. 1960년대와 1970년대, 1980년대에 42번가는 도시 쇠퇴의 병력으로서만 의미가 있었다. 새로운 42번가에 대해 우리가 할 수 있는 말은 아마도 단순히 ‘통했다’일 것이다. 사람들을 도시의 중심으로 끌어들이려는 전략이 통한 것뿐이다. 사람들은 보도에 서서 아이한이 그림을 그리는 것을 보고 싶어한다. 사람들은 지하철역 앞에서도, 심지어는, 아아, 애플비스에서도 시간을 보내고 싶어한다. 아마도 그것으로 충분할지 모른다.

14장 젊은 해머스타인, 다스 네이더[41]를 만나다
—5막으로 이루어진 귀머거리의 대화

1막

1970년대 중반 타임스퀘어에서 가장 크고, 아마도 가장 전문적인 포르노 가게인 '쇼월드'가 42번가와 8번 애비뉴의 북서쪽 모퉁이에 문을 열었다. 케미컬 은행이 차지하고 있던 자리였다. 타임스퀘어 포르노 문화의 데이먼 러니언이라고 할 수 있는 조쉬 앨런 프리드먼이 당시의 생생한 현장을 다음과 같이 묘사했다.

배경은 1970년 말, 현대적인 시설의 타임스퀘어 대형 포르노 가게의 혼잡한 평일 점심시간이다. 스무 개의 칸막이 시설은 사람들로 가득 차 있다. 각 칸에는 25센트를 넣었다는 표시로 붉은 전구가 빛나고 있었다. 25센트를 넣으면 관람객에게는 30초의 시간이 주어진다. 칸막이 안에서는 온갖 연령과 인종, 크기의 성기가 밖으로 나와 있다. 어떤 사람은 벽에다가 분출하고 어떤 사람은 클리넥스 화장지에, 심지어 어떤 사람은 가게 안 자동판매기에서 구입할 수 있는 50센트짜

41) Darth Nader. 저자가 다스 베이더와 네이더를 합쳐 말장난을 한 것이다.

리 프렌치 티클러 콘돔에 하기도 했다. 일이 끝나면 이것들은 바닥에 버려졌다. (…) 동전을 바꿔 주기 위해 가게를 돌아다니는 사람들은 어떤 우주적인 돈의 흐름을 지속하려는 듯 고함을 치기도 했다.

"어서 25센트를 넣으세요 자리를 잡든지 길을 비켜요 여기 와서 돈을 바꿔요. 단돈 25센트에 섹시한 여자 무려 네 명을 코앞에서 볼 수 있어요."

십 분마다 네 명 중 한 명이 대체된다. 숨은 여자 사회자는 새 여자를 소개하고 분명 맘에 들 거라고 약속한다.

"이제 섹시한 버사가 들어옵니다. 남성 여러분 단돈 25센트입니다. 사랑해 드릴게요. 뜨겁게 해 드릴게요. 지금 당장!"

이것이 '쇼월드'의 전성기였다. 프리드먼의 매우 적절한 용어를 빌자면 이것이 타임스퀘어 '인간쓰레기장scumatorium'의 전형이었다. 한때 복싱 선수였던 소유주 리처드 바시아노Richard Basciano, 『뉴욕 뉴스 데이』 신문이 '포르노의 왕'이라고 칭했던 이 사람은 42번가와 8번 애비뉴 전역에 포르노 가게를 운영하고 있었다. 가게는 총 열한 곳으로 알려져 있었고 고용인만 해도 4백 명이 넘었다. (프리드먼에 의하면 '경영주'가 30명, 그 밖에도 "수도 없는 여자들과 동전 바꿔 주는 남자들, 청소부들"이 있었다고 한다.)

현금 수익이 엄청난 사업이었던 포르노그래피는 조직 폭력배의 구미를 당겼다. 바시아노의 주요 동업자는 로버트 디베르나르도Robert DiBernardo였는데 범죄 조직 감비노 패밀리의 일원이었다. 1986년 디베르나르도는 감비노 두목 존 고티John Gotti의 명령에 따라 살해되었고 바시아노가 그의 지분을 모두 가졌다. 바시아노는 조직 폭력단의 살인이나 다른 어떤 범죄 활동에도 연루되지 않았다. (포르노 사업과 아무 관계없는 우편 사기로 유죄 판결을 받은 적은 있다.) 대부분의 기록에 의하면 바시아노는 예의 바른 인물로 시대에 발맞추어 포르노 제국을 운영하기 위해 최신식 포르노 영상 기기나 동전 투입식 자동판매기에 투자했다. 42번가에 9층짜리 건물을 소유하고 있고 43번가와 타임스퀘어 다른 지역에도 건물을 갖고 있던 바시아노는 주변 인물이 어떠했든 부와 지위 면에서 다른 포르노그래피 업자들보다 훨씬 높은 위치에 있었다. 바시아노는 또한 비밀에 싸인 인물이었다. 인터뷰를 허락하는 일이 없었다. 그는 조쉬 앨런 프리드먼과의 인터뷰도 거절했다. 프리드먼처럼 관대한 마음으로 포르노 사업에 대한 이야기를 들어줄 사람은 없었을 텐데도 말이다.

프리드먼이 위에서 묘사한 시절에 즈음해서 범죄와의 전쟁이 다시 시작되었다. 범죄와의 전쟁 역사는 타임스퀘어 범죄의 역사만큼이나 길었다. 어쨌든 시장 직속 도심 단속반은 성매매 금지법을 위반하고 있던 마사지 업소를 폐쇄하기 시작했다. 그리고 포르노 가게에서 유리를 내리고 고객과 여자들이 서로를 만지도록 허락했던 짧은 방종의 기간 동안 쇼월드의 경쟁자들은 성매매 업소로 분류되어 문을 닫아야 했다. 그러나 유리 칸막이를 다시 올리자 포르노 가게는 포르노 영화와 같은 이유로 법의 단속을 받지 않았다. 헌법 수정 제1조에 의해 보호받는 정당한 표현의 형태였던 것이다. 실제로 뉴욕 시 포르노 가게의 수는 1984년과 1993년 사이 131개에서 177개로 늘어났다. 타임스퀘어에만 '성인' 가게가 마흔네 곳이었다. 그러나 그 가운데 여러 곳은 42번가의 토지 수용으로 문을 닫았다. 실제로 리처드 바시아노는 42번가 개발 사업 지역에 있는 가게 세 군데에 1,130만 달러의 보상금을 받았다.

타임스퀘어를 관리하던 공무원들이 바라던 대로 새로운 용도가 나쁜 용도를 몰아낸다면 무엇보다도 포르노 영화와 포르노그래피 가게가 가장 먼저 사라져야 했다. 그러나 음란물을 보호하는 데 찬성한 대법원 결정과 어떤 대가를 치르고서라도 표현의 자유를 지키려는 뉴욕 시민들의 자발적인 충동이 타임스퀘어에서 성매매 산업을 몰아내려는 노력을 무효로 만들었다. 그럼에도 1992년 '타임스퀘어 사업 발전 지구(Business Improvement District, BID)'가 설립되었을 때 지역 토지와 건물 소유주들은 지역에 변화를 일으키기 위해서는 포르노 산업과 싸워야 한다는 결론을 내렸다. 타임스퀘어 사업 발전 지구의 총책임자 그레첸 다익스트라Gretchen Dykstra는 당시 '뉴욕시민자유연합New York Civil Liberties Union'의 책임자 노먼 시글Norman Siegel을 만났는데, 그는 성매매 산업을 표적으로 삼는다는 "생각 자체를 싫어했"지만 이 가게들이 재산 가치와 지역 환경에 해로운 영향을 끼친다는 것을 증명해야만 성공할 수 있으며 건축 용도 변경을 통해서 규제해야 한다고 설명했다고 한다. 그래서 1995년 타임스퀘어 사업 발전 지구는 '성인용 업소'가 타임스퀘어에 유해한 '부작용'을 일으키는지 (확증적으로는 아니지만) 보여 주는 보고서를 만들었다.

이때의 뉴욕 시장은 루돌프 줄리아니였다. 줄리아니는 포르노 가게를 규제하는 데 조금의 망설임도 없었다. 게다가 그는 디즈니의 회장 마이클 아이즈너에게 42번가 주변의 포르노 산업을 없애고 범죄를 단속하겠다고 약속한 바 있었다. 그러나 이와 동시에 줄리아니 시장은 포르노 가게를 완전히 금지할 수는 없다는 것을 알고 있었다. 줄리아니 시장과 타임스퀘어 사업 발전 지구는 '분산 지구 계획'을 선호했다. 이 계획에 따르면 특정한 용도는 도시의 변두리에서만 허용된다. 줄리아니는 포르노 업소들을 도시 변두리에 있는 제조업 지구로 보내고 싶어했지만 그 지구를 대표하는 시의회 의원들은 자신의 지역을 포르노그래피 쓰레기장으로 만들고자 하는 이 계획에 콧방귀를 뀌었다. 1995년 3월 시장과 시 의회는 타협안에 동의했는데, 이 협의안은 지정된 상업 지구 내에서만 포르노 가게를 허용한다는 내용이었다. 여기에는 7번 애비뉴와 브로드웨이의 48번가부터 55번가까지, 그리고 8번 애비뉴의 38번가부터 41번가까지가 포함되었다. "가게 업무나 취급 물품의 상당 부분이 특정한 신체 부위나 성행위를 강조한다는 특징이 발견되는" 업소는 엄격한 규제를 받게 되었다. 주거지나 학교, 교회 150미터 내에는 위치할 수 없었고 서로 간의 거리도 150미터 이상이어야 했다. 그레첸 다익스트라는 타임스퀘어의 포르노 가게 수가 마흔네 곳에서 대여섯 곳으로 줄어들 것이라고 의기양양 선언했다.

새로 만들어질 이 조례는 공동의 선과 개인의 권리 사이에 새로운 경계를 그으려는 줄리아니의 광범위한 노력의 일환이었다. 그러나 이런 노력은 그가 거리에서 반사회적이고 위협적인 행위를 몰아내려는 운동을 했을 때와 같은 종류의 반발을 샀다. 게이와 레즈비언 운동가들은 이 조례가 그리니치빌리지에 있는 무해한 성생활 용품점을 몰아낼 것이라고 했다. 노먼 시글은 이것이 "시대의 징후이며 뉴욕의 풍부한 문화 역사와 완전히 반대되는 새로운 억압적인 환경"이라고 묘사했다. 성산업 관련자들은 그들이 고용한 변호인단장 헤럴드 프라이스 파링거Herald Price Fahringer를 통해 '부작용' 보고서에 이의를 제기했다. 그럼에도 10월 말, 지역사회는 조례를 승인했고 시 의회가 한 번 더 통과시켰으며 이듬해 발효되었다.

조례를 작성한 이들은 '상당 부분'이라는 말을 좀 더 구체적으로 설명했다. 취급 물품의 40퍼센트 이상이 성인 용품일 때 새 규제를 적용받는다고 명시한 것이다. 뉴욕 시에서 꽤 잘 알려진 편인 한 포르노그래피 업자는 쉽게 규제를 피해 갈 수 있을 것이라며 당시 이렇게 말했다.

"페티쉬 영화에는 성행위 장면이 없는 게 많아요. 액션 영화나 공포 영화를 취급해야 한다면 그렇게 하지요."

선견지명이 있는 말이었다. 조례에 따르기보다 차라리 문을 닫는 포르노 가게도 많았지만 일부는 진열대를 쿵푸 영화로 채우기도 했다. 그리고 뉴욕 시 건물국에서 가게 문을 닫으려고 하면 파링거에게 갔다. 언변이 뛰어난 백발의 파링거는 성인 오락 산업의 주변호사였다. 그런 소송에서 파링거는 그 자신의 말을 빌면, "삼진 27개"라는 완벽한 성적을 거두었다. 그는 타임스퀘어에서 '성인 용품 40퍼센트 미만 규칙'의 효과는 없었다고 주장한다. 8번 애비뉴에는 여전히 포르노 가게가 벌집같이 들어서 있었고 마약상과 포주들도 이곳을 즐거운 사냥터로 삼았다. 그래도 42번가에서는 포르노그래피가 사라졌다. 타임스퀘어의 중심 지역에는 47번가에 있는 고급 스트립쇼 극장 레이스를 제외하면 옛날의 음탕함이 사라지고 없었다. 새로운 조례는 타임스퀘어를 청소했지만 반짝반짝하게 닦은 것은 아니었다. 그레첸 다익스트라는 이렇게 묻는다.

"섹스가 없는 타임스퀘어가 말이 되는가? 타임스퀘어에 집중되어 있어서 나빴던 거지, 섹스 자체가 나쁜 것은 아니다. 포르노 가게 한두 개 있다고 크게 잘못되는 것은 아니다."

2막

리처드 바시아노는 손쉽게 진열대의 60퍼센트를 성룡 영화로 채울 수 있었겠지만 그는 그보다 넓은 시야를 가진 사람이었다. 파링거에 의하면 바시아노는 실제 성행위 장면을 보여 주던 2층 방들을 십만 달러를 들여 연극 무대로 개조했다. 그리고 정극을 올릴 연출가를 찾기 시작했다. 바시아노는 자리가 잘 잡힌 극단이 뉴욕에서 가장 악명 높은 포르노 가게 위층으로 옮기고 싶어할 리 없다는 사실을 깨달았다. 하지만 전용 극장이 없는 아방가르드 극단은 그다지 까다롭지 않았다. '접히는 기린Collapsible Giraffe'이라는 극단이 1998년부터 여기서 연극을 올리기 시작했다. 1999년 여름, 일명 오프브로드웨이의 공연 기획자 애런 빌Aaron Beall은 곤드레만드레 취한 채 여자 친구와 함께 마침 쇼월드로 굴러 들어가게 되었다. 이미 감수성이 예민한 상태에 있던 빌은 쇼월드의 초현실적인 실내장식, 즉 심술궂은 어릿광대와 회전목마 장식, 관 등에 압도되었다. 빌은 그것을 '죽음의 서커스'라고 불렀다. 그는 새 보금자리를 찾았다고 생각했다. 10월이 되어

빌의 '토도 콘 나다(Todo Con Nada, '아무것도 없는 모든 것'이라는 뜻으로, 외부
지원이 거의 없어도 지지 않고 버티겠다는 애런의 의지를 장난스럽게 나타낸다.)'
극단은 '접히는 기린' 대신 쇼월드에 자리잡았다.

나는 2001년 12월에 처음 애런 빌을 만났다. 그는 쇼월드의 블랙
박스 극장에서 스카프와 붉은 취침용 모자를 쓰고 나를 맞았다. 젊은
남성이었는데 배는 중년 남자처럼 볼품이 없었고 안경은 팔각형 할머
니 안경이었다. 애런은 환한 미소를 지어 보였는데 마치 잡화점의
산타클로스와 유대교의 난쟁이 요정을 섞어 놓은 듯했다. 애런은 부
추기지 않아도 이야기가 술술 나오는 그런 사람들 가운데 하나였다.

"저는 1989년 처음으로 극장을 열었어요. 이스트사이드 남부의
러들로우가 167번지였죠."

우리는 쇼월드의 본무대인 '고고 1GoGo 1'에서 이야기를 나눴다.

"우리는 계속해서 러들로우가에 극장을 열었어요. '촛불의 집The
House of Candles', '피아노 가게The Piano Store', '분홍 조랑말The Pink Pony',
'남부 이스트사이드 주택 박물관The Lower East Side Tenement Museum'을
열었죠."

극장의 이름은 그 자리에 있었던 가게의 이름을 따왔다고 했다.

"주로 연극을 올린 방법은 그냥 전화 옆에 앉아 있으면 사람들이
전화를 해서 '연극 한 편 해도 되요?'라고 묻는 것이었죠. 그러면
그러자고 했어요. 우리는 1990년대 남부 이스트사이드 극단들의
중심이었어요. 12년 동안 연극 2천5백 편을 했어요."

나는 내가 잘못 이해했다고 생각해서 되물었다.

"공연을 2천5백 회 했다는 말씀이시겠죠?"

애런은 내 말을 바로잡아 이야기했다.

"아니에요. 연극 2천5백 편을 했어요. 일곱 시, 열 시, 그리고 자정에 공연이 있었어요. 하룻밤에 세 번이었죠. 때때로 자정에 작은 공연 네 개를 하기도 했어요. 공연은 총 십만 번, 배우들은 총 만5천 명이 올라갔죠. 폭발적인 활동이었죠."

애런과 동료들은 '인터내셔널 프린지 페스티벌International Fringe Festival'을 시작한 장본인이기도 한데, 이 페스티벌은 미국에서 가장 큰 연극 페스티벌로 급성장했다.

그러다가 애런은 문화와 부동산의 관계에 대해 교훈을 얻었다.

"처음에는 집주인들이 지역을 고급화하겠다고 우리를 불러들였어요."

1990년대에는 애런과 같은 사람들 덕분에, 이미 유대인 마을에서 라틴계와 동양계인들의 빈민가로 둔갑해 있었던 남부 이스트사이드는 다시 보헤미안의 거리로 변화했다. 그러자 건물들이 조합 주택으로 바뀌면서 '토도 콘 나다'는 이 극장 저 극장에서 쫓겨나는 신세가 되었다. 애런은 또한 프린지 페스티벌의 운영권을 좀 더 대중적이고 부유한 단체에 빼앗겼다.

"자본주의의 쓰라린 교훈을 경험하고 있었던 거지요."

애런은 어깨를 으쓱이며 말했다. 그는 판결을 받아들였다. 애런은 아방가르드가 예술로 인정받기 위해서 시장의 시험에 낙제해야 할 필요는 없다고 생각했다. 오히려 그 반대였다. 애런은 스스로를, 자신이 '얼터너티브 브로드웨이'라고 이름 붙인, 움트는 반체제 문화의 지휘자라고 생각했다. 게다가 애런은 겉보기처럼 어리숭하지 않았다. 그가 성장기에 엄마와 여동생과 함께 멕시코의 버려진 교회에서 히피들과 산 것은 사실이지만 그의 어머니는 그를 멕시코의 가톨릭 학교에 보냈고 그곳에서 그는 "남자다움의 모든 것"을 배웠다. 애런은 얻어맞은 뒤 툴툴 털고 일어나는 법 하나는 제대로 배웠다. 그래서 프린지 페스티벌을 빼앗겼을 때 그는, 비록 훨씬 더 보잘것없기는 하나, 경쟁 페스티벌을 만들었다. '퓨어 팝'이라는 이 페스티벌은 "프린지(변두리) 페스티벌의 프린지"였다.

그런 뒤 애런은 여자 친구와 함께 우연히 쇼월드에 들어가게 되었고 '나다 쇼월드'가 탄생하게 됐다. 애런은 그 장소가 정말 마음에 들었다. 리처드 바시아노처럼 마음에 들어한 것은 아니지만 그렇다고 해서 빈정대는 뜻으로 마음에 든다고 한 것은 아니었다. 서른일곱 살의 애런은 「공 쇼*The Gong Show*」와 「럭키 호러 픽처 쇼*The Rocky Horror Picture Show*」를 보며 자란 세대였다. 그리고 이 세대의 제프 쿤스*Jeff Koons*와 같은 예술가들은 싸구려 집안 물건을 아무렇지 않은 듯 예술품으로 가져다 썼다.

"우리 세대는 싸구려를 멋지다고 생각해요."

애런의 말이다. 애런은 '인간쓰레기장'이 활짝 핀 모습을 보기에는 너무 늦게 태어났다. 그리고 만약 그것을 보았다면 다르게 생각했을지 모르지만 어쨌든 그는 리처드 바시아노와 동질감을 느꼈다. 애런은 바시아노를 변두리 활동을 주류로 끌어온 사업가로 보았고 주류 잣대로 평가했을 때 성공했다고 생각했다. 애런은 바시아노에 대해 이야기하면서 빅 탑 카바레와 한때는 '엿보는 방'이었던 곳으로, '성소 중의 성소'라며 장난스럽게 존경을 표하며, 나를 안내했다. 그리고는 바시아노가 임대를 하고 있던 위층 무용 연습실로도 데리고 갔다.

"바시아노는 당대의 지그펠트였어요. 하나의 산업을 창조했어요. 모든 걸 끼워 맞춘 사람이죠. 주어진 면적을 최대한으로 활용했고요. 궁극적으로 리처드 바시아노는 목수로 치면 우두머리 목수였어요."

애런은 자신 역시 우두머리 목수라고, 얼터너티브 브로드웨이의 해머스타인이라고 여겼다. 러들로우 거리를, 프린지 페스티벌을, 퓨어 팝을 만든 사람은 바로 그가 아니던가? 그는 19세기 제작자에 상당하는 오늘날의 인물들, 테드 터너Ted Turner 같은 사람이나 타임 워너Time Warner 같은 회사와 함께 작업하는 것이 꿈이었지만 그 대신 리처드 바시아노와 손을 잡았다.

애런은 '우스꽝스러운 극단The Ridiculous Theatrical Company'의 설립자 고故 찰스 러들램Charles Ludlam과 연관되는 속임수, 과장법, 뒤범벅하기에 큰 영향을 받았다. 그는 러들램의 「소돔의 흡혈 레즈비언Vampire Lesbians of Sodom」을 "1980년대의 대표적 희곡"이라고 설명했다. 이것은 톰 스토파드Tom Stoppard나 데이비드 마멧David Mamet, 테렌스 맥낼리Terence McNally의 추종자들에게는 놀라운 소식일 수 있을 것이다. 러들램과 마찬가지로 애런은 고대 비극에 조예가 깊었고 옛 희곡을 현대적 키치 감수성으로 재구성하는 것을 즐겼다. 그래서 '초월 연출법Super-Theatrics'이라는 것을 고안했다. 이것은 "어떤 연극 방식이든 거기서 견본을 추출해서 마치 음악을 믹싱하는 디제이처럼 어떤 텍스트에든 적용시킬 수 있다."는 통찰에 기초한 것이었다. 그가 쇼월드에서 처음 올린 작품은 「변태의 노래Pervy Verse」였는데, "「바쿠스의 여신

도들」에게 페티쉬 용품을 착용시켜 재구성한" 작품이라고 애런은
설명했다. 그는 「고도를 기다리며」와 체호프 스스로가 보드빌이라
고 불렀던 그의 초기 희극 열두 편 모두를 연출하기도 했다. 또한
러들램의 업적을 기리기 위하여 '우스꽝 축제'를 열기도 했다. 나다
쇼월드의 첫 번째 대흥행작은 「복수의 신*God of Vengeance*」이었는데, 1910
년 숄렘 아쉬Sholem Asch의 이디시 연극으로 매음굴이 배경이었다. 이
연극을 보러 온 관객 가운데는 머리가 희끗한 부인네들과 하시디즘
파 유대인들이 묘하게 섞여 있었다. 물론 유대인들은 특유의 모자와
외투를 입고 오지 않았다. 「복수의 신」은 신성모독이라는 이유로
금지된 악명 높은 연극이었기 때문이다. 그게 아니더라도 이 연극은
뉴욕에서 가장 유명한 포르노 가게 위층에서 열리고 있었다. 이러한
부조화가 바로 애런을 살맛나게 하는 것이었다. 애런과 타임스퀘어
는 천생연분이었다.

이후 몇 달간 나는 주기적으로 애런과 그의 커져 가는 왕국을
방문했다. 재미의 반은 그곳으로 향하는 길에 있었다. 쇼월드의 로비
에는 성인 용품은 없고 받침대 위에 놓인 동물 조각이 많았다. 정문
가까이에 있는 표지판에는 '실황 쇼 없음'이라고 적혀 있었다. (애런은
'실황 쇼 없음'이라는 축제도 연 적이 있다.) 8번 애비뉴의 기준에서 봤을 때
매우 지각 있는 행동이었다. 양쪽으로 열리는 문을 지나가면 비디오
자판기들이 있는 '엿보기 방'이 있고 아래층에는 인간에게 알려진
모든 종류의 모조 남근과 비디오가 있는 거대한 성생활 용품점과 엿
보기 방이 좀 더 있었다. 로비에서 위층으로 올라가거나 모퉁이를
돌아 별개의 입구로 들어가면 계단의 층층마다 '스타와 이야기를',

'25센트 누드 쇼', '환상의 방', '실황 누드 쇼' 등의 문구가 적혀 있었다. 위층에는 '고고 1'과 '고고 2', '빅 탑' 등의 다양한 라운지가 있었는데 모두 검은색으로 칠해져 있고 빨간 띠를 둘렀으며 다이아몬드 모양 거울이 있었다. 확 바뀐, 더 짜릿해진 러들로우가가 배경인 듯했다. 이곳은 섹스의 집이었다.

애런은 리처드 바시아노가 직관적으로 자신을 이해한다고 생각했다. 둘 다 공상가였기 때문이다. 애런은 1990년대 초부터 같은 꿈을 키워 왔다. 얼터너티브 브로드웨이의 흩어진 에너지를 통합하고 변두리의 문화 경제적 힘을 충분히 실현하는 것이다. 물론 자신의 지휘하에. 그는 자신의 꿈을 담은 문건을 수년 동안 만지작거려 왔다. 이제 그 꿈은 남부 이스트사이드에서 42번가와 8번 애비뉴로 이동했다. 2001년 6월, 애런은 그의 원대한 계획을 담은 문건을 새로 작성하여 바시아노에게 보냈다. 애런에게는 피해를 보지 않으려는 다른 속셈도 있었다. 바시아노가 천문학적인 액수에 부동산을 팔 준비를 하고 있었다는 소문이 나돌고 있었기 때문이다. 애런은 그 액수가 3억 달러라고 했지만 애런은 돈 관념이 매우 흐릿했다. 어쨌든 애런은 자신의 후원자에게 부동산을 팔지 않으면 더 많은 돈을 벌 수 있을 것이라고 설득하려 애쓰는 중이었다. 결과적으로 애런은 레베카 로버트슨 등이 거의 십 년 동안 해 오던 주장을 형태만 바꾸어 하고 있던 셈이다. 42번가와 타임스퀘어에 경제 발전을 가져다줄 것은 바로 문화 활동이라는 주장이었다. 그러나 애런이 지지를 호소하는 것은 다른 문화 분야였다. 더 많은 노력을 요하고 더 의욕적이며 더 소박하고 더 '실제적'인 분야였다. 그는 " '옛' 타임스퀘어의 정신을 담은, '새' 타임스퀘어에 대한 진정한 대안"을 제안하고 있었다. 애런은 새로운 42번가에서 팔리고 있는 것과 같은 인위적인 상품이 아닌 진정한 공연 문화를 제공하겠다고 다짐했다.

타임스퀘어 공연 센터 내 '쇼월드'에 있는 '토도 콘 나다'의 2002년판 계획안은 타임스퀘어 재개발 과정에서 나온 문건 중 정말로 이상한 문건 가운데 하나였다. 숨 가쁜 기대로 가득찬 이 계획안은 상업과 예술 간의 '역사적인 협동'이 서로에게 얼마나 큰 횡재인지 강조하고 있었다. 계획에 의하면 쇼월드는 '무대'가 되고 '이웃'이 될 것이며 새로운 보헤미안의 중심이 된다. 쇼월드는 한 해에 관광객 최소 25만 명을 끌어들일 전혀 새로운 예술 문화 복합 건물이 되는 것이다. 25만 명이라는 숫자는 오프브로드웨이의 한 해 관객의 4분의 1에 해당되는데, 내 생각에는 애런이 브로드웨이 총 관객 수를 착각한 것 같다. 어쨌든 숨은 논리는 "지어라, 그러면 올 것이다."는 것이었다. 애런은 총 열 가지의 새로운 사업도 제안했는데 이 사업들은 서로 시너지를 일으키면서 협력해 나가게 된다. 아래층에는 더 전통적인 형태의 구경거리가 들어서게 된다. 가장 큰 돈벌이는 '실황 쇼 없음'이 될 터였는데, 이것은 포르노가 없는 비디오 자판기 사업으로 폐업한 바시아노의 피플랜드에 들여놓았던 마흔네 개의 비디오 기기를 이용하려는 것이었다. 애런의 반짝이는 발상은 이런 것이었다. 지금처럼 25센트에 90초간 영상을 제공하지만 128채널의 다양한 영상물을 구비하는 것이었다. 게다가 '실황 쇼 없음'에는 바닥을 닦을 걸레도 필요 없었다.

애런은 또한 밤늦게까지 문을 여는 클럽과 선물 가게(박물관 기념품 가게 같은 것), 미술 전시실과 쇼월드 식당 겸 술집도 제안했다. 쇼월드 식당에서는 '원래의 실내장식'을 살짝 다듬어 "1970년대 분위기"를 재현하게 된다. 실리적인 면을 강조하기 위해 애런은 '토도 콘 나다'의 연극이나 축제는 네 개의 극장에 대관 계획이 없을 때만 무대에 올리기로 했다. 이와 동시에, 숫자에 초현실적인 감각을 갖고 있던 애런은 새로운 쇼월드 센터의 한 해 수익이 잠재적으로 최대 47,123,100달러까지 될 것으로 계산했다. 아름다운 꿈이었다. 타임스퀘어와 쇼월드, 그리고 애런 빌까지 순서대로 변화시키겠다고 장담하고 있는 꿈이었다. '토도 콘 나다'는 총 대관비의 10퍼센트를, 식당에서 12퍼센트를, 그리고 예술품 총 판매 수익의 25퍼센트를 받게 될 터였다.

2002년 봄, 애런은 새로운 쇼월드 센터가 태어나는 것을 지켜보았다. 미술 전시실은 문을 열고 영업 중이었고 애런은 빅 탑 카바레에 비디오 모니터를 설치하고 있었다. 바시아노는 3층에 새 사무실을 지어 놓았다. 어느 날 오후, 애런이 나를 자신의 사무실로 데리고 올라갔다. 탁자와 책이 조금 있는 크고 텅 빈 방이었다. 한 일꾼이 사무실에 들러 물었다.

"앞으로 매일 몇 시에 나오면 되겠습니까?"

애런은 놀라움에 고개를 가로저었다. 이것은 일종의 기적이었다. 애런은 기적을 받아들일 때도 대실패를 받아들일 때와 같이 좋은 마음으로, 운명이라는 듯 받아들였다. 애런이 공연 사업에서 자신이 차지하고 있는 그 독특한 영역을 즐기게 된 데는 무슨 일이든 일어날 수 있다는 바로 그 사실 때문이었다. 리처드 바시아노가 애런의 청사진을 심각하게 받아들였다는 것이 믿기 힘들지만 애런은 자신을 너무 믿었기에 다른 사람이 자신을 믿으리라는 것을 의심하지 않았다.

"언젠가 나도 과거를 돌아보며 내가 오십 년간 해 놓은 일을 바라
보겠지요."

애런이 말했다. 이날 애런은 숱이 많이 남지 않은 헝클어진 머리
카락 위에 어울리지 않게 멋진 검정 베레모를 쓰고 있었다.

"그때가 되면 아마 리처드 밑에서 일하기로 한 것만큼 잘한 선택
은 없었을 거라고 생각할 거예요."

3막

2002년 5월 첫째 주의 어느 오후, 나는 애런을 만나기 위해 3층으
로 올라갔다가 옆방에서 그곳에 전혀 어울릴 것 같지 않은 인물을
만났다. 흰 셔츠에 흰 넥타이를 하고 주머니에 펜을 꽂은, 은빛의 머리
를 고스란히 뒤로 넘긴 오십대 남성이었다. 애런은 "총지배인님과
인사하시죠."라고 말했고 백발의 총지배인이 걸어 들어왔다. 이름은
마크 바버넬Marc Barbanell이었다. 마크는 묘한 거리감이 느껴지는 방식
으로 리처드 바시아노(애런처럼 리치라고 부르지 않았다.)가 아래층의 '콘셉
트'를 어떻게 정리하고 확장하고 현대화시켰는지 등을 설명했다. 나
는 그가 콘셉트를 설명할 때 '섹스'라는 말을 한 번도 쓰지 않았다는
것을 알아챘다. 그는 리처드와 '사적으로, 개인적으로'였지만 '오랜
친분'이 있다고 말했다. 얼마 전 "이 단체의 기업 부분"을 맡아 달라는
부탁을 받았다고 했다. 자신은 '기업' 경험이 있는 사람이라고 했다.

그는 방아쇠를 당겨야 한다느니 물가로 나가지 않겠다느니 하는 복잡한 은유를 사용함으로써 이것을 증명했다.

"나를 일종의 수단이라고 생각하면 되겠습니다."

이렇게 말하면서 처음으로 애런을 쳐다보았다. 마크는 업소의 금전적 성공을 위한 '수단'이었다. 사태가 긍정적으로 진행되고 있는 것처럼 보이지 않았다. 실제로 마크는 요점에 관해서는 전혀 모호함이 없었다.

"리처드가 수익에 대해서 나한테 큰 압박을 가하고 있습니다."

그는 선언하듯 말했다. 30일, 60일, 90일 등의 '타임 프레임', 즉 시간 틀에 대해서도 이야기했다.

마크 바버넬이 어울릴 법한 장소가 없는 것은 아니었다. 예를 들면 조지 코프먼의 환각적인 '말 탄 거지'의 배경은 그에게도 잘 어울릴 것이다. 그러나 토도 콘 나다 쇼월드에서 그는 마치 유니콘처럼, 양복 입은 유니콘처럼 튀었다. 나는 마크를 따라 그의 작은 사무실로 가 보았다. 그는 서류 작업을 하느라 바빴다. 주머니에는 호출기가 달려 있었다. 나는 마크에게 바시아노 씨를 만날 수 있을지 물어보았다. 그랬더니 그는 또다시 긴 독백을 시작했다. 이 업소는 불필요한 위험을 피해야 하며 특정한 원칙에 의해 운영하고 유명세를 타는 데는 관심이 없으며, 마크는 이 단체가 다양한 출처에서 '요청'을 받고 있다고 했다. 그 가운데는 "에어 포스 원(미국 대통령 전용기)"도 있었다.

"에어 포스 원이라고요?"

"네. 리처드는 관심이 없다고 하더군요."

무엇을 요청했기에 관심이 없다고 대답했는지 물었지만 마크는 말을 하지 않았다. 애매한 저음의 독백은 계속되었다. "우리는 이러한 기회가 우리 단체의 목표와 부합하는지 살펴보고……." 나는 마침내 사과를 하고 그 자리를 피해 문 밖으로 나왔다. 그리고 애런의 사무실로 가서 의심스럽다는 듯 눈썹을 치켜 올렸다. 애런은 이렇게 말했다.

"마크는 기업적인 부분을 담당하는 사람이에요."

이것은 농담처럼 들리지 않았고 나는 안 좋은 예감이 들었다.

6월 초 두 번째로 마크를 만났을 때 그는 리처드가 나를 못 만나는 대신 자신이 나와 이야기하기로 했다고 말했다. 그는 자신이 「홉스카치(Hopscotch, 돌차기 놀이)」라고 하는 연극을 유치했다고 했다.

"꽤 고급 연극이에요. 단정하고 깔끔하고 고급스러운 관객을 끌어들일 거예요. 평일에 데이트를 하러 나온 맵시 있는 사람들이라고나 할까."

이들은 「변태의 노래Pervy Verse」를 보러 올 관객 같지는 않았다. 포르노를 뺀 비디오 자판기는 말할 것도 없었다. 그때 나는 애런 사무실의 문이 잠겨 있는 것을 알아챘다.

"나갔습니다."

마크는 무뚝뚝하게 말했다.

"내가 심기를 건드린 거죠. 여기서 벌어지고 있는 일을 언짢아하더군요. 내가 그랬거든요 '애런 씨. 마크가 왔어요 돈을 좀 벌어봅시다.'"

애런은 미래를 완전히 잘못 짚었던 것이다. 애런은 후원자의 인내심도 바닥내고 자금도 바닥냈다. 마크는 회의에 참석하려고 나가려던 참이었고 우리는 나란히 삐걱거리는 계단을 내려가 2층으로 갔다.

그는 젊은 해머스타인과 했던 마지막 대화를 기억했다.

"제가 이렇게 말했습니다. '애런 씨, 당신한테는 이미 2년이라는 시간이 주어졌어요 돈은 언제 벌 겁니까?' 그랬더니 새로운 연극이 온다, 이런 사업이 있고 저런 사업이 있다 하더군요. 그래서 내가 '애런, 이건 완전히 실패한 것이나 다름없어요. 벌써 25만 달러나 썼는데 끝이 안 보이잖아요. 부끄러울 지경이라고요.'하고 말했지요."

마크는 어느새 은유법을 사용하지 않고 있었다. 그것 또한 예감이 안 좋았다. '토도 콘 나다'라는 이름도 이미 간판에서 지워졌다고 했다. 마크는 앞으로 애런이 "어떤 권리도 주장하지 못할 것"이라고 했다. 애런은 단지 섭외를 할 뿐이고 돈을 주고 연극을 올리느냐 마느냐는 마크의 결정이었다.

일꾼들은 2층의 온 사방을 타고 오르며 전혀 새로운 쇼월드를 만들고 있었다. 함께 걷고 있는 도중에 마크는 두 일꾼과 함께 서 있는 반백의 남자를 가리켰다.

"저 사람이 리처드예요."

나는 인사라도 할 수 있겠냐고 물었다. 마크는 고개를 가로저으며, "좋은 생각인 것 같지 않아요."라고 말했다.

나는 마크와 인터뷰를 하기 위해 다음 주 다시 방문했고 마크가 애런을 단단히 혼내고 있는 모습을 목격했다. 애런은 붉은 티셔츠와 하늘색 운동화를 신고 마치 로버트 크럼Robert Crumb의 만화에 나오는 인물처럼 문간에 서 있었다. 애런이 가장 최근 섭외한 연극이 대실패했고 좁디좁은 사무실 책상 뒤에 앉은 마크는 회계학 강의를 늘어놓고 있었다. 마크는 앉아 있었고 애런은 서 있었다.

"여기 와서 '마크, 어제 8천 달러를 벌었어요'라고 말해도 소용이
없어요, 전날 만2천 달러 손해를 봤으니까 4천 달러나 적자란
말입니다. 내 말 알겠어요?"

마크는 가공의 장부에 가공의 숫자를 적어 넣고 있었다. 마크는
회계사 프랭크에 대해 이야기했고, "ET의 긴 손가락"에 대해서도 이
야기했다. 프랭크의 철저하고 엄밀함을 이야기하는 듯했다. 마크는
말 안 듣는 아이를 다룰 때처럼 인내심이 바닥난 채 이야기했다. 문제
의 아이는 어깨를 구부린 채 아무 말없이 혼나고 있었다. 애런은 말대
꾸를 하지 말아야 할 때를 아는 듯했다. 그는 매를 맞을 줄도 알았다.
멕시코에서 다녔던 가톨릭 학교에서 배운 것이다. 그러나 마크의 장
부에 그는 여전히 패배자로 기록되어 있었다.

마크의 사무실은 인터뷰를 하기에는 너무 작았다. 한 사람은 앉
고 다른 한 사람은 서 있어야 했다. 마크는 극장 로비로 가자고 했다.
우리는 대피용 계단을 내려가 일꾼들 사이를 비집고 지나가 핏빛 벤
치에 앉았다. 마침 쇼월드의 변화에 관한 기사가 났는데 '오점' 등의
말이 들어가 있었다. 마크는 분노에 떨고 있었다. 그는 나를 의심하여
정색을 하고 뜯어보고 있는 듯했다. 그는 리처드의 '고결함', '성실함',
그의 '적법함', 그리고 심지어는 그의 '경건함'에 대해서도 이야기했
다. 그러나 리처드뿐만이 아니라 '시설' 역시 오해를 사고 있었다.

"중학교 시절을 돌이켜 보는 것하고 비슷합니다."

마크는 이렇게 말했다.

"여자 친구를 만날 때, 남자가 여자 친구를 만나는 진짜 이유가

무엇이겠습니까?"

마크는 장난스러운 표정을 지었다. 쇼월드 내에서는 따로 대답할 필요가 없는 그런 질문이었다.

"이제 나이가 들어 그 친구는 결혼을 하고 싶습니다. 그러니까 수년 전, 어렸을 적, 그러니까 쇼월드의 시절에 우리는 다른 이미지, 다른 이유가 있었습니다. 이제 나이가 들었고 현명해졌고 도시의 변화와 발맞추어 가고 있습니다."

새로운 쇼월드는 결혼을 생각하는 남자인 셈이었다. 아이러니하게도 애런이 포르노그래피의 어두운 면을 이용하고 싶어했던 반면 마크는 저녁을 먹으며 공연을 관람하는 고급스럽고 즐거운 분위기를 생각하고 있었다는 점이다. 애런은 리처드 바시아노보다 쇼월드에 더 깊은 믿음을 갖고 있었던 것 같다.

마크는 문화 위치에 관한 문제에 관해서는 약간 방어적이었다. "우리가 예술에 매우 민감하다는 것을 명확히 하고 싶습니다. '고고 1'과 '고고 2' 극장에서는 연극을 올립니다. 애런이 수익을 올릴 수 있다고 주장하는, 도심에서 인기를 얻을 만한 연극을 올리겠죠. 패션쇼도 열릴 것이고 '호화로움과 거울, 번쩍이는 불빛이 필요한 환경 운동 모금 행사' 같은 것도 있을 겁니다."

빅 탑 카바레는 고급스러운 라운지 겸 스포츠바가 될 계획이었다. "사업가로 여기 왔는데 스포츠를 보고 싶다고 하면 무료 칵테일 안주를 받을 수 있습니다. 새우와 관자, 소스로 가득한 칵테일 잔인데 음료를 두 잔 시키면 안주는 무료로 먹을 수 있지요."

마크 역시 쇼월드를 활발한 만남의 공간으로 만들고 싶어했다.

그러나 애런이 생각했던 것과는 좀 달랐다. "타임스퀘어 공연 센터가 이곳을 찾는 사람들에게 오명을 안겨 준다면," 마크는 오명이라는 말을 그 정반대의 의미로 썼다.

"만약 연극계 사람들이 다 이곳에서 만나고 사진기자들도, 공연계 사람들도 여기 있고 아는 사람들이 다 있다면 뭐하러 로비의 1960년대 분위기를 계속 유지하겠습니까. '엿보기 쇼'를 즐기는 사람들은 주기적으로 찾아오는 사람들이고, 그게 다 그렇고 그런 거지 다른 게 있겠습니까."

마크는 쇼월드에서 포르노그래피가 사라질 수 있다는 것을 이런 식으로 표현했다. 이것은 조쉬 앨런 프리드먼의 가장 끔찍한 악몽이었다.

4막

그 다음 주 나는 애런을 만나 '조 프랭클린의 추억의 뒤안길Joe Franklin's Memory Lane Restaurant'이라는 식당에서 점심 식사를 했다. 애런은 옛날 언론 홍보 담당자들처럼 머리 위에 펠트 모자를 얹어 놓고 있었다. 애런은 어떤 종류의 채식주의자도 아니었다. 그는 필레미뇽 스테이크와 적포도주 두 잔을 곁들여 먹었다. 마크는 보수가 계속되는 동안 애런의 공연 스케줄을 중단해 버렸지만 애런은 늘 그렇듯 차분하고 기분이 좋아 보였다. 마크는 아이러니를 좋아하는 애런의 마음에 들었다.

"마크는 대단한 영어 문장가예요."

애런은 이렇게 말했다.

" '이봐요, 나는 《스타 워즈》의 다스 베이더가 아니오.'라고 한 적도 있어요."

그럼에도 애런은 자신과 마크가 시너지 효과를 자아낸다고 말했다. 두 사람 모두 영업에 소질이 있다고도 했다. 애런은 여전히 '실황쇼 없음'과 미술 전시실, 그리고 그가 계획한 연극 공연이 대부분 이루어질 것으로 알고 있었다. 그러나 이렇게 인정하기도 했다.

"저는 거품 속에 있어요."

여기서 거품이란 타임스퀘어 역사의 전환기로 시장이 돈 될 것과 안 될 것을 정확히 구분해 주지 않은 시기를 말한다. 애런은 새로운 타임스퀘어에서 지나치게 기이한 인물로 결론이 날 수도 있었다. 하지만 그것은 물론 그의 삶의 큰 양식이었다. 새로운 것을 만들고 나서 그것이 이용당하고 포섭되는 것을 지켜보는 것. 그럼에도 언제나 다음 장소가 있을 터였다. 애런은 이렇게 말했다.

"나는 여러 아이디어의 바탕이 되는 틀은 남겨 놓고 가고 싶어요. 내가 실패했더라도 이후에 누군가가 다시 시도해 볼 수 있도록."

애런은 또다시 미래를 잘못 짚은 것으로 판명이 났다. 7월 중반 애런을 다시 만났을 때 그는 마크가 자신을, 그리고 '토도 콘 나다'를 쇼월드에서 쫓아냈다고 했다. 애런에게 고고 극장 두 개 중 하나를 언제든 빌려도 좋다고 했지만 대관비가 하룻밤에 6백 달러에서 천 달러 사이였으니 마크는 "값을 올려 얼터너티브 브로드웨이를 쫓아내 버린 셈"이다. 나는 마크의 원래 의도가 그랬던 것 같다고 했더니 애런은 "뭐, 쇼월드의 철학은 언제나 '단점을 극대화하라'였으니까요."라고 했다. 애런이 이렇게 적의에 찬 말을 하는 경우는 드물었다.

그러나 상관없었다. 애런은 이미 사업을 45번가의 9번 애비뉴와 10번 애비뉴 사이에 있는 옛 커튼 공장으로 옮긴 뒤였다. 이곳은 타임스퀘어 전설이 흠뻑 스며든 곳이었다. 공장에서 내려다보이는 공원은 1959년 일어난 악명 높은 '망토 입은 사나이의 살인'으로 유명한 곳이다. 이 사건은 폴 사이먼이 이후 연극으로 만들기도 했다. '토도 콘나다 타임스퀘어'는 곧 단독 공연 몇 편을 무대에 올릴 예정이었다. 애런은 버려진 가게에서 공연을 할 생각이었다. 그는 전혀 패배한 듯 보이지 않았다. 얼터너티브 브로드웨이의 중심을 새로운 장소로 옮겨야 한다면 옮기면 되는 것이었다. 곧 굵직한 일도 생길 터였다. 애런은 다른 한 사람과 협력해서 「이카루스와 아리아*Icarus and Aria*」라는 새로운 공연을 기획 중이었다. 「로미오와 줄리엣」이 「애니 기븐 선데이*Any Given Sunday*」와 「트래픽*Traffic*」을 만났다고 생각하면 된다고 했다. 그것도 운문 형식으로.

5막

2003년 초에 이르자 타임스퀘어 공연 센터의 보수는 끝났고 마크 바버넬은 2백만 달러가 들어간 자식과도 같은 그곳을 자랑하고 싶어 안달이었다. 마크는 여전히 창문도 없는 코딱지만 한 사무실에서 생활하고 있었다. 비록 셔츠와 타이 대신 검은 터틀넥 스웨터를 입기 시작하기는 했지만. 내가 방문했던 날은 눈이 심하게 오고 있었다. 그러나 마크는 무언가를 똑똑히 전달하기 위해 나를 데리고 8번 애비뉴 보도로 나갔다. 쇼월드 입구 바로 북쪽에 7만5천 달러를 들여 만든 발광다이오드(LED) 간판이 있었는데 쇼월드의 새로운 카바레 '르 클럽'을 홍보하기 위한 것이었다. 쇼월드는 이쪽, 쇼월드의 '르 클럽'은 저쪽으로 입구가 서로 다르고, 서로 다른 공간이었다.

"주소가 달라요."

마크가 설명했다. 그게 전부라는 듯한 말투였다.

"한 곳은 673번지, 다른 한 곳은 669번지에요. 쇼월드는 전혀 다른 공간이에요. 옆에 약국이 있는 것과 다를 게 없죠."

우리는 다시 카바레로 올라갔다. 모든 것이 최고 수준이었다. 거대한 전동 스크린 여섯 개와 '인공지능 조명' 시스템(328,000달러), 음향 시스템(22,000달러), 카푸치노 기계(6,000달러), 압력 조리기(1,000달러), 그리고 바에는 "완전 연속 영사"를 가능케 하는 플라스마 스크린(가격 매길 수 없음)이 있었다. 꿈속의 세상이었다.

"안개도 있고 조명도 있고 춤도 있고 활기도 있어요. 여기 아주 죽이는 곳이지요?"

마크가 말했다. 무전기가 울렸다. 리처드 바시아노였다. 마크는 당황한 듯 보였다.

"손님께 시설을 구경시켜 드리고 있습니다."

그는 내가 온다는 사실을 윗사람에 알리지 않은 모양이었다. 무전기에서 흘러나온 리처드의 목소리는 도시적이고 차분했다. 리처드는 캐묻지 않았다. 둘은 그날 오후에 만나기로 했고 쇼월드의 화신인 리처드는 더 이상 아무 말 하지 않았다. 그러나 한 번 실패한 사업에 돈을 쏟아 붓기로 동의한 것은 바시아노였다. 마크는 전문 무용수들이 있으면 가라앉은 분위기를 쉽게 띄울 수 있다는 것을 눈치 채고 르 클럽 무용단을 창단했다.

"천박한 고고 댄서들이 아니라 진짜 무용수예요."

무용수들은 기가 막히게 아름다웠고 뷔스티에[42]를 포함한 반짝이 의상을 맞춰 입는다고 했다. 그리고 전문 안무가들이 교육한다고도 했다.

"플레이보이 토끼를 생각해 보세요."

마크가 말했다.

"그런데 플레이보이가 없다고 생각해 보세요."

마크는 실내장식을 8번 애비뉴식 플레이보이 클럽으로 만들기 위해 최선을 다했다. 벽은 빨강과 검정이었고 유리 타일이 띠를 이루고 있었다. 쇼월드 전통에 따른 것이었다. 그 밖에도 탁자와 의자, 귀빈 방 등 거의 모든 것이 빨강과 검정이었다. 로비는 사진 전시실로 바뀌어 있었다. 프랭크 시나트라와 마릴린 몬로, 오드리 헵번, 게다가 플랫아이언 빌딩과 자유의 여신상까지, 거대한 크기로 현상한 사진들이 걸려 있었다. 극장 공간 가운데 좀 더 큰 곳, 애런이 「신의 복수」를 올렸던 곳은 이제 춤을 출 수 있는 공간이었고 더 작은 '고고 2', 이제는 제2극장인 이곳에서는 즉흥 코미디와 스탠드업 코미디 공연이 열

---

42) bustier. 원래는 속옷이지만 최근에는 소재와 디자인을 다양하게 하여 겉옷으로도 입는다. 브래지어와 코르셋이 연결된 형태로 1990년대 중반부터 유행한 란제리룩의 대표 아이템.

렸다. 뛰어난 방음 기술 덕분에 한 공간에서는 살사 음악을, 다른 공간에서는 레게를, 또 다른 공간에서는 힙합을 틀 수도 있다고 마크는 말했다. 그는 이것을 자기만의 말로 "삼중 팔레트 효과"라고 했다.

그러나 마크가 플라스마 스크린과 완전 자동 마이크로 스크린을 이야기할수록 나는 이 사업의 절망적이고 불안한 미래를 감지했다. 업소는 두 개의 정체성 가운데 갇혀 있었다. 마크는 이렇게 푸념했다.

"나는 사람들에게 이제 쇼월드가 아니라고 자꾸 얘기합니다. 쇼월드의 '르 클럽'이라고 이야기하죠. 쇼월드의 오명이 있으니까 버리지 못하는 거죠. 부정적인 오명이지만요. 쇼월드라고 하면 '여자 누드, 실황 공연'을 생각합니다. 그건 이제 사라졌어요. 십 년도 더 된 일이에요."

쇼월드라는 이름은 상류층 사람들을 몰아내고 있었다. 특히 아시아 여성들은 그곳에는 얼씬도 하지 않았다. 게다가 원치 않는 관심까지 얻고 있었다. 텔레비전 프로그램 「로 앤 오더-성범죄 전담반Law& Order」이 그곳에서 살해 장면을 찍고 싶어했다. 「섹스 앤 더 시티」는 섹스 장면을 찍고 싶어했다. 마크는 그런 데 전혀 관심이 없었다.

"섹스도 안 되고 살해도 안 돼요. 부정적인 건 안 돼요."

그러나 어디서 긍정적인 것이 나오겠는가? 마크도 손해를 보고 있음을 인정했다. 그가 고용한 기획자들은 최소한의 수익조차 올리지 못하고 있었고 마크는 가격 결정 방법을 바꾸는 수밖에 없었다. 경제 때문에 모두가 힘들다고 했다.

품위를 찾으려는 이와 같은 노력이 실패할 수도, 쇼월드 역시 다른 곳처럼 진열대 가득 쿵푸 비디오를 갖다 놓게 될 수도 있을 것이다. 그러나 나는 마크를 응원하고 있었다. 돌이켜 보면 쇼월드의 '토도 콘 나다'는 애초부터 성공할 수 없었다. 리처드 바시아노는 어떤 분야에서도 얼터너티브가 될 생각이 없었다. 타임스퀘어 역시 그랬다. 그리고 8번 애비뉴라는 타임스퀘어의 뒷문은 괴상한 것을 대중화하는 데는 관심 없었다. 음란한 것을 대중화하는 데 관심이 있었다. 애런 빌은 잘못된 출발이었다. 마크 바버넬은 품위로 가는 위험한 바닷길, 즉 쇼월드에서 르 클럽으로 가는 길을 타협을 통해 항해하는 데 적합한 인물이었다. 앞으로 몇 년 뒤 언젠가, 옛 타임스퀘어가 그림 같은 추억에 불과할 때 리처드 바시아노의 손자들은 애런이 그랬던 것처럼 할아버지를 생각할지 모른다. 8번 애비뉴의 플로렌즈 지그펠트라고 말이다. 그러고 보면 지그펠트의 투명 물고기를 기억하는 사람이 어디 있겠는가?

15장 '고급스러운' 타임스퀘어를 원하는 것은 누구인가?

1993년 9월, 과거 연방 검사를 지냈던 루디 줄리아니는 두 번째 뉴욕 시장 출마 연설에서 뉴욕 시민들이 "염려의 감정"에 사로잡혀 있다고 느껴진다고 말했다. 도처에 있는 노숙자와 정신질환자들, 거리에 널린 쓰레기, 크고 작은 범죄에 대한 염려가 그것이었다. 줄리아니는 이런 셀 수 없이 많은 불쾌한 상황에 행동을 취하겠다고 맹세했다. 줄리아니는 심각한 범죄를 단속할 뿐만 아니라 걸인들과 지나가는 사람들에게 돈을 지불하도록 강요하거나 위협하는 '창문닦이'를 구속하겠다고 했다. 현직 시장 데이비드 딘킨스David Dinkins는 "살인범과 강간범이 뉴욕 시의 진정한 공공의 적이지, 창문닦이나 아이를 가진 여성 노숙자가 아니다."라며 코웃음을 쳤다. (줄리아니가 아이를 가진 여성 노숙자를 처벌하겠다고 한 적은 없었다.) 지식인 여론은 딘킨스의 편이었지만 평범한 뉴욕 시민들은, 중산층 백인뿐 아니라 많은 유권자들까지, 줄리아니의 메시지를 좋아한다는 것이 명백했다. 줄리아니는 간발의 차이로 선거에서 승리했고 4년 후 압도적인 표 차이로 또다시 선출되었다.

줄리아니는 강렬한 개인적인 믿음에 근거해 이와 같은 주장을 펼치기도 했지만 또한 도시의 무질서가 초래하는 결과에 대한 불안한 여론에 의지하고 있기도 했다. 몇 달 전 뉴욕 주 상원의원이자 잘 알려진 사회 이론가인 다니엘 패트릭 모이니한Daniel Patrick Moynihan은 사회적 분열이 한창인 어느 도시가 "탈선행위를 과소평가"하는 패배주의적인 전략을 받아들였다고 말한 적이 있었다. 모이니한은 이곳의 사회 통제 세력이 분란 세력에 항복했다고 설명한 바 있었다. 줄리아니는 이와 같은 반향이 큰 표현들을 연설에서 인용했고 부정하기 힘든 몇 가지 사례를 언급했다. 그는 또한 범죄학자 조지 켈링George L. Kelling과 제임스 윌슨James Q. Wilson이 전개한 "깨진 창문 이론"을 이용했다. 이들은 "무질서한 행동이 저지당하지 않는 곳에 심각한 거리 범죄가 기승을 부린다."고 주장했다. 즉 "저지당하지 않았던 그 무질서한 행동은 결국 첫 번째 깨진 창문이 되는 것"이다. 줄리아니는 '창문을 깨는 자'들을 구속함으로써 이 과정을 뒤집겠다고 약속했다.

시장이 되자 줄리아니는 약속을 지켰다. 딘킨스가 예산을 확보해 경찰 병력을 유례없는 수준으로 끌어올린 뒤에 범죄율은 이미 낮아지고 있었다. 줄리아니와 윌리엄 브래튼 경찰국장의 지휘 아래 범죄율은 훨씬 더 떨어졌다. 지난 삼사십 년을 통틀어 최저 수준으로 떨어진 것이다. 줄리아니는 시민들을 불쾌하게 만드는 무질서한 행동, 가령 무력한 운전자들의 자동차 앞 유리에 비누칠을 하는 것과 같은 행동을 범죄 행위로 규정하는 방법을 찾았다. 그리고 공공장소에서의 음주와 같이, 예전에는 무시되었던 가벼운 범죄에 대해서도 단속을 강화했다. 또한 포르노그래피에 대해서도 결단력 있게 대처했다. 공격적인 행동과 "삶의 질"을 떨어뜨리는 사건이 강력 범죄만큼이나 깊이 침투해 있었던 지역, 그러니까 타임스퀘어 같은 지역에서 새로운 정책은 즉각 효과를 발휘했다.

타임스퀘어 사업 발전 지구의 총책임자 그레첸 다익스트라는 타임스퀘어 사업 발전 지구가 타임스퀘어 전역에서 성행하고 있던 카드 도박을 깡그리 없애려고 시도했지만 실패했다고 말했다. 카드 세 장으로 하는 이 도박은 보도를 가로막고, 운을 믿어 보기로 한 순진한 관광객들을 먹이로 삼았다. 브래튼 국장은 부하들에게 위반자들을 모두 잡아들이도록 명령했고 1996년에 이르자 이 사기 도박은 거리에서 거의 사라졌다. 이 이전에 경찰은 일련의 부정부패 스캔들이 터진 뒤 거리의 마약 거래 위반자들을 체포하는 일을 아예 멈춘 일이 있었다. 줄리아니와 브래튼은 이것 역시 뒤집었다.

"좀 더 공격적인 단속이었어요."

타임스퀘어의 베테랑, 애덤 다미코 형사의 말이다.

"옛날에는 '삶의 질' 관련 범죄로 누군가를 적발하면, 예를 들어 노상 방뇨를 하거나 거리에서 맥주를 마시는 것을 발견하면 그 사람들은 소환장만 받고 자기 갈 길을 갈 수 있었죠. 하지만 요즘은 경찰서로 데려와서 신분증을 보여 달라고 한 뒤 신분증을 확인하기 위해 전화를 합니다. 신분증이 없거나 확인이 되지 않으면 유치장에서 하룻밤을 보낼 수도 있어요. 그 결과 많은 사람들이 위조 신분증을 갖고 있다는 사실을 알게 됐어요. 그게 아니면 훨씬 더 심각한 범죄로 영장이 발부된 사람이거나요."

줄리아니는 사회 무질서 세력에 대해서만이 아니라 그 무질서를 합리화하고 뉴욕 시민들이 자신의 이해관계에 따라 행동하지 못하도록 막는 관념 자체에 전쟁을 선포했다고 여겼다. 그리고 그러한 관념을 지지하는 사람들 가운데 일부는, 마지못해서든 아니든, 결국 줄리아니가 옳았다고 이제 인정한다. 1960년대 당시 좌파였다고 스스로를 설명하는 그레첸 다익스트라는 변화에 보수적이었던 계층의 태도를 간결하게 표현한다.

"시궁창을 낭만적으로 생각하는 경향이 있다."

그러나 타임스퀘어의 대청소에 비판적인 사람들이 지역의 '거리 문화'가 공격적이라든가 '고상한' 시민들을 몰아냈다는 점을 인정하지 않으려 했던 것이 아니다. 오히려 그들은 고상하고 고상하지 않고를 따지는 언어 체계에, 그리고 어떤 시민이 다른 시민들보다 더 고상하다는 관념 자체에 콧방귀를 뀌었다. 사회 통제에 관한 논란은 결국 타임스퀘어와 같은 도시 공간이 누구에게 속하는가, 누가 이 공간의 '진정한' 주민이며 사용자인가에 관한 논란이었다.

도시를 도도한 부르주아적 예의범절에 맞서는 거대한 성채로, 비정상적인 괴짜 문화의 본고장으로 보고 소중히 여기는 시각은 그 역사가, 아무리 못해도 19세기 중반 파리의 삶을 노래한 보들레르 시절까지 거슬러 올라간다. 『현대적 삶의 영웅성에 대하여*On the Heroism of Modern Life*』에서 보들레르는 이렇게 쓴다.

"세련된 삶의 호화로운 모습, 그리고 거대한 도시의 지하 세계에서 표류하는 수천 명의 갈 곳 없는 존재들, 즉 범죄자와 첩실들은 (…) 모두 눈을 뜨기만 하면 우리도 우리의 영웅성을 알아볼 수 있다는 것을 증명한다."

"세련된 삶"과 "수천 명의 갈 곳 없는 존재들"은 정확히 타임스퀘어이다. 타임스퀘어의 노래가 곧 예의범절을 뒤집고자 하는 인간다운 충동에 대한 오랜 찬가가 아니면 무엇인가. 데이먼 러니언과 텍사스 기넌의 번쩍이는 지하 세계부터 시작해서 리블링의 하이미 캐츠의 하찮은 사기 행각, 앨런 긴스버그의 '핵의 질병', 조 벅의 시골 소년스러운 허슬링, 심지어는 조쉬 앨런 프리드먼이 묘사하는 섹스 올림픽까지. 타임스퀘어 신화에서 악역은 경찰과 그 공범자인 도덕주의자다. 따라서 루디 줄리아니의 사회 무질서 퇴치 운동을, 불법적인 욕구의 세력을 저지하려는 애타는 노력의 최근 형태일 뿐이라고 생각하기 쉽다. 앤서니 컴스틱Anthony Comstock이 성매매에 전쟁을 선포했고 피오렐로 라 과르디아가 벌레스크에, 그리고 이후 포르노그래피에 법률적 공격을 퍼부었듯이 이제 줄리아니도 그렇게 하고 있다고. 어쩌면 지미 워커Jimmy Walker 같은 솔직한 무뢰한이 도시를 더 잘 돌볼 수 있을지 모른다고.

그러나 보들레르의 파리와 뉴욕을 비교하는 것은 잘못되었다. 1970년대와 1980년대에 이르러 러니언스러운, 혹은 보들레르스러운 딴 세상 인물들은 타임스퀘어에서, 그리고 다른 오래된 도시 공간에서 퇴장했다. 그 자리를 채운 인물들은 노골적으로 공격적이거나 아주 딱한 사람들이었는데 마약상이나 남창, 노숙자와 정신 질환자들이었다. 바로 이들이 반부르주아적 정당성이라는 낡은 망토를 물려받은 것이다. 실제로 새로운 시각으로 볼 때 이들의 소외는 부르주아 사회가 실패했다는 증거이기도 했다. 그리고 쇠퇴한 지역을 청소하고자 하는 욕구는 그 실패의 명백한 증거를 지워 버리고자 하는 바람으로 해석되게 되었다. 어느 작가는 타임스퀘어에서 몇 블록 떨어진 유니언 스퀘어 파크의 재생 노력에 역겨움을 못 이겨 이렇게 썼다.

"공원에 서 있던 녹슨 동상을 화려하게 번쩍일 때까지 닦아 놓았
듯 노숙과 가난의 역사 또한 말끔히 지워 버리려고 했다."

노숙과 가난은 공원의, 그리고 뉴욕 시의 현실이었다. 따라서 대청소는 포템킨식의 사기였다.

공격적인 행동을 개인주의적 적극성과 혼동하는 버릇, 즉 시궁창을 낭만적으로 취급하는 것은 타임스퀘어 현대 문학의 수사법이었다. 로렌스 세넬릭Laurence Senelick이라는 학자는 화려하고 음탕한, 신나는 전성기의 42번가와 변태적이라고 취급되는 오늘날의 42번가와의 차이는 지나치게 과장되었다고 말한다. 실제로 부르주아적 예의범절을 강조하는 세력은 지난 한 세기 동안 사회적으로 용인되는 선을 넘고자 하는 사람들에 대항해서 싸워 왔다고 말이다.

1990년 세넬릭은 이렇게 썼다.

"미성년 성매매에 대해 분노를 선동하기는 쉽다. 그러나 자식과
성관계를 하는 것은 롯과 그의 딸들 이후로 가족생활의 한 특징
이었고 미성년자들을 성적 목적으로 대규모로 거래하는 것 역시
동반구에서는 고대부터 흔하게 이루어져 왔던 일이다. 그 일은
아주 최근에 들어서야 멈추었다."

그를 격분시킨 것은 성적 착취가 아니라 도덕 운동이었다.

타임스퀘어와 그 외의 지역에 대한 '고급화' 논란은 누가 진정한 그 지역의 시민이고 누가 외부인이냐 하는 문제에 불을 지폈다. 1988년 뉴욕 경찰국이 톰킨스스퀘어 파크를 점거한 펑크 운동가와 노숙자

들을 구속했을 때 이들이 외치고 있던 구호는 "죽어라, 여피 쓰레기"였다. 뉴욕 시의 여러 진보 단체들과 거의 모든 지식인들이 시위대의 편이었다. 이 공원은 "첫 번째 고급화 반대 운동의 현장"이자 대규모 시가전의 전조라고 알려졌다. 그러나 몇 년 후 공원이 다시 문을 열었을 때 공원을 실제로 이용하게 된 사람들은 그 지역에 살고 있는 노동 계급 여성과 그 아이들이었다.

이들은 노숙자들과 그들의 이념적 동지들 때문에 공원을 이용하지 못하던 사람들이었다. 그동안은 마치 도시 사회가 소외 계층과 부자들로만 이루어진 것처럼 여겨졌지만 사실상 깨끗하고 정돈된 시민사회를 가장 필요로 하는 것은 중산층이었다. 부자들은 자기들만의 개인 별장이 있었기 때문이다.

그렇다면 좌익 비판론자들은 왜 그렇게 고집스럽게 사회적 소외 계층의 정통성을 높여야 한다고 주장했을까? 비판론자에 속하는 샤론 주킨Shron Zukin은 이렇게 추측한다. 지식인 세대 전체는 그들 자신이 노동 계급의 '소수 민족'으로 자신이 태어난 활기 넘치던 지역이 버려지거나 재개발에 의해 깡그리 사라짐으로 인해 깊은 상실감을 느꼈기 때문이라고.

"지역적, 민족적 기반의 박탈에 겹겹이 싸여 있던 것은 다른 '박탈당한' 무리들, 즉 빈민과 흑인들과의 정치적 동질감, 그리고 현대사회의 약속에 대한 환멸이었다."

그러한 깊은 동질감은 어떤 형태의 '진보'도 의심하게 만들었다. 특히 그 진보가 과거에 등한시된 지역을 백인, 혹은 유색인 중산층의 호감을 사는 방향으로 이루어졌다면 말이다. 실제로 주킨은 "여러 단체가 지역의 활성화를 지지한다고 주장한다."는 것을 인정하지만 외관상의 합의는 깊은 갈등을 내포하고 있을 수 있다고 덧붙인다.

이러한 사유의 문제점은 공공의 도시 공간이 빈민이 아닌 중산층에게 속한다고 여기는 것에 있는 게 아니라 모든 사람에게 편안하고 즐거운 공동의 선이라고 여기는 것에 있다. 특정 계층만이 "진정한 주인 계층"인 것은 아니었다. 타임스퀘어와 유니언스퀘어, 톰킨스스퀘어 같은 장소들은 모두 뉴욕 시민들의 것이다. 잘사는 사람들의 것이기도 하고 그만큼 가난하고 소외된 사람들의 것이기도 하다. 줄리아니의 논리는 뉴욕 시민들을 이러한 장소에서 몰아내는 행동을 금지해야만 공동의 선을 확보할 수 있다는 것이었다. 그러나 그 행동이 중산층보다 주로 사회적 소외 계층에서 나타나기 때문에 그가 실시한 것과 같은 단속의 표적이 되는 것은 전자보다 후자다. 비판론자들은 이와 같은 과정을 부유층이 빈민을 몰아내는 과정으로 고집스럽게 묘사했다. "1,200cc 맥주 대신 샴페인 잔이, 경찰 저지선 대신 코러스 라인이" 있다고 누군가가 적절하게 표현하기도 했다. 그럼에도 새로운 사회 통제 원칙에 의해 이득을 보는 것은 오늘날 42번가에서 시간을 보내는 십대 청소년들이지, 오하이오 주에서 온 관광객들뿐만이 아니다.

질서에 대한 줄리아니의 열정은 그를 도시의 보들레르적 즐거움에 대해 눈멀게 했다. 선택권이 주어졌다면 헌법 수정 제1조 같은 귀찮은 것은 아예 무시했을지도 모른다. 그러나 이것이 반사회적 행동을 변호하는, 마찬가지로 고집스러운 태도에 대응하는 유일한 대안은 아니었다. 그리고 잘 지켜보면 누구든 알 수 있겠지만 이것이 오늘날 타임스퀘어의 행로도 아니다. 민주적이고 개인주의적인 중도 이론을 원한다면 윌리엄 와이트William Whyte 같은 인물을 떠올리면 된다. 와이트는 도시에 있는 사람들이 걷고 앉고 말하는 습관을 자세히 연구하는 사회 이론가다. 그는 한편으로는 "거리에서 호의적인 존재"인 '별종'과 '괴짜'를, 그리고 다른 한편으로는 진정으로 위험한 사람들, 그는 "달갑지 않은 자들"이라고 말하는데, 아무 망설임이 없는 자들을 필히 구분해야 한다고 고집했다. 와이트는 부르주아적이라고 불릴 수도 있는 도시를 지지했다. 그가 중산층의 대변자였기 때문이 아니라 편안함, 친근함, 멋과 같은 부르주아적 가치를 소중히 여겼기 때문이다. 오늘날의 타임스퀘어는 비록 친근함은 많이 부족하지만 사랑스러운 무질서의 장소인 것은 확실하다.

타임스퀘어에는 여전히 고통받는 영혼과 공격적인 영혼의 거리 문화가 공존하고 있다. 그러나 이들은 사실상 지하에 숨어 있고 지상의 삶을 침범하는 일은 아주 드물다. 보통의 날씨 좋은 날 타임스퀘어에는 적어도 50명의 노숙자가 있지만 무관심한 행인은 거의 의식하지 못한다. 그래도 규칙적으로 나타나는 노숙자들은 모르고 지나칠 수가 없다. 거의 말을 하지 않고 씻지도 않으며 쓰레기가 높이 쌓인 낡은 카트 여러 대를 열차처럼 달고 다니는 느릿느릿한 '헤비Heavy'도 이 가운데 하나다. 그러나 타임스퀘어에 있는 대부분의 노숙자들은 골목에서 조용히 지냈으며 이목을 끄는 일은 되도록 하지 않으려고 한다. 술을 너무 많이 먹었을 때를 제외하면 말이다. 심지어 술을 즐겨 먹는 노숙자들도 보통은 조용한 편이다. 잘생기고 호리호리한 체격의 마크 해리스Mark Harris라는 남자는 하루의 대부분을 50번가, 8번 애비뉴 바로 서쪽에 있는 한 건물의 그늘에서 보낸다. 마흔아홉 살이라고 했다. 턱수염이 희끗희끗했다. 리듬 기타를 가지고 다니는데 술을 먹고 어디에 놓고 다닐 때도 있다. 부탁하면 소형 앰프에 기타를 꽂고 〈아이 엠 어 블루스 맨I Am a Blues Man〉 같은 노래를 연주해 준다. 젊었을 때는 드리프터스Drifters, 리치 헤이븐스Riche Havens, 베이비 워싱턴Baby Washington 같은 가수들의 스튜디오 반주자였다고 한다. 이제 곧 앨범이 나온다고 했다. 제작자들이 "작업 중"이라고 했다. 아마도 이것은 해리스의 환상일 것이다.

"친구들이 그러는데 술을 좀 줄이면 음악에 도움이 될 거래요."

해리스는 애처로운 미소와 약간 멍한 표정이 섞인 얼굴로 이 말을 했다. 이 말은 의심의 여지가 없다.

해리스와 같은 노숙자들, 심지어는 헤비 같은 노숙자들도 타임스퀘어에서는 사회 통제 원칙의 허용 한도 내에 있다. 다른 사람을 귀찮게 하는 것도 아니며 보도에 자리 잡고 있을 권리도 있다. 노숙자들을 도와주는 사람들과 노숙자 자신들은 타임스퀘어에 언제나 주거 부정의 사람들이 있을 거라고 말한다. 수많은 관광객들 덕분에 구걸을 하면 수익이 좋기도 하거니와 버스와 전철이 갈 곳이 없거나, 갈 곳을 모르거나, 무언가에 중독된 사람들을 매년 타임스퀘어의 거리에 토해내기 때문이다. 봉사 단체들은 그들을 돕기 위해 온 힘을 다한다. 그러나 노숙자들 가운데 가장 정신적으로 안정적인 사람들도, 예를 들어 마크 해리스 같은 사람들도 "삼시 세 끼와 잠자리"를 위해 거리의 친구들을 버리지는 않으려고 했다. 오로지 자기 자신과 서로에게만 유해할 뿐인 노숙자들은 그렇게 타임스퀘어의 붙박이가 되었다. 그들은 보들레르가 말했던 "갈 곳 없는 존재들"이었다. 오락실의 폭력배들과 마찬가지로 이들 역시 타임스퀘어의 "지역 색"의 일부라고 말한다면 무정하게 들리겠지만 실상 이들은 이 지역 구경거리의 밑바닥을 구성하고 있으며 사랑스러운 무질서를 보장하고 있다.

타임스퀘어 하위 거리 문화의 또 다른 분파는 노골적으로 범죄적이다. 말 그대로 "지하 세계"다. 강화된 사회 통제 수준도 이 지역에서 마약 거래와 성매매를 완전히 없앨 수는 없었고 무엇보다도 8번 애비뉴의 42번가 아래위의 누추한 지역이 특히 심했다. 그러나 8번 애비뉴에서 나쁜 용도를 "좋은 용도"로 대체한 것, 즉, 호텔과 레스토랑, 『뉴욕타임스』의 새 본부가 들어선 것이 42번가에서 그러했던 것처럼 범죄를 줄일 가능성은 있다. 그러나 범죄 활동이 만연하다고는 해도 통제 못할 정도는 아니었다. 8번 애비뉴는 밤에도 험악할 정도는 아니었고 방문객들은 노숙자와 마주치기도 힘든데 어떻게 마약 거래를 목격하겠는가. 그리고 종종 적어도 열두 명의 경찰관이 순찰하는 42번가에서도 그런 것은 보기 힘들었다. 브로드웨이 시티 오락실 내부에서 사건이 벌어질 수는 있겠지만 거리까지 쏟아져 나오는 경우도 드물었다.

통제의 도구는 강력하지 않아도 그 수가 많았다. 뉴욕 경찰국뿐만 아니라 '타임스퀘어 사업 발전 지구'의 보안 요원들이 순찰했다. '타임스퀘어 사업 발전 지구'는 지역 상인들로 이루어진 민간단체인데, 대체로 공공 기능이라고 생각되는 일을 수행한다. 40번가에서 53

번가까지, 동쪽으로는 브로드웨이, 서쪽으로는 8번 애비뉴까지 이어지는 지역을 청소하고 순찰하며 노숙자들에게 도움을 주기도 했다. '타임스퀘어 사업 발전 지구'는 어느 시점이든 이 지역에 최고 서른두 명의 보안 요원을 배치해 정해진 위치를 지키거나 걸으며 순찰하도록 했다. 이들은 국립공원의 마스코트 '스모키 베어Smokey the Bear'가 쓰는 것과 같은 챙 넓은 모자를 쓰고 유니폼을 입고 돌아다닌다. (한 보안 요원은 어떤 사람이 5백 달러를 줄 테니 모자를 팔라고 했다고 한다.) 그러나 이들은 무기를 소지하지 않고 체포 권한도 없다. 이들의 역할은 경찰의 '눈과 귀'가 되어 주는 것이며 관광객들이 보고 안심하고 친근함을 느낄 수 있도록 하는 것이다. 관광객들은 끊임없이 이들에게 길을 물어 보거나 사진을 함께 찍자고 한다.

초여름 어느 금요일 밤 나는 에릭 리베라Eric Rivera와 타임스퀘어를 돌아보았다. 에릭 리베라는 '타임스퀘어 사업 발전 지구'의 베테랑 보안 요원으로 거리 범죄에 관해서는 진정한 전문가였다. 리베라는 자신감 강하고 활달하며 행동파였다. 그는 어렸을 때 해병대에 지원했고 어린 마음에 작은 실수를 했다는 뜻을 내비치는 듯했지만 어쨌든 돌아오는 주에 뉴욕 경찰이 된다고 했다. 그날 밤 열 시 반쯤 리베라는 40번가와 8번 애비뉴에 있는 '버거킹'으로 나를 데리고 갔다. 포트 어소리티 버스 터미널을 등지고 버거킹 길 건너에 서 있는데 리베라가 이렇게 말했다.

"아는 사람한테는 저기로 가 보라는 소리 절대 안 합니다. 다른 어느 곳보다 저기서 총기 사건이 많이 일어납니다. 앞에서 어슬렁대고 있는 사람들을 보세요. 저기서 총기며 마약, 여자, 말만

하면 다 팝니다. 모두 링컨 터널을 건너 들어오지요."

인도에는 남자들 한 무리가 서 있었다. 빛 밝힌 가게 앞에 어두운 윤곽만이 보였다. 경찰차가 상점 앞에 서 있었다. 경찰은 어슬렁거리는 사람들 사이를 돌아다니고 있었다.

"5분 후에 자리를 뜨라고 말하고 다니는 중이에요."

리베라가 설명했다.

"그렇지만 돌아올 거예요."

8번 애비뉴를 따라 북쪽으로 걸어가는데 리베라가 버스 터미널 뒤편을 가리키며 말했다.

"저긴 저급 창녀들이 있어요. '오십 달러 창녀'라고 하죠. 약이 떨어졌을 때는 코카인을 받고 몸을 팔기도 해요. 53번가 쉐라톤 호텔 바에서 노는 4백 달러 창녀까지 있어요."

리베라는 몸을 돌리지 않은 채 다음과 같이 말했다.

"우리 뒤에 있는 흑백 셔츠 입은 남자 있잖아요 코카인 상인이에요 우리 바로 앞에 있는 이 사람은 포주에요. 40번가에서 48번가를 우리는 코카인과 창녀 산책로라고 해요. 재미를 볼 때까지 밤새 왔다 갔다 하거든요."

산책로는 8번 애비뉴의 서쪽 보도를 말했는데 이곳은 여전히 포르노 가게와 스트립쇼장으로 빽빽했다. 우리는 동쪽 보도로 건너가 43번가와 44번가 사이에서 주차된 차들 가운데서 길 반대편을 바라보았다. 리베라는 마치 잠복을 한 채 사냥감을 쏘아보는 노련한 오리 사냥꾼처럼 표적을 골라냈다.

"빨간 저지 셔츠를 입고 있는 남자 보여요? 확실한 포주에요.

'리틀 조'라고들 부르죠. 저기 '비누맨'도 있네요."

비누맨은 리베라가 지은 별명이었다. 이 사람이 비누 가루를 코카인으로 속여 파는 바람에 아무것도 모르고 이 물건을 산 사람은 목구멍에서 거품이 났던 것이다. 그러나 온갖 거래와 흥정은 거리의 활기라는 급류 속에 묻혀 버렸다.

"여길 돌아다녀도 무슨 일이 있는지 전혀 눈치 챌 수 없어요."

리베라가 말한다.

"고객이 땅에 5달러를 떨어뜨리면 판매상이 발로 밟아요. 세 번째 사람이 와서 코카인 결정이나 젤 캡을 떨어뜨립니다. 판매상은 돈을 아이한테 건네주고 아이는 사라져요. 모두 눈 깜빡할 사이에 벌어집니다."

리베라는 누군가가 목걸이를 빼앗으려고 어느 갱단 두목의 목을 그었던 지하철 계단을 보여 주었고 그 두목이 어느 시보레 트럭 앞에서 과다 출혈로 죽기 전에 비틀거리며 걸어갔던 길도 보여 주었다. 그러나 나는 10월에 이미 그곳을 구경하고 이야기를 들은 적이 있었다. 살인이 자주 일어나지는 않는다고 했다. 리베라는 실제로 목걸이 도둑이나 소매치기도 드물다고 했다. 강력 범죄는 거의 들어 볼 수 없었다. '타임스퀘어 사업 발전 지구'의 보안 책임자이자 타임스퀘어에서 많은 시간을 보낸 전 경찰관 밥 에스포지토Bob Esposito는 이렇게 말했다.

"요즘 들어오는 신고는 '음악이 너무 크다'든지, '흑인이나 이스라엘인들이 하는 말이 맘에 안 든다.'든지 하는 겁니다."

리베라는 20년 전 자기가 중학교에 있을 때 학교를 빼먹고 42번가에서 야한 영화를 봤다고 한다.

"그 시절에는 무기가 없으면 8번 애비뉴에 갈 수 없었어요. 같은 편이 스무 명 있으면 모를까요."

요즘에는 생각도 할 수 없다고 한다. 리베라는 경찰이 되면 범죄가 가장 빈번한 지역에서 일하게 되었으면 좋겠다고 했다. 타임스퀘어는 지겹다고 했다. 너무 길들여졌다고 했다.

16장 42번가의 티렉스 로봇

2001년 11월 15일, 수많은 사람들이 잔뜩 흥분한 채 브로드웨이와 44번가 북동쪽 모퉁이에 모여들었다. 백 년이 좀 넘는 시간 전에 해머스타인의 올림피아의 개장을 보기 위해 타임스퀘어의 첫 군중이 모였던 바로 그 장소였다. 그 이후로 올림피아는 초창기 영화관으로 바뀌었다가 다시 정극 극장으로 바뀌었다. 그리고 건물 전체가 완전히 뜯겨 나간 뒤 그 자리에 현대식 대형 영화관이 들어섰다. 이 영화관은 본드 의류점과 '인터내셔널 카지노'라고 하는, 타임스퀘어에서 가장 크고 번쩍거리는 나이트클럽과 연결되어 있었으나 이 복합 건물 전체가 또다시 복구할 수 없는 상태가 되어 전부 다 다시 철거되었다. 문명은 이 역사가 풍부한 고고학적 현장에서 섰다가 무너지고, 또다시 섰다가 무너진 것이다. 이제 새로운 문화, 새로운 시대가 왔다. 군중은 토이저러스Toys "R" Us의 플래그십flagship 매장 개막을 지켜보기 위해 모인 것이다. 타임스퀘어 역사상 가장 크고 번쩍거리는 매장이 될 터였다. 오스카 해머스타인은 올림피아를 "세상에서 가장 웅장한 오락의 성전"이라고 칭송한 적이 있었다. 토이저러스의 언론 홍보 담당자들이 이 매장을 "전 우주의 장난감 중심지"라고 과장한 것은 해머스타인에게 전혀 뒤지지 않았다.

같은 날 더 이른 시각에는 라임 색깔 티셔츠를 입은 매력 있는 젊은이 수십 명이 타임스퀘어에 흩어져 있었다. 티셔츠에는 '엑스박스Xbox'라고 적혀 있었다. 이들은 카드를 나눠 주고 있었는데 이 카드가 있어야 299달러 마이크로소프트 비디오 게임기를 사기 위해 줄을 설 수 있었다. 그것도 자정부터. 빌 게이츠 자신도 직접 매장으로 찾아와 세계의 첫 번째 엑스박스를 판매하기로 했다. 그래서 자정인데도 5천 명의 사람들이 침착하게, 가벼운 발걸음으로 건물 주위로 슬며시 모여든 것이다. 사람들은 가게 안으로 쏟아져 들어가서 게임기를 산 다음 만족해하며 흩어졌다. 올림피아 개장식보다 훨씬 더 전문적으로 관리된 면이 있었다. 그러나 비디오 게임기의 판매는 훨씬 더 큰 사건을 위한 핑계거리였다. 전 세계적인 두 브랜드가 손을 잡은 이 상상하기 힘든 순간을 취재하기 위해 전 세계에서 50개 이상의 취재팀이 몰려들었다. 모든 것이 끝나고 마이크로소프트의 마케팅 팀은 이 이벤트가 세계적으로 백만 개의 "인상"을 남겼다고 셈했다.

21세기 초 연예 오락의 성전이 19세기 후반의 성전 위에 지어지게 된 이 매혹적인 우연은 비교를 통해 그동안 역사가 택한 방향을 가늠해 보도록 만든다. 토이저러스 플래그쉽 매장은 신나고 활기차며 사람들을 즐겁게 해 주는 장소다. 올림피아가 그랬듯이 말이다. 그리고 올림피아가 그랬듯이 터무니없이 크고 경이적이다. 게다가 이곳 역시 '연극적'인 장소다. 비록 이곳의 '연극성'이 사람들로 하여금 돈을 소비하게 하는 목적을 위한 수단일지언정. 올림피아는 어른을 위한 곳이었고 토이저러스는 아이들을 위한 곳이다. 올림피아가 가망

없는 어리석은 투자였던 반면 토이저러스는 효율이 아주 뛰어나 13억 달러 규모의 다국적기업의 기함, 즉 플래그십 매장답다. 그러나 가장 두드러지는 차이점은 또한 다소 추상적인데, 토이저러스는 상점이나 기업일 뿐만 아니라 '브랜드'라는 점이다. 토이저러스는 브랜드의 세상에 존재한다. '타임스퀘어' 역시 브랜드의 세상에 있는 하나의 브랜드다.

토이저러스 본사는 뉴저지 외곽의 고속도로 옆 사무 단지에 위치해 있다. "전 우주의 장난감 중심지"에서 약 45분 정도 떨어진 곳이다. 본부는 매우 밝고 햇볕이 잘 들어오는 상자 모양의 유리 건물로 층계참과 열린 공간 어디든 장난감과 동물 인형이 있는 곳이다. 일하기 즐거운 곳처럼 느껴진다. 꼭대기 층에는 회장이자 경영인 존 아일러 John Eyler의 사무실이 있다. 아일러는 금발머리에 턱이 각진 대기업 임원이었다. 그는 솔직하고 꾸밈없는 성격이었으며 최저음의 바소 프로푼도basso profundo 같은 목소리를 갖고 있다. 그는 워싱턴 주에서 태어났고 하버드 경영대를 졸업한 전문 경영인이었다. 토이저러스를 운영하기 전에는 에프에이오 슈워츠F.A.O. Schwarz의 최고경영인이었는데 이 회사는 장난감 시장에 소규모 가족 회사밖에 없던 시절, 세계에서 가장 큰 소매 업체였다. 토이저러스는 에프에이오 슈워츠를 가려버린 신세계의 일부였다. 토이저러스는 대형 슈퍼마켓에 값싼 장난감을 팔던 회사였다. 교외의 쇼핑몰에서는 어디든 볼 수 있었고 전 세계적으로 천5백 개의 점포가 있었다. 그러나 토이저러스 또한 월마트에 가려졌다. 월마트 역시 장난감을 필수품으로 판 것은 같았지만 훨씬 더 싸게 팔았다. 토이저러스는 2000년 아일러를 고용해 그동안 잃었던 시장 점유율을 다시 증가시키고자 했다.

아일러는 토이저러스가 가격에서 월마트와 경쟁할 수 없다는 것을 인정했고 새로운 독창적 정체성을, 더 고객 중심이고 더 재미있고 더 극적인 정체성을 형성해야 한다는 것을 알았다. 아일러와 그의 팀은 점원들을 재훈련했고 점포 배치를 바꿨으며 스티븐 스필버그 같은 훌륭한 공급자와 독점적인 관계를 형성했다. (스필버그는 장난감 세계에서 그 자체로 강력한 브랜드였다.) 그러나 아일러는 그가 토이저러스를 변화시켜야 할 뿐만 아니라 그러한 변화를 알리기 위한 계기가 있어야 한다고 생각했다. 토이저러스는 플래그쉽 매장이 필요했다. 날씨 좋은 어느 오후 그를 방문했을 때 아일러는 이렇게 말했다.

"플래그쉽 매장은 변화의 실체적 상징 역할을 한다는 것이 중요해요. 전략이 뚜렷이 표현되었을 때 궁극적으로 어떤 모습을 갖출 것인지 보여 주는 역할입니다."

아일러는 플래그쉽 매장이 뉴욕에 있어야 한다고 생각했다. 뉴욕에는 언론과 대형 바이어, 금융 산업이 있었고 전국에서 가장 큰 장난감 전시회도 이곳에서 이루어졌기 때문이다. 위치는 당연히 타임스퀘어여야 했다.

"우리가 타임스퀘어를 고른 이유는 뉴욕에서 가장 에너지가 많은 지역이었기 때문입니다. 타임스퀘어는 점점 전 세계의 교차로가 되어 가고 있어요. 가족적인 장소고 우리가 그 경향을 이어 나가고 있다고 생각했어요."

아일러는 새로운 타임스퀘어라는 브랜드와 토이저러스를 연관시켜 새로운 브랜드 이미지를 만들어 낼 수 있다는 것을 알았다. 신나고 활기차고 도시적이면서도 깨끗하고 가족적인 이미지였다. 결과는 상호 보완적이었다. 그가 말했듯이 토이저러스가 타임스퀘어로 가면서 타임스퀘어의 브랜드 이미지를 강화해 주었기 때문이다.

아일러는 조앤 뉴볼드Joanne Newbold를 고용했다. 아일러는 자신이 에프에이오에 있던 시절 지역 매장을 디자인했던 뉴볼드에게 플래그쉽 매장의 실내 디자인을 맡겼다. 그리고 이렇게 이야기했다.

"뉴욕 시의 아이들에게 새로운 전통을 선사하고 싶어요."

새 매장은 아이들에게 마법처럼 느껴져야 했다. 에프에이오 슈워츠가 그렇듯 말이다. 그리고 유례없이 많은 고객을 거대한 공간 사이로 효율적으로 이동시켜 다양한 판매 공간으로 갈 수 있게 해야 했다. 뉴볼드는 토이저러스가 그동안 전 세계에 지었던 휑하고 재미없는 슈퍼마켓과 급진적으로 다른 내부를 만들어 냈다. 방사형의 거대한 열린 공간은 거의 가공하지 않은 모습이었고 공중을 가로지르는 통로에서는 연극 조명 같은 불빛이 쏟아져 내렸다. 색채는 화려했고 중앙에는 유리 엘리베이터가 우뚝 서 있었다. 유리로 된 매장 전면은 총 155개의 정사각형 화폭 같은 패널로 이루어져 있는데 각각의 패널에는 그림이 여덟 개 있었다. 패널은 차일처럼 각도를 바꿀 수 있게 되어 있어 토이저러스는 사실상 끊임없이 변화하는 간판으로 뒤덮이게 되었다. 패널은 또한 투명하게 만들 수도 있어 행인들이 매장 안을 들여다볼 수 있다. 그들이 밖에서 보는 것은 매장의, 회사의, 장난감 우주의 중심 장식으로 지하에서 건물 꼭대기까지 솟아 있는 20미터 높이의 공중 회전차였다. 회전차의 거대한 붉은 네온 바퀴살은 시계 방향으로 번쩍였고 회전차는 차분히 매장 안을 돌며 아이들과 부모들에게 매장 상품을 위에서 내려다볼 수 있게 해 주었다. 한 사람당 2달러 50센트로, 타임스퀘어에서 가장 값싼 놀이기도 했다.

뉴볼드는 개장 몇 주 뒤 나에게 매장 구경을 시켜 주었다. 뉴볼드가 전문성이 뛰어난 매장 디자이너일 뿐만 아니라 공학도라는 것을 금방 알아챌 수 있었다. 우리는 에스컬레이터 꼭대기에서 지하를 바라보며 있었고 사람들은 우리를 지나쳐 1층 매장으로 몰려가고 있었다. 그때 뉴볼드가 이런 이야기를 했다.

"원래 회전목마 같은 걸 쓸까 생각했죠. 그러다가 생각했어요. 그러다 사람들에게 위도 보고 아래도 보고 할 수 있게 하는 좋은 방법은 회전차가 아닐까 생각하게 됐지요. 회전차를 타고 올라가면서 둘러보면 각 층에 무엇이 있는지 알 수 있으니까요."

회전차는 그 자체로 마케팅 도구였다. 각각의 차에 붙은 이름, 즉 토이스토리, 포케몬, 니켈로디언 등은 익숙한 장난감을 상징할 뿐만 아니라 협력 브랜드를 의미했다. 각각의 차는 브랜드였고 새로운 토이저러스 브랜드를 함께 나누고 거기에 광택을 더했다. 마이크로소프트가 했던 역할과 같았다. 토이저러스는 회전차에 이름을 붙여 주는 대가로 각 업체에게 25만 달러를 받았다. (회전차를 운영하면서 올린 수익은 좋은 일에 기부했다.)

뉴볼드는 지하에서 시작하는 놀이 기구에 추가 장점이 있다고 했다.

"정문으로 들어와서 감탄을 하는 데서 끝나는 게 아니라 놀이 기구를 타려면 맨 아래층으로 내려가야 하죠. 뉴욕에서 사람들을 지하로 끌고 내려가기란 옛날부터 힘들었어요."

우리는 에스컬레이터를 타고 지하로 내려가 'R 구역' 가장자리로 걸어갔다. 'R 구역'은 전자 제품 코너였다. 어떤 장난감 가게에 가도 전자 제품 코너는 가장 시끄러운 장소다. 'R 구역'에 있는 모든 장난감이 동시에 **뿅뿅**, 펑펑 소리를 내며 번쩍이고 있었다. 뉴볼드는 목소리를 높여야 했다.

"전자 제품에 관심이 있다면 확 **빨려들** 거예요!"

뉴볼드가 신이 나서 말했다. 크리스마스를 앞둔 때였고 가게 안 사람들은 점점 불어나고 있었다. 음향 시스템은 〈엄마가 산타 할아버지한테 키스했어요 *I Saw Mommy Kissing Santa Claus*〉에 이어 〈펠리즈 나비다드 *Feliz Navidad*〉를 틀어 대고 있었다. 한구석에서는 마술사가 카드 마술을 보여 주고 있었다. 비디오 화면에는 영상이 번쩍이며 지나갔다. 회전차의 거대한 붉은 네온 바퀴살이 굴러가고 있었다. 소음, 조명, 군중, 움직임, 모든 것이 한꺼번에 이루어지고 있었다. 유리 속에 있는 42번가같이 느껴졌다.

이와 동시에 매장은 뜨거운 활기를 적절히 흘려보내기 위해 기발하게 설계된 듯했다. 매장은 '경주장' 형태로 구성되어 있어 뉴볼드에 의하면, "앞에 무언가가 보이면 이 매장에 있다가 바로 앞 매장으로 가게 되는" 식이었다. 다른 모든 토이저러스 매장에는 정문 앞에 쇼핑 카트들이 무적함대처럼 버티고 서 있었다. 그러나 이 밀집된 도시 공간에서 쇼핑 카트는 너무 많은 자리를 차지할 터였다. 대신 고객들은 어깨에 매는 커다란 가방을 받았다. 이것이 문제를 야기할 가능성도 있었지만 뉴볼드는 이 매장에서는 "저렴하고 가벼운" 물건을 취급하고 있다고 했다. 세계에서 가장 붐비는 가게가 될 것이 뻔한 매장

내에서의 통행 문제에 대해 뉴볼드는 깊이 생각해 본 것이 명백했다. 'R 구역'에 서 있는데 뉴볼드가 이렇게 말했다.

"플레이스테이션을 할 수 있는 위치가 총 여덟 군데에 불과해요. 오락실이 되면 안 되니까요. 우리는 실제 상호 작용은 없되 상호 작용의 느낌을 줄 수 있도록 노력했어요. 지금처럼 통행이 힘들 것을 미리 알았기 때문에 사람들이 버튼을 눌러 보고 껐다가 켰다가 하기를 원하지 않았어요. 하루 만에 고장나 버릴 테고 다음 날 사람들이 오면 작동하지 않을 테니까요. 그런 건 문제죠."

연극적인 요소가 다분하기는 해도 매장은 고객들에게 그곳이 결국은 가게라는 점을 끊임없이 가르쳐 준다.

우리는 에스컬레이트를 타고 다시 1층으로 올라가 계속 2층까지 올라갔다. 이곳이 가게에서 가장 눈부신 매장이다. 에스컬레이터 바로 우측에는 6미터 높이로 축소해 레고로 만들어 놓은 엠파이어 스테이트 빌딩과 크라이슬러 빌딩이 있었다. 그 너머에는 걸작 티라노사우루스 렉스 로봇이 크게 울부짖고 있었다. 너무 무섭지는 않았고 어린 아이들이 살짝 겁을 먹고 다음에 또 오고 싶다는 생각이 들게 할 정도였다. 공룡이 우는 주기는 조절이 가능하기 때문에 사람이 붐비는 날에는 아이들이 한곳에 너무 오래 머물러 있지 않게 하기 위해 더 자주 운다. 티렉스는 스티븐 스필버그의 쥬라기 공원 장난감 매점을 지키고 있었다. 이 장난감은 토이저러스에서 독점적으로 판매하고 있었다. 그 옆에는 ET의 은빛 우주선이 있었고 사랑스러운 외계인 로봇 ET도 있었다. 보드게임 속에 들어가 있는 듯한 착각을 주는 '캔디랜드'도 있었다. 물론 네 살일 경우에 가능한 착각이다. 반대편으로 가면 피셔프라이스Fisher-Price 장난감 매장이 있었는데 이곳에는 타임스퀘어의 작은 모형이 있다. 매우 고요하고 분별 있는 모습으로 조그만 플라스틱 인간들이 신호등에서 기다리고 있었다. 아주 괜찮은 아이디어 같았다. 그 곁에는 거대한 모노폴리 게임판이 있었고 거대한 열차도 있었으며 한구석에는 엘리베이터가 설치된 바비 인형 집도 있었다. 뉴볼드는 이와 같은 전시물이 회전차에서 볼 수 있도록 디자인되었다고 한다.

"아이들에게 이 전시물은 아주 직접적인 시각적 효과가 있어요. 아이들은 표지판을 읽지 않아도 돼요. 그림 표지도 필요 없어요. 그냥 '공룡이 보이네. 내리면 저기로 가야겠다.' 하는 거죠."

매장 전체는 글을 배우기 전인 아이들을 위한 기호였다.

개장한 지 몇 주 만에 새로운 토이저러스 매장은 타임스퀘어에서 가장 인기 있는 관광지 가운데 하나가 되었다. 조지아 주 디케이터 Decatur 사람이든 베이징 사람이든 토이저러스는 익숙한 이름이었지만 배경은 익숙하지 않았다. 물론 아이들은 매우 좋아했다. 하루에 십만 명이 방문하거나 백만 달러 이상의 매출을 올리는 일은 드물지 않았다. 백만 달러의 매출을 올리려면 트럭 서른 개 분량의 장난감을 팔아야 한다고 매장 지배인 엘리엇 왈Elliott Wahle이 자랑스럽게 말해 주었다. 각각의 트럭은 타임스퀘어까지 비집고 들어와서 좁은 하역장에 차를 댔다가 다시 재빨리 빠져나가야 한다고도 했다. 크리스마스가 지난 휴지기에도 수많은 군중이 가게로 쏟아져 들어왔다. 왈은 사람들이 새로운 매장에 물건을 사려고 오는 것이 아니라 구경을 하러 오는 것이 신경 쓰이지 않느냐는 질문을 많이 받곤 한다고 했다.

"전혀 그렇지 않다는 게 제 대답입니다."

왈이 말했다.

"브랜드 가치에 13억 달러 사업이 의지하고 있는 상황입니다. 그리고 고객들이 방문을 할 때마다 고객의 머릿속에는 우리 브랜드가 인식됩니다."

왈은 매장을 "오락 분야에서 가장 뛰어난 업적"이라고 말했다. 매출이 적자라도 엄청난 성공인 셈이었다. 사람들로 하여금 자기가 살고 있는 지역에 있는 토이저러스에 가고 싶도록 만들기 때문이다.

타임스퀘어의 건물과 사업은 수십 년에 걸쳐 성쇠를 거듭했는데 그 모습이 마치 올렸다 내렸다 하는 무대 배경 같았다. 이 불안정하고 덧없는 영역의 몇 안 되는 영속적인 요소는 바로 대를 잇는 부동산 가문이었다. 이들은 꼭 필요하지 않으면 아무것도 팔지 않기 때문에 소유한 부동산을 다음 세대에 고스란히 물려준다. 토이저러스가 임대하고 있는 44번가 필지를 소유한 모스 가문은 오스카 해머스타인의 전성기 때부터 타임스퀘어에 부동산을 소유하고 있었다. 가장이었던 모스B. S. Moss는 1905년부터 타임스퀘어에 '5센트 극장'을 짓기 시작했다. 그의 동료들 가운데는 할리우드를 세운 연예 오락계의 유대계 거물들이 있었다. (라 과르디아 시장의 면허가 담당으로 벌레스크 극장의 문을 닫은 사람이 바로 모스의 형제 폴 모스였다.) 모스는 보드빌 극장을 열었고 나중에 키스앨비 신디케이트Keith-Albee Syndicate로 넘겼다. 그리고 영화관으로 사업을 확장했다. 그는 올림피아가 철거되자 44번가에 필지를 사들였고 1936년 동업자와 함께 '뉴 크라이테리온New Criterion'을 열었다. '뉴 크라이테리온'은 매우 현대적인 영화관으로 이들은 "미래의 극장"이라고 불렀다. 기술자들은 '음향 제어실'에서 "음향의 작은 변화를 제어"했고 '4단위 냉방 장치'는 일정하고 편안한 온도를 유지했다. '뉴 크라이테리온'은 모스 제국의 기함으로, 우아하고 정돈된 현대성의 자기 의식적인 상징이었다. 이후 1930년대에 나온 블록버스터 영화 여럿이 이곳에서 개봉했다. 《십계》와 《아라비아의 로렌스》, 《퍼니 걸》도 이곳에서 개봉했다.

B. S. 모스의 형제 조 모스는 투자자들과 함께 옛 올림피아 부지의 북쪽 모퉁이에 '인터내셔널 카지노'를 지었다. '인터내셔널'은 고상함과 화려함, 세련됨의 상징이었다. 1937년 9월 개장 당시 어느 기자의 설명이다.

"브로드웨이의 할리우드라고 할 만하다. 크롬과 유리가 뒤범벅이 되어 반짝이는 이곳에는 크리스털 분수와 자동문, 회전무대와 하늘에서 내려오는 계단(작동할 때에 한해), 스테인리스 스틸 에스컬레이터, 그리고 3층 높이의 나선형 바가 있는데 술을 먹으면서 올라가다 미끄러져 내려올 수도 있고 기분에 따라 반대로 할 수도 있다."

『라이프』지는 인터내셔널이 문을 연 지 얼마 되지 않아 "라이프, 파티에 가다." 시리즈에서 이곳을 다루었는데 기자는 가족 잡지다운 존경할 만한 솔직함으로 이렇게 썼다.

"인터내셔널 카지노에 가는 대부분의 사람들은 약 백 명가량 되는 젊은 여자들이 다양하게 벗은 모습을 보기 위해 간다."

이 기사의 첫 사진은 광이 나는 크롬 에스컬레이터와 그 위에 서 있는 턱시도 입은 웨이터, 그리고 투피스 수영복을 입은 대여섯 명의 아름다운 여인들이 긴 꼬챙이로 접시를 돌리고 있는 모습을 담고 있었다. 기사 내부에서는 복잡한 공중그네 비슷한 것을 타고 천정에서 내려오는 수영복 입은 여자들의 사진이 있었고 또 다른 사진에는 돌아가는 말 인형에 안장 없이 걸터앉은 여자도 보였다.

그러고 난 뒤 당연히, 이 세련되고 섹시하고 냉방 장치를 갖춘 문화 역시 그 이전 해머스타인의 풍족한 황금기가 그랬듯 마찬가지로 몰락해 버렸다. 본드 의류 상점은 1940년대 이 나이트클럽을 쫓아냈고 1960년대의 '뉴 크라이테리온'은 단지 평범한 영화관이었다. (그래도 포르노 영화를 상영하는 수준까지 내려가지는 않았다.) 타임스퀘어는 무관심과 타락으로 길고 느린 여정을 시작했다. B. S. 모스와 존 모스는 얼마 지나지 않아 1968년 필지를 팔았고 십 년 후 아들 찰스 모스가 다시 구입했다. 그때 당시 그 블록은 촌스러운 잡화점이 모여 있는 곳이었다. 그 가치는 오스카 해머스타인이 샀을 당시의 가치보다 나을 게 없는 듯했다. 그러다가 갑자기 1980년대 중반 새로운 건축 조례로 인해 자극을 받아 건설 붐이 일자 브로드웨이의 부동산은 가치가 아주 높아졌다. 모스는 아주 오랫동안 버텼다. '뉴 크라이테리온'과 '인터내셔널 카지노'가 있던 곳에 평범한 사무 건물이 올라가는 것을 원치 않았다. 그러나 그가 제안한 여러 사업이 채택되지 못한 것은 사실이었다. 그가 토이저러스에 부동산을 임대하기로 마침내 동의했을 때 그는 가문의 역사에 어울리는 세입자를 찾았다고 생각했다.

과연 그럴까? 꼭 그렇지만은 않다. 다른 타임스퀘어는, 그러니까

'올림피아의 타임스퀘어'와 '뉴 크라이테리언·인터내셔널의 타임스퀘어'는 코스모폴리탄적 취향을 만족시켰다. 우아한 밤의 즐거움, 웅장한 배경이 있고 고급스러운 옷이 있고 예상치 못한 경험이 있는 즐거움을 만족시켰다. 이들은 어른이었고 어른의 환상을 좇고 있었다. 그러한 어른들의 환상, 그러니까 나선형 바와 공중으로 떠오르는 층층의 박스석이 새롭고 멋진 타임스퀘어에는 존재하지 않게 된 것이다. 마담 투소와 이에스피엔 존, 허쉬 초콜릿 가게에 환상은 많았지만 어른들을 위한 것은 아니었다. 거리에서는 여전히 예상치 못한 경험을 할 수 있었지만 내부에서는 재미가 매우 교묘하게, 그리고 세세하게 계획되어 있었다. 이것이 팝 문화와 대중문화의 차이다. 토이저러스 같은 다국적 연예 오락 기업에게 타임스퀘어는 이제 '부지'였고 브랜드를 알릴 수 있는 기회, 마케팅 전략이었다. 이와 같이 광범위한 계산속에서 타임스퀘어는 그 규모와 중요성이 줄어들었다. 그리고 독특한 특성도 줄어들었다. 토이저러스의 존재는 타임스퀘어를 토이저러스가 있는 다른 지역과 비슷하게 만든다. 공중 회전차는 마이클 사킨의 말을 빌리면 그 지역에 특수한 "아플리케 장식(appliqué, 패치워크 자수. 한국의 조각보와 비슷하다. 옮긴이)"이었다.

토이저러스 플래그쉽 매장에 대해 애매한 감정을 갖지 않을 수는 없다. 이것을 거부한다면 대중문화 자체를 거부하는 것이다. 그 활기와 짜릿한 환상과 즐거움을 주고자 하는 끝없는 욕구를 거부하는 것이다. 받아들인다면 대중문화를 받아들이는 것이다. 마비를 불러일으키는 그 선정주의, 그 2차원성, 그 거대 규모를 받아들이는 것이다. 토이저러스의 공중 회전차는 아마도 타임스퀘어에서 가장 크고 저렴한 놀이 기구일지는 몰라도 지어질 기회를 얻지 못한 또 다른 공중 회전차를 생각나게 한다. 1980년도에 폐기되었던 '42번가의 도시' 계획의 중심에 있던 공중 회전차 말이다. 이것은 코치 시장이 "사람들은 놀이 기구 같은 것을 타려고 맨해튼 중심가로 오지 않는다."며 무시했던 계획이다. 공중 회전차는 코치와 같은 뉴욕 토박이에게는 명백히 디즈니랜드스러웠다. 그래도 굉장히 무거운 상징적 무게를 지고 있던 그 회전차는 교육적인 장치로 도시의 수직성, 그 무한한 층을 이루는 구조를 느끼게 하기 위해 디자인되었다. 토이저러스의 회전차는 지하에서 천장까지 거대한 매장의 상품을 보여 주기 위한 마케팅 전략이었다.

기업 문화의 독단적 비판론자가 아니더라도 토이저러스는 아무래도 약간 불길하다는 생각을 버릴 수는 없을 것이다. 발랄하게 울려 퍼지는 음악과 비디오 모니터, 바비의 집의 엘리베이터, 그리고 거대한 모습을 불쑥 드러내는 모노폴리 게임판을 본다면 그런 생각이 들 것이다. 이곳은 치밀하게 계획된 가상 세계로 자연스러운 듯한 활기는 거짓일 뿐이며 전시물의 브랜드 가치를 참으로 기발하게 이용하고 있는 곳이라고 생각하면 더욱 그렇다. 감수성이 조금만 있어도 이 매장을 보고 종말론적인 불안을 느끼지 않을 수 없을 것이다. 새로운 세대의 도시 비평가들이 쇼핑몰과 계획 주거 단지에 느끼는 그러한 종류의 불안 말이다. 특히 붐비는 어느 날, 나는 조카를 위해 레고를 사러 온 친구를 만났다. 그는 마치 군중의 거친 소용돌이 속에서 허우적거리는 사람처럼 나를 부여잡고는 "완전히 지옥이야!"라고 소리치며 비틀비틀 계산대로 갔다.

그러나 물론 매장은 그 친구 같은 어른을 위한 곳이 아니고 아이들을 위한 곳이다. 아이들은 전에 없이 관심의 대상이 되고 있다. 대중오락의 작용 단위는 이제 '어른'이 아니라 '가족'이다. 타임스퀘어는 라스베이거스보다 더 가족의 주도권에 굴복하고 있었다. 나는 아들 알렉스의 눈으로 토이저러스를 바라보았다. 우리 둘은 이곳을 놀이공원처럼 생각했다. 물론 알렉스의 '게임큐브' 게임기에 들어갈 게임을 사기도 하지만. (크리스마스 때 다른 장난감 가게에는 모두 품절이었던 것이 토이저러스에는 있었다.) 한번은 부활절을 앞둔 토요일 오후에 그곳을 방문하는 실수를 저질렀다. 점원은 그날이 1년 중 두 번째로 붐비는 날이라고 했다. 우리는 고동치는, 그러나 밀지는 않는 군중들 사이를 비집고 이 매장에서 저 매장으로 갔다. '경주장 배치'가 마법처럼 우리를 움직이고 있음은 전혀 모른 채.

나는 고객들 중 절반이 흑인이거나 라틴계라는 것을 알아챘다. 이곳은 무료 체험을 할 수 있는 저렴한 가게였고 따라서 브루스 래트너가 은유의 안경을 통해 본 민주적 전통의 실현이었다. 우리는 탁자 주변에 모인 한 무리의 사람들에게 갔다. 럼블 로봇Rumble Robot 전시장이었다. 건전지로 움직이는 이 작은 로봇은 녹색 로봇과 빨강 로봇이 편을 갈라 싸움을 한다. 아이들은 양쪽에서 조종기를 들고 있다. 승부는 검은 모자 달린 망토를 쓴 두 멋진 젊은이들이 관리하고 있었는데 이들이 바로 럼블 마스터였다. 알렉스는 자리를 뜨고 싶어하지 않았다. 그리고 마침내 녹색 로봇의 조종기를 따 냈다. 럼블 마스터가 이렇게 소리쳤다.

"셋, 둘, 하나, 럼블!"

열한 살짜리에게 이보다 더 신나는 경험은 없었다.

우리는 2주 후에 매장을 다시 찾았다. 럼블 로봇은 사라지고 없었고 그 자리에 늘 있을 것만 같았던 전시물들도 사라지고 없었다. 이것이 자본주의의 본모습이다. 모든 견고한 것은 공중으로 녹아든다. 이제는 완전히 새로운 전시물이 '세가 전자 게임'을 홍보하기 위해 설치되어 있었다. 전시장에 있던 점원 데릭 클락Deryck Clarke은 서른아홉 살의, 유행에 민감한 흑인으로 브로드웨이 뮤지컬에서 금관악기인 프렌치 호른을 불기도 한다고 했다. 그는 "독일어 합니다."라고 쓴 리본을 달고 있었다. 클락은 뉴욕 사람이었다.

"학교 다닐 때 이 동네 오락실에 와서 자주 놀았죠. 전 동키콩 Donkey Kong[43] 선수였어요."

이제는 다섯 살짜리 아들이 있다고 했다. 나는 그에게 청소년 시절 알았던 타임스퀘어가 사라져 섭섭하냐고 물었다.

"별로 섭섭하지 않아요. 좀 위험했거든요. 이 나이에는 가족을 데려갈 수 있는 장소를 원하죠."

---

43) 1981년에 출시된 닌텐도의 게임. '슈퍼 마리오'의 마리오 캐릭터가 처음 등장한 것도 바로 이 게임이다.

17장 연극은 여기, 브로드웨이에서

　2001년 초여름 나는 아내와 함께 부모님을 모시고 서부 52번가에 있는 버지니아 극장으로 어거스트 윌슨August Wilson의 연극「킹 헤들리 2세*King Hedley II*」를 보러 갔다. 연극의 배경은 1985년이었다. 로널드 레이건 정권 시절이었다. 연극은 겨우 입에 풀칠하는 가난한 동네의 집합 주택 단지 뒷골목에서 펼쳐진다. 무대 뒤쪽의 반쯤 파괴된 벽돌 담장이 극중 인물들, 즉 더 이상 젊지도 희망적이지도 않은 흑인들의 세계와, 관객들에게 익숙한, 밝고 부유한 세계를 가르는 울타리 역할을 했다. 아무도 그곳을 떠날 수 없었다. 킹 헤들리라는 아이러니한 이름을 가진 인물과 이웃들은 레이건의 "새 아침의 미국" 세상에서 인생이 얼마나 잔인한지 분노의 독백을 읊는다. 그러는 동시에 스스로 부득이한 실패와 심지어는 파괴를 가져온다. 윌슨은 물론 관객들이 쉽게 접할 수 없는, 비참하고 자기 파괴적인 뒷골목 세계를 드러내고 싶었던 것이다. 윌슨의 마법 주문 같은 언어는 효과를 발휘했다. 중간 휴식 시간에 아버지가 나를 보고 이렇게 말했다.

　"다들 굉장히 화가 나 보이는구나."

　아이스토텔레스가 추측한 바에 따르면 연극은 관객으로 하여금 매일 접할 수 없는 강렬한 감정에서 오는 카타르시스를 경험하도록 한다. 아리스토텔레스는 공포와 연민에 대해 이야기했고 아마도 「킹 헤들리 2세」와 같은 연극의 세계에도 해당하는 말일 것이다. 그 밖에도 수전 로리 팍스Suzan-Lori Park's의 「승자와 패자Topdog/Underdog」, 혹은 오닐의 「밤으로의 긴 여로Long Day's Journey into Night」 등 진지하고 마음의 동요를 일으키는 연극들로 최근 브로드웨이에서 상연된 연극들은 초연이든 재연이든 모두 해당될 것이다. 새로운 타임스퀘어의 비판론자들은 "동요를 일으키는 경험", 그러니까 예측 불가능한 것, 부조리한 것, 예의 없는 것의 경험과 같이 도시 삶에 중심적인 경험이 타임스퀘어라는 지나치게 타산적인 다국적 교차로에서 사라지게 되었다고 불평한다. 그들의 말이 맞다. 그럼에도 그런 불편한 경험은 여전히 연극의 세계 속에서 경험할 수 있다. 「킹 헤들리 2세」는 우리 아버지에게는 카타르시스적인 경험이 아니었을지 몰라도 적어도 불편한 마음으로 사실을 인정하게 만드는 결과를 가져왔다. "다들 굉장히 화가 나 보이는구나."가 그것이다.

연극이 미국 문화에서 '중요하지 않다'는 것은 공공연한 사실이다. 지난 오십 년간 거의 아무런 중요성도 없었다. 그러나 타임스퀘어에서는 매우 중요하고, 그것은 경제적인 이유에서만은 아니다. 극장 안의 망상 속 세상은 타임스퀘어 자체의 망상 속 세상에서 위안과 대안을 제공한다. 극장은 타임스퀘어의 갈수록 통합되어 가는 환경을 잘라 내어 만든 공간이다. 어떤 극장은 그 환경과 대조를 이루거나 그 환경을 전복시킨다. (『승자와 패자』의 두 주인공 가운데 한 명은 다른 것에 실패하자 카드 도박을 시작하는데 아마 극장에서 멀지 않은 곳이었을 것이다.) 이 연극을 보고 나오면 브로드웨이의 매끄러운 세상 속에는 어울리지 않을 어떤 기억, 혹은 이미지를 갖고 나오게 된다. 킹 헤들리와 친구들이 로널드 레이건의 미국에 어울릴 수 없었듯이.

물론 대부분 이런 망상 속의 세상은 적어도 불편함을 주려는 의도는 없다. 대개는 그렇지 않지만 의도만큼은 즐겁고 감상적이고 화려하고 반짝이는 세상을 보여 주려는 데 있다. 브로드웨이 연극이 늘 그렇듯 말이다. 거품투성이의 도피주의는 언제나 브로드웨이의 생계 수단이었다. 「42번가」 같은 뮤지컬만 봐도 그렇다. 1933년에 나온 영화 《42번가》가 1932년에 나온 원작 소설의 신랄한 염세주의를 지웠듯, 1960년대 데이비드 메릭David Merrick이 연출한 작품을 리바이벌한 이 뮤지컬은 영화에 나오는 대공황 시절의 절박함을 순화한다. 길에서 십 센트를 발견하고 〈우린 성공했어〉를 부르는 아이들은 거리를 방황하는 소년들이지만 잠시 후 아이들은 사라지고 등장인물들이 아이들의 환상 속에 있던 번쩍이는 황금으로 치장하고 나타난다. 열정적인 연출가 줄리언 마쉬는 외롭지만 사랑스러운 구두쇠다. 닉 머피의 깡패 패거리들은 불량스럽고 겉만 번지르르하기는 해도 위험한 존재는 아니다. 페기 소이어는 정상으로 향하면서도 아무에게 해를 끼치지 않는다. 이 쇼는 페이와 줄리언, 합창단의 용기에 관한 것이다. 두 시간 반 동안의 정신없는 탭댄스가 끝나면 등장인물들은 주요 멜로디를 반복하며 미친 듯이 신이 나서 야단법석을 치는데 "태어나서 가장 신나는 시간을 보내고 있구나."하는 생각이 들 정도다. 여자 합창단원의 삶은 불안정하고 비참한 것으로 유명했다. 1차 대전 직전에 조지 브론슨 하워드George Bronson-Howard는 이 아름답고 연약하면서도 포식자적인 인물들을 중심으로 여러 작품을 썼지만 이것은 달랐다. 이 「42번가」의 진정한 주제는 브로드웨이의 생명인 연극이라는 샘의 순수한 경이로움이었다.

　물론 언제나 그래 왔다. 오닐과 윌리엄스, 밀러가 있었고 지그펠트, 코핸이 있었고 그렇게 보면 민스키도 있었다. 연극은 태고부터 존재했던 타임스퀘어의 단면이다. 오늘날의 연극은 칠십 년 전의 연극과 다를 바가 없고 같은 공간에서 펼쳐진다. 여전히 배우와 음악가, 작가, 분장 담당, 매표 담당이 필요하고 위험을 무릅쓰고 실험적인 작품을 시도할 연출가들이 있어야 한다. 연극은 언제나 똑같았지만 그 주변에 있는 모든 것, 타임스퀘어라는 맥락, 그러니까 우리가 연극을 감상하는 맥락만이 급변했다.

　난해함과 수월함, 낯섦과 익숙함 간의 균형은 브로드웨이에서 옛적부터 반복되어 온 경향이다. 그러나 부동산 임대와 음식, 텔레비전 등을 지배해 온 다국적기업들이 이제 연극계에도 발판을 마련했다. 두 개의 다국적기업, 디즈니와 '클리어 채널 커뮤니케이션Clear Channel Communication'은 이제 브로드웨이에서 가장 강력한 세력을 이룬다. 디즈니는 제작에, 클리어 채널은 후원자이자 배급자 역할에 중점을 두지만 두 회사 모두 극장을 소유하고 있다. 이들은 타임스퀘어에 입성하며 많은 불안감을 조성했다. 그렇지만 조심스런 희망도 있었다. 이들이 제국주의의 태도를 갖고 오는지, 아니면 돈 많은 숙부로 오는지가 불확실했다. 두려움은 대체로 밖으로 표출되지는 않았지만 이들이 등장함으로써 동요를 일으키는 작은 목소리들, 브로드웨이의 반현실주의자들이 가려질 것인가 하는 점이었다. 게다가 과장된 그저 그런 뮤지컬을, 이미 충분한데도 더 많이 내세우지 않을까 하는 것이었다. 그렇다면 지난 한 세기 동안의 브로드웨이 연극은 퇴화하여 흔적만 남게 될지도 모를 일이었다.

디즈니 내부에서 '부에나 비스타 시어터 그룹Buena Vista Theatrical Group'이라고 알려진 단체의 사장인 토머스 슈마허Thomas Schumacher의 인상은 '디즈니화'라는 부정적인 의미의 단어와 어떤 방식으로도 어울리지 않았다. 슈마허는 크지 않은 사람이었다. 마흔네 살의 나이에도 강아지 같은 발랄함이 있었고 가는 머리카락에 중간 가르마를 타고 있었으며 테가 진한 각진 안경을 쓰고 있었다. 세련되고 언론 매체를 잘 다루는 프랑스 지식인처럼 보였다. 여기서 중요한 것은 매체다. 슈마허는 매우 다른 종류의 디즈니의 살아 있는 상징이기 때문이다. 그는 브로드웨이에서 자신의 역할을, 디즈니의 역할을, 사람들이 너무나 가볍게 주고받는 수식어에서 차별화하려고 애쓰고 있다. 우리가 처음 만났을 때 슈마허는 이런 말을 했다.

"'디즈니화'라는 말을 쓴다는 것은 정말 아이러니합니다. 사실상 타임스퀘어의 화려한 시절을, 그 전통적인 중심을, 가장 순수하게 되살려 낸 것이 이 극장의 복구였다는 걸 생각하면 말입니다."

물론 '이 극장'은 42번가, 브로드웨이 서쪽에 있는 뉴암스테르담 극장을 말한다. 우리는 타원형 로비의 작은 탁자에 앉아 있었는데 벽에는 뉴욕 시의 역사를 그린 벽화가 있었다. 인디언과의 첫 만남에서부터 극장이 지어진 1903년까지의 역사가 담겨 있었다. 디즈니가 뉴암스테르담을 넘겨받았을 때 이 로비는 무릎 높이 정도의 물에 잠겨 있었다. 지금은 극장의 나머지 부분과 마찬가지로 아름답게 복원되었다.

"우리가 한 일은 그것뿐이에요."

슈마허는 꽤 흥분해서 덧붙였다.

"우리가 한 일은 정말 그것뿐이에요."

'디즈니'는, 물론 디즈니에게 매우 민감한 주제다. 이 말은 겉은 번지르르하고 교묘하게 계획적이며 대체로 획일적이지만 약간의 지역적 특성이 있다는 의미를 갖게 되었다.

"옆 건물에 있는 맥도날드나 좀 더 내려가면 있는 칠리, 마담 투소 박물관은 우리가 세운 게 아니에요."

슈마허는 피곤하다는 듯 말했다. 그는 비판론자들의 주장을 외고 있었다. 나는 디즈니가 뉴암스테르담을 복구하는 데서 그친 것은 아니라고 말했다. 디즈니는 에이비시(ABC)와 이에스피엔(ESPN)도 소유하고 있는데 두 회사 모두 브로드웨이에서 눈에 매우 잘 띄기 때문이다. 그랬더니 슈마허는 눈썹을 치켜떴다. 그건 기업으로서의 디즈니라고 했다. 슈마허의 디즈니는 뉴암스테르담 극장이었고 「라이언 킹」이며 「미녀와 야수」, 「아이다」 그리고 앞으로 선보일 새로운 작품이었다.

'디즈니'가 무엇이든 슈마허 자신은 브로드웨이의 외계 생물체는 아니다. 슈마허가 곧 브로드웨이다. 하루는 44번가에 있는 잘 알려진 극장에서 점심을 먹는데 인기 뮤지컬 「헤어스프레이Hairspray」의 연출가 마고 라이언Margot Lion이 그를 불러 세워 지방에 간 동안 얼마나 보고 싶어했는지 말했다. 역시 브로드웨이 토박이인 식당 주인도 와서 이야기를 나누었다. 슈마허는 옆자리에 앉은 젊은 여성과도 일부러 인사를 했는데 그 여성은 슈마허가 일을 맡긴 사람이었고 혹시 여자가 부주의하게 꺼낸 말을 슈마허가 듣게 되면 당황할까 봐 인사를 한 것이다. (디즈니는 아마도 브로드웨이에서 가장 큰 고용주일 것이다.) 마치 데이비드 메릭이나 데이비드 벨라스코와 식사하는 것 같았다. 게다가 슈마허는 능력도 탄탄하다. 기존 작품을 번안하지 않은 뮤지컬이 있으면 대 보라고 하기에 나는 「오클라호마!」를 댔지만 그는 "「라일락이 푸르게 자란다*Green Grow the Lilacs*」를 통째로 각색한 겁니다."라고 쏘아붙였고 「헬로, 돌리!」는 어떠냐고 했더니, "「용커스의 상인*The Merchant of Yonkers*」과 「중매쟁이*The Matchmaker*」 두 개 모두에 기초해서 만든 것"이라고 했다. 그의 박식함을 칭찬했더니 웃으며 말했다.

"사람들이 나를 '쇼의 여왕'이라고 부르는 일이 있기는 하죠."

슈마허는 샌프란시스코에서 태어나 캘리포니아대학교 로스앤젤레스 캠퍼스(UCLA)를 졸업한 뒤 예술 관리 분야로 들어갔다. 처음에는 무용단에 있다가 1984년 로스앤젤레스에서 올림픽 예술 축제에서 일했고 마크 테이퍼 포럼*Mark Taper Forum*으로 갔다. 1987년 그는 '로스앤젤레스 예술 축제'를 확립하고 이 축제에서 피터 브룩*Peter Brook*의 「마하바라타*Mahabharata*」를 최초로 영어로 무대에 올렸다. 그는 종종 이 연극에 대해 자랑스럽게 이야기하곤 한다. 그런 뒤 그는 마이클 아이즈너가 다시 활력을 불어넣은 디즈니의 애니메이션 부에서 일을 했다. 거기서 《토이 스토리》와 《몬스터 주식회사》, 《벅스 라이프》의 개발과 제작을 지휘했고 좀 더 전통적인 디즈니 만화인 《타잔》과 《노트르담의 꼽추》도 만들었다. 슈마허는 자신의 작품을 자랑스러워하고 때로는 겸손은 건너뛰고 「마하바라타」를 연출한 사람답게 디즈니 작품에 대한 그럴듯한 설명을 내놓는다. 디즈니 주인공이 남자든 여자든 왜 그렇게 다 비슷하냐고 물었더니 그는 이렇게 대답했다.

"단일 신화의 재구성이니까요."

내가 단일 신화가 뭐냐고 물었더니, "나는 누구인가? 나는 무엇인가? 나는 왜 여기 있는가?"라고 했다. 조셉 캠벨Joseph Campbell의 말을 빌려 다시 말하자면 천의 얼굴을 가진 영웅인 것이다. 슈마허는 디즈니를 진심으로 믿는 사람이다. 어찌 보면 당연하다. 시니컬한 사람이 어린이 영화를 만들면 안 될 테니까.

영화 《미녀와 야수》가 일부 비평가들에 의해 브로드웨이에서 상연하는 그 어떤 뮤지컬보다 좋다는 평을 받자 뉴욕 토박이에다 연극광인 마이클 아이즈너는 디즈니의 애니메이션 속 인물을 새로운 매체, 즉 연극 무대에 올려 보기로 했다. 디즈니 임원들은 시끄러운 놀이 공원다운 공연을 만들어 냈는데 비평가들은 실망했지만 대중들은 좋아했다. 「미녀와 야수」는 1994년 이후 죽 공연되고 있고 2003년 현재 브로드웨이 역사상 일곱 번째로 장수하고 있는 공연이다. 슈마허는 자신이 「미녀와 야수」와는 아무 상관이 없음을 명백히 했다. 나는 도저히 티켓을 사서 볼 수는 없었다. 알렉스는 학교에서 단체로 가게 되어 보지 않을 수 없었는데, 알렉스의 열두 살짜리 감수성으로도 너무 유치해서 도저히 말로 표현할 수 없었던 정도였던 것 같다. 알렉스는 주로 "바보 같아."라고 했다.

그동안 디즈니는 뉴암스테르담을 복원하고 있었다. 아이즈너는 별도의 연극 부서를 만드는 데 동의하고 디즈니 스튜디오의 책임자 피터 슈나이더와 슈마허를 지명해 운영하도록 했다. 「미녀와 야수」 뮤지컬이 문을 열었을 때 마침 《라이언 킹》이 개봉했고 브로드웨이 간판에 올릴 다음 이야기로 적합해 보였다. 디즈니가 「미녀와 야수」 와 같은 또 하나의 '점 따라 줄긋기'식의 유치한 뮤지컬을 연출하지 말란 법은 없었다. 그러나 이번 뮤지컬은 디즈니가 연출하는 게 아니었다. 슈나이더와 슈마허가 연출하게 될 터였다. 취향이 고상하면서도 경영을 아는 슈마허는 개인적 취향과 기업 전략이 만나는 지점을 찾아냈다. 그는 조각가이자 가면 제작자이며 최근 천재들만 받는다는 '맥아더 재단'의 연구비를 따 낸 줄리 태이머Jilie Taymor에게 새 연극을 연출해 달라고 부탁했다. 태이머는 전혀 기업적인 인물이 아니었다. 오프브로드웨이와도 거리가 먼 곳에서 작은 규모로 수공예 작업을 하고 있었다. 그럼에도 슈마허는 신화적이고 제의적인 주제, 그리고 비언어적인 표현 수단, 즉 매우 캠벨적인 하위 세계를 다루는 태이머의 작품이 디즈니의 전체 작품과 매우 잘 어울린다고 생각했다. 그는 태이머의 '자유는 빼앗겼다Liberty's Taken'를 로스앤젤레스 예술 축제에 참여시키려고 시도했고 그 뒤로도 계속 지켜보았다고 했다. 그래서 부탁했고 태이머는 동의했다.

슈마허에게 태이머를 선택한 이유를 물었다.

"태이머를 선택한 것이 우리가 늘 일해 온 방식과 어긋나는 결정이라는 편견이 있어요. 하지만 사람들은 살바도르 달리가 우리 스튜디오에 입주해 있었다는 것을 잊고 있어요. 월트는 레오폴드 스토코프스키Leopold Stokowski와도 함께 작업했어요. 《환타지아》가 얼마나 예술적인지도 잊어요. 내 선택은 기업으로서 우리가 늘

해 오던 방식을 벗어난 것이 아니라 사람들이 늘 기대해 오던 방식에서 벗어난 것일 뿐입니다."

물론 사람들이 이것을 기억하지 못하는 이유는 반세기 전의 일이기 때문이다. 요즘 세대의 디즈니 영화 가운데 어떤 것은 기발하고 재미있지만 (그래도 《라이언 킹》은 여기 넣어 줄 수 없을 것 같다.) 대부분은 디즈니가 안전하다고 느끼는 범위 내에서만 머무르는데 종종 이것은 넌더리가 날 정도다. (《포카혼타스》가 그렇지 않은가?)

어쨌든 태이머를 선택한 것은 디즈니를 어린이 오락의 '스탠더드 오일'44)이라고 생각했던 사람들을 놀라게 했다. 개막을 앞둔 1997년 가을, 언론 기사는 줄리 태이머를 미녀로 그리고 "촉수가 여러 개인 주류 업체"인 디즈니를 야수로 기발하게 비유하기도 했다. 태이머는 친구들이 자신을 야수에 항복한 것으로 생각한다고 고백했다. 그리고 새로운 고용주에 대해서는 이렇게 말했다.

"처음에는 내가 너무 독특할 거라고 걱정했고 나중에는 내가 너무 디즈니적일 거라고 걱정했어요."

그러나 태이머가 예술적 결정을 내려야 할 때마다, 아이즈너를 포함한 디즈니의 중역들은 좀 더 대담하고 실험적인 길을 가라고 독려했다고 한다. 슈마허에 의하면 디즈니와 태이머는 예술적 이견이 있을 때 언제든 그만둘 수 있다는 서약에 서명했다고 한다. 그리고 말했다.

---

44) Standard Oil. 미국 석유 시장의 90퍼센트를 장악했던 회사로 미국의 독점금지법 '셔먼 반트러스트법Sherman Antitrust Act'에 의해 1911년, 30개의 기업으로 강제 분할되었다.

"그러고 나서 그 서약서는 한 번도 다시 꺼내 보지 않았어요."

「라이언 킹」은 '기업형 연극'이 '디너 쇼'처럼 막연히 별 볼 일 없는 저급 예술의 형태가 될 필요가 없다는 것에 대한 부정할 수 없는 증거였다. 이 연극은 여러 명의 투자자들에 의해 이 방향으로 저 방향으로 이끌린 대형 뮤지컬에 비해 한 예술가의 특징이 훨씬 더 명확히 각인되어 있었다. 거대한 규모지만 여전히 줄리 태이머의 작품이었다. 그리고 놀라운 것은 태이머가 디즈니의 엄청난 허식을 어떻게 인간적인 수준으로 끌어내렸는가 하는 점이었다. '초원'을 푸른 식물이 굽이치는 광대한 벌판으로 그린 것이 아니라 무대 밑에서부터 솟아난 거대한 두 개의 기둥 위에 녹색 잔디로 된 정방형의 머리 장식으로 표현했다. 섬세하고 복잡한 형태의 가지를 드넓게 뻗고 있는 나무 한 그루는 자연의 풍요로움을 상징했다. 태이머가 '표의적ideographic'이라고 표현한 이러한 암시적인 표현은 너무 간결하고 개략적이었기 때문에 오히려 더 큰 것을 연상시켰다. 물론 미니멀리즘을 가미한 가면도 빼놓을 수 없다. 큰 새는 배우가 날개만 달고 표현했고 작은 새들의 무리는 배우가 새 모양의 물체가 달린 모빌을 흔들어 표현했다. 표범은 배우가 표범 형태의 인형을 손수레 밀듯 밀고 다님으로써 표현했다. 사람과 동물은 손상되지 않은 자연의 매혹적인 풍경 속에서 섞이고 또 어울린다. 생명의 순환이다. 영화에서 볼 수 있는 어머니 대지에 대한 신앙심은 없다. "하쿠나 마타타"에 대한 디즈니 특유의 익살을 제외하면, 그러니까 거의 모든 대사를 제외하면 놀라운 공연이었다.

「라이언 킹」은 토니 상 여섯 개를 수상했는데 이 가운데 최고 뮤지컬 부문도 있었다. 6년 뒤에도 여전히 매진 공연이었다. 42번가에서, 그리고 전 세계 열 군데에서 디즈니는 「라이언 킹」으로 십억 달러 이상을 벌어들였다. 그러나 아마도 더 중요한 것은 유치한 「미녀와 야수」가 만들어 낸 이미지를 지우고 문화 산업 속에서 디즈니의 위치를 실제적으로 바꿔 놓은 점일 것이다.

만약 사악한 언론 대기업의 예를 찾고 있다면 클리어 채널 커뮤니케이션즈만 한 것이 없다. 팔십억 달러 가치의 이 회사는 라디오 방송 소유권과 프로그램 배급 분야에서 강력한, 심지어는 독점적인 위치를 차지하고 있다. 그 밖에도 록 콘서트와 몬스터 트럭, 모터크로스 대회, 야외 광고업, 스포츠 선수 관리에도 관여하고 있으며 마지막으로 가장 적게 관여하고 있는 사업이 연극 공연 배급이다. 클리어 채널은 2002년까지 거의 아무도 들어 보지 못한, 미국에서 가장 강력한 업체로 꼽을 수 있겠다.

그러나 2002년 이 회사는 언론 집중 현상의 폐해의 주요 상징이 되었다. 클리어 채널은 1,250개의 라디오 채널을 소유하고 있어 국내에서 가장 큰 라디오 소유주다. 이라크 전쟁을 앞두고 이 회사는 전쟁 찬성 시위를 조장한다는 비판을 받았다. 애국적인 가수들을 밀어 주고 '딕시 칙스Dixie Chicks'처럼 전쟁을 비난할 용기가 있는 가수들에게 손해를 입혔다. 또한 이 회사는 '유료 방송'을 일삼았다고 하여 문제가 되었는데 가수들에게 돈을 받고 곡을 방송해 준 것이다. (회사는 이 의혹을 꾸준히 부정해 왔다.) 그리고 똑같은 프로그램을 여러 방송국에서 내보내는 방식은 라디오 방송이 아득히 획일적으로 되는 데 가장 큰 역할을 했다. 언론 기사는 이 회사를 "라디오 업계의 깡패", 혹은 "악의 제국"이라고 표현했다. 그리고 연방 방송 위원회가 2003년 언론 소유권 규제를 철폐했을 때 라디오는 이 난리에서 제외됐는데 이어진 언론 기사에 따르면 이것은 클리어 채널이 노골적으로 영향력을 행사했기 때문이었다.

연극계에서 클리어 채널의 역할은 매우 늦게 시작되었고 '페이스 시어트리컬Pace Theatrical'이라는 회사와 관련되어 있다. 페이스는 1970년대 트랙터 견인과 몬스터 트럭 경주를 실내 경기장에서 선보이기 시작했다. 1980년대 초 이 회사는 미국과 영국의 극장을 사들이기 시작했다. 또한 여러 도시에서 정기 회원을 대상으로 하는 공연을 사들였으니 극장이라기보다 관객을 산 셈이다. 그리고 페이스는 브로드웨이 공연에 투자하기 시작했다. 페이스 소유 극장에 공연을 배급할 수 있는 권리를 얻을 목적이었다. 1920년 순회공연이 드물어지면서 뉴욕 외부의 연극 관객들은 대부분 재탕 공연이나 「마이 페어 레이디」, 「사운드 오브 뮤직」 같은 생명력 강한 작품들로 만족해야 했다. 1970년대 말에서 1980년대 초에 영국인 연출가 캐머론 매킨토쉬 Cameron Mackintosh는 「오페라의 유령」, 「캣츠」, 「미스 사이공」 같은 화려한 공연을 할 브로드웨이 수준의 순회공연단을 만들어 내기 시작했다. 매킨토쉬는 좋은 공연에는 비싼 값을 매겨도 수익을 올릴 수 있다는 것을 보여 주었다. 어느새 페이스는 브로드웨이의 거의 모든 뮤지컬에 투자하고 있었고 성공적인 것은 자체 제작해서 순회공연을 하기 시작했다. 이 회사는 이제 공연과 관객, 공연장까지 모두 소유하고 있었다. 클로와 얼랭어, 키스와 앨비 등이 90년 전에 누렸던 독점 순회 사업을 즐기게 된 것이다. 그러나 90년 전에는 순회할 지역이 지금보다 더 크고 더 큰 값어치가 있었다.

1999년, 공연 기획사 에스에프엑스(SFX)가 '페이스'와 '라이브엔트'를 인수했다. 라이브엔트는 가스 드라빈스키Garth Drabinsky라는 캐나다인 사업자가 세운 제작회사로 뉴암스테르담 건너편에 있는 포드센터와 「래그타임」과 「포시Fosse」 같은 값어치 있는 공연도 소유하고 있었다. 그런 뒤 클리어 채널이 에스에프엑스(SFX)를 인수했다. 작은 물고기를 먹은 큰 물고기가 더 큰 물고기에 먹힌 격이다. 작은 물고기가 얼마나 작았느냐 하면, 공연 제작을 담당하고 있는 '공연과 가족 문화' 부서는 클리어 채널 엔터테인먼트 전체 수익의 12퍼센트를 올렸는데 클리어 채널 엔터테인먼트는 콘서트와 모터스포츠, 부동산(극장 자체를 말한다.) 사업을 담당하고 있는 자회사로 클리어 채널 커뮤니케이션의 총 수익의 4분의 1을 올리고 있었다. 공연 문화 산업이라는 파이에서 갖고 있는 조각이 그렇게 작은데도 브로드웨이에서는 거대한 세력이었다. 몬스터 트럭 대회나 간판 사업에서 중요한 위치를 차지한 만큼 세계 뮤지컬 시작에서도 그러했다. 2002년 클리어 채널 엔터테인먼트는 캐들러 빌딩으로 이사했다. 1913년 남부 42번가에 지어진 가느다랗고 우아한 석회석 고층 건물이었다. 클리어 채널은 디즈니와 비아콤, 토이저러스와 함께 타임스퀘어의 세계적 연예 오락 시장의 한 축이 된 것이다.

클리어 채널의 사무실은 키스와 앨비의 통합 계약 관리소가 있던 옛 팰리스 극장 2층의 소란한 사무실과 달랐다. (기능은 그다지 다르지 않았지만.) 클리어 채널 소유의 열여덟 개 극장과 정기 회원을 위한 공연 프로그램 56개에 공연 상품을 묶음으로 공급하는 일을 하는 로렌 리드의 사무실은 회색 카페트가 깔려 있고 콘데나스트 빌딩이 있는 동쪽으로 조망이 좋다. 리드는 대부분의 도시에서 경쟁 상대는 발레나 오페라가 아니라 스포츠 팀이라고 했다. 리드가 담당하는 극장은 평균적으로 2천8백석 규모로 브로드웨이의 관점에서는 거대하다. 따라서 리드는 대중을 만족시킬 수 있는 상품을 찾아야 한다.

"공연 상품을 묶을 때는 다양하게 만들어요. 「라이언 킹」 같은 거대한 공연이 하나 있고 「42번가」와 같은 새로운 리바이벌 작품이 들어가고 연극이 들어갈 자리 하나랑 색다른 뭔가가 들어갈 자리가 있죠. 예를 들면 「리버 댄스*Riverdance*」 같은 거요."

리드는 좀 더 수준 있는 작품을 하면 좋겠지만, "정극을 보려는 수요가 있는 도시가 제한되어 있다."고 했다. 리드는 작은 극장을 모아 규모가 작고 야심 찬 공연을 올리고 싶다고 했지만 아직은 그러지 못했다고 했다. 그리고 미네아폴리스나 포트랜드의 관객들은 「데이비드 카퍼필드*David Copperfield*」와 「수시컬*Seussical*」, 「헤어스프레이」와 「프로듀서스*The Producers*」를 보게 된다. 어거스트 윌슨이나 수전 로리 팍스는 아니지만 라디오 음악 순위 쇼 보다는 낫다.

클리어 채널 엔터테인먼트의 회장 스캇 자이거*Scott Zeiger*는 극장 운영을, 여러 개의 방송 채널을 소유하고 운영(극장을 소유하거나 정기 회원을 위한 공연을 운영하듯)하는 방송 네트워크에 비유한다. 이 방송 네트워크에는 자매 채널이 있는데 극장 운영의 경우 클리어 채널이 다른 배급사와 맺는 "전략적 파트너십"을 이야기한다. 클리어 채널은 여러 브로드웨이 공연 제작에서 '공동 제작사', 혹은 '전략적 동업자', 혹은 '전략적 제한 동업자'의 역할을 맡는데 최종 목표는 순회공연에 성공할 공연을 선택하는 것이다.

1990년대 중반 이 회사는 니켈로디언Nickelodeon 등과 협력해 아이들을 위한 공연 제작에도 참여했다. 「러그랫의 모험Rugrats-A Live Adventure」, 「스쿠비 두의 무대 공포Scooby Stagefright」, 「블루스 클루스 실황Blue's Clues Live」 등의 작품이 여기 속한다. 어린이 공연 섭외를 담당하는 리즈 맥도널드Liz McDonald에 의하면 어떤 공연은 '라디오 시티 뮤직 홀'에서 몇 번이고 매진 공연을 할 수 있다고 한다. 나는 곧 무대에 올려질 「도라의 모험Dora the Explorer」이라는 공연의 연습을 구경하기도 했다. 「도라의 모험」은 같은 제목의 인기 만화를 바탕으로 하고 있다. 도라는 애완 원숭이를 기르는 의욕 넘치는 어린 소녀로 어려운 문제를 푸는 과정에서 여러 교육적이고 친사회적인 활동을 한다. 한번은 감독이, 좀 더 야심 찬 규모의 공연에 익숙해져 있는 노련한 브로드웨이 감독이었는데, 악당 스와이퍼에게 "무대 앞으로 와서 빨강 닭의 털을 뽑아 가라."고 지시했다. 문득 이 모든 것이 참으로 우습다는 생각이 들었는지 감독은 잠시 머뭇거리다가 이렇게 말했다.

"알아, 「리처드 3세」를 따라한 거야. 하지만 애들은 그걸 잘 모르잖아."

2000년, 클리어 채널 엔터테인먼트의 주요 임원들은 어른들을 위한 작품도 제작할 때가 되었다고 결정했다. 대중에게 사랑받았던 작품을 여럿 가지고 있고 매해 신화를 만들어 내는 만화를 제작하는 부서가 있는 디즈니와는 달리 클리어 채널은 맨손으로 시작해야 했다. 회사는 베스 윌리엄스Beth Williams를 고용했다. 윌리엄스는 피아니스트로 「레미제라블」의 피트 오케스트라를 지휘한 적이 있고 페이스가 순회공연을 보내는 작품들의 대사 연출가로 일한 적이 있었다. 윌리엄스는 젊은 연출가 여섯 명을 고용해 재능 있는 사람들과 소재를 찾아 브로드웨이를 뒤지도록 했다. 클리어 채널의 문화는 창조적인 작업과 같이 예측 불가능한 작업에 대해 알레르기 반응을 보일 것 같았지만 연극 사업은 라디오와 같이 망신스러운 방식을 적용하기에는 규모가 너무 작았다. 베스 윌리엄스는 자신을 "영세한 연출가"라고 설명했다. 클리어 채널의 관점에서는 그랬지만 브로드웨이의 관점에서는 달랐다. 거의 모든 작품이 뮤지컬이어야 했지만 윌리엄스는 어른을 위한 「도라의 모험」 같은 우스운 뮤지컬이 나오지는 않을 거라고 장담한다. 윌리엄스는 자신이 제작을 의뢰한 「피시먼 성가대The Gospel According to Fishman」에 대해 매우 희망적이다. 이 작품은 1963년이 배경으로 유대인 작곡가가 성가대와 함께 일하게 되는 이야기이다. (심하게 가슴 따뜻할 것 같은 설정이다.)

이제 막 걸음마를 시작한 클리어 채널의 제작팀이 브로드웨이에 끈적끈적한 퍼지 과자를 풀어놓는다고 해도 놀랍지 않을 것이다. 지금 제작 중인 벤 버린Ben Vereen의 알맹이 없는 작품과 같은 것 말이다. 하지만 모르는 일이다. 윌리엄스가 고용한 총연출가 제니퍼 코스텔로Jennifer Costello는 '배우들의 공동체'인 '몬스터리스 액터즈Monsterless Actors'를 운영하며 이십대를 보냈다. 현재 클리어 채널에서 일하고 있는 남편도 함께 일했다. 코스텔로와 애런 빌은 "같은 바닥에서 흘러다녔다." 애런은 한 방향으로 코스텔로는 다른 방향으로 흘렀다. 「러그랫의 모험」방향으로 흐른 것이다. 그러나 코스텔로의 꿈은 다른 데 있었다.

"나는 사람을 불편하게 만들어 주는 연극이 좋아요."

코스텔로는 같은 생각을 가진 사람들과 일하는 것을 즐긴다. 자신이 존경하는 행위 예술가에게는 클리어 채널처럼 생각하라고 격려하고 있다고 한다. 그 행위 예술가의 생각은 지금까지 너무 아방가르드적이었지만 제대로 된 방향으로 가고 있다고 했다. 코스텔로는 또한 마약에 절었던 트럼펫 연주자 쳇 베이커Chat Baker에 관한 작품을 구상하고 있다고 했다. 부끄럽지 않은 작품을 제작하면 정말 좋겠다고 했다. 물론 벤 버린의 아직 밝혀지지 않은 이야기가 마음에 쏙 들지도 모른다는 이야기도 될 수 있다.

토머스 슈마허는 나에게 15분간 뮤지컬 「타잔」의 대본 연습을 지켜보게 해 주었다. 아직 초기 단계였다. 타잔에게는 "나 같은 사람이 또 있었다는 거 알아요, 엄마?" 이런 대사도 있고, 제인은 "타잔에 대한 내 관심은 철저히 과학적이에요."라고 하기도 했다. 반면 이런 대사도 있었다.

"눈이 강렬하고 날카로웠어요. 그런 눈은 처음 봤어요."

《포카혼타스》나 《인어공주》 같은 순수한 연애 이야기였다. 타잔의 자기 각성에도 단일 신화적인 요소가 있는지도 몰랐다. 대본 연습 구경을 하고 슈마허와 문간에 서 있는데 슈마허가 제작진 가운데 알아보는 사람이 있는지 물었다. 나는 전혀 몰랐다. 탁자에 앉아 있는 머리가 벗겨진 사람을 가리키며 슈마허가 말했다.

"저 사람은 필 콜린스Phil Collins에요. 여덟 곡을 새로 작곡해 줬어
요. 저 사람은 데이비드 헨리 황David Henry Hwang인데 대본을 맡고
있어요. 저기 있는 배우는 「니콜라스 니클비Nicholas Nickleby」의 로저
리스Roger Rees에요."

감독은 밥 크라울리Bob Crowley였다. 그는 아마도 브로드웨이에서
가장 뛰어난 조명 감독일 터였다. 이 모든 사람들이 「타잔」을 위해
모이다니.

왜 이런 실력 있는 사람들이 만화 뮤지컬에 참여하는 것일까?
답은 토머스 슈마허인 것 같았다. 브로드웨이에서 '디즈니'가 어떤
공포를 자아내든 44번가에서 점심을 사고 작가를 선택하고 감독을
선택하는 것은 디즈니가 아니라 토마스 슈마허다.

"디즈니적 관점은 없어요. 디즈니는 관념이 아니니까요. '이건 되
고, 저건 안 된다'고 번쩍이는 돌에 새겨져 있는 것도 아니에요."

슈마허는 언제나 새로운 것을 하고 싶다고 말했다. 그래서 수전
로리 팍스에게 할렘 글로브트로터Harlem Globetrotter에 관한 작품『후프
Hoopz』를 써 달라고 부탁한 것이다. 그리고 연극을 연출해 본 경험이
없는 밥 크라울리에게 타잔을 부탁한 것이다.

브로드웨이에서 오랫동안 홍보 일을 해 왔으며 현재 디즈니의
고문인 릭 일리스Rick Elice는 슈마허를 우리 시대의 데이비드 벨라스코,
혹은 데이비드 메릭으로 여겨야 한다고 주장한다. 디즈니의 부는 슈
마허에게 브로드웨이에서는 일찍이 들어 볼 수 없었던 힘을 주었고
슈마허는 하고 싶다면 작품을 제작할 수 있었다. 그러나 옛날 제작자

들처럼 자기 자신만의 취향을 마음대로 고집할 수 있는 것은 아니다. 슈마허는 제니퍼 코스텔로가 좋아할 만한 연극에 사비로 투자하기도 했지만 이런 공연을 디즈니의 이름으로 만들 수는 없다. 코스텔로가 그런 연극을 클리어 채널을 위해 만들 수 없듯이. 슈마허는 이렇게 말한다.

"예술계를 후원하고 예술계에서 일하고 평생을 예술을 하며 산 사람으로서 개인적으로, 나만을 위한 공연을 연출한다면 즐거울 겁니다. 그러나 회사를 위해 무엇을 해야 할지 생각해 보면 수익이 큰 공연을 하는 게 말이 되겠죠."

마크 바바넬이 애런 빌에게 비슷한 이야기를 하는 모습을 상상해 볼 수 있다. 물론 마크라면 약간 다른 어휘를 쓰겠지만 말이다.

디즈니는 클리어 채널보다 창작 면에서 더 나은 이력을 갖고 있을지는 몰라도 두 회사는 같은 경제적 압박을 받으며 굴러간다. 규모가 큰 뮤지컬은 최대 천2백만 달러의 제작비가 들고 매주 사오십만 달러를 들여야 무대에 올릴 수 있다. 만약 공연이 실패하면 크나큰 재해다. 그러나 히트를 치면 매주 8십만 달러의 매출을 올릴 수 있고 그렇다면 1년 반 안에 수익을 낼 수 있다는 말이다. 정극은 제작비가 훨씬 저렴하지만 수익을 올릴 가능성은 디즈나나 클리어 채널과 같은 규모의 회사에는 지나치게 적다. 더 중요한 것은 브로드웨이에서의 성공이 순회공연으로 이어진다는 점이다. 디즈니와 클리어 채널에서 공연 사업을 할 가치가 있다고 느끼는 것은 순회공연 덕분이다. 연극계의 홍보 담당 크리스 보노는 이렇게 쓴다.

"브로드웨이는 이제 국제적인 브랜드다."

인기 뮤지컬은 세계적인 상품인 것이다.

그래서 시드니와 암스테르담에 공연이 선 2003년 가을에는 「라이언 킹」이 열 가지 형태로 동시에 상연되고 있었다. 초기 비용은 이미 회수한 지 오래였다. 순회공연은 매주 지출하는 비용만 거둬들이면 되었다. 물론 거둬들였다. 그것도 아주 열심히. 뉴욕의 공연 티켓은 대체로 다른 지역보다 더 비싸지만 '뉴 암스테르담'은 「라이언 킹」이 공연되는 다른 극장보다 규모가 작다. 슈마허에 따르면 119주 동안 이 공연은 뉴욕에서 1억 2천5백만 달러, 로스앤젤레스에서 1억 4천7백만 달러의 매출을 기록했다. 「미녀와 야수」는 표의적이기는커녕 우스꽝스럽지만 같은 경제 원칙이 적용되었다. 사실상 전성기 때 「미녀와 야수」는 한 번에 열한 군데서 공연되기도 했다.

실력 있는 작가와 배우를 끌어들이는 슈마허의 재능과 그 자신의 야망으로 볼 때 그가 있는 한 「미녀와 야수」 같은 공연이 다시 나오지는 않을 것이다. 그래도 「라이언 킹」은 「오클라호마!」가 아니다. 대사와 인물은 디즈니의 장비 공장에서 만들어졌다. 디즈니 자체가 디즈니 뮤지컬의 한계 요인인 것이다. 게다가 디즈니의 또 다른 장기 공연 「아이다」는 「미녀와 야수」처럼 진부하지도, 「라이언 킹」처럼 기발하지도 않다고 여겨진다. 아마도 그 편안한 중간 위치가 디즈니의 자리일지도 모른다. 내가 슈마허를 인터뷰했을 때 완성에 가까운 작품은 「타잔」과 「인어공주」, 「매리 포핀스*Mary Poppins*」(캐머론 매킨토쉬와 협력하여), 그리고 디즈니 영화에 나오는 노래 메들리였다. 이 작품들이 다들 엇비슷하게 느껴지지는 않을까?

손익 계산이 브로드웨이의 모든 것을 결정하는 것은 아니다. 그

건 전혀 아니다. 1920년 오닐의 첫 인기 작품 「수평선 너머」 이후 사람들은 어렵고 흥행할 가망이 없는 연극에 돈을 들여왔다. 브로드 웨이의 후원자들은 언제까지든 연극의 가치나 잠재적 인기 등에 대해서 스스로를 속일 것이다. 그러나 디즈니나 클리어 채널 같은 거대 기업들은 손익 계산을 변경하게 만드는 규모의 문제를 고려하지 않을 수 없다. 수익이 적다면 투자 가치가 없는 것이다. 그리고 이와 같이 대중의 취향을 만족시켜야 한다는 필요성은 연극에서든 다른 어떤 예술 형태에서든 선택의 여지를 매우 좁게 만든다. 실제로 연극 관객의 규모는 기업이 어디까지 대중의 취향에 부합해야 하고 어디까지 포부를 펼칠 수 있느냐 하는 경계를 긋게 한다. 클리어 채널은 아마 라디오에서 한 것처럼 어리석은 짓을 연극 업계에서 하지는 않을 것이다. 그런 전략이 먹혀들기에 연극 관객은 너무 적고 너무 성숙하고 너무 다채롭기 때문이다.

반면 클리어 채널이든 디즈니든 자신들이 편안하다고 느끼는 구역에서 너무 먼 곳에 있는 관객들을 건드리지는 못할 것이다. 불편한 것은 돈이 되지 않기 때문이다. 앞으로 두 기업의 활동에 대한 가장 안전한 예측은 이들이 브로드웨이를, 그렇게 보면 신시내티와 댈러스도, 앞으로 몇 년 동안 화려한 뮤지컬에 잠기게 만들 것이라는 점이다. 세계적 연예 오락 기업의 세계에서 그것은 꽤 무해한 결과다.

18장 더스트 가문의 독특한 소유물

정통파 맑스 역사가라면 타임스퀘어의 역사가 섹스의 역사나 연극의 역사, 변화하는 관습의 역사가 아니라 부동산의 역사라고 할 것이다. 타임스퀘어는 부동산의 다양한 잠재적 용도가 벌어다 줄 수 있는 수익에 따른 투자자들의 결정에 의해 형성됐다는 것이다. 오스카 해머스타인이 45번가에 올림피아 극장을 지은 것은 땅값이 저렴했기 때문이다. 몇 년 뒤 슈버트 가문이 타임스퀘어의 극장을 긁어모으기 시작한 것은 새로운 운송 수단이 생긴 뒤 지역 부동산을 가장 유용하게 사용하는 방법이 연예 오락 산업이 되었기 때문이다. 연극보다 영화가 더 많은 인기를 끌자 극장은 영화관으로 바뀌었고 그 영화관은 다시 음란 영화관이 되었고 포르노 가게가 되었다. 42번가의 장신구 가게는 같은 이유로 마사지 업소와 '엿보기' 업소가 되었다. 그리고 오늘날의 사무 빌딩과 복합 상업 단지는 부동산 용도의 거대한 바퀴가 최근에 어떻게 돌아갔는지 보여 주고 있다. 내일 무슨 일이 일어날지는 아무도 모른다.

그럼에도 대규모 재개발의 시대가 있기 전 뉴욕 부동산을 거의 한 세기 가까이 지배해 온 부동산 가문들에게 타임스퀘어는 거의 아무런 매력도 없었다. 건물이 너무 작았기 때문에 돈을 벌 가능성도 적었다. 게다가 옛 가문들은 매우 보수적이고 체면을 굉장히 중요시했다. 물론 도널드 트럼프 같은 사람도 있지만. 타임스퀘어의 문화는 루딘Rudin이나 티시먼Tishman 가문, 그리고 다른 부동산 개발 거물들에게 너무 천박했다. 따라서 타임스퀘어 부동산은 슈버트나 네덜란더Nederlander와 같은 연극계 가문이 지배하고 있었다. 유일한 예외 사항은 타임스퀘어를 친숙하게 느낄 만큼 독특한 부동산 가문, 더스트 가문이었다.

6번 애비뉴와 44번가의 한 평범한 사무 빌딩에 있는 더스트 가문의 본사 회의실 벽에는 조셉 더스트Joseph Durst와 하이먼 루빈Hyman Rubin이라는 사람이 1905년 10월 20일에 서명한 '협력 계약서'가 있다. 대부분의 부동산 가문의 가장과 마찬가지로 조셉 더스트는 유대인 이민자로 20세기 초 건물을 하나둘 짓기 시작했다. 조셉은 맨해튼 중심의, 인구가 급증하는 주거 지역에 위치한 상업 용지에만 집중하다시피 했다. 그리고 아들들에게 임대 용지에는 손을 대지 말라고 경고했다. 1940년대 조셉은 아들 시무어Seymour를 후계자로 지목했다.

시무어 더스트는 당대의 가장 선견지명 있는 개발업자였을 것이다. 가장 부유하고 성공적이기도 했다. 그는 두 가지 굉장한 재능이 있었다. 개발이 되지 않은 지역의 잠재력을 남들보다 먼저 보았고 건물을 지을 수 있을 때까지 필지를 하나씩 사들이는 엄청난 인내심을 갖고 있었다. 시무어는 3번 애비뉴에 건물을 지었다. 이 지역은 상업적으로는 황야에 가까웠지만 곧 뉴욕 시에서 가장 큰 상업 개발 축 가운데 하나가 되었다. 이후 몇 십 년 동안 그는 6번 애비뉴의

40번가 주변으로 눈을 돌렸다. 이곳 역시 방치되어 있던 곳이다. 그리고 1960년대 후반 6번 애비뉴에 있는 자신의 부동산과 브로드웨이 사이에 있는 땅을 사들이기 시작했다. 시무어는 말수가 적고 수줍기까지 한 신사적인 인물이었다. 그러나 도박꾼이기도 했다. 1930년대 초반 이후 타임스퀘어에는 단 한 개의 새로운 건물도 지어지지 않았고 잘 알려졌듯 병적인 징후를 보이기 시작하고 있었다. 그러나 1960년대의 경기 호황 가운데서 시무어는 타임스퀘어의 때가 왔다고 확신했다.

토지 수집 분야에서 시무어의 가장 큰 업적은 타임스퀘어였다. 현실 속에서 벌어지는 모노폴리 게임과 같은 상황에서 그는 이스트사이드의 부동산을 팔아 솔 골드먼Sol Goldman의 '웨스트사이드 부동산'을 샀다. 솔 골드먼은 유명한 부동산계의 은자로 여전히 타임스퀘어를 황무지라고 생각했다. 그리고 3번 애비뉴에 있는 건물을 타임스퀘어 지역에 있는 라자르드 프레레스Lazard Frères 소유의 열대여섯 개의 필지와 맞바꿨다. 오늘날은 상상하기 힘들지만 이 필지들은 참으로 볼품이 없었다. 특히 골드먼이 갖고 있던 부동산에는 대체로 빈 가게들과 고물상, 낡은 호텔 등이 있었다. 그 가운데 47번가에는 '룩소르 목욕탕'이 있었는데 잭 뎀시와 월터 윈첼이 몸을 담그던 지역 명소로 매우 낡아 있었다. 1975년에는 매음굴로 이용되고 있었다. 시무어는 운영자들을 쫓아내려고 해 보았지만 실패한 뒤 어떤 이유에선지 이들에게 부동산을 팔기로 결정했다. 새 소유주는 낡은 목욕탕을 작은 단칸방으로 나누기 시작했다. 룩소르는 전국은 아니더라도 뉴욕에서 가장 크고 아마 가장 설비가 좋을 매음굴이 되어 가고 있었다. 당시

시무어는 특별한 직책이 있었던 것은 아니지만 '시장 직속 도심 단속
반'이라는 타임스퀘어 정화 운동 단체의 일원이었다. 에이브라함 빔
Abraham Beame 시장은 타임스퀘어의 이미지는 아무래도 상관없다는 시
무어의 자유방임적 태도에 어찌나 격분했던지 그를 단속반에서 제명
해 버렸다.

그러나 시무어는 타임스퀘어의 미래에 대한 꿈이 있었다. 3번
애비뉴와 비슷하게 만들려는 생각도 아니었다. 과거 원대한 꿈을 꾸
었던 사람들과 어깨를 나란히 할 만큼 원대하고 포괄적인 미래상이었
다. 그는 42번가에서 47번가까지, 그리고 6번 애비뉴에서 브로드웨이
까지의 모든 부동산을 사들여 하나의 복합 건물을 지으려고 했다.
록펠러가 반세기 전, 몇 블록 북쪽에서 5번 애비뉴와 6번 애비뉴 사이
의 공간에 복합 건물을 지었듯 말이다. 시무어는 자신의 제안을 '남부
록펠러 센터'라고 이름 붙였다. 그러나 이번만큼은 그가 지나치게
시대에 앞서 간 것이다. 1970년 중반 부동산 시장이 폭락했을 때 시무
어는 부동산 몇 군데를 은행에 차압당했고 계획을 포기해야 했다.
그가 은행에 내주어야 했던 필지 가운데 하나는 낡은 뉴 크라이테리
온 극장 자리였다. 이 필지는 결국 모스 가문에게 갔다. 그러나 시무어
는 대부분의 부동산을 계속 보유했고 더스트 조합은 이후 서부 47번
가에 미국 신탁의 본부를 지었다. 룩소르 목욕탕에서 멀지 않은 곳이
었다.

남부 록펠러 센터의 모형은 아직도 더스트 조합의 서류 캐비닛
위에 있다. 모형에는 검은 고층 건물 여덟아홉 동이 두 개의 기둥을
이루며 모여 있다. 시무어는 건축 예술에는 그다지 관심을 가져 본

적이 없었고 몇 년 뒤 조지 클라인이 구상하게 될 계획과 비슷한 선에서 생각하고 있었으나 룩소르 목욕탕 사건으로 봤을 때 클라인과 같은 진지함은 없었던 듯하다. 만약 그가 원하는 대로 할 수 있었더라면 시무어는 타임스퀘어를 커져 가는 뉴욕 시 기업 문화의 서부 별관으로 만들었을 것이다. 싱겁기로 유명한 아버지보다 더 싱거운 더글러스 더스트는 이렇게 말한다.

"아마도 그렇게 되지 않은 게 다행일지 몰라요."

시무어는 특이한 인물이었다. 수척하고 머리가 반백이었던 이 사람은 어디든 걸어 다녔고, 손수 머리카락을 잘랐으며 옷이 닳아 없어질 때까지 입었고, 대체로 은둔자처럼 살았다. 또한 소박한 철학자로 주머니에 가득한 접힌 종이 조각에는 그날의 큰 이슈에 대한 자신의 생각을 적어 놓았다. 그리고 관련 대화가 나오면 보란 듯이 종이를 꺼내곤 했다. 그는 『뉴욕타임스』에 수많은 편지를 보냈다. 주로 임대료 동결에 관한 내용이었는데 그는 이것을 모든 주택 관련 악의 뿌리라고 생각했다. 시무어는 1면 밑에 작은 광고 지면을 구입해 자신의 생각이 적절히 알려지도록 했다. 식구들은 이 광고를 맨 밑줄, 혹은 결론이라는 의미의 '바텀 라인Bottom Lines'이라고 불렀다. 시무어는 다양한 취미 생활을 할 장소를 찾는 데 매우 창의적이었다. 1989년 그는 타임스퀘어 동쪽에 소유한 건물에 '부채 시계'라는 것을 달았는데 이것은 커져 가는 국가 부채를 표시하기 위한 것이었다. 그는 주거 문제에 관한 수많은 '연구'와 '보고서'를 작성했지만 대체로 빛을 보지 못했다. 그러나 1990년데 중반 그의 말년에 시무어는 노숙자들이 배포하는 신문인 『스트리트 뉴스』에 주거 관련 칼럼니스트로 편집

욕구를 채울 수 있었다.

시무어는 뉴욕 시를 잘 알고 있었고 심지어는 이해했을지도 모른다. 그런 사람은 많지 않았다. 그는 뉴욕의 거리를 걷고 건물과 그 역사를 연구하는 데 수십 년을 보냈다. 뉴욕 뒷이야기에 대해서 그는 재미있는 백과사전과도 같았다. 그는 1960년대부터 뉴욕에 관한 책을 수집하기 시작했는데 수집은 곧 모든 것을 삼키려고 드는 광기가 되었다. 1985년, 그는 책의 무게 때문에 무너질 위기에 처한 브라운스톤 주택에서 나와 동부 61번가에 있는 방 열아홉 개짜리 저택으로 이사했다. 방은 하나둘, 멈출 줄 모르고 커져 가는 보르헤스적인 서재로 편입되었다. 냉장고에도 책이 있고 화장실에도 책이 있었다. 서류 서랍은 신문에서 오려 낸 뉴욕에 관한 기사로 터질 듯했다. 책이 있는 각 방에는 주제가 있었다. 시무어는 그 주제에 맞춰 방을 꾸몄다. 하부 구조 방, 자서전 방, 언론 방, 소설 방이 있었다. (소설 방은 중복 서적 방이기도 했다.) 귀한 책은 자신의 침실에 두었는데 침실은 타임스퀘어 방의 건너편이었다. 타임스퀘어 방에는 20세기 초부터 시작하는 연극 광고 전단 수집물과 연극에 관한 책, 벗은 여자들의 사진이 붙은 5센트 극장, 실황 섹스 쇼를 광고하는 포스터도 있었다. 시무어는 이 수집물을 늘리고 정리하는 데 많은 시간을 보냈다. 1995년 그가 사망하자 시무어의 수집물은 뉴욕 시티 대학의 대학원 센터로 옮겨졌다. 현재 이곳은 비길 데 없는 공공 자원이 되었다. 호기심이 많은 학자라면 노점상들의 노래를 네 줄짜리 동시로 옮겨 놓은, 1830년에 출간된 어린이 책 『뉴욕의 외침Cries of New York』을 발견할 수도 있고 오델이 1894년까지 뉴욕에서 상연된 거의 모든 연극을 정리해 놓은 서사시적 규모의 열다섯 권짜리 『뉴욕 무대 연보』를 만날 수도 있다.

시무어의 인생에서 가장 큰 궁금증을 일으키는 점은 그의 개발 계획이, 특히 타임스퀘어의 개발 계획이 그가 아끼며 보존해 오던 수집품을 만들어 낸 바로 그 문화를 쓰레기처럼 쓸어버릴 수 있다는 생각을 못 한 듯하다는 것이다. 이 소원하고 학구적이며 소리 없이 타산적인, 사업에 밝은 사람의 본성에 대해 궁금해하지 않을 수 없다. 그의 딸 웬디 크리거Wendy Krieger에 의하면 그는 한 번도 "뉴욕이 좋다." 고 말한 적이 없다. 늘 "뉴욕에 관심이 있다."고 말했을 뿐이다.

시무어와 그의 아내 버니스Bernice는 아이 넷을 낳았다. 1950년, 아이들이 아직 어릴 때 버니스는 뉴욕 주 스카스데일Scarsdale에 있는 집 지붕에서 뛰어내려, 혹은 떨어져서 죽었다. 시무어는 재혼하지 않았고 아이들을 혼자서 키워 냈다. 그는 매우 매력 있었지만 대부분의 경우 비밀스럽고 조심스러웠다. 친근하고 쾌활한 사람들의 세상에서 그는 스핑크스와도 같았다. 아이들은 그의 부족한 사교성과 괴짜스러움을 물려받았다. 장남 로버트는 1960년대 매우 혼란스러운 부잣집 아들이었다. 그는 절규 요법scream therapy도 받아 보았고 비틀즈의 스승이었던 요기 마하리시 마헤시Maharishi Mahesh와도 공부했다. 로버트는 시무어 밑에서 일을 하다가 그만두고 버몬트에 건강식 가게를 열고 결혼한 뒤에 뉴욕으로 돌아와 가업에 뛰어들었다. 로버트는 이 가족의 특징적 성격을 가장 심하게 가지고 있었던 경우였다. 이후에 그는 "무뚝뚝"하며 "대화에 끼기 싫어하는 성격"으로 묘사되었다. 1982년, 남편이 자기를 해칠지 모른다고 친구들에게 말해 오던 로버트의 아내는 실종되었고 발견되지 않았다. 로버트는 1994년까지 가업을 지켰지만 그의 아버지와 달리 일찌감치 후계자를 지목하고 있지 않던 시무 어가 마침내 로버트의 동생인 더글러스에게 모든 것을 맡기자 일을 그만두었다.

그때부터 로버트는 방황하는 인생으로 표류하기 시작했다. 그는 텍사스 주 갤브스턴으로 이사했고 그의 행동은 점점 이상해졌고 심지 어는 정신병적으로 되어 갔다. 고등학교 반 친구의 이름을 빌려 벙어 리 여자로 가장한 적도 있었다. 한 기사에 따르면 그는 "테가 큰 안경 을 쓰고 있었는데 한쪽 렌즈에 작은 삼각형 모양의 여백을 제외하고 는 모두 테이프로 둘러싸여 있었다."고 한다. 2001년 9월 말, 매우 전문적으로 절단한 사람의 상체와 팔다리가 담긴 가방 여러 개가 파 도에 밀려 갤브스턴 만으로 밀려 올라왔다. 사체는 더스트의 옆집에 살던, 모리스 블랙Morris Black이라는 떠돌이 사내로 밝혀졌다. 증거는 더스트를 용의자로 지목했지만 그는 사라지고 없었다. 전국적인 수색 끝에 그는 펜실베이니아 주의 베들레헴에서 치킨 샐러드 샌드위치를 훔치다가 잡혔다. 엄청난 언론의 주목을 받으면서 로버트 더스트는 살인죄로 기소되었다. 사교성이 없는 이 가족에게는 엄청나게 고통스 러운 과정이었다. 2003년 가을에 열린 재판에서 더스트는 살인을 인 정했지만 정당방위라고 주장했다. 무죄가 선고되었고 여러 법정 전문 가들과 지켜보던 사람들은 놀랄 수밖에 없었다. 그러나 20년 전 아내 의 실종에 대한 수사가 재개되었고 매우 어두운 구름이 그를 뒤덮고 있었다.

반면 더글러스는 완전히 제정신이었다. 그럼에도 그에게는 형을 정신병으로 몰고 갔던 것과 같은 망설임과 자기 자신에 대한 불편함이 있었다. 그는 조용하고 사적인 것으로 유명한 사람이고 대화가 부자연스럽다. 말을 하다가 갑자기 침묵하는 경우가 많은데 생각을 하기 위해 말을 멈추었다가 우울한 침묵으로 이어지는 것처럼 보인다. 언제나 예의 바르기는 하지만 아버지와 마찬가지로 긴 질문에 단답형으로, 종종 "예."나 "아니오."로 대답하곤 했다. 그는 친구들과 함께 있는 것도 즐기지 않는 듯했다. 사교 활동을 하지도, 파티에 가지도 않았고 예외가 있기는 하지만 그 정도의 재산가라면 누구든 들어갈 수 있는 여러 위원회에도 발을 들이지 않았다.

젊었을 때 더글러스는 아버지의 가업을 이을 생각이 전혀 없었다.

"학교에서 힘들었어요. 윗사람을 대하는 법을 몰랐거든요."

더글러스는 1962년 버클리에 입학했다. 1960년대의 문화혁명이 막 시작될 무렵이었다. 졸업할 때가 되자 더글러스는 심하게 곱슬거리는 수염을 가진 제리 가르시아Jerry Garcia 같았다. 더글러스는 제3세계에서 개발 경제학자로 일할 생각이었다. 이처럼 부동산과 거리가 먼 직업은 없을 것이다. 그러다 더글러스는 결혼을 했고 아이를 낳았으며 갑자기 시야가 좁아지는 것을 느꼈다. 그때 아버지 밑에서 일하는 데 동의했고 관리를 맡은 건물을 엉망진창으로 만들어 놓았다. 그래서 급히 지방으로 도망쳤다. 아내와 어린 딸 아니타를 데리고 뉴펀들랜드로 이사를 간 것이다. 그는 그곳이 더 편했다. 그러나 가족의 굴레를 벗어나려는 이 두 번째 시도는 첫 번째 시도와 마찬가지로 갑자기, 아무 효과도 거두지 못하고 끝이 났다. 나무를 지펴 불을 때는 온수기가 폭발하는 큰 사고가 난 것이다. 그는 시무어에 의해 극적으로 구조되었고 뉴욕에 있는 병원으로 공중 이송되었다. 더글러스는 가엾은 말투로 이야기했다.

"뉴욕이 나한테 제일 안전하다고 결론 내렸지요."

그래서 이번에는 가업을 정식으로 이어받았다. 대체로 꽤 슬픈 이야기였다. 잘못 내린 결정과 버려진 희망, 피할 수 없는 운명의 어쩔 수 없는 수락. 파국으로 가지만 않았을 뿐 로버트의 이야기와 별반 다르지 않았다.

더글러스는 궁극적으로 자기만의 인생을 만들어 나갔다. 반문화적인 경향을 충족시키기 위해 뉴욕에 농장을 산 것이 뉴욕 주에서 가장 큰 유기농 농장이 되었다. 1980년대까지 그는 시무어의 동업자 역할을 했다. 더스트는 타임스퀘어 땅에 어떤 건물도 지은 적이 없었다. 그리고 42번가 개발 사업이 시작됐을 때 사업을 막기 위해 온 힘을 다 했다. 시무어는 오래 전부터 자신만의 철학이 있어 정부가 보조하고 인도하는 사업과 그 콩고물을 얻어먹는 행위에는 반대해 왔다. 물론 시무어와 더글러스는 조지 클라인이 제안한 네 동의 건물, 정부 보조금에 크게 의지하고 있는 이 사무 빌딩이 시장을 수렁에 처박고 따라서 그 지역에 있는 자신들의 부동산 가치를 떨어뜨릴 것에 대해 두려워하는 것이 마땅했다. 그래서 1988년 클라인이 건물을 지을 준비가 된 것처럼 보였을 때 당시 '뉴욕 부동산 위원회'의 위원장이었던 시무어는 이 사업이 얼마나 쓸데없는 일인지 주기적으로 공격했다. 가문에서는 이 사업에 대해 소송을 걸었고 물밑으로 '풀뿌리' 운동을 지원했다. 1989년 더스트는 42번가의 낡아 못 쓰게 된 극장에 대해 장기 임대 계약을 했고 민간 시장이 시 정부보다 극장을 더 효과적으로, 그리고 더 저렴하게 되살릴 수 있다는 것을 증명하기 위한 계획을 발주했다. 널리 알려진 바로는 이들의 실제 의도는 수용 과정에서 부동산을 정부에 넘기고 엄청난 이득을 챙기는 것이었다.

더스트는 사업이 죽을 때까지 연기시키는 방법을 썼다. 1990년 『뉴욕타임스』의 기고문에서, 개발 사업을 담당하고 있던 공무원 칼 와이스브로드Carl Weisbrod는 격분해서 더스트 가문이 포르노 극장 소유주들과 공모하여 "뉴욕의 가장 눈부신 거리였으며 다시 그렇게 되어야 할 거리의 복구를 막기 위한 소송 함정"을 파고 있다고 주장했다. 물론 함정은 효과가 있었다. 그러나 극장을 소유하고 있었던 조무래기들이 타임스퀘어에서 사라지는 동안 더글러스 더스트는 화려하게 돌아왔다. 조지 클라인의 후원자 프루덴셜이 1995년 조지 클라인에게 부동산을 팔게 했을 때, 적절한 타이밍을 아는 가문의 재능과 정확한 계산을 동반한 모험 정신으로 사무 필지 가운데 가장 가치 있는 필지를 구매한 것은 바로 더스트였다. 그가 브로드웨이와 42번가의 남동쪽 모퉁이를 가진 것이다.

세계적 언론과 연예 오락 기업의 새로운 타임스퀘어의 탄생을 선포할 어느 순간이 있었다면 그것은 콘데 나스트를 타임스퀘어 4번지의 주 세입자로 확보했다는 더스트의 발표였다. 이것이 가능했던 것은 가문이 그토록 혐오한다던 정부 보조를 이용해서였다. 이것이 엄청난 위선인가, 단지 매우 고단수 수법인가 하는 것은 관점의 문제였다. 그의 가문이 사업을 정말 막으려고 한 적은 없었다며 다소 미약한 항의를 하면서도 더글러스는 결과가 "아이러니"하다며 특유의 간결한 말로 인정했다. 같은 부동산 거물이자 가문의 친구인 로렌스 실버스타인Lawrence Silverstein은 이렇게 말한다.

"하늘에 있는 시무어가 도대체 어떻게 생각할까?"

물론 시무어가 "훌륭한 거래였군."이라고 생각할 가능성도 완전히 배제할 수는 없다.

더글러스는 타임스퀘어에 대한 아버지의 믿음을 입증했고 25년간의 투자를 몇 배로 돌려받았다. 동시에 그는 자신이 만든 새로운 타임스퀘어가 익숙하지 않았다. 새로 생긴 고급 레스토랑에서 식사를 하지도 않았고 세련된 호텔에서 친구를 만나 술을 한잔 하지도 않았다. 나는 더글러스를 설득해 평소 습관과 달리 점심 식사를 함께 하자고 했다. 구제불능으로 세련되지 못한 하워드 존슨Howard Johnson에서 식사를 하자고 제안한 것이다. 그곳에서는 그는 아는 사람은커녕 그를 알아보는 사람도 많지 않을 터였다. 우리는 불타는 듯 더운 날 오렌지 색상의 부스에 앉았다. 더글러스는 길 건너를 가리키며 말했다.

"학교가 끝나면 45번가와 46번가 사이에 있는 리플리 박물관에 가곤 했어요."

1950년대 후반에는 오락실에 가는 것을 굉장히 좋아했다고 했다. 아이들이 어릴 때는 44번가 브로드웨이 동쪽에 있는 술집인 '지미스 코너Jimmy's Corner'의 사장 지미 글렌Jimmy Glen에게 아이들을 맡기고 아이들이 글렌과 핀볼을 할 동안 아내와 저녁 식사를 했다고 한다. 그것이 그가 아끼던 타임스퀘어였다. 그런데 이제 아무것도 남지 않았다고 했다. ('지미스 코너'를 제외하면.) 나는 더글러스에게 자신이 크게 일조한 새로운 타임스퀘어에 대해 어떻게 생각하느냐고 물었다. 길고 긴 침묵이 있었다. 그는 마침내 이렇게 말했다.

"이렇게 심한 개발이 없어도 괜찮았을 거예요. 물론 타임스퀘어 4번지만 **빼고요.**"

더스트 가문의 특유한 냉소를 날리며 그는 아주 엷은 미소를 비쳤다.

2002년 초 나는 42번가를 걸어가다가 종종 거대한 콘데 나스트 건물의 그늘에 숨은 작고 허름한 구조물을 지켜보곤 했다. 가게 앞에 달린 간판에는 미국 국기와, 스프레이 페인트를 든 손의 윤곽이 그려져 있었고 "기업의 지배로부터 독립을 선언하라."라고 적혀 있었다. 이것은 새로운 타임스퀘어에 대한 시원한 반항의 목소리임이 분명했다. 세계에서 가장 화려한 언론 기업의 거대한 유리 건물이 상징하는 모든 것에 대한 반항의 목소리이기도 했다. 이 구조물은 '카샤마 Chashama'라고 하는 대안 예술 공간이었다. 애런 빌에 의하면 카샤마의 설립자이자 관리자는 더글러스의 큰딸, 아니타 더스트였다. 특이한 것을 좋아하는 가문의 특성이 또 한 세대 유전된 것 같았다.

카샤마 2층에 있는 조그만 사무실로 아니타를 만나러 갔을 때 아니타는 몸을 편안하게 해 준다는 커다란 파란 공 위에 앉아 통통 튀듯 몸을 움직이고 있었다. 일어서자 키가 매우 크고 날씬했으며 모질게도 짧게 자른 검은 머리와 작은 세모 모양의 얼굴, 모딜리아니의 아몬드 모양 눈이 인상적이었다. 더글러스의 눈과 닮아 있었다. 아름다움을 아무리 감추려고 해도 여전히 아름다운 그런 젊은(당시 서른둘이었다.) 여성이었다. 우리가 나눈 대화는 희한할 정도로 뒤죽박

죽이었다. 나중에 생각해 보니 아니타가 나를 너무 불편하게 여겨서 나도 따라 불편해진 것을 알았다. 아니타는 아버지나 할아버지와 마찬가지로 굉장히 수줍어했지만 그와 더불어 언어라는 매체를 매우 힘들어하는 것 같았다. 비교적 쉬운 단어 앞에서도 망설이곤 했다. 어린 시절 난독증이 매우 심했고 지금도 대사를 외우는 데 매우 힘들다고 했다. 읽는 것은 더욱 힘들다고 했다. 연기 공부를 했지만 아니타는 대사를 많이 요구하지 않는 아방가르드 작품에 끌렸다. 몇 년 전 아니타는 레이너 워너 파스빈더Rainer Werner Fassbinder의 「페트라 폰 칸트의 쓰디쓴 눈물The Bitter Tears of Petra von Kant」에서 무뚝뚝한 벙어리 비서 역할을 맡았는데 『뉴욕타임스』의 비평가는 아니타를 "놀라울 정도로 오싹하다."고 묘사했다.

아니타는 더글러스의 세 자녀 가운데 첫째였다. 어렸을 때부터 다루기가 힘들었다고 한다. 열세 살 나이에 집안 차를 빌려 나무에 갖다 박기도 했다고 한다. 더글러스는 놀라움과 당황스러움을 내비치며 이 이야기를 해 주었는데 그 이유는 더글러스 자신이라면 절대로 보이지 못했을 제멋대로의 행동이었기 때문이다. 학교생활도 끔찍했다고 한다. 공립학교에서 가망이 없자 9학년 때 사립 고등학교로 가게 되었다. 거기서도 대마초 때문에 퇴학을 당했고 공부를 쉬면서 폭주족과 1년간 함께 살았다고 한다. 절박할 수밖에 없었던 아니타의 부모는 아니타를 직업학교에 넣었는데 이곳은 아이들이 거리로 내몰리기 전 마지막으로 가는 곳이었다고 한다. 아니타가 말했다.

"수업은 십 분이면 끝나고요, 오후에는 일을 했어요."

아니타는 피자집에서 아르바이트를 해 고등학교 졸업장을 받았다. 대학은 생각도 없었다. 앞으로 어떻게 해야 할지도 몰랐다. 딸을 고등학교라도 마치게 한 부모는 딸에게 독립하라고 했다. 그러자 다른 사람도 아닌 시무어가 아니타에게 집으로 들어오라고 했다.

시무어는 반항적인 십대가 마음에 들어 할 만한 매력적인 괴짜였다. 잔소리를 하지도 않았고 꼬치꼬치 묻지도 않았으며 자신의 말을 들어줄 만한 사람만 있으면 되었다. 아니타는 본성상 남의 말을 잘 들었다. 아니타는 5층에 있는 소설 방으로 이사를 했다. 그리고 마음대로 오고 갔다. 몇 년 뒤 아니타는 나가고 싶었지만 시무어는 아니타를 보내고 싶어하지 않았다고 한다.

"내 친구들을 다 데려와도 좋다고 했어요."

아니타가 말했다.

"한때는 네 명인가 다섯 명을 데려와서 같이 살았어요."

그래서 아니타는 공동체 안에서 매우 행복하게 살았다. 『밴더빌트의 저택과 수집품_Mr. Vanderbilt's House and Collection_』이라는 거대한 가죽 정장의 두 권짜리 책을 훑어보기도 하고 펠프스_I. N. Phelp_의 『맨해튼 섬의 도상학_Iconography og Manhattan Island_』도 여섯 권 모두 읽었다. 시무어의 이야기와 별난 생각을 들어주었으며 매일 아침 길을 조금만 내려가다 보면 있는 '버거 천국'에서 시무어와 아침을 먹었다. 시무어는 가게에서 일하는 웨이트리스 가운데 한 명을 고용해 서재를 관리하는 일을 맡겼는데 전문 사서들은 그만의 "다섯 자리" 도서 분류법을 자꾸 개선하려고 했기 때문이다.

여러 수줍은 사람들과 마찬가지로 아니타는 연기와 사랑에 **빠졌**다. 그러나 다른 사람들과 달리 아니타는 브로드웨이 극장을 소유한 아버지가 있었다. 1990년 더글러스는 아니타가 속해 있는 "공간 특정적" 극단인 '앙 가르드 아츠En Garde Arts'가 화려했던 빅토리 극장의 잔해 속에서 공연할 수 있게 해 주었다. 더글러스는 금방 아니타의 주관객이 되었다. 그는 「잔해의 법칙The Law of Remains」이라는 연극을 위해 서부 43번가에 있는 다 쓰러져 가는 디플로맷Diplomat 호텔을 이용하게 해 주었다. 아니타에 의하면 이 연극은 "앤디 워홀Andy Warhol과 제프리 다머Jeffrey Dahmer가 천국에서 만나는" 연극으로 『이집트 사자의 서The Egyptian Book of the Dead』를 바탕으로 한 것이었다. 호텔은 화려하고 귀신이 나올 것 같은 무도회장이 여러 개 있었다.

"큰 무도회장은 천국이었어요."

아니타의 말이다.

"신은 발기한 푸에르토리코 여장 남자였고요."

더글러스는 시무어가 몇 장면 보지 않고 자리를 떴다고 말한다. 그리고 이렇게 말했다고 한다.

"이해를 못하겠어. 하지만 아니타는 잘하더군."

「잔해의 법칙」은 리자 압도Reza Abdoh의 작품이었다. 이란 출신의 멀티미디어 아티스트인 압도는 아니타의 스승이자 협력자였다. 아니타는 이후 리자의 「깐깐하고, 우파에, 백인Tight, Right, White」이라는 작품에 '어린 흑인 하녀'로 등장하기도 했다.

"굉장히 불편하게 만드는 작품이었어요."

압도는 '앙팡 테리블'이라고 할 수 있었는데, 아니타에게 급진적인 정치 이념을 불어넣었고 이것은 아니타의 차분한 성품과 남을 불편하게 만드는 것을 두려워하는 성격과 어울리지 않았다. 아니타의 실제 정치 이념은 대체로 모든 형태의 불만과 불쾌감에 대한 일관적인 공감으로 이루어져 있는 듯했다. 아니타는 나흘간의 범은하계 무정부주의자 회의를 주최하게 된 것을 매우 자랑스러워했지만 무정부주의자들이 떠나자 대부분의 아이들은 평화를 사랑하는 고등학생들로 자신이 운영하는 또 다른 스튜디오에서 손인형을 만들며 즐거워했다고 했다. 아니타의 유토피아에서는 모두가 손인형을 만들고 '버거천국'에서 아침 식사를 할 터였다.

리자 압도는 1995년 에이즈로 죽었고, 아니타는 그의 작업을 이어 갈 극단을 구성했다. 할아버지의 서재에 있던 책을 훑어보다가 극단의 이름을 '카샤마'로 짓기로 했다. '봄'과 '눈'을 뜻하는 페르시아 말을 합친 것이었다. 1997년 타임스퀘어 4번지를 짓기 시작한 더글러스는 '카샤마'에 옆 건물을 내주었다. 이곳은 허먼 스포츠 용품 가게가 있던 자리였다. 이웃하는 가게의 임대 계약이 끝날 때마다 더글러스는 그 또한 '카샤마'에 내주었다. (그렇게 함으로써 잃는 수익이 매년 2백만 달러였다고는 해도.) 카샤마 극장과 스튜디오는 '엿보기 업소'인 핍오라마Peep-O-Rama, 태즈 스테이크Tad's Steaks, 그리고 약국 사이사이에 있었다. 간판은 『애드버스터Adbuster』에서 협찬해 준 것인데 이 급진주의적 반세계화 잡지에서 아니타의 여동생 헬레나가 특히 관심을 가지고 활동하고 있었다. 카샤마의 단원들은 간판에 적힌 구호를 자신과 자신의 건물에 대한 비판으로 받아들일까 봐 걱정했지만 더글러스는 마음속의 제리 가르시아를 욕되게 하지 않았다. 아니타와 동료들이 지겨워질 때까지 간판은 그 자리에 붙어 있었다.

아니타는 새천년 초반의 프린지 예술 운동에서 메이블 다지 루한

Mable Dodge Luhan이나 페기 구겐하임Peggy Guggenheim과 비슷한 존재였다. 그러나 아무리 난해한 예술 활동을 하는 사람들이라도 강력한 주류 단체의 후원을 받을 수 있게 된 뒤로는 볼품없는 변두리로 남게 되었다. 그래도 아니타는 충실히 압도의 대항 예술 뜻을 이어 나갔다. 목적이 무엇인지 말로 하는 것은 쉽지 않았지만 말이다. 아니타는 직접 「P 컬트의 세계The World of the P-Cult」를 연출하기도 했다. 이 공연에는 여러 명의 가학적 여성 지배자들과 신新고고 댄서들이 나오는데 아니타는 이들을 도심에서 스카우트했다. 그리고 심한 기형이 있어 왼쪽 팔이 지느러미처럼 생긴 젊은 남자도 등장한다. 이 공연은 불길하고 사악한 분위기를 풍겼으며 절제되지 않은 성의 묘사가 특징적이었는데 머리에 뿔을 단 사도마조히즘적인 여자들이 공중 통로에서 뛰어내려와 관객들 사이를 누비기도 했다. 마치 영화 《아이즈 와이드 셧Eyes Wide Shut》의 불행한 클라이맥스 장면과 매우 비슷했다. 플람보Flambeau라는 방화광은 무대 위에 있는 불기둥이 계속 타오르도록 유지했다. 그 공연을 관람하는 행운을 얻은 사람들 가운데 클라이맥스 장면을 잊을 수 있을 사람은 거의 없을 것이다. 벌거벗은 지느러미 소년이, 성기는 작은 가방으로 감싼 채 제물로 바쳐지기 위해 무대 위로 들어올려지는 장면이었다. 그 섬뜩하고 중성적인 목소리로는 베토벤의 9번 교향곡의 1악장과 마돈나의 〈매터리얼 걸Material Girl〉을 섞은 노래를 불렀다.

더글러스는 자기 딸이 제멋대로에다 좀 멍한 구석이 있다고 생각했는데 그런 딸이, 성격을 불문하고 어떤 단체를 이끌 수 있다는 사실에 상당히 어리둥절했다. 그럼에도 그는 모든 면에서 딸을 지지했다.

영화 제작사가 콘데 나스트 빌딩에서 영화 장면을 찍고 싶어한다면 더글러스의 대답은 한결 같았다.

"아니타에게 역할을 준다면 가능하지요."

아니타가 타임스퀘어 1번지, 그러니까 브로드웨이와 7번 애비뉴 사이 타임스퀘어에 있는 건물의 빈 유리창에 살아 있는 그림을 선보이는 기발한 아이디어를 떠올렸을 때 아니타는 아버지한테 부탁했고 더글러스는 부동산 중개인과 이야기했다. (성사되지는 않았다.) 아니타는 콘데 나스트 빌딩 꼭대기에 안테나를 설치해 비밀 라디오 방송을 해도 되는지 아버지에게 물어볼 생각도 했다.

상처가 많은 아니타는 타인에게 상처를 주고 싶어하지 않았고 가족한테는 더욱 그랬다. 재벌 아버지가 카샤마의 급진적인 반기업적 태도의 표적이 되지 않을까 하는 물음에 아니타는 끔찍함을 감추지 못하며 진솔하게 말했다.

"사업가로서 아버지는 매우 관대하고 자상한 것으로 잘 알려져 있어요."

아니타는 카샤마가 할아버지 시무어의 괴짜스러운 세계관을 사실상 완성한다고 보았다.

"할아버지는 디즈니를 싫어했어요. 타임스퀘어는 주민이 만들어야 한다고 늘 말씀하셨어요. 그게 '바텀 라인' 가운데 하나였어요."

시무어가 타임스퀘어의 록펠러 센터를 만들고자 했으며 콘데 나스트 빌딩은 새로운 타임스퀘어의 세계적 연예 오락·금융·언론 연합에서 주요 역할을 하고 있다고 지적했다면 너무 무자비했을 것이다.

애런 빌처럼 아니타는 갈수록 '기업의 지배'가 늘어 가는 타임스 퀘어에 정제되지 않은 날것을 제공하고 싶어했다. 아니타는 카샤마가 행인들의 눈에 띄는 것을 매우 중요하게 생각했기 때문에 가게 유리 창에 기이하고 종종 이해가 안 되는 예술품을 걸어 놓곤 했다. 이 작품들은 종종 상호 작용하는 형태였고 따라서 예술가와 관객 간의 여러 작은 소통을 가능하게 했다. 42번가를 따라 더 내려가면 보이는 스프레이 페인트 화가와 고객 간의 거래와는 굉장히 다른 방식으로 타임스퀘어 거리 문화에 생명을 불어넣었다. 「델리 댄스*Deli Dance*」라는 공연은 식품점 앞 보도에 무용수들을 내보내기도 했다. 유월절에 설치한 「세데르*Seder*」라는 작품은 누룩 없는 빵 '마쪼'가 의자를 둘러싸고 있는 전시였는데 붐비는 보도에서의 실제 유월절 축제로 진화했다.

나는 지나갈 때마다 어떤 새로운 게 있는지 살펴보곤 했다. 어느 날 오후 나는 창문에서 마이크를 들고 옆에는 운세가 적힌 종이가 든 과자를 커다란 봉지 가득 넣어 둔 젊은 여자를 보았다.

"운세를 봐 드릴까요?"

나는 보고 싶다고 말했고 여자는 과자 하나를 바스러뜨려 속에 있는 운세를 읽어 주었다.

"상냥함은 지혜의 가장 고귀한 형태다."

그 운세가 "진짜"냐고 물었더니 여자는 나를 가리키며 "내가 썼다면 진짜가 아니라는 말씀이신가요?"하고 물었다. 일리 있는 말인 듯해서 대답을 생각하고 있었는데 대답을 생각해 냈을 때는 지나가는 행인들이 멈춰서 지켜보는 통에 매우 이상하고 불편한 대화가 되었다. 나는 그러한 소통과 나의 불편함이 모두 의도된 것임을 알았다.

아니면 우연한 부수 작용이었을지도 모른다. '카샤마'의 작품은 언제나 나로 하여금 의도가 그리 중요한지 되묻게 해 주었다.

명백한 것은 가게 유리창의 전시나 아니타의 굉장히 즉흥적인 공연들이 옛날의 소란스럽고 즉흥적인 타임스퀘어에, 할아버지의 수집품이 보여 주는 타임스퀘어에 다시 생명을 불어넣고 있다는 점이었다. '카샤마'의 여러 공연과 전시는 카바레나 보드빌 같은 타임스퀘어의 잊혀진 모습에 손을 댔다. 그리고 다소 틀에 박힌 기묘함이 있지만 그 중심에는 본성이 선하고 재미를 추구하는 무언가가 있다. '카샤마'의 가장 장수했던 공연은 2002년 7월부터 12월까지 벌어진 신보드빌 작품으로 「빈들스티프 가족 서커스*the Bindlestiff Family Cirkus*」라는 공연이었다. 서커스의 주구성원은 두 명이었는데 이름이 실제로 빈들스티프인 사람은 없었다. 이 서커스는 버라이어티 공연으로 옛날 방식의 밧줄 마술과 칼 삼키기, 못 침대에 눕기 등이 자그마한 무대의 매우 적은 관객 앞에서 벌어졌다. 알렉스와 나는 어느 토요일 오후 구경을 하러 갔는데 함께 앉아 있는 사람들이 휠체어에 앉아 있거나 약간 장애가 있다는 것을 발견했다. 우리가 공상과학 드라마 《환상특급 *Twilight Zone*》에나 나올 법한 곳으로 들어섰다는 느낌은 극장 로비에 있는 타임스퀘어 박물관에 의해 더욱 고조되었다. 휴버트 벼룩 서커스에서 선보였던 것과 비슷한 내용으로, 기계식 곤충들이 회전목마를 타고 있었고 뒤쪽에는, 커튼 뒤에 종 모양 유리병에 담긴 '냉동 태아'가 전시되어 있었다.

아니타는 아마도 우연히 사무 빌딩 아래 사라졌던, 눈에 띄게 두드러졌던, 장난스럽고 수줍었던 타임스퀘어를 재창조한 것이다.

"진짜"는 아니었지만 '카샤마'가 "진짜"였다면 그것은 터무니없는 과거의 동경이었을 것이다. 옛 시절의 타임스퀘어는 돌이킬 수 있는 것이 아니다. 그러나 전혀 새로운 기조로 그 정신을 되살릴 수는 있다. '카샤마'의 변두리적이고 대담하고 심지어 서툰 분위기는 사무 빌딩이 들어찬 반짝이는 타임스퀘어에 대한 해독제였다. 이것을 가능케 한 사람이 타임스퀘어에서 가장 큰 사무 빌딩을 소유하고 있다는 사실은 유쾌하고 매우 타임스퀘어다운 아이러니였다.

19장 미래의 간판

  2001년 늦여름, 타임스퀘어에 아름다운 예술품이 나타났다. 이것은 그 자체로 유례없는 사건이었다. 타임스퀘어에서 예술 작품은, 연극의 형태로 건물 안에서 주기적으로 선보이고 있었지만 물리적인 예술품으로 봤을 때 타임스퀘어에는 아름다운 것, 심지어 예술의 경지에 오르고자 하는 뜻을 품은 것조차 거의 없다. 그런데 이 새로운 물체는 사실 건물이었다. 비록 동시에 볼거리였지만 말이다. 건물은 7번 애비뉴 동쪽 보도, 49번가와 50번가 사이에 있는 32층짜리 사무 빌딩으로 모건 스탠리가 입주해 있었다. 건물 자체로는 보기 좋았지만 건축물로서 그다지 흥미로운 것은 아니었다. 예술품은 그 건물이 아니었고 그 건물의 간판이었다. 사실 이 둘의 관계를 어떻게 설명해야 할지 어려웠다. 견고한 건물과 그 표면을 가로지르는 형체가 모호한 간판. 결과적으로 보면 건물 자체가 간판이었다. 왜냐하면 간판의 형상이 건물의 넓은 전면 전체를 가로질러 나타났다가 갈라지고 다시 조합되었기 때문이다. 심지어는 양쪽 옆면까지 감고 돌아가서 12층에서 외벽이 후퇴하는 지점까지 뒤덮고 있었다.

  간판 그림은 마치 로이 리히텐슈타인Roy Lichtenstein이 각본을 쓴

듯 심하게 과장된 팝 아트적 활력이 있었다. 가장 잘 보이는 곳은 길 건너 스타벅스의 도로 쪽 카운터였다. 거기서는 거대한 빨간 돼지 저금통 여러 개가 돼지 저금통 춤을 추는 것 같은 모습도 보이고 춤이 끝나면 푸른 사과가 비탈진 길을 따라 통통 튀며 폭포처럼 내려가는 것도 보였다. 돼지 저금통은 상상할 수 있는 가장 빨간 색이었고 사과는 가장 녹색이었다. 사과가 사라지면 반짝이는 물 위로 뻗은 거대한 현수교가 움직이는 컴퓨터 이미지가 나타나고 그런 뒤 긴 복도를 걸어가는 사람들의 윤곽이 나타난다. 아마도 그 건물 안의 복도일 수도 있을 것이다. 단어와 숫자는 가끔 스크린에, 그러니까 건물 위에 나타났지만 그중에 '모건'이라는 단어는 없었다. 광고물이기는 했지만 간판이나 텔레비전 광고와는 달랐다. 이미지는 광고주 모건 스탠리와 의도적으로 빗나가는, 심지어는 이를 비웃는 관계에 있는 듯했다. 돼지 저금통과 사과는 모건이 속해 있는 다국적 시장을 비꼬아 동화책 속 세계처럼 표현하고 있었다.

이 광고를 만든 건축가 케빈 케넌Kevin Kennon은 사람들이 건물 옆을 지나가다가 위를 보고 깜짝 놀랐다가 그 자리에 서서 계속 지켜볼 때 매우 즐겁다고 한다. 마치 반세기 전 스펙태큘러의 전성기 때 그러했듯 말이다. 케넌은 어떤 표현 형식을, 혹은 매체를 제시하고 싶었다고 한다. 그로써 새로운, 기업형 타임스퀘어가 자기를 표현하는 동시에 타임스퀘어를 동경의 대상이 되게 만들었던 바로 그 속성을 보존하고 싶었다는 것이다. 그는 더욱 "가상적"이 되어 가는 타임스퀘어가 동시에 짜릿할 정도로 실제적일 수 있는 수단을 찾고자 한다고 했다. 그리고 행인들과 관광객들의 반응은 사람들이 소통하고 싫어한다는 것을 보여 주었다. 사람들은 멈추어 서서 볼 수 있는 것이 주어진다면 멈추어 서서 볼 터였다.

그러나 애런 빌과 마찬가지로 그는 광고주의 인내심과 취향, 그리고 예산이라는 한계와 싸워야 한다는 것을 알았다. 그는 타임스퀘어가 내키지 않아 하는 방향으로 타임스퀘어를 움직이려고 애쓰고 있었다. 더 낙관적으로 말하자면 타임스퀘어의 방향이 여전히 열려 있는 지금, 그는 방향을 잡으려 애쓰고 있었다.

타임스퀘어는 한번도, 긴 역사 동안에 오늘날처럼 많은 간판이 있었던 적이 없다. 42번가는 얼랭어와 클로의 시절에는 상상할 수 없었던 수의 간판으로 화려하게 꾸며져 있다. 심지어 타임스퀘어의 가장 높은 곳마저 간판이 밀집해 있다. 1987년 건축 조례는 개발업자들에게 환하게 밝힌 간판을 달도록 강제했고 타임스퀘어의 부활로 사람들이 거리를 가득 메우자 광고주들은 이들에게 다가가고 싶어했기 때문이다. 1920년대와 다름없는 논리였다. 당시 한 간판업자는 스펙태큘러를 세우면 천 명당 14센트의 광고비가 드는 꼴이라고 했다. 이제 타임스퀘어에서 가장 큰 간판 업체 스펙터컬러는 매우 창의적인 계산을 통하여 타임스퀘어 광고비가 텔레비전 광고비에 비해 천 명당 6분의 1에서 10분의 1밖에 되지 않는다고 발표했다. 1990년대 중반 아주 짧은 시간 동안 타임스퀘어 간판업에는 나름대로 거품 현상이 있었다. 1995년 리먼 브라더스Lehman Brothers의 동업자들은 파리 국립은행으로부터 2천7백만 달러에 타임스 타워를 구매해 부동산 업계를 놀라게 했다. 이것은 19층짜리 간판이나 다름없었다. 2년 안에 이 건물은 두 번 매매되었고 그때마다 가격은 두 배씩 올라갔다. 그래서 마지막 가격표는 놀랍게도 1억 천백만 달러에 달했다.

그러나 간판의 개수와 가치가 늘어나자 간판은 불가피하게 상품이 되었다. 감탄을 자아내기 위한 것이 아니라 팔기 위한 실리적인 상품이 된 것이다. 옛날에 스펙태큘러는 순수한 창의력을 선보이기 위한 매체였다. 더 크고 더 환하고 더 제멋대로이며 예측 불가능하게 기발할수록 좋았다. 구드의 눈부시게 화려한 '창을 든 남자'들이나 더글러스 리의 '카멜 담배 피우는 남자'는 당대의 슈퍼볼 광고 같은 것이었다. 얼마나 많은 상품을 움직였느냐 하는 것이 아니라 광고주에 얼마나 많은 명성을 안겨 주었느냐 하는 것으로 평가했다. 텔레비전이 없던 시절 어떤 광고 매체가 미적으로든 상업적으로든 타임스퀘어 간판과 견줄 수 있었겠는가? 그러나 그 시절은 1990년대에 사라진 지 오래였다. 소비자들에게 과거의 영광을 상기시켜 주기 위해 몇몇의 광고주, 즉 버드와이저Budweiser, 리글리스 껌Wrigley's Gum, 플랜터스 피넛Planter's Peanuts 등이 타임스퀘어로 돌아왔다. 그러나 명성이 자자한 간판 회사 아트크래프트 스트라우스의 3대 경영인 타마 스타에 의하면, 버드와이저마저도 타임스퀘어에 있는 아트크래프트가 디자인한 간판에 공들인 이미지를 넣는 것을 꺼려했다. 타임스퀘어에 있는 간판은, 예를 들면 도심 터널의 퀸즈 쪽 진입로에 쉽게 바꿔 달 수 있었다.

1980년대에는 간판 제작이 더 이상 수공예의 일종이 아니었다. 오래된 간판 업체들은 거대한 간판 기업에 넘어갔는데 이 간판 기업은 비아콤Viacom이나 클리어 채널과 같은 다국적기업의 소유였다. 타임스퀘어에서 한 세기 동안 간판을 만들어 온 아트크래프트 스트라우스가 마지막 생존자이며 현재는 타임스퀘어에서 겨우 열두어 개의 광고 위치만을 소유하고 있다. 타마 스타는 이해가 되기는 하지만, 다소 극단적으로 쇠퇴주의적인 생각을 갖고 있다. 자신이 만든 간판을 제외하면 타임스퀘어는 "비디오와 비닐"에 정복당했다는 것이 스타의 말이다. 그 밖에도 광고를 상영하는 대형 스크린이 있고 컴퓨터에서 뽑아낸 거대 비닐 간판은 말만 하면 버리거나 교체될 수 있는 것이었다. 1976년 설립된 스펙터컬러의 임원들도, 자신들은 아무 역할이 없었지만, 지나간 황금기에 대한 향수병을 앓고 있었다. 스펙터컬러의 소유주이자 경영자인 마이클 포트Michael Forte는 이렇게 말한다.

"물량은 폭발적으로 늘었지만 스펙태큘러의 예술성은 점점 잊혀졌어요."

스펙터컬러 본사 4층에 있는 임원실은 타임스퀘어의 가장 눈부신 간판이 있던 브로드웨이 거리를 내다보고 있었다. 리글리 사의 꼬물거리는 물고기나 본드 사의 폭포, 거대한 펩시콜라 병도 여기에 있었다. 오늘날에는 매우 멋진 그러나 비닐에 불과한, 금발 여자들의 무리가 포니와 리즈 클레이본의 상품을 광고하고 있다. 포트는 임원실 창가를 바라보며 쓰라린 안타까움을 표했다.

"그랬던 것이 이렇게 되다니."

간판은 진부해졌다. 동시에 타임스퀘어에 사무 빌딩이 올라가면서 간판과 건축 간의 관계에 대한 새로운 의문이 제기되었다. 1987년 조례 변경은 개발업자들에게 간판을 새로운 방식으로 생각하게 만들었다. 몇몇의 타임스퀘어 개발업자들은 이 새로운 미의식을 즉각적으로 받아들였다. 그 가운데 한 명인 제프리 캐츠Jeffrey Katz는 47번가와 48번가 사이에 있는 타임스퀘어 2번지에 검은 유리 호텔을 지은 뒤 타임스 타워를 바라보는 남쪽 벽면 전부를 거대한 간판 걸이로 이용했다. 한 세기 동안 지켜 온 용도에 충실했던 것이다. 개발업자 윌리엄 제켄도르프William Zeckendorf는 앨런 라피두스Alan Lapidus를 고용해 47번가와 48번가 사이 브로드웨이 서쪽 보도에 호텔을 설계하도록 했다. 건축가 앨런 라피두스의 아버지 모리스 라피두스는 마이애미 비치의 여러 가장 화려한 호텔을 디자인한 사람이다. 앨런 라피두스는 도시 계획위원회와 긴밀히 작업하며 새로운 조례에 따르는 건물을 디자인하려고 노력했다.

그러나 물론 호텔은 즐거움과 기쁨의 감정을 불러일으키기 위해 설계된 고층 빌딩의 아주 드문 예다. 반면 사무 빌딩은 전통적으로 힘과 견고성, 정직함을 상징하도록 짓는다. 그리고 애초에 조례를 변경하는 데 반대했던 민간 개발업자들이 쉽게 조례를 따를 리 없었다. 임차인이 확보되지 않았는데도 47번가와 브로드웨이의 모퉁이에 거대한 건물을 짓고 있던 데이비드 솔로몬은 간판을 올릴 생각에 치를 떨었다. 솔로몬과 아내 진은 어쩔 수 없을 경우 간판을 디자인하도록 타마 스타를 고용했는데 스타는 이렇게 말한다.

"그분들이 생각하는 간판은 굉장히 복고적인 거였어요. 1970년 대처럼 촌스럽게 'HOTEL'이라고 적혀 있는데, 변압기가 고장 나서 'E'가 깜빡인다든지 하는 것 말이에요. 그분들은 간판에 어떤 품위도 있을 수 없다고 생각했어요."

새 조례가 통과되자 솔로몬 부부는 법을 피해 가기 위해 온 힘을 다했다. 건축가 찰스 과트메이Charles Gwathmey와 상의해 밤에만 작동하는 조명과 간판 체계를 만들었다. 낮에는 법관처럼 엄숙하게 보이도록 말이다. 밤에도 조명은 건물 바로 앞에서만 볼 수 있도록 했다. 도시계획위원회의 반응은 조명과 간판이 밤뿐만 아니라 낮에도 보이도록 해야 한다고 조례를 수정하는 것이었다. 타임스퀘어의 빌딩을 임대하는 기업들은 지역의 전통에, 그 전통이 얼마나 기이하다고 여겨지든 적응하는 수밖에 없었다.

솔로몬 부부는 결국 브로드웨이 1585번지라고 알려진 이 건물을, 입주해 있던 모건 스탠리에 매매할 수밖에 없었다. 1992년 모건 스탠리는 매우 싼값에 부동산을 넘겨받았다. 애초에 이 회사는 타임스퀘어에 대해 매우 조심스러웠다. 실제로 일반적인 도시 환경에 대해 어찌나 불안해했는지 거의 모든 금융 산업이 맨해튼에 집중되어 있는데도 코네티컷 주의 스탬퍼드Stamford로 본사를 옮기는 것을 심각하게 고려하고 있었다. 그러나 이제 타임스퀘어에, 그리고 타임스퀘어 건축 조례에 적응하는 법을 찾아야 했다. 이 은행은 드러내 놓고 하지는 못했지만 솔로몬스와 마찬가지로 새 조례에 열렬히 반대했다. 현재 모건 스탠리의 전무이사 수전 자렛Susan Jarrett은 당시를 이렇게 기억한다.

"어떤 종류든 간판을 달아야 한다는 사실, 그리고 그 간판이 움직여야 한다거나 네온이어야 한다거나 하는 것은 우리 이미지와 정반대였어요." (사실 밝아야 했지만 네온일 필요는 없었다.)

여전히 그 건물을 담당하고 있던 타마 스타는 이렇게 말한다.

"그쪽에서 가장 먼저 물은 것은 가장 저렴한 게 뭐냐는 거였어요. '플라스틱 글자를 만들어 붙일 수도 있죠.'라고 농담처럼 말했더니 대답은 '그건 얼마나 들까요?'였어요."

모건은 정체성에 손상을 입히기보다 그것을 고양시키는 방법으로 간판을 이용하는 길을 찾는 수밖에 없었다. 찰스 과트메이는 언제나 건물의 아래층 쪽에 간판을 설치하는 방법을 선호했다고 한다. 아래층은 업장이었고 창문이 필요하지 않았기 때문이다. 그리고 모건의 임원들은 간판이 광고가 아니라 새로운 기업의 상징이라는 것을 이해하자 거의 반대하지 않았다고 한다. 과트메이 발상의 핵심은 "간판을 건물에 추가하는 것이 아니라 건물 외벽의 일부로 통합시키는" 것이었다. 그는 디자이너 마시모 비넬리Massimo Vignelli와 함께 금융 정보를 주제로 장식을 하는 아이디어를 냈다. 그다지 원대한 계획은 아닌 것 같았다.

브로드웨이 1,585번지의 모건 스탠리 빌딩에는 주식 시세 정보를 알려 주는 간판이 세 줄 있는데 각각의 높이가 3, 4미터 정도이며 정보는 서로 다른 속도로 외벽을 가로질러 지나간다. 건물의 양 끝에는 15미터 높이의 원통형 지도가 있는데 전 세계에 흩어진 모건 스탠리 지점이 어떤 시간대에 속해 있는지 보여 준다. 건물의 주소는 지느러미 모양의 장식 돌출부에 우아하게 적혀 있다. 주식 시세를 알려 주는 정보 띠는 하늘색이고 정보 자체는 밝은 흰색의 발광다이오드(LED)로 구성된다. 시세는 『로이터 통신』이 전송하는 실시간 정보이며, 숫자는 건물 전면에서 옆면으로 돌아갈 때 속도가 빨라지는 것처럼 느껴진다. 타마 스타에 따르면 이것은 아트크래프트 스트라우스가 개발한 착시 현상으로 "정보가 건물 안에서 나와서 전면을 가로질러 다시 건물 안으로 들어가 재처리된다는, 마치 어떤 제조 과정인 것 같은 느낌을 주기 위해서죠." 모건 스탠리의 임원들이 한때 생각만 해도 움찔하던 이 거대한 간판은 회사에 대한 여러 개의 중요한 진술을 한다. 돈뿐만이 아니라 정보를 거래한다는 것, 세계 경제의 핵심적인 마디이자 전환 장치이며, 현재를 중시한다는 것. 그리고 마지막으로 타임스퀘어에 자리를 차지하고 있을 만큼 멋지다는 것이다. 간판은 결과적으로 모건 스탠리와 타임스퀘어 모두의 브랜드 가치를 높여주는 장치였다.

1997년에 이르자 모건 스탠리는 타임스퀘어와 타임스퀘어가 상징하는 것에 너무 잘 적응한 나머지 확장할 생각까지 하게 되었다. 이 회사는 록펠러 그룹으로부터 7번 애비뉴 동쪽 보도, 49번가와 50번가 사이에 있는 토지를 임대했다. 록펠러는 이 필지를 록펠러 센터로 가는 동쪽 입구라고 생각했고 1989년 콘 피더슨 폭스Kohn Pederson Fox의 회사로 하여금, 근본적으로 록펠러 센터의 일부가 될 건물을 디자인하도록 했다. 건축가 그레그 클레멘트Greg Clement는 록펠러 센터와 같은 석회석으로 되어 있고 지붕도 록펠러 센터와 같아서 동쪽에 있는 록펠러 센터 30번지와 수평을 이루는 건물을 디자인했다. 타임스퀘어를 록펠러 센터에 포섭하려는 또 하나의 참을 수 없는 충동이 모습을 드러낸 것이다. 시무어 더스트와 조지 클라인, 필립 존슨을 움직인 충동이었다. 그러나 마침 시장이 폭락했고 클레멘트의 건물은 깊이 동결되었다.

그 이후 회사로 들어온 케빈 케넌은 클레멘트와 함께 이제 모건 스탠리를 고객으로 다시 작업을 시작했다. 케넌은 7번 애비뉴 745번지의 새 건물은 두 지리적 축 사이의 '경첩'이라고 생각했다. 록펠러 센터와 타임스퀘어 문화의 '혼성'이라고 말이다. 새로운 타임스퀘어는 그 자체로 혼성적인 장소였다. 토이저러스가 플래그십 매장을 지으면서 타임스퀘어를 더 "가족적인" 장소로 만들었듯 모건 스탠리는 맨해튼 중심의 기업 세계와 타임스퀘어의 전통적으로 조잡한 세계 사이의 구분을 없애 버리는 데 일조했다.

케넌은 머리가 모래 빛깔이고 말수가 적은 학구파였다. 아버지는 미국에서 가장 큰 건축 기업의 사장이었고 라이스 대학의 건축대학 학장이었다. 대학생일 때 이미 케넌은 '건축과 도시 연구소'에서 공부를 했다. 이 연구소는 젊은 건축가와 건축 이론가로 이루어진 단체였는데 피터 아이즌만Peter Eisenman과 케네스 프램튼Kenneth Frampton도 여기 속해 있었다. 케넌의 동급생 중에는 렘 쿨하스가 있었는데 당시 하고 있던 작업이 궁극적으로 '정신 나간 뉴욕Delirious New York'이 된다. 이 작품은 맨해튼의 가공되지 않은 힘을 기리고 전통적 미적 잣대에 대한 무관심을 나타내는, 로버트 벤투리와 드니스 스캇 브라운Denise Scott Brown, 스티븐 아이즈나워Steven Izenour가 라스베이거스에 한 것과 약간 비슷한 작업이었다. 쿨하스는 타임스퀘어와 타임스퀘어의 솔직하게 상업적이며 노골적으로 성적인 전통을 고급화하거나 지우기보다 존중하고 싶어했다. 실제로 '정신 나간 뉴욕'은 쿨하스가 '스핑크스'라고 이름 붙인 작업을 포함하고 있었는데 이것은 타임스퀘어를 바라보는 거대한 복합 건물로 호텔과 아파트, 종합 운동 시설, 나이트클럽, 공연장, 그리고 성생활 용품점을 포함하고 있었다. 케넌은 쿨하스처럼 급진적인 이론가는 아니었지만 연구소에서는 그에게 기업 건축의 규칙을 넘어서서 생각할 수 있도록 하는 비평적 언어와 사고방식을 마련해 주었다.

콘 피더슨 폭스에서 일하는 동안 케넌은 맨해튼 이스트사이드에 새로운 소더비 본부를 지어 호평을 받았고 서울의 로댕 박물관도 맡았다. 이 건물은 거의 전체가 유리로 되어 있어 지나가는 행인들과 자동차에 대해 개방적이다. 한 건축 비평가는 이 박물관이 "도시와 건물 간에 새로운 대화를 제안하는 방식으로 그 건축 부지에, 그리고 서울에 자리 잡고 있다."고 말했다. 케넌은 상업적인 건축가였지만 이러한 새로운 대화를 꾸며 낼 수 있는 지적 계획을 갖고 있었다. 그는 이렇게 말한다.

"건축가들이 맞닥뜨린 큰 문제는 공공장소에 어떻게 활력을 가져오느냐 하는 문제였어요. 공공장소에서 벌어지던 활동이 이제 텔레비전과 인터넷, 화상 회의로 대체되었습니다. 따라서 건축을 통해서 '가상적'이지 않은 생명이 공공 영역에 여전히 존재한다는 것을 보여 줘야 했지요. 그런데 가상이 우리 속에 너무 뿌리 깊이 배어들어서 실제 세계와 다시 소통하게 만들기 위해 힘을 써야 하는 것이죠."

다시 말해 이들의 과제는 광장으로서의 타임스퀘어를 되살리는 것이다. 모건 스탠리 같은 존재가 타임스퀘어를 세계적 정보 네트워크의 핵심적인 교환 장치로 만들어 가고 있는 와중에도 이곳을 즐거운 도시의 진흙탕으로 만드는 것이다. 추상적이고, '비트'라는 정보 전달 단위로 이루어진 세상에 고삐를 채우고 그것이 근절하고자 결심한 듯한, 얼굴과 얼굴을 맞대는 세상을 되살리는 것이다. 케넌은 정보 문화의 덧없음, 무상함을 상징하는 동시에 시선을 고정할 수 있는 간판을 만들고 싶었다.

새로운 간판의 가장 뻔한 재료는 물론 발광다이오드(LED)였다. 찰스 과트메이가 이미 첫 번째 모건 스탠리 건물에 발광다이오드 기술을 적용했지만 케넌은 좀 더 제한된 색깔로 작업하고 싶어했다. 발광다이오드는 화학 용품에 잠긴 매우 작은 전구를 이용함으로써 빛의 스펙트럼의 다양한 지점에서 발광하여 다양한 색상을 낸다. 그러나 최근 몇 년에야 파랑 발광다이오드가 상업적으로 이용이 가능해졌고 이제는 거의 모든 색상을 이용해 작업할 수 있었다. 그리고 매우 비싸긴 하지만 영화와 같은 화질을 재생할 수 있는 발광다이오드를 구입하는 것도 가능해졌다. 따라서 생생하고 화려한 빛깔의 놀라운 이미지를 재생할 수 있게 되었다. 그러나 케넌은 새 건물을 거대한 텔레비전으로 만들고 싶지 않았다.

"보통은 가로 세로 20센티미터의 발광다이오드 판넬을 구입하게 되죠. 하지만 레고 블록처럼 원하는 모양으로 구성할 수도 있어요. 고정관념을 깰 수 있는 거죠."

다시 말해 발광다이오드는 어떤 크기나 모양으로든 원하는 형상을 내보낼 수 있도록 해 주었다. 네온이나 비닐과 달리 프로그램이 가능했을 뿐만 아니라 무한한 융통성이 있었던 것이다. 케넌은 말한다.

"틀이 있는 장치를 통해 매체 정보를 수신하는 강력한 문화적 전통이 있어요."

무대나 텔레비전을 말하는 것이다.

"이제는 전혀 색다른 것을 할 수 있는 가능성이 생겼어요. 틀은 파편으로, 조각으로, 틀이 없는 것으로 변경할 수 있는 것이죠."

1987년 조례 이후 생긴 다른 타임스퀘어 건물의 경우 간판은 건물에 부착되었다. 브로드웨이 1,585번지에서도 간판은 건물이 지어진 뒤에 생겼다. 케넌은 건물의 영구적이고 육중한 몸체와 그 변화무쌍하고 실체적인 심상의 구분, 건축과 매체의 구분을 흐리고 싶었다. 그는 발광다이오드 패널을 건물과 일체가 되게 해서 보는 사람이 간판을 읽는 것이 아니라 건물 자체를 읽게 하고 싶었다. 그리고 모건 스탠리는 간판에 1,585번지처럼 전자 시세판이 들어가는 것이 아니라 컴퓨터로 제작한 프로그램이 펼쳐지는 것에 동의했다. 1,585번지는 회사 사람들 사이에서 '머리'로 불렸다. 새 건물은 회사의 '심장'을 보여 주어야 했다.

"우리는 모건 스탠리가 고객 친화적이고 다국적인 기업으로 돈에만 관심이 있는 것이 아니라는 것을 나타내고 싶었어요."
수전 자렛의 말이다.

영상을 만들기 위해 케넌과 클레멘트는 맨해튼 도심에 있는 디자인 회사 '이매지너리 포시즈Imaginary Forces'를 고용했다. 이 회사는 컴퓨터 그래픽을 이용해서 기발하고 별난 영화 크레딧을 만드는 것을 전문으로 했다. 그러나 이매지너리 포시즈는 발광다이오드와도 친숙했는데 볼티모어 레이븐스Baltimore Ravens 팀의 미식축구장에 거대한 화면을 디자인하는 주문을 받은 적이 있었기 때문이다. 사업의 총관리를 맡은 네덜란드 디자이너 미콘 반 가스텔Mikon van Gastel은 케넌과 오랜 시간 상의하면서 건물만큼 클 뿐 아니라 건물 자체인 간판을 만드는 생각에 대해 논의했다. 반 가스텔은 케넌이 이렇게 말했다고 한다.

"건물의 전면이라는 개념에 대해 의문을 던지고 싶어요. 전면이
건물을 보여 주는 유리창 같은 것인가요, 환경의 반영인가요, 세
계의 반영인가요?"

"그런데 또 다른 중요한 말은 상업적인 것은 싫고 '소프트 브랜
딩'을 하고 싶다는 것이었죠. 다시 말해 3초마다 회사 이름을
들먹이지 않으면서도 회사에 대해 이야기하고 싶다는 것이에요.
기업의 태도와 가치를 반영하는 것이죠."

케넌은 유행에 굉장히 민감하고 삐쭉 세운 머리는 염색을 하지
않고는 잘 놔두지 않는 반 가스텔에게 고객의 반응에 대해 고민하지
말고 마음대로 하라고 말하고 있었다. 케넌의 미적 야심은 '진심'을
전하고자 하는 모건의 바람과 일치하는 듯했다.

1999년 1월 케넌과 클레멘트, 반 가스텔은 고객들과 함께 콘 피더
슨 사무실에서 만났다. 고객이라 함은 모건 스탠리와 록펠러 센터
개발 회사, 티시먼 부동산, 그리고 휴스턴에 위치한 세계적 건물 개발
회사 하인즈 개발에서 온 열다섯 명쯤 되는 중역들이었다. 두 건축가
들의 발표가 끝나고 반 가스텔은 자신이 작업한 이미지를 소개했다.

"대실패였어요."

케넌이 당시를 기억한다.

"실패라는 말로는 부족해요. 발표가 끝나자 쥐죽은 듯한 침묵이
흘렀어요. 모건 스탠리가 한 말은 '우리 광고에는 기본적으로 배
에 탄 사람들이 나오는데 이건 그것과 무슨 상관입니까?'였어요"

케넌은 이것이 '광고'가 아니라 '간판'이라고 설명하려고 했다.

틀을 파괴하고 싶었다고. 그러나 임원들은 틀이 좋다고 했다. 틀에 매달렸다. 그들에게 텔레비전은 '매체'가 아니라 전자 정보가 소비되는 자연적 수단이었다. 그리고 그들이 생각했던 고객 친화, 가족 친화적인 이미지가 보이지 않는다고 했다. 모건에서 온 한 임원은 영상이 "엠티비 단편"을 연상시켰다고 했다. 그것은 추상적이고 냉소적이며 기발한 농담으로 가득한 영상이었다. 케넌은 그때를 돌이켜 보며 이렇게 말했다.

"이미 존재하는 어떤 것을 가리키며 '이런 겁니다' 하지 않는다면 이렇게 창의적인 것을 제안하기가 매우 어려워요."

그리고 늘 그렇듯 금전적인 문제도 있었다. 케넌과 클레멘트는 엄청난 양의 발광다이오드를 쓰고 싶어했고 시장에서 구할 수 있는 것 가운데 가장 고급, 즉 '16밀리미터'를 원했다. (16밀리미터는 전구 묶음 간의 간격을 말한다.) 게다가 프로그램이 복잡해서 매우 정교한 기계 장치가 필요했다. 간판을 만들기 위해서는 약 2천만 달러가 들었고 간판 운영에 매년 백만 달러가 들어갔다. 모건의 임원들은 이 회의를 유용한 시작점으로 생각했다. 이제 그들이 머리를 굴릴 차례였다. 간판을 더 저렴하게 만들 수는 없을까? 발광다이오드의 수를 줄이거나 화질을 낮추어서? 모건 스탠리의 현 기술팀이 프로그래밍을 맡을 수는 없을까? 모든 질문에 대한 답은 '아니오'였다. 1년간의 연구와 계획 끝에 스탠리 모건 측은 기특하게도 건축가들의 제안을 받아들였을 뿐 아니라 건물 입구에 커다란 수직 패널을 설치해 더 익숙한, 뉴스 관련 이미지를 보여 주자는 제안을 통해 사업 비용을 늘리기까지 했다. 모건은 '이매지너리 포시즈' 역시 다시 고용했다. 이번에는 디자이너들이 모건 스탠리의 마케팅과 보도 담당자들과 직접 의견을 교환할 수 있도록 했다.

디자이너들이 고안한 영상은 초기에 발표했던 것에서 크게 벗어나지 않으면서 브랜드 이미지에 대한 모건 스탠리의 우려를 없앴다. 반 가스텔은 5분짜리 '주제' 여섯 개를 만들었는데 이는 모두 건물 전체를 광고판으로 보이게 하지 않으면서도 자렛과 다른 사람들이 묘사했던 정체성을 환기시켰다. 그럼에도 어떤 형상은 매우 직접적이고 무미건조했다. "소원"이라는 주제는 "모건 스탠리가 어떻게 꿈을 이루어 주는지" 보여 주는 단어와 형상을 고객들의 사진 위에 비추고 있었다. "대기"라는 주제도 있었는데 이 주제는 건물을, 기분에 따라 색이 바뀌는 반지처럼 활용하고 있었다. 아침에는 일출의 모습이, 저녁에는 달이 보였다. 그러나 반 가스텔은 케넌이 "전면"의 의미를 다시 생각해 보라고 했던 것을 잊지 않았다. "엑스레이" 주제는 건물을 투명하게 바꿔 놓았다. 한 층의 설계도가 간판에 펼쳐지면 이어서 도식적으로 그려진 엘리베이터 형상이 그 층에 멈춰 섰고 문이 열리면 그 층에 무슨 일이 일어나고 있는지 보여 주었다. 그러다가 일을 하고 있는 한 직원을 비추고 그 위에는 "어린이 야구팀 감독"과 같이 그 사람에 대한 따뜻한, 그러나 사실이 아닌 정보를 내보냈다. 소유주가 보는 사람에게 일방적으로 영상을 비추는 것과 달리 이 간판은 보는 사람으로 하여금 기업의 비밀스런 내부로, 그러니까 '심장'으로 들어가게 해 주었다, 아니 적어도 그런 착각을 갖게 해 주었다.

케넌과 클레멘트는 간판과 건물이 하나가 될 수 있도록 전체를 설계했다. 각각 가로 12미터, 세로 2.4미터 높이의 발광다이오드 패널

전면의 건축적인 요소로 이루어진 오목한 곳에 들어가게 되어 있었다. 띠 모양의 발광다이오드 패널 세 개는 배관과 배선이 있는 공간을 가렸고 같은 높이의 창문과 엇갈려 배치되어 있었다. 따라서 이미지가 펼쳐질 때 화면 사이에 있는 유리창으로 생긴 공백은 보는 사람이 상상력을 동원하여 채워 넣어야 했다. 이것 또한 거리의 구경꾼을 하늘의 호화로운 볼거리와 소통하게 만드는 수단이었다.

아무도 이와 같은 것을 디자인한 적이 없었고 기술적인 문제가 엄청났다. 각각의 가로 띠는 5,346픽셀로 구성되어 있었다. 보통 영화 화면은 2,048픽셀이었다. 건물 위로 엄청난 양의 이미지가 펼쳐졌기 때문에 반 가스텔은 세 대의 강력한 컴퓨터를 이용해 분리된 이미지를 만든 다음 그것을 서로 포개어 놓아야만 주어진 순간에 전면이 어떻게 보일지 상상할 수 있었다. 게다가 발광다이오드 패널은 전면을 세로로 가로지르는 장식적인 요소 안쪽에 설치되었는데 이 세로 장식이 지나가는 곳마다 가로 5픽셀 넓이의 공백이 주어지도록 프로그램해야 했다. 그래픽 정보는 프로그램하기에 따라 전면을 따라 이동하기도 하고 이 세로 장식을 만나면 사라지거나 폭발했다가 (마치 건물 자체가 이것을 중재하는 장치인 것처럼) 반대편에서 다시 조합되곤 했다. 영상은 시간이 갈수록 점점 복잡해져 갔다. 2단계에서는 영상에 소리를 추가했고 3단계에서는 날씨나 교통 상황이 영상에 영향을 주게끔 센서를 설치했다. 수년간의 노력 끝에 건물은 건축가들이 상상한 모든 것을 구현할 수 있게 되었다. 스타벅스에서 감상할 수 있을 뿐만 아니라 건축 잡지와 매체 연구 단체에서 해부하게 될 간판이 완성된 것이다.

2001년 여름에 이르자 발광다이오드는 기업 간판의 새로운 매체로 떠오르기 시작했다. 나스닥은 42번가와 브로드웨이의 북동쪽 모퉁이에, 거대한 원통 모양의 간판을 거리 쪽으로 돌출시켜 설치했다. 그러나 모든 간판 전문가들은 발광다이오드와 프로그램의 질이 둘 다 좋지 않았다고 입을 모았다. 브로드웨이 건너편에는 로이터가 에드윈 슐로스버그Edwin Schlossberg에게 주문해 건물의 꼭대기에서 내려와 행인들의 머리 위에서 양쪽으로 갈라져 옆면으로 이어지는 거대한 검은 패널 여러 개에 영상을 프로그램하도록 했다. 그리고 모건과 같은 최고급 화질을 주문했다.

모건 스탠리는 2001년 11월 15일 새 빌딩에 입주를 마치기로 했다. 따라서 영상 프로그램도 그때까지 정상적으로 작동해야 했다. 여름 동안 모건은 간판을 작동시키기 위한 매우 정교한 장치를 설치했고 실험적으로 운영했다. 행인들이 빨간 돼지 저금통 춤과 통통 튀는 사과, 복도의 사람들과 현수교를 볼 수 있었던 것도 바로 이때였다. 그러다 9월 11일 테러 공격이 일어났다. 갑자기 세계의 가장 유명한 도시 공간에 사원들을 집중시키는 것이 그다지 매력적으로 여겨지지 않았다. 모건 스탠리는 새로운 위치를 물색했고 '심장'의 구매자도 찾기 시작했다. 구매자는 금방 나타났다. 리먼 브라더스Lehman Brothers였다. 이 회사는 월드 파이낸셜 센터에 있던 본부를 잃었던 것이다. 10월 초 리먼은 7억 달러를 주고 건물을 사들였다. 제작하는 데 4년이 걸린 간판은 부수적인 것이었다. 리먼이 소유권을 건네받은 12월 초 여섯 개 주제 가운데 세 개가 돌아가고 있었지만 리먼은 나머지 주제에 대한 작업을 정지시켰다.

타임스퀘어 조례를 따라야 했기 때문에 리먼은 간판을 계속 동작시켰지만 가장 무미건조한 영상만 남겨 두었다. 현수교와 복도를 걷는 사람들의 영상이었다. 같은 영상을 돌리고 또 돌리다 보니 애초에 간판이 왜 그리 중요했는지 기억하기조차 힘들게 되었다. 9월 11일의 엄청난 충격 이후, 본사를 이전하는 문제의 기술적 어려움이 겹친 상황에 간판을 다시 프로그래밍하는 것이 최우선은 아니었다. 그럼에도 리먼 브라더스는 로저 딘Roger Dean을 고용했다. 로저 딘은 브로드웨이 1585번지와 새 간판의 기술적인 부분을 담당한 모건 스탠리 임원이었다. 내가 2002년 초에 딘을 만나러 갔을 때 그는 리먼이 일시적으로 "전경"의 데이터와 이미지를 모두 지우고 회사 임원들이 적절하다고 생각하는 "배경" 이미지 몇 가지만 남기기로 했다고 설명했다. 그는 새로운 간판의 기술적인 작업에 참여했던 사람을 새 프로그래머로 고용했다. 그는 리먼이 간판을 단지 광고판으로 만들지 않으리라고 확신했다.

"노골적으로 광고할 것 같다는 생각은 안 들어요. 타임스퀘어에는 이미 노골적인 게 충분히 많아요. 개인적으로 저도 거기서 벗어나고 싶고요."

새 영상 프로그램은 2002년에 시작되었다. 나는 구경하려고 스타벅스 앞에 자리를 잡았다. '리먼 브라더스'라는 이름이 건물 대부분을 차지했고 두 개 패널에만 "꿈이 만들어지는 곳"이라고 적혀 있었다. 끝에 트레이드마크 표시가 되어 있는 것으로 보아 회사의 표어인 듯했는데 다소 거북했다. 그리고 배경에 파란 모자이크 타일이 나타났고 다시 '리먼 브라더스'라는 거대한 글자가 나타났다. 이번에는 타일로 이루어진 글자였고 옆으로 지나갔다. 다음에는 거대한 파도가 돌에 부딪혀 부서졌고 다시 '리먼 브라더스'와 꿈이 어쩌고 저쩌고가 나타났다. 그런 뒤 바다 위를 가로지르는 다리가 나타나고 너울거리는 파도가 나타난 뒤 또 회사 이름이, 그리고 다리, 그리고 엄청난 구름 덩어리, 그리고 회사 이름, 그리고 파란 타일이 나왔다. 더 이상 지켜볼 필요가 없었다.

나는 로저 딘에게 전화해서 이 기업 광고가 노골적이지 않겠다던 지난번의 약속에 부합되는지 물었다.

"광고라고까지 할 수 있을지는 모르겠어요."

그가 서투른 변명을 했다. 그는 매우 불편해했고 자신의 책임은 "순수하게 기술적인 면"이었다고 덧붙였다. 그건 사실이었다. 그러나 그가 어떤 내부적인 싸움에서 진 것 같기도 했다.

"생각이 바뀐 것은 사실이죠."

그가 말했다. 그리고 부탁했다, 간청한 것 같기도 하다. 더 질문이 있으면 리먼의 홍보실장인 토니 젠더Tony Zehnder에게 연락하라고 말이다. 젠더는 내가 애초에 없었던 것에 대한 어떤 박탈감을 느끼고 있다는 사실에 매우 어리둥절해했다.

"우리는 모건 스탠리가 갖고 있던 내용을 가져다가 쓸모 있는 것만 추려 낸 다음 건물의 이름을 알리려고 이름을 넣었을 뿐이에요. 현재로서는 그게 간판의 모습입니다."

나는 새 프로그래머 스티븐 하임볼드Steven Heimbold에게 연락을 했다. 몇 달 전, 그는 리먼이 자신에게 '이매지너리 포시즈'가 했던 것처럼 기발한 무언가을 만들도록 허용하기를 조심스럽게 희망하고 있었다. 그러나 그들은 그러지 않았다.

"리먼 브라더스는 간판에 대해 모건 스탠리처럼 생각하지 않았어요."

그가 인정했다.

"그 사람들이 원하는 이미지는 좀 더 일반적이었어요. 사람들이 간판을 봐 주었으면 하는 것 외에는 어떤 고상한 의미도 바라지 않았어요."

하임볼드는 딘과 마찬가지로 기업에 충성하는 모습을 보이는 데 서툴렀다.

"거리의 사람들은 이 간판이 정말 훌륭할 수 있다는 걸 모르고 있어요."

언젠가는 알게 될까? 어디까지나 젠더는 "현재로서" 그렇다고 했다. 미래에는 다를지도 모른다. 그리고 그 모든 복잡한 배선과 컴퓨터 하드웨어는 사용되기만을 기다리고 있을 것이다. 타임스퀘어의 미덕 가운데 하나는 이곳에서는 아무것도 영원하지 않다는 점이다.

20장 잃어버린 조개 튀김을 찾아서

라스베이거스의 스트립 거리나 로스앤젤레스의 이워크E-Walk 거리, 혹은 전국에 셀 수 없이 많은 쇼핑몰과 축제 시장과 개조한 기차역과 달리 타임스퀘어는 오래된 장소로 가득한 곳이다. 특히 대부분은 그 오래된 장소가 새로운 장소였을 때 하던 것을 지금도 계속 하고 있다. 물론 새것들로만 이루어진 건물, 그러니까 사무 빌딩이나 대형 매장은 옛것을 보존하는 방법의 큰 부분을 차지한다는 면에서 정당화되었다. 여기서 옛것이란 브로드웨이 극장을 말한다. 극장은 크나큰 감동을 불러일으킨다. 극장에 올리는 연극 때문만이 아니라 건물 자체가 주는 고풍스러움과 끊어지지 않고 내려온 전통에 대한 경외심 때문이다. 디즈니는 뉴 암스테르담을 꼼꼼하게, 애정을 가지고 복구함으로써 헤아릴 수 없는 호의를 얻었다. 아마도 타임스퀘어에 디즈니가 들어왔다는 사실을 개탄하는 사람들로부터 특히 그랬을 것이다. 심지어 시에서도 보수 비용을 지불해 주었다.

타임스퀘어에는 그 밖에도 오래된 것으로 유명한 장소들이 많다. 사라지지 않은 문명의 옛 흔적을 간직하고 있는 이곳들은 여전히 사랑받고 있다. 이런 장소의 대부분은 식당이다. 44번가의 사디스도 여기 속한다. 관광객들은 수십 년 동안 배우들을 보기 위해, 아니 배우라고 생각되는 사람들을 보기 위해 이곳을 찾았다. 이러한 장소들은 타임스퀘어에 내재한 정신이 아직 죽지 않았음을 보여 주는 산증인으로서 특별한 지위를 누리고 있다. 그런 향수를 불러일으키는 장소 가운데는 아마도 '에디슨 커피숍'이 할아버지 격일 것이다. 이곳은 '폴리쉬 티룸Polish Tea Room'이라고 더 잘 알려져 있는데 지금은 안타깝게도 사라져 버린 웅장하고 콧대 높은 러시안 티룸을 풍자한 것이다. 이곳의 단골인 극작가 닐 사이먼Neil Simon은 이곳에 대한 연극을 쓰기도 했다. 「브로드웨이에서 45초Forty-five Seconds from Broadway」라는 이 연극의 제목은 조지 코핸의 『브로드웨이에서 45분』을 패러디한 것이다.

브로드웨이와 8번 애비뉴 사이 47번가에 위치한 이 커피숍은 원래 호화로운 에디슨 호텔의 응접실이었고 거대한 웨지우드 찻잔⁴⁵⁾ 세트처럼 장식되어 있다. 천장은 파랗고 벽은 핑크색이며 커피숍 중앙에 삐뚤삐뚤 서 있는 기둥도 핑크색이다. 발코니 난간은 지금은 좀 잘려 나갔지만 식사를 할 수 있는 카운터 위로 튀어나와 있고 여기에 매달린 메뉴판에는 지난날의 속 쓰린 유대교식 특별 요리가 적혀 있다. 카샤 바니쉬케, 블린츠, 흰살 생선, 게필테피시⁴⁶⁾ 등이다. 카운

---

45) 웨지우드Wedgwood는 영국 도자기의 자존심이 된 도예가다. 왕실 후원으로 '여왕 도기'를 만들었다. 새로운 흙, 새로운 유약, 새로운 색채법을 개발했다. 지금까지 영국 도자기의 대표적인 지위를 유지하고 있으며, 찻잔의 우아한 문양 또한 여러 곳에 응용되고 있다.

46) 카샤 바니쉬케kasha varnishke는 메밀가루나 거칠게 빻은 밀가루로 만든 면과 여러 가지 야채를 섞어 내는 파스타다. 팬케이크에 속을 채워 말아서 먹는 동유럽 음식을 블린츠blintze라고 한다. 게필테피시gefiltefish는 송어나 잉어 같은 생선을 계란, 양파 등과 섞어 둥글게 뭉쳐 끓인 유대 요리를 일컫는다.

터에 앉아 차를 홀짝이고 있는 오래된 단골들은 조지 시걸 조각을 나란히 앉혀 놓은 듯하다. 진짜 브로드웨이 사람들은 앞쪽 창가자리에 앉는다. 호밀빵에 얹은 파스트라미는 여기보다 맛있는 곳도 많겠지만 에디슨은 식당이라기보다 살아 있는 그림이다. 운 좋은 관광객들이 함께 어울릴 수 있는 일종의 쇼 같은 것이다. 관객이 참여하는 「토니와 티나의 결혼식Tony and Tina's Wedding」 같은 연극처럼 생각되는 곳이다. 옛것에 대한 고집과 무조건적인 따뜻함이 이곳에 어떤 엄청난 원시적인 매력을 준다. 에디슨은 나름대로 굉장히 세련된 장소로 좌석은 종종 『뉴욕타임스』 편집장과 모건 스탠리의 우주에서 온 지도자들로 가득 차 있다.

에디슨 커피숍은 무덤덤함과 독특함 사이의 어떤 존재론적인 칼끝에서 시소를 탄다. 그래서 사랑스러움과 괴짜스러움 사이에 있기도 하다. 사랑스러운 것, 그러니까 마음을 주고 싶은 것은, 단지 허름함이 아니라 개조되지 않았고 보존하려고 노력하지도 않은, 무심하게 그대로 있음에 있다. 이것은 어떤 놀이 공원도 이루어 낼 수 없는 것이다. 그리고 개조되지 않은 공간들의 고집은 타임스퀘어가 여전히 갖고 있는 매력의 원천이다. 이것은 타임스퀘어의 사적인 공간이라고 할 수 있는 곳에 특히 해당한다. 관광객들이 미치지 못하는 뒷골목과 북쪽 끄트머리가 그렇다. 이런 곳들은 실제 뉴욕 시민이 주로 이용하는 곳들이다.

8번 애비뉴 양쪽에는 여전히 아일랜드식 술집이 있다. 46번가와 8번가 북동쪽 모퉁이에 있는 어둡고 좁은 술집인 맥헤일스McHale's는 1935년 '게이티 카페Gaiety Cafe'라는 이름으로 문을 열었고 1953년 맥헤일스 가문의 손에 넘어갔다. 그 이후로 맥헤일스는 큰 햄버거와 저렴한 맥주를 대접하며 텔레비전에서 하는 스포츠 게임을 틀어 준다. 타임스퀘어 북쪽은 반세기 전 그곳에서 시작한 재즈와 팝 뮤직 문화적 특징을 여전히 간직하고 있다. 49번가와 브로드웨이의 '콜로니 뮤직Colony Music'은 지금 위치의 약간 북쪽에서 1948년에 문을 열었다. 빌리 할리데이Billie Holiday가 공연하던 앨빈 호텔이 있던 자리였다. 이곳의 주인 리처드 터크Richard Turk는 가게에서 어린 시절을 보냈다. 아버지가 이곳에서 경리로 일하고 있었기 때문이다. 어빙 베를린은 아흔 살 나이에 그에게 와서 물었다.

"〈화이트 크리스마스〉는 잘 나가?"

그러자 터크는 "잘 나가요. 이스터 퍼레이드도 나쁘지 않아요."라고 대답했다. 오늘날 콜로니는 대규모의 '뮤직 마이너스 원music-minus-one' 편곡 악보를 갖고 있고 터크의 말에 의하면 뉴욕에서 가장 방대한 가라오케 기계를 판매하고 있으며 로큰롤 관련 잡화도 많은데 (예를 들면 '몽키스 도시락Monkees lunchboxes') 실제로 팔리지는 않는 듯했다.

에디슨과 맥헤일스, 콜로니, 그리고 토박이 문화의 남은 자취를 구성하고 있는 많은 장소들은 모두 타임스퀘어라는 다국적 교차로의 변두리에 위치하고 있다. 교차로의 네 귀퉁이 안에서는, 그러니까 북쪽으로는 브로드웨이와 7번 애비뉴 사이의 42번가와, 남쪽으로는 브로드웨이와 7번 애비뉴 사이의 47번가 안쪽에서는, 타임스퀘어는 디즈니랜드나 로스앤젤레스의 스트립처럼 획일적이고 거대하며 '총괄적'이다. 고동치는 다국적 언론, 금융, 정보, 연예 오락 지역이다. 오래되고 좀 더 지역적이며 좀 더 유기적인 생명은 사라졌다.

그러나 깡그리 사라져 버린 것은 아니다. 아직 버티고 있는 곳이 있다. 주변과 어울리지도 않고 향수라기보다 비애의 전초기지로 보인다. 바로 46번가와 브로드웨이의 북서쪽 모퉁이에 있는 '하워드 존슨 Howard Johnson'은 타임스퀘어 나름의 '별이 빛나는 밤'이다. 어느 날 나는 카운터에 있는 인조가죽으로 된 오렌지색 회전의자에 앉았다. 카운터에는 나 말고 다른 고객이 두 명 더 있었다. 바 쪽으로 향해 있는 오렌지색 붙박이 의자에도 대여섯 명쯤 흩어져 있었다. 바에는 아무도 없었다. 코트 걸이가 있는 테이블 사이로 〈셰이크, 셰이크, 셰이크Shake, Shake, Shake〉가 흘러나오고 있었다. 말없이 기다리고 있는 웨이터 사이로도 계산을 담당하는 점원이 앉아 있는 나무로 된 칸막이 방과 그 위 선반에 진열된 바닷물 맛 태피(설탕, 커피, 땅콩을 섞어서 만든다.) 사탕 사이로도. 나는 타임스퀘어에서 그토록 활기 없는 곳은 처음 보았다.

카운터를 담당하고 있는 사람은 보들보들한 얼굴과 검은 콧수염이 있는 땅딸막한 남자였다. 이르판 안와Irfan Anwar는 파키스탄 카슈미르에서 태어나 라호르Lahore에서 자랐고 미국으로 이민을 왔다고 했다. '하워드 존슨'에 취직한 지는 14년 되었다. 이르판은 늘 천천히 움직였다. 몸집이 커서 그런 게 아니었다. 서두를 필요가 없어진 지 이미 여러 해가 지났기 때문이다. 처음에 일을 시작할 때는 매일 오륙백 명이 점심을 먹으러 왔다고 한다.

"점심시간에는 줄이 네 개나 됐어요. 그러다 중동에서 전쟁이 시작됐지요."

이르판은 그다지 논리적은 주장은 아니었지만 1991년의 걸프 전쟁이 잘 되던 가게를 망쳐 놓았고 블록 전체가 엉망이 되었다고 한다.

"길을 조금만 따라 올라가면 '버거킹'이 있었어요. 백 년은 더 됐을 거예요. 그런데 전쟁이 나고 문을 닫았어요."

이르판은 모두가 어려워하고 있다고 생각했다. 나는 모퉁이만 돌면 있는 47번가 에디슨 커피숍에 대해 물었다. 에디슨에는 늘 사람이 많다고 했다.

"거기가 어딘지 몰라요."

14년이나 일했다더니…….

하워드 존슨에는 뭔가 섬뜩한 게 있었다. 소란스러운 바깥세상과 너무 동떨어져 있다는 기분이 들어서였다. 길을 따라 조금만 올라가면 47번가 모퉁이에 돈 걱정은 조금도 없는 멋지게 차려입은 젊은이들이 '블루핀Blue Fin'으로 향하고 있었다. 건물이 유리로 된 술집이자 식당인 블루핀은 새로 생긴 'W 호텔'과 제휴하고 있었다. 여기에는 새로운 타임스퀘어의 소비 계층이 있었다. 콘데 나스트의 패셔니스타들과 '랜덤 하우스' 편집자들, 모건 스탠리와 리먼 브라더스의 은행가들이었다. 이들은 '폴리쉬 티룸'의 마쪼 경단 수프가 주는 복고적인 따뜻함을 즐겼을지 몰라도 재미로라도 '하워드 존슨'에 오는 일은 없었다. 블루핀이 바쁘게 움직이는 동안 '하워드 존슨'의 카운터에 앉은 할머니 몇몇은 조심스럽게 아이스크림 소다를 마시고 있었다. 아이스크림 맛도 복고풍이었다. 메이플 호두, 버터 피칸, 모카 칩 등. 어느 날 나는 점심 식사로 칠면조 고기 샌드위치를 시켰는데 커피숍 메뉴에서 흔히 볼 수 있는 간결하고 기름기 없는 그런 샌드위치와는 어떤 관계도 없는 물건을 받았다. 해동시킨 패티[47]였는데 너무 기름을 많이 칠해서 바깥에 두른 피타 빵으로도 집어 들기가 어려웠다.

'하워드 존슨'의 가장 이국적인 면은 바로 웨이터들이었다. 이들은 세계 각지에서 왔다. 대머리에 커피색 피부, 안경을 쓴 아이반 핀토 Ivan Pinto는 60대 중반쯤 되어 보였는데 이름과 발음으로도 어디에서 왔는지 알기가 힘들기 때문에 그는 가끔 손님들에게 맞춰 보라고 하기도 했다. 트리니다드Trinidad? 아니요. 남아메리카 가이아나Guyana? 아니요. 이반은 이렇게 말한다.

"나는 봄베이에서 왔어요. 하지만 기독교인이에요. 기독교인들은 따로 살기 때문에 인도식 억양이 없죠."

그 밖에도 매우 검은 흑인이 있었는데 한쪽 관자놀이 위까지 머리를 짧게 깎고 있었다. 미쉘 발몽Michel Valmont이라고 했다.

"《위험한 정사Liaisons Dangereuses》에 나오는 발몽 말이죠?"

"그렇죠."

내가 불어로 묻자 발몽도 불어로 반갑게 대답했다. 미쉘은 언어학자라고 했다. 마르티니크Martinique에서 태어나서 모국어는 불어지만 덴마크어와 독일어도 배웠다. 어느 오후 나는 그가 북유럽에서 온 것으로 보이는 관광객을 바로 안내하며 후두음이 나는 발음을 하는 것을 들었다.

"무슨 말이에요?"

미쉘은 네덜란드어라고 했다. 그리고 바의 젊은이는 미쉘의 네덜란드어를 알아들을 수 있었다고 확인해 주었다.

---

47) patty. 다진 고기에 빵가루 따위를 넣고 동글납작하게 만들어서 구운 요리다. 주로 햄버거를 만들 때 빵 사이에 넣는다.

점심 식사와 저녁 사이의 길고 나른한 시간에는 '하워드 존슨'에는 웨이터들밖에 없었기 때문에 언제든 이야기할 수 있었다. 3시 30분이 되면 이곳은 쥐죽은 듯했다. 네 시에서 일곱 시까지 있는 음료 할인 시간에도 3달러 25센트에 칵테일 음료를 팔지만, 손님이 그다지 많이 늘지 않았다. 나는 뒤쪽에 있는 '유U' 자 모양의 바에서 빅터Victor와 이야기하고 있었다. 바텐더 빅터는 지난 28년간, 처음에는 50번가와 8번 애비뉴에 있는 '촉 풀 오넛츠Chock full O'Nuts'에서 일하다가 하워드 존슨으로 옮겨 일을 했다고 한다. 하워드 존슨은 1959년에 문을 열었다. 나는 빅터에게 바에 왜 텔레비전이 없느냐고 했다.

"제가 십 년 동안 사장님께 케이블 방송을 신청하면 안 되냐고 물었어요."

케니 루빈스타인Kenny Rubinstein은 가게와 토지 모두를 소유하고 있었다.

"그런데 아직도 안 사 주세요."

빅터의 말이었다. 몇 분 뒤 정장을 입은 두 남자가 부엌에서 걸어 나왔다. 빅터는 왼쪽에 있는 사람을 가리키며 말했다.

"저 사람이 사장님이에요."

케니 루빈스타인은 갈색 곱슬머리에 체구가 옹골진 40대 후반의 남자였다. 나는 다가가서 나를 소개한 다음에 옛 타임스퀘어의 마지막 한 조각을 보존한 것에 대해 축하한다고 말했다. 말을 잘못한 것 같았다. 루빈스타인은 내가 반어적으로 이야기하고 있다고 생각했다. 어떤 부동산 주인이 타임스퀘어의 중심에 마지막 미개발 지역을 갖고 있는 것을 자랑스러워하겠는가? 루빈스타인은 기분이 나쁘다는 듯 말했다.

"그 재킷을 얼마에 샀는지 모르지만 그걸 판 사람이 매주 재킷을 팔 수 있다면 꽤나 괜찮은 장사일 거요. 하지만 매주 팔 수는 없어요."

나는 루빈스타인이 이런 식의 비유를 왜 하고 있는지 잘 몰랐지만 그는 곧 이렇게 말했다.

"사람들은 이곳에 땅을 가지고 있으면 엄청난 돈을 벌 줄 알지만 사람들이 모르는 거예요. 아이비엠이 매일 오는 줄 알지요. 하지만 나는 아직도 기다리고 있어요."

알고 보니 루빈스타인 가문은 모스 가문이나 브랜트 가문, 더스트 가문처럼 또 다른 타임스퀘어의 부동산 가문이었다. 그러나 그들처럼 성공적이지는 못했다. 케니의 아버지 모리스 루빈스타인Morris Rubinstein은 '하워드 존슨'을 포함한 필지와 바로 길 건너 7번 애비뉴 동쪽 보도의 필지를 샀다고 한다. 1950년대쯤이었다. 케니는 과거에 대해서는 정확히 기억을 하지 못한다고 했다. 모리스는 죽었다고 했다. 모리스는 타임스퀘어에 있는 여러 개의 '하워드 존슨' 지점을 소유하고 있었고 빅터가 일했던 '촉 풀 오넛츠'도 가지고 있었다. 그때 이 가게들은 수익이 되는 장사였다. 지금은 '하워드 존슨'이 있는 토지가 가게보다 훨씬 값이 비싸지만 케니는 이렇다 할 제의를 받지 못했다.

"진지한 제의를 받은 게 한 손으로 꼽을 정도에요."

케니에게는 타임스퀘어에 대한 따뜻한 어린 시절의 추억이 있기는 했지만 기회만 온다면 당장 '하워드 존슨'을 팔아 치울 거라고 했다. 그렇게 하지 못하는 이유는 그가 꽤 볼품없고 그다지 매력 없는 땅에 너무 높은 값을 매겨 놓았기 때문이었다.

'하워드 존슨'은 엄격하게 말하면 토박이 상점이 아니었다. 하워드 존슨은 매사추세츠 주, 퀸시 출신의 식당 운영자였는데 음식보다 아이스크림을 더 잘 만들었다. 존슨은 1920년대 말 식당 체인점을 내기 시작했다. 체인점이라는 아이디어는 존슨이 개발한 것이다. 1930년대가 되자 지역 상인들이 동부 해안 전역과 빠르게 확장하는 유료 고속도로에 체인점을 열기 시작했다. 관광객이 많은 타임스퀘어는 새로운 '하워드 존슨' 체인점에 적합한 곳이었다. 이곳은 아이스크림도 유명했지만 동부 해안에서 시작되었다는 점을 상기시키는 대합 튀김으로도 유명했다. 타임스퀘어의 첫 '하워드 존슨' 가게는 1940년대 말 브로드웨이와 49번가에 문을 열었다. 건너편에는 잭 뎀시가 운영하는 바가 있었고 매디슨스퀘어 가든의 바로 동쪽이었다. 일흔다섯 명 이상은 앉을 수 없는 작은 식당이었다. 46번가에 있는 '하워드 존슨'의 현 지배인 조셉 셰리Joseph Sherry는 자칭 타임스퀘어 '하워드 존슨'의 역사와 문화적 지위의 보호자로 그가 아는 한, 희극배우 릴리 톰린Lily Tomlin이 껌 씹으며 잘난 척하는 커피숍 웨이트리스 역할을 연습한 것이 49번가 '하워드 존슨'의 카운터 뒤였다고 했다. 그리고 '하워드 존슨'이 문 앞에서 고객들을 맞던 그 화려하던 시절 진 해크먼 Gene Hackman이 흰 장갑을 끼고 도어맨으로 일했다고 한다.

셰리 자신도 1966년 고등학교를 졸업하자마자 또 다른 '하워드 존슨'에서 일을 했다. 길 건너편 46번가에 있는 곳이었다. 셰리는 한 중동 국가에서 이민 온 유대인인데 그곳에서 너무 심한 대우를 받았기 때문에 자신의 이름 옆에 그 문제의 국가 이름이 나오는 것이 싫다고 했다. 그는 이제 세계인이고 여행도 많이 다녔지만 여전히 미국과 뉴욕 시, 그리고 '하워드 존슨'에 대해 비슷한 자부심을 갖고 이야기했다. '하워드 존슨'은 그 크나큰 오렌지색 품속으로 그를 받아들여 웨이터에서 지배인으로 클 수 있도록 해 주었기 때문이다. 그는 몇 주동안 나와 이야기하기를 거부했는데 아마 그와 같은 지위의 인물이 차마 언론과 인터뷰를 할 수 없다고 생각했기 때문인 것 같았다. 그러나 스테이크 소스 'A-1'의 광고가 있는 식탁용 매트가 있는 붙박이 자리에 앉자 그는 추억의 수도꼭지를 열었고 말 그대로 온천수가 뿜어져 나왔다.

"오전 일곱 시에 문을 열어 새벽 세 시나 네 시에 문을 닫았어요" 셰리가 1960년대 이야기를 시작했다.

"사람들로 꽉 차 있었어요. 사람들은 '하워드 존슨'을 격찬했지요. 대합 튀김을 먹기 위해서 오곤 했지요. '하워드 존슨'의 핫도그와 핫도그 빵도 소문이 자자했어요. 타임스퀘어는 그때 굉장히 화려했죠. 사람들은 잘 차려입고 왔어요. '클럽 21'에 갈 때처럼 하고 갔죠. 그때는 연극이 아홉 시에 시작했기 때문에 연극이 시작하기 전에 식사를 했어요. 그리고 중간 휴식이 11시 반이었는데 그때는 누구든 '하워드 존슨'에 가서 아이스크림 선데이나 아이스크림 소다를 먹고 싶어했죠. 극장에서 오는 사람들만 받는 점원 두 명이 따로 있었어요. 야간 지배인은 카운터 뒤에 가서 아이스크림 선데이 만드는 걸 도와야 했고요. 좀 있으면 이웃에 있는 '라틴 쿼터'가 문을 닫기 시작하고 그쪽 사람들이 우리 가게로 와서 아이스크림을 먹었죠."

이때 웨이터가 와서 재료를 공급하는 사람이 지배인과 이야기를 나누려고 삼십 분은 족히 기다리고 있다고 전했다.

"기다리라고 해."

셰리는 거만하게 말하고 다시 나한테 이야기를 시작했다.

"내가 알기로 이 식당은 브로드웨이에 남아 있는 가장 오래된 식당일 거예요. 이 블록에 자판기 식당이 있었고 길 건너에는 슈래프츠Schrafft, 디즈니 스튜디오가 있는 곳에는 네이선스Nathan's가 있었죠. 우리는 길 건너 노점에서 코코넛 샴페인과 무알콜 피나콜라다를 팔기도 했어요. 핫도그는 정말 빨리 팔아 치웠어요."

셰리는 '하워드 존슨'과 인접 지역이 쇠퇴하기 시작한 시기를 걸프 전쟁이 아닌 1989년에서 1993년, 데이비드 딘킨스 시장의 집권 당시로 보았다. 그는 딘킨스가 범죄 단속을 강화하기 시작한 것을 탓하는데 딘킨스를 옹호하자면 이 단속은 그보다 세 번, 혹은 네 번의 임기 전에 이미 시작되었다. 어쨌든 셰리는 그가 '유령선의 선장'이라는 것을 잘 알고 있다. 그럼에도 자신의 일을 진지하게 받아들인다. 오늘날 빠르게 돌아가는 소용돌이에 어지러운 관광객들에게 '하워드 존슨'은 옛 시절의 위안을 줄 수 있다고 생각하기 때문이다.

"우리는 1980년대 실내장식을 그대로 유지하고 있어요. 향수를 자극하고 있죠."

그는 마치 그의 상관 루빈스타인이 식당의 현재 모습을 유지하는 데 엄청난 돈을 들이고 있는 것처럼 이야기했다.

"관광객들 중에는, 물론 나이 든 관광객이지만, '하워드 존슨'이

여전히 있다니 믿을 수 없다며 흥분하는 사람들도 있어요. '아이
스크림도 그대로인가요? 아직도 대합을 팔아요?'라고 묻지요.
우리는 아직도 그대로라고 안심시키지요. 얼마나 흥분하는지
몰라요."

이런 모습을 보고 싶다면 나보다 '하워드 존슨'에 좀 더 오래
머물러야 할지 모르겠다.

내 생각에는 조셉 셰리가 하워드 존슨의, 인조가죽이 있는 호화
로운 실내를 유지하는 까닭은 저런 유령 관광객들보다는 자기 자신
을 위해서다. 추억이 그리운 것은 바로 셰리다. 그는 릴리 톰린과
잭 뎀시의 술집, 라틴 쿼터가 그리운 것이다. 그에게 낡고 해진 것은
새로움이 절대로 뺏을 수 없는 장점이 있다. 그러나 물론 그것은
그의 인생이다. 우리가 그를 따라야 할 필요가 있는가? 변화의 길목
에서, 유일한 미덕이 끈기인 장소를 무엇하러 기려야 하는가? 추억은
물론 새로운 모든 것을 업신여기는 가장 쉽고 아마도 가장 게으른
방법일 것이다. 잊혀진 타임스퀘어를 열렬히 사랑하는 사람들도 이
러한 증후군에 굴복하는 게 얼마나 위험한지 이야기한다. 『모든 견
고한 것은 공중으로 녹아든다All That Is Solid Melts into Air』는 매우 잘 쓰여
진 모더니즘의 역사에 관한 책이다. 그 저자 마샬 버먼Marshall Berman은
타임스퀘어의 역사와 문학을 소중하게 여기는 것으로 유명한 사람
인데 그가 이렇게 지적했다.

"타임스퀘어는 '추억의 담론'을 낳을 역량이 다분한 곳으로 이

담론은 자유롭게 떠다니며 타임스퀘어와 세계에 대한 극단적으로 다른 시각을 가진 사람들을 통합한다."

버먼은 심지어 1939년의 『WPA 안내서*WPA Guide*』가 1920년의 타임스퀘어를 그리워하고 있다고 한다. 에세이 작가 벤자민 드 카세레스는 이미 1925년, 1915년에 지어진 낡은 술집들이 무너지자 눈물을 흘리고 있었다.

타임스퀘어의 재개발에 대한 결정적인 기록인 『타임스퀘어 룰렛 *Times Square Roulette*』에서 컬럼비아 대학의 부동산학과 교수 린 새걸린Lynn Sagalyn은 "향수의 다양한 목소리"에 어떠한 변형이 있는지 적고 있다. 여기에는 "동경하는 목소리", "의심하는 목소리", "역행성 목소리"가 있고 "동경하는 목소리"의 조금 약한 형태인 "일깨우는 목소리", 그리고 새로운 타임스퀘어에 열광하는 목소리인 "잘 견디는 목소리"가 있다. 새걸린이 쓰고 있는 바에 의하면 타임스퀘어가 시금석이라는 바로 그 점 때문에 재개발에 대한 자신의 태도를 선택하는 것이 대중문화와 그 대중문화를 향한 기업의 독점에 대한 자신의 태도를 표현하는 수단이 된다. 나아가 과거의 역할, 그리고 진보와 끝없는 변화의 관념에 지배당한 세계에서 추억의 역할에 대한 태도를 표현하는 수단이 되기도 하는 것이다. 브로드웨이에 있었던 옛 식당을 "동경하는 목소리"는, 따라서 안타까움을 표현하는 수단이다. 새걸린에 의하면 그 안타까움은 과거를 지운, 아니 여러 과거를 지운 새로운, 발전하는 타임스퀘어에 대한 가벼운 비판이라는 것이다.

그러나 "동경하는 목소리"가 필연적으로, 혹은 일반적으로, 현재와 다른 상태에 대한 바람을 표현하는 것은 아니다. 새걸린도 이것을 인정한다. 그 지역 과거의 흔적이 사라진, 혹은 자신의 과거 흔적이 사라져 버린 새로운 세계가 주는 냉대에 대한 직관적인 반응에 더 가깝다. "동경하는 목소리"의 가장 황홀한 형태는 커피와 버터 피칸 아이스크림이 들어간 '하워드 존슨'의 초콜릿 선데이가 1962년과 전혀 다르지 않다는 것을 안 노인들이 기뻐하면서도 쉽사리 믿지 못하는 것일 터이다. 조셉 셰리는 릴리 톰린이 브로드웨이에서 공연할 때 '하워드 존슨'에 와서 대합 튀김을 먹었다고 했다. 릴리 톰린에게는 이것이 프루스트의 "마들렌을 먹은 순간" 같았을지 모른다. (그러나 솔직히 말하자면 다른 사람들은 대합 튀김이 확실히 질겨졌다고 한다.)

나는 진정한 "동경하는 목소리"의 소유자가 아니다. 나는 내가 '렉터'나 휴버트의 벼룩 서커스의 시대에 살았으면 하고 바라지도 않고 이런 곳이 어떻게든 우리 시대로 텔레포트되어 오기를 바라지도 않는다. 조셉 셰리와 달리 나는 타임스퀘어가 잘 나가던 당시의 정열적인 추억도 없고 비록 여러 고속도로에 있는 여러 '하워드 존슨'에서 여러 가지 구운 치즈 샌드위치와 심지어는 아이스크림 선데이까지 먹었겠지만 이곳을 감상적으로 바라볼 생각은 해 보지도 못했다. (사실 내가 쓴 잡지 기사를 바탕으로 새걸린은 나를 "잘 견디는 목소리"의 낙관적인 형태로 분류한다.) 그러나 나는 케니 루빈스타인이 마침내 그 자리를 아이비엠에 팔게 된다면 매우 안타까울 것이다. 왜냐하면 새로운 타임스퀘어는 정말 매끄럽게 처리되었고 '하워드 존슨'은 정말 서투르기 때문이다. 나아가 '하워드 존슨'의 불운이 그 매력이라고까지 하고 싶다. 무지막지한 성공과 마주 대한 점잖은 패배의 매력이 '하워드 존슨'의 매력이다.

지난 십 년에 걸친 타임스퀘어의 고급화가 요식업에 놀라운 변화를 가져왔고 식당 문화가 새로 들어온 기업에 발맞춰 발전해 가면서 더 많은 변화를 겪게 될 것을 약속하고 있다는 점은 사실이다. 블루핀의 음식은 슈래프츠나 자판기 식당보다 한없이 더 맛있다. 물론 가격도 굉장히 비싸기는 하다. 나는 블루핀이 좋고 47번가 모퉁이를 돌면 나오는 'W 호텔' 8층에 있는, 너무 세련되어 우스울 정도인 바도 좋아한다. 모든 곳이 '하워드 존슨' 같기를 바라지 않는다. 그렇지만 모든 곳이 블루핀 같기를 바라는 것도 아니다. 나는 타임스퀘어가 스트립처럼 통합된, 주제적으로 통일된 장소가 되기를 바라지 않는다. 나는 약간의 후퇴가 필요하다는 생각이 든다. 우리 모두가 그렇다고 생각하고 싶다.

　그러나 시간의 화살은 분명 앞으로 향하고 있고 브로드웨이와 46번가 모퉁이에 있는 필지에 두 가지 운명이 있을 수는 없다. 케니 루빈스타인에게, 내가 쓰는 타임스퀘어에 관한 책에 '하워드 존슨'을 넣고 싶다고 했더니 그는 이렇게 말했다.

　"나 같으면 빨리 쓰겠어요."

21장 모든 견고한 것은 공중에 녹아든다

45번가, 브로드웨이와 7번 애비뉴 사이에 있는 작은 콘크리트 안전지대에서는 거의 매일 오후 벌거벗은 카우보이를 볼 수 있다. 벌거벗은 카우보이가 인도의 자이나 교도처럼 실제로 벌거벗은 것은 아니다. 팬티를 하나 입고 있는데 한쪽 엉덩이에는 "벌거벗은 카우보이"라고 적혀 있고 다른 한쪽에는 카우보이 모자와 카우보이 부츠가 그려져 있으며 기타를 들고 다닌다. 그 밖에도 훌륭한 근육과 길게 늘어뜨린 금발머리가 있다. 벌거벗은 카우보이는 체육관에서 많은 시간을 보낸다. 타임스퀘어 역사상 가장 건강하고 잘생기고 건전한 노숙자다. 그는 머리 위 높이 있는 토미 힐피거 Tommy Hilfiger 광고판에서 내려온 것이 아니면, 거리를 조금만 걸어 내려가면 나타나는 월드 레슬링 엔터테인먼트World Wrestling Entertainment 매장의 전기 간판에서 나온 것 같다. 인간의 모습을 하고 지상으로 내려온 신이라고나 할까. 섹시하고 깨끗한 타임스퀘어의 깨끗한 섹스의 상징이다. 미드나잇 카우보이라기보다 대낮의 카우보이에 가깝다. (그는 한 기자가 물어볼 때까지 영화 〈미드나잇 카우보이*Midnight Cowboy*〉를 들어 본 적도 없다고 했다.)

벌거벗은 카우보이는 실체가 있는 한 개인이다. 이름은 로버트 버크Robert Burck고 신시내티 오하이오에서 왔다. 그러나 타임스퀘어에 출몰하던 유명한 괴짜들과는 공통점이 많지는 않다. 예를 들면 독실한 괴짜 로즈 하블Rose Harvel은 버크가 지금 있는 바로 그 콘크리트 안전지대에서 알아들을 수 없는 복음을 전했다. 버크에게는 페르소나가, 혹은 수법이 있다. 그 수법이란 체육관에서 다져진 멋진 살점인데, 그것은 그를 방송에까지 출연하게 해 주었다.

"「하워드 스턴Howard Stern」 쇼에 열세 번이나 나왔어요."

2001년 늦가을 내가 처음 다가갔을 때 버크는 이렇게 말했다. 당시 그는 미국 국기로 온 몸을 감싸다시피 하고 있었다. 애국심이 유행이었기 때문이다.

"「레터먼Letterman」에도 나갔고 얼마 전에 독일 방송국과도 촬영했어요. 「굿모닝 아메리카」에는 세 번이나 나갔어요. 시엔엔(CNN)에는 늘 나와요. 타임스퀘어에 관한 기사에는 제가 꼭 들어가죠. 내가 나오는 영화가 선댄스 영화제까지 갔어요. 내 인생에 관한 90분짜리 다큐멘터리인데 《벌거벗은 카우보이의 전설Legend of a Naked Cowboy》이라고 하죠."

벌거벗은 카우보이는 자신의 연기를, 연기라고 해야 속옷만 입고 서서 엉터리로 노래를 부르는 것이었는데, 전국 방방곡곡에서 했다. 그러다 타임스퀘어에 정착했는데 언론에 노출이 많았기 때문이다. 「굿모닝 아메리카」의 사회자들처럼 그를 직접 만나 보지 못한 수백만 명의 사람들도 그를 알고 있었다. 내가 알렉스에게 속옷을 입고 노래하는 카우보이를 만났다고 했더니 진정한 열한 살짜리답게 나를 심하게 깔보며 말했다.

"벌거벗은 카우보이야. 「토털 리퀘스트 라이브(*Total Request Live, TRL*)」
에 나와. 만날 나와."

「토털 리퀘스트 라이브」는 엠티비의 가장 인기 있는 프로그램이
었다. 그랬다. 그러나 '벌거벗은 카우보이'에게 언론의 관심은 타임스
퀘어에서 광고하는 다른 상품에게도 그렇듯, 목적을 위한 수단일 뿐
이다. 그는 웹사이트를 운영하고 있는데 이 사이트에서 상표등록된
그의 팬티를 15달러에 팔고 그 밖에도 벌거벗은 카우보이 기타와 부
츠, 시디와 자서전까지 판다.

벌거벗은 카우보이는 실체적인 장소에 있는 실체적인 사람으로
벌이가 꽤 괜찮다. 누가 사진을 찍자고 하면, "신발에 1달러를 넣어야
해요."라고 한다. (그리고 아주 작게 "장난이에요."라고 덧붙인다.) 보통 평일
에도 부츠에는 돈이 잔뜩 꽂혀 있다. 동시에 그는 판촉의 귀재이며
그 자체로 브랜드이고 스스로를 창조한 만화 주인공이다. 다국적
마케팅과 언론 기업의 소산이다. 벌거벗은 카우보이는 가상의 거리
인물이 아니지만 타임스퀘어의 가상 시대가 만들어 낸 첫 거리 인물
이다.

타임스퀘어에 '가상'의 차원이 있다고 하는 것은 다름이 아니라
타임스퀘어가 직접적인 체험이 아닌 그 상징을 통해서 더 잘 알려져
있다는 뜻이다. 물론 이것은 사람들이 타임스퀘어에 대한 엽서를 팔
던 시절에도, 그렇게 말하자면 이곳에 관한 노래를 듣던 시절에도
해당되는 말이다. 프랭클린 애덤스와 어빙 벌린, 순회공연단 덕분에

수백만의 미국인들은 타임스퀘어에 와 보지 않고도 이곳에 대한 모든 것을 알 수 있었다. 브로드웨이가 가장 선호하는 주제는 바로 '브로드웨이'였다. 그러나 자기 자신의 이미지를 생산하는 것은 옛날보다 오늘의 새로운 타임스퀘어에 훨씬 더 중요하다.

'언론'이 간판이나 노래, 대중 잡지나 영화를 의미했을 때는 '언론'이 타임스퀘어의 활기를 세계로 전하는 데 중심 역할을 했다고 할 수 있다. 그러나 언론은 이제 그 활기와 뗄 수 없는 사이가 되었다. 디즈니나 엠티비, 그리고 로이터와 콘데 나스트도 나름대로, 대중문화를 전달하는 데서 그치지 않는다. 그들이 바로 대중문화다. 이 언론들이 타임스퀘어에 있고 싶어하는 것도 타임스퀘어가 대중문화의 중심이기 때문이다. 그러나 이들이 타임스퀘어에 있기로 결정한 점이 바로 이곳을 대중문화의 중심으로 만들고 있다. 토이저러스의 플래그쉽 매장이 타임스퀘어를 "장난감 우주의 중심"으로 만들었듯 말이다.

그러나 이미지를 거래하는 거대 기업들이 타임스퀘어에서 지배적인 위치를 차지하고 있다고 말하는 것만으로는 충분하지 않다. 이곳에 자리잡은 대형 매장과 다국적 소매 업체들 역시 사실상 언론의 소산이다. 그들은 토이저러스의 존 아일러가 말하듯 타임스퀘어가 브랜드 이미지를 형성시켜 주기를 기대한다. 그들은 새로운 타임스퀘어라는 브랜드와 연관되고 싶어한다. 위협적이지 않은 도시성, 자제된 풍부함, 가족적인 즐거움이라는 분위기와 연관되고 싶어한다. 타이스퀘어라는 브랜드의 힘은 무한히 재생산되고 따라서 수백만 명의 잠재적 소비자들의 머릿속에 각인된다는 사실에 있다. 아일러가 토이저러스의 개장 행사에 빌 게이츠를 부른 것은 바로 이것을 이해했기 때문이다. 그는 토이저러스와 마이크로소프트, 그리고 타임스퀘어라는 세 가지 세계적 브랜드의 언론 가치를 이용했던 것이다. 사실상 언론만 있으면 눈보라처럼 쇄도하는 이미지로 그 브랜드를 순식간에 창조하거나 재정비할 수 있다.

적어도 전 세계를 대상으로 하는 마케팅 담당자들이 셈을 할 때 타임스퀘어를 그토록 힘 있는 장소로 여기는 것은 이곳이 전 세계적인 언론 네트워크의 중심인 동시에 매우 강렬한 존재감이 있기 때문이다. 사람, 조명, 건물, 역사, 감정이 밀집한 곳이기 때문이다. 타임스퀘어의 실재성이 바로 그 가상성을 가능하게 하는 것이다. 이것은 맥도널드와 토이저러스뿐만 아니라 벌거벗은 카우보이에게도 해당되는 말이다. 뉴스 기자들은 "군중으로 가득 찬 도시"의 영상이 필요할 때 타임스퀘어 영상을 이용한다. 아카데미 시상식 중간에 디즈니 소유의 에이비시 방송은 타임스퀘어의 디즈니 스튜디오에 있는 큰 화면에서 방송되는 시상식을 보고 있는 사람들을 비췄다. 에이비시 방송의 「굿모닝 아메리카」는 매일 이 디즈니 스튜디오에서 방송을 하는데 때로는 1층에서 찍은 군중들의 모습을 내보내기도 하고 때로는 2층에서 찍은 건물들의 모습을 내보내기도 한다. 엔비시 방송의 「투데이 쇼」는 록펠러 센터에서 방송을 한다. 「굿모닝 아메리카」는 타임스퀘어와의 연관을 통해 다른 방식으로 자신의 위치를 확보한다.

「아메리칸 밴드스탠드*American Bandstand*」를 엠티비 식으로 변형한 「토털 리퀘스트 라이브」는 매일 세 시 반 비아콤 빌딩 2층에 있는 엠티비 스튜디오에서 촬영한다. 45번가와 브로드웨이에 있는 이 건물은 벌거벗은 카우보이가 있는 콘크리트 안전지대를 내려다보고 있기도 하다. 스튜디오 외벽은 유리로 되어 있어서 스튜디오 관객과 출연자, 그리고 집에서 시청하고 있는 백만 명쯤 되는 아이들이 거리를 내려다볼 수 있고 거리에 있는 사람들도 안을 볼 수 있다. 바하 맨Baha Men, 백스트리트 보이즈Backstreet Boys, 버스타 라임즈Busta Rhymes, 노 다웃No Doubt 등이 작은 무대에서 공연할 때면 카메라는 이들 어깨 너머에 있는 광고판을 비추기도 한다. 그러면 브리트니 스피어스가 엉덩이에 빨간 가터를 섹시하게 두른 펩시 광고나 파멜라 앤더슨이 포니를 위해 야한 포즈를 취한 모습이나 버진 대형 매장에 있는 넬리의 모습이 비친다. 엠티비가 이러한 브랜드 혹은 연예인들에게 무임승차의 기회를 주고 있다고 말할 수도 있을 것이다. 아니면 이 브랜드가 엠티비의 정체성과 너무 깊이 연관되어 있어서 이들과의 관련성을 이용하고 있다고 할 수도 있을 것이다. 「토털 리퀘스트 라이브」가, 소비자가 사랑하는 브랜드의 본부에서 촬영되고 있다는 것이 숨은 메시지다.

그러나 이 프로그램은 타임스퀘어와 훨씬 복잡한 관계에 있다. 아니 그보다, 간판의 숲으로 알려진 타임스퀘어보다 훨씬 더 복잡한 형태의 타임스퀘어의 모습을 제공한다. 평일 오후 매일, 세 시쯤 이 쇼를 좋아하는 십대 청소년들은 대개 부모와 함께 스튜디오 아래에 있는 보도에 모여든다. 중요하지 않은 날은 백 명 정도가 스튜디오 아래 모인다. 큰일이 있는 날은 보도에 설치된 경찰의 바리케이드 안쪽까지 팬들로 가득 차고도 모자라 토이저러스 앞의 보도까지 밀려든다. 2001년, 백스트리트 보이즈가 왔을 때 약 5천 명으로 추정되는 인원이 보도에 몰려들었고 경찰은 브로드웨이의 차선 몇 개를 폐쇄해야 했다. 군중은 실체가 있고 군중의 열정도 그러하며 타임스퀘어는 현실 그 자체다. 거리에 있는 팬들과의 소통은 「토털 리퀘스트 라이브」에 특별한 정통성을 부여한다.

그러나 관중의 입장에서 실체적인 것은 바로 이 프로그램이다. 아이들과 그 부모는 그들이 텔레비전에서 간접적으로만 체험해 왔던 세계에 참여하기 위해 이 거리에 자리를 잡았다. 이 프로그램은 군중에게 다가가고 싶어하지만 군중이 거기 모인 이유는 프로그램에 다가가고 싶기 때문이다. 텔레비전 방송의 일부분이 되고 싶기 때문이다. 이 프로그램의 절정은 출연자가 창문으로 걸어가서 포즈를 취하거나 손 인사를 하거나 공중에 대고 기타를 치는 척을 할 때인데 그러면 군중은 하나가 되어 소리를 지르고 손으로 직접 쓴 표지를 열심히 흔들어 댄다. "사랑해요 아샨티!", "내가 네 아버지다, 자룰" 등.

때로는 스타가 전자 기기들이 가득한 스튜디오에서 군중에게 내려올 때도 있다. 머라이어 캐리가 군중 속으로 걸어왔을 때는 폭동이 일어날 뻔했다. 이렇게 프로그램의 '안'과 타임스퀘어의 '바깥' 세상은 끊임없이 소통을 하고 있다.

「토털 리퀘스트 라이브」는 낮에 방송하는 케이블 프로그램치고 놀라울 정도의 인기가 있다. 그리고 이 프로그램을 제작하는 사람들은 거리의 열렬한 군중이 이 프로그램의 높은 인기와 깊은 관련이 있다는 것을 의심하지 않는다. 그러나 이것이 운 좋은 우연이었다는 사실은 이 프로그램의 계산되지 않은 듯하면서도 계산된 분위기를 강화하고 있다. 이 프로그램의 제작자 밥 커스빗Bob Kusbit에 의하면 엠티비의 모회사 비아콤이 처음 타임스퀘어로 이사했을 때 엠티비 임원들은 거리를 내다보는 2층에 운동 시설을 놓으면 좋겠다고 생각했다. 스튜디오가 완성됐을 때도 「토털 리퀘스트 라이브」는 단지 뮤직비디오를 선보이는 실황 쇼였다. 타임스퀘어는 보기 좋고, 시청자 연령층에 어울리는 적절한 배경 역할을 하리라고 여겨졌다. (때는 1998년 9월이었다.)

"우리는 시청자한테 타임스퀘어로 오라고 한 적이 없어요." 커스빗이 말한다.

"방송이 나간 첫 주 창문을 봤는데 밖에 스무 명 정도 서 있었죠. '안녕, 카슨'(이 프로그램의 홀딱 반할 만한 사회자 카슨 데일리Carson Daly를 말한다.)이라고 쓰여 있거나 '메간은 엔싱크가 제일 좋아요' 등이 적힌 표지를 들고 있었죠. 그래서 거리에 있던 한 사람을 불러 올렸어요. 다음 주에는 오십 명 정도 있었던 것 같고 그 다음 주는 백 명 정도 있었던 것 같아요. 곧 스튜디오 앞이 음악 팬들의 메카처럼 되었어요."

커스빗과 동료들은 "디제이가 되고 싶어요?" 콘테스트를 했을 때 비로소 큰일이 벌어졌다고 생각했다. 5천 명의 아이들이 1개 대대의 취재 카메라와 문 앞에 나타난 것이다.

커스빗이 「토털 리퀘스트 라이브」가 타임스퀘어와의 연관성에서 얻는 이익에 대한 이야기는, 존 아일러의 토이저러스에 대한 이야기와 대체로 비슷하다.

"타임스퀘어는 대중문화의 중심이잖아요. 「토털 리퀘스트 라이브」는 시청자들을 위해 대중문화의 중심에 서도록 매일 매일 노력해요."

이 프로그램은 실제로 십대 소녀들이 좋아할 만한 음악을 꾸준히 공급하면서 고집 있고 주류가 아닌 가수들을 소외시킨다는 비판을 들어 왔다. 그러나 이런 면에서 「토털 리퀘스트 라이브」는 토이저러스나 이에스피엔 존이나 맥도날드나 타임스퀘어에 있는 다른 어떤 대중을 상대로 하는 사업과도 다르지 않다. 이것은 민주적인 프로그램이다. 개발업자 브루스 래트너가 42번가를 민주적인 경험이라고 말할 때와 같은 의미에서 최소 공통분모에 맞추었기 때문이다. 「토털 리퀘스트 라이브」는 사람들이 원하는 것을 준다. 그들에게 어떤 것을 원하는 게 더 가치 있는지 가르치지 않는다. 커스빗이 말하듯 "어쨌든 이 프로그램은 사람들을 위한 것이라는 점이 매력이에요. 시청자들이 최고 인기 비디오를 뽑고 비디오가 나갈 순서를 결정하고 우리는 거리에 나가 군중과 얘기를 하기도 하죠."

「토털 리퀘스트 라이브」는 젊은이들의 문화에 그 자체의 이미지를 제공하고 있다는 데 의의가 있다. 반면 이 이미지는 너무 성적이다. 가사와 뮤직비디오는 너무 노골적으로 성적이라서 「아메리칸 밴드스탠드」의 시청자였다면 눈이 튀어 나왔을 것이다. 창문 밖 간판에 있는, 실리콘을 주입한 십대 섹시 소녀들의 거대한 이미지도 마찬가지다. 그럼에도 이 프로그램의 분위기는 친근하고 건전하고 재미있고 심지어 순수하기까지 하다. 이 문화의 축도 역할을 하는 스튜디오 방청객들은 80명가량 되는 십대들인데 무대 주변 관람석에 앉아 있는 이들은 거의 모두가 잘 차려입었고 잘 치장했으며 매우 열광적이다. 여자아이들은 제일로나 백스트리트 보이를 만나면 우는 게 보통이다. 카슨 데일리 자신도 「아메리칸 밴드스탠드」의 딕 클락Dick Clark과 종종 비교된다. 그는 김이 빠진 것은 아니지만 악의 없는 질문을 던지고 꼬치꼬치 묻지 않으며 관람석에 있는 아이들에게 언제나 친절한 말만 하고 늘 힘이 남는다. 그리고 늘 바른 가치관을 옹호하려고 한다. 내가 참석한 한 프로그램에서 데일리는 프로그램에서 인턴으로 일하고 있는 것으로 보이는 조얼Joel을 소개했다.

"조얼은 '토털 리퀘스트 라이브 스펠링 맞추기 대회'와 '브리트니와 병 돌리기'를 제안했어요."

데일리가 설명했다.

"이렇게 하자, 조얼. 성적이 떨어지지 않으면 함께 일하게 해 줄게."

다시 말해 「토털 리퀘스트 라이브」는 토이저러스가 그렇듯 타임스퀘어와 상호적인 관계를 갖고 있다. 이들은 대중문화의 발랄하고 소비자 친화적인 이미지를 형성하고 이로써 대중문화의 세계 중심인 타임스퀘어의 이미지를 형성한다. 그리고 타임스퀘어의 이미지를 이용해 자신들의 이미지를 형성하는 데 도움을 받는 것이다. 이런 관계는 결과적으로 독창적인 타임스퀘어, 섹시하고 친근하고 브랜드에 민감하고 신나는 타임스퀘어를, '미드나잇 카우보이'라기보다 '벌거벗은 카우보이'의 타임스퀘어를 만든 것이다. 그리고 그 장소를 뉴욕에서 멀리 떨어진 수백만 명의 사람들에게 현실처럼 생생하게 만든 것이다. 실제로 뉴욕 토박이들은 관광객들이 브로드웨이 건너편에 있는 버진 레코드의 대형 매장을 보고 기뻐하며 "저기가 「토털 리퀘스트 라이브」에 나온 곳이야."라고 말한다며 재미있게 여긴다. 물론 그곳은 「토털 리퀘스트 라이브」뿐만 아니라 「굿모닝 아메리카」에도, 시엔엔에도, 그리고 수많은 텔레비전 프로그램과 영화에도 나왔다. 이들은 타임스퀘어에 오기도 전에 타임스퀘어라는 브랜드를 소비한 것이다.

　　나는 어느 오후 윌리엄스 칼리지Williams College의 철학 교수 마크 테일러Mark C. Taylor와 함께 마담 투소의 밀랍 인형 박물관에 갔다. 테일러는 해체주의자다. 아니 포스트해체주의자일지도 모르겠다. 테일러는 우리가 '실체'와 '가상', 혹은 '실체가 아님' 사이에 두고자 하는 분명한 구별이 전혀 이치가 닿지 않으며 대체로 현재의 상태가 유지되기를 원하는 보수적인 바람을 반영한다고 생각한다. 테일러는 『은폐Hiding』라는 책을 썼는데 이 책은 "깊이"의 관념이 착각이며 따라서 "깊은 의미" 또한 착각이라는 논리를 펼친다. 표면을 계속 벗겨 내면 결국 또 다른 표면이 나타난다는 것이다. 테일러는 이렇게 쓴다.

　　"모든 게 피상적이라는 것은 아니다. 그와 반대로 깊이가 없는 곳에서는 모든 것이 한없이 복잡해진다."

　　테일러는 수없이 많은 거울이 있고 다국적 연예 오락 기업이 길러 낸 전자적 망령이 있는 새로운 타임스퀘어를 매우 좋아한다. 마담 투소에서 만나자고 한 것도 그의 생각이었다. 가상성에 대한 공부를 하기에 완벽한 장소였다.

　　마담 투소 박물관은 물론 타임스퀘어의 가장 중요한 '오락 콘셉트' 가운데 하나다. 이 박물관은 전 세계에 지점을 두고 '실제'와 '실제가 아닌 것'의 구별을 모호하게 하는 표현물을 선보인다. 타임스퀘어의 박물관에는 브로드웨이에서 영향을 받은 '개막 공연Opening Night'이라는 전시가 있는데, 여러 개의 밀랍 인형을 로마식 정원에 한데 모아놓은 이곳에는 엘튼 존Elton John과 엘르 맥피어슨Elle MacPherson, 새러퍼거슨Sarah Ferguson, 도날드Donald와 이바나 트럼프(Ivana Trump, 물론 따로 서 있다.), 니콜라스 케이지Nicolas Cage, 조지 스타이브레너George Steinbrenner, 텔레비전 뉴스 앵커들의 흠잡을 데 없는 초상이 있었다. 그리고 전시실 중앙에 있는 분수에서 웅장하게 솟구쳐 있는 것은 유명한 여장남자 루폴RuPaul이었고 반짝이 의상 밑은 아무것도 입지 않은 채 조세핀 베이커Josephine Baker를 흉내 내고 있었다. (다른 곳에서 조세핀 베이커의 밀랍 인형도 보았다.) 다른 전시실에는 세계의 지도자들과 운동선수, 프랑스혁명의 주요 인물들도 있었지만 이 전시실, 이 명예로운 자리만큼은 언론 문화의 영웅들이 차지하고 있었다. 전시실은 그 자체로 오늘날의 유명인을 만드는 끝없는 이미지의 복제에 대한 헌정이었다.

테일러와 내가 '개막 공연'의 끄트머리에 서 있는데 손가방을 든 할머니 인형이 뉴스 기자 맷 로이어Matt Lauer 옆에 서 있는 것이 보였다. 저게 누구더라? 그때 할머니가 움직였다. 밀랍 인형이 아니라 그냥 손가방을 든 할머니였던 것이다. 테일러는 이 겉모습으로 인한 착각을 매우 즐거워했다. 그는 엘르 옆에 있는 다른 한 여자의 일행에게 "저 사람은 누구죠?"라고 물었고 일행은 모두 자지러지게 웃었다.

"서부에는 그리스 조각을 밀랍으로 만들어 세워 놓은 박물관이 있는데 조각에 색깔을 칠해 놓았어요."

테일러가 말했다. 그런데 당연한 것이 대부분의 그리스 조각은 원래 색깔을 칠했기 때문이다. 가짜가, 우리가 진짜라고 경험하는 것보다 더 진짜인 경우다. 그는 어디선가 읽은 적이 있다며 말했는데 위조품을 가려내는 기준은 진품을 평가하는 데 쓰는 기준과 똑같다고 했다.

"다시 말하면 무엇이 진품의 '진정성'이냐, 하는 것이지요."

테일러는 우리 앞에 있는 실제 모조품에는 거의 아무 관심이 없었다. 그를 매혹시킨 것은 '모조품'이라는 관념이었고, 점점 확산되는 세계화된 이미지와 메시지, 정보 세계의 중심으로서의 타임스퀘어라는 관념이었다.

"이제 타임스퀘어는 세계화입니다. 버진이 벌여 놓은 사업을 보세요. 아주 폭발적이에요."

버진은 원래 항공사였지만 가지를 뻗어 음악에도 손을 댔다.

"버진에서 하려고 하는 것은 버진의 삶의 방식을 만드는 거예요. 비아콤이 또 무엇을 가지고 있을지 누가 압니까, 그것들이 어떻게 서로 연결될지? 게다가 안과 밖의 문제도 있어요. 에이비시, 엠티비, 이에스피엔 같은 방송국이 있지요. 이들 방송국 프로그램 가운데는 관객을 어느 한순간 말 그대로 출연자로 만들어 주는 프로그램도 있어요. 실황으로요."

테일러는 물론 「토털 리퀘스트 라이브」를 생각하고 있었다. 그는 라스베이거스 이야기도 했다. 이곳은 세계적 이미지 네트워크의 또 다른 중심이었다. 테일러에 의하면 로버트 벤투리와 동료들의 라스베이거스와, 오늘날의 라스베이거스가 다른 점은 "차를 몰고 길을 달려가는 자동차 문화와 가상현실 단말기에 들어가 있는 전자 문화의 차이"라고 했다. 타임스퀘어의 전자 문화는 숲을 이룬 전자 간판과 스튜디오가 우리 머리 위에서 서로 몸짓하고 있는 것이다.

"타임스퀘어에 있으면 사상주의적, 가상적 공간 안에 있다는 느낌이 들어요."

테일러는 이어서 말했다.

"끊임없이 재생되는 이미지가 공간을 만들고 있는 거예요."

테일러는 타임스퀘어를 완전하지 못한 형태의 신세계로 이해했다. 이 세계의 본질적인 상품은 정보였고 따라서 실체가 없고 무상하며 순식간에 전달할 수 있는, 이 세계의 모든 견고한 것들과 바꿀 수 있는 보편적 통화로서의 정보를 기반으로 하고 있었다. 비트의 세계에서 표면과 깊이의 구별, 높음과 낮음의 구별, 원본과 복제의 구별은 해체된다. 이것은 프랑스 사회학자 장 보드리야르Jean Baudrillard가 묘사한 세계로, 보드리야르는 『시뮬라크라와 시뮬라시옹Simulacra and Simulations』에서 상응하는 것들의 안정된 세계의 죽음을 고했다. 이 세계에서는 물리적 영토와 지도와의 관계가 실제와 그 추상적인 대리물 간의 관계로서 이해된다. 이와 반대로 시뮬라시옹과 무한 복제의 세계에서 "영토는 더 이상 지도에 앞서지 않고 지도보다 오래 남지도 않는다. 앞으로 지도가 영토를 앞선다. 시뮬라크라의 선행, 지도가 영토를 낳는 것이다." 지도가 영토를 낳는다. 텔레비전 프로그램이 장소의 실체성을 만들어 내고 거리의 인물이나 장난감 가게는 '브랜드 정체성'으로 녹아든다. 그리고 원래의 영토는 복제보다 오래 남지도 않는다. 보드리야르는 이렇게 쓴다.

"더 이상 존재와 양상의 거울 보기는 없다."

테일러와 마찬가지로 보드리야르도 최근 대두한 세계화된 이미지의 세상에 매료되었다. 그는 미국에 대해 거의 토크빌적인 감상을 적었다. 그럼에도 그는 시뮬라크라의 선행을 일종의 죽음이라고 묘사한다.

"무엇인가 사라졌다. 추상성의 매력이었던 (영토와 지도) 사이의 영험한 차이가. 그 차이가 지도의 시적인 힘, 그리고 영토의 매력을, 개념의 신비한 힘, 그리고 실제의 매력을 형성하는 것이기 때문이다."

테일러가 예고하는, 라스베이거스처럼 변한 타임스퀘어에 대해서도 우리는 같은 말을 할 수 있을 것이다. 나는 테일러에게 이 장소에 대해 어떻게 느끼는지 물었다. 이곳을 '장소'라고 할 수 있을지, 이 장소에 설 수 있을지, 심지어 지난 백 년 동안 사람들이 이곳에서 편안함을 느꼈듯이, 편안할 수 있을지. 테일러는 이것을 아주 잠시 생각했다. 테일러는 생각이 무척 빠른 사람이다. 그리고 대답했다.

"편안함의 문제, 편안하다고 느끼는 문제는 굉장히 중요해요. 어떤 의미에서 실제는 언제나 다른 곳에 있어요. 문제의 일부는 그것을 이해하고 전진해야 한다는 데 있어요."

테일러는 또 이렇게 덧붙였다. 아마도 친근함과 따뜻함을 바라는 것은 세계적 도시에서 그 자체로 시대착오적일지 모른다고 했다.

"나는 그런 종류의 아늑한 편안함은 가능하다고 생각지도 않고, 추구하는 게 바람직한지도 모르겠어요."

바람직하지 않은가? 우리는 정말 시뮬라크라의 세계를 살아 낼 준비가 되어 있는 것인가? 나부터도? 내가 하워드 존슨에, 폴리쉬 티룸에, 맥헤일에 가는 이유는 바로 그런 종류의 "아늑한 편안함"을 바라서가 아닌가. 그리고 그토록 많은 사람들을 브로드웨이 극장으로 이끄는 것도 친근하고 시대착오적인 종류의 시뮬라시옹에 대한 바람, 즉 존재와 양상 간의 간격이 완벽하게 안정적이고 명료한 곳, 그 환경 자체가 과거와의 강력한 연결 고리를 제공하는 장소에 대한 바람이 아니면 무엇인가. (마크 테일러가 사는 곳도 사실 매사추세츠 주 윌리엄스타운으로, 마을이 처음 생긴 18세기 당시의 모습을 여전히 유지하고 있는 곳이다.) 우리는 여전히 개념의 신비한 힘뿐만 아니라 실제의 매력을 원한다. '실제'라고 할 때 우리 자신이 무얼 의미하는지 더 이상 정확히 모르겠다고 해도 말이다. 그리고 이것이 뿌리 없고 포스트모던한 일반 도시를 무표정하게 받아들이는 렘 쿨하스와 우리가 함께 하기 힘든 이유이기도 하다.

디즈니가 비아콤을 때려눕히고, 로이터가 콘데 나스트와 맞붙은 브로드웨이와 42번가의 모퉁이에 서서 우리는 실로 "사상주의적, 가상적 공간"에 있다는 생각을 한다. 또한 이곳은 짜릿한 공간이다. 대중문화의 어마어마한 대기업들이 만나는 교차로다. 바뀔 것은 바뀌었지만 그래도 백 년 전과 다름없다. 이곳은 특별한 곳이기도 하고 가상적이고 전자적인, '아무 곳도 아닌 곳'이기도 하다. 거대한 원통 모양의 나스닥 간판은 핏줄에 비트가 흐르는 이 새로운 세계를 상기시켜 준다. 우리가 새천년의 일부임을 이토록 깨우쳐 주는 장소는 지구상에 또 없을 것이다. 보드리야르는 눈이 휘둥그레졌을 것이 분명하다. 그럼에도 동시에 우리는 후퇴한다. 비트의 흐름으로부터, 시뮬라크룸으로부터, 새천년 그 자체로부터. 그리고 우리는 이 굉장한 발명품을 두려움에 바라본다. 그러나 결국에는 6번 애비뉴의 조용한 옆 골목으로 빠져나와, 좀 더 오래되고, 특색 있는 장소, 모든 게 보이는 그대로이며, 다름이 없는 그런 장소에 있는 작은 술집이나 가게나 식당으로 가는 것에 만족한다.

저자 참고 문헌

1장

Gouverneur Morris, Simeon DeWitt, and John Rutherford, "Commissioners' Remarks," in David T. Valentine, *A Compilation of the Laws of the State of New York Relating Particularly to the City of New York* (New York: E. Jones, 1862)

Hendrik Hartog, *Public Property and Private Power: The Corporation of the City of New York in American Law, 1730-1870* (Raleigh: University of North Carolina Press, 1983)

Rebecca Read Shanor, *The City That Never Was* (New York: Viking Press, 1988)

David M. Scobey, *Empire City: The Making and Meaning of the New York Landscape* (Philadelphia: Temple University Press, 2002)

Edwin G. Burand Mike Wallace, *Gotham: A History of New York City to 1898* (New York: Oxford University Press, 1999)

Elizabeth Blackmar, *Manhattan for Rent, 1785-1850* (Ithaca: Cornell University Press, 1989)

Miriam Berman, *Madison Square* (Salt Lake City: Gibbs-Smith, 2001)

David C. Hammack, "Developing for Commercial Culture," in William R. Taylor, ed., *Inventing Times Square: Commerce and Culture at the Crossroads of the World* (Baltimore: Johns Hopkins University Press, 1991)

William Dean Howells, *A Hazard of New Fortunes* (New York: Penguin, 2001); Mary C. Henderson, *The City and the Theatre* (Clifton, NJ.: James T. White and Co., 1973)

Parson Zellers, *Tony Pastor: Dean of the Vaudeville Stage* (Ypsilanti, Mich.: University of Michigan Press, 1971)

Tony Pastor Clip File, New York Public Library

Harper's Magazine, Harper's Monthly, Electra Magazine, Frank Leslie's Illustrated

Martha J. Lamb, *History of the City of New York: Its Origin, Rise and Progress, vol. 2* (New York: A. S. Barnes, 1880)

James Miller, *Miller's Stranger's Guide to New York City* (New York: James Miller, 1876)

George C. D. Odell, *Annals of the New York Stage,* vol. XII (New York: CoUniversity Press, 1940)

Marvin Felheim, *The Theater of Augustin Daly: An Account of the Late Nineteenth Century American Stage* (Cambridge, Mass.: Harvard University Press, 1956)

Stephen Burge Johnson, *The Roof Gardens of Broadway Theaters, 1883-1942* (Ann Arbor: University of Michigan Press, 1985)

Rudolph Aronson, *Theatrical and Musical Memoirs* (New York: McBride, Nast, 1913)

Casino Clip File, New York Public Library

E. Ideall Zeisloft, ed., *The New Metropolis* (New York: D. Appleton, 1899)

Theodore Dreiser, *Sister Carrie* (New York: Signet Classics, 2000)

Lois W. Banner, *American Beauty* (Chicago: University of Chicago Press, 1983)

Brander Matthews, *His Father's Son: A Novel of New York* (New York: Harper and Bros., 1896)

Edgar Fawcett, *A Hopeless Case* (Boston: Houghton Mifflin, 1880)

Arthur Bartlett Maurice, *New York in Fiction* (New York: Dodd, Mead, 1901)

2장

W. G. Rogers and Mildred Weston, *Carnival Crossroads: The Story of Times Square* (Garden City, N.Y.: Doubleday, 1960)

Mary C. Henderson, *The City and the Theatre* (Clifton, N.J.: James T. White, 1973)

E. Ideall Zeisloft, ed., *The New Metrop* (New York: Appleton, 1899)

Edwin G. Burrows and Mike Wallace, *Gotham: A History of New York City to 1898* (New York: Oxford University Press, 1999)

Clifton Hood, *722 Miles: The Building of the Subways and How They Transformed New York*

(Baltimore: Johns Hopkins University Press, 1993)

Gay Talese, *The Kingdom and the Power* (New York: World, 1969)

Joe Laurie, Jr., *Vaudeville: From the Honkytonks to the Palace* (New York: Henry Holt, 1953)

Abel Green and Joe Laurie, *Show Biz: From Vaude to Video* (New York: Henry Holt, 1951)

Everybody Magazine, October, 1903

Mary C. Henderson, *The New Amsterdam: The Biograof a Broadway Theatre* (New York: Hyperion, 1997)

Brooks Atkinson, *Broad* (New York: Macmillan, 1974)

Theatre Magazine, January 1909

Robert W Snyder, *The Voice of the City: Vaudeville and Popular Culture in New York City* (New York: Oxford University Press, 1989)

Peter A. Davis, "The Syndicate/Shubert War," in William R. Taylor, ed., *Inventing Times Square: Commerce and Culture at the Crossroads of the World* (Baltimore: Johns Hopkins University Press, 1991)

George Rector, *The Girl from Rector's* (Garden City, N.Y.: Doubleday, Page, 1927)

Parker Morrell, *Diamond Jim: The Life and Times of James Buchanan Brady* (New York: Simon & Schuster, 1934)

New York Plaisance: An Illustrated Series of New York Places of Amusement, No. 1 (Henry Erkins, 1909)

Lewis A. Erenburg, *Steppin' Out: New York Nightlife and the Transformation of American Culture, 1890-1930* (Chicago: University of Chicago Press, 1981)

3장

Timothy J. Gilfoyle, "Policing of Sexuality," in William R. Taylor, ed., *Inventing Times Square: Commerce and Culture at the Crossroads of the World* (Baltimore: Johns Hopkins University Press, 1991)

Ethan Mordden, *The American Theatre* (New York: Oxford University Press, 1981)

Charles Higham, *Ziegfeld* (Chicago: HenryRegnery, 1972)

Ziegfeld Clip File, New York Public Library

Robinson Locke Dramatic Collection, New York Public Library

P. G. Wodehouse and Guy Bolton, *Bring on the Girls: The Improbable Story of Our Life in Musical Comedy, with Pictures to Prove It* (New York: Simon & Schuster, 1953)

Ethan Mordden, *BroadBabies: The People Who Made the American Musical* (New York: Oxford UniverPress, 1983)

The Smart Set, August, 1926

Playbill Collection, Seymour Durst Old York Library

Gilbert Seldes, *The Seven Lively Arts* (New York: Sagamore Press, 1957)

Marjorie Farnsworth, *The Ziegfeld Follies* (London: Davies, 1956)

Julius Keller, *Inns and Outs* (New York: G. P. Putnam's Sons, 1939)

Lewis A. Erenburg, *Steppin' Out: New York Nightlife and the Transformation of American Culture, 1890-1930* (Chicago: University of Chicago Press, 1981)

Rupert Hughes, *What Will People Say?* (New York: Harper & Bros., 1914)

Philip Furia, *Irving Berlin: A Life in Song* (New York: Schirmer Books, 1998)

Julian Street, *Welcome to Our City* (New York: John Lane Company, 1912)

George BronsonHoward, *Birds of Prey: Being Pages from the Book of Broadway* (New York, W. J. Watt, 1918)

4장

Theodore Dreiser, *Sister Carrie* (New York: Signet Classics, 2000)

David Nye, *Electrifying America: Social Meanings of a New Technology, 1880-1940* (Cambridge, Mass.: MIT Press, 1990)

Tama Starr and Edward Hayman, *Signs and Wonders: The Spectacular Marketing of America* (New York: Currency Books, 1998)

Signs of the Times, 1907- 0. J. Gude Clip File, in Artkraft Strauss archives

Rupert Hughes, *What Will People Say?* (New York: Harper & Bros., 1914)

Bayrd Still, *Mirror for Gotham: New York as Seen by Contemporaries from Dutch Days to the Present* (New York: New York University Press, 1956)

Gregory F. Gilmartin, *Shaping the City: New York and The Municipal Arts Society* (New York: Clarkson Potter, 1995)

5장

George S. Kaufman and Marc Connelly, *Dulcy, in The Drama Reader* (New York: Odyssey Press, 1962)

Brooks Atkinson, *Broadway* (New York: Macmillan, 1974)

Scott Meredith, *George S. Kaufman and His Friends* (Garden City, N.Y.: Doubleday, 1974)

"My Lost City," in *Writing: A Literary Anthology of New York* (New York: Library of America, 1998)

Ann Douglas, *Terrible Honesty: Mongrel Manhattan in the 1920s* (New York: Farrar, Straus & Giroux, 1995)

F. Scott Fitzgerald, *This Side of Paradise* (New York: Scribners, 1995)

Frederick Lewis Allen, *Only Yesterday* (New York: Harper & Bros., 1931)

David Belasco, "A FlapSet Me Right," *in Smart Set*, August, 1927

Robert Baral, *The Revue* (New York: Fleet Publishing, 1962)

Abel Green and Joe Laurie, *Show Biz: From Vaude to Video* (New York: Henry Holt, 1951)

Edwin P. Hoyt, *Alexander Woollcott: The Man Who Came to Dinner* (London: Abel and Shulman, 1968)

Gilbert Seldes, *The Seven Lively Arts* (New York: Sagamore Press, 1957)

S. N. Behrman, *People in a Diary* (Boston: Little, Brown, 1972)

Phillip Dunning and George Abbott, *Broadway* (New York: George H. Doran, 1927)

Eugene O'Neill, *Beyond the Horizon* (New York: Horace Liveright, 1920)

Mary C. Henderson, *The City and the Theatre* (New York: James T. White, 1973)

Moss Hart, *Act One* (New York: Random House, 1959)

George S. Kaufman, *The Butter and Egg Man* (New York: Boni & Liveright, 1926)

George S. Kaufman and Marc Connelly, *Beggar on Horseback* (New York: Horace Liveright, 1924)

Philip Furia, *Irving Berlin: A Life in Song* (New York: Schirmer Books, 1998)

George S. Kaufman and Ring Lard, *June Moon* (New York: Sam French, 1929)

Ethan Mordden, *Broadway Babies: The People Who Made the American Musical* (New York: Oxford University Press, 1983)

George S. Kaufman and George S. Gershwin, *Strike Up the Band*, videotape in collection of New York Public Library

6장

Benjamin de Casseres, *Mirrors of New York* (New York: Joseph Lawrence, 1925)

Stanley Walker, *The Nightclub Era* (New York: Frederick A. Stokes, 1933)

Paul Morand, *New York* (New York: Henry Holt, 1930)

Nils T Granlund, *Blondes, Brunettes and Bullets* (New York: David McKay, 1957)

Gilbert W. Gabriel, "Blind Pigs in Clover," in *Vanity Fair*, April 1927

Louise Berliner, *Texas Guinan, Queen of the Nightclubs* (Austin: University of Texas Press, 1993)

Texas Guinan Clip File, New York Public Library

"Speakeasy Nights," in *The New Yorker*, July 2, 1927

Neal Gabler, *Winchell: Gossip, Power and the Culture of Celebrity* (New York: Knopf, 1994)

John Mosedale, *The Men Who Invented Broadway: Damon Runyon, Walter Winchell and Their World* (New York: Richard Marek, 1981)

"Texas Guinan Says" File, New York Public Library; Damon Runyon, *Broadway Stories* (New York: Penguin, 1993)

Jimmy Breslin, *Damon Runyon* (New York: Ticknor & Fields, 1981)

William R. Taylor, "Broadway: The Place That Words Built," in William R. Taylor, ed., *Inventing*

Times Square: Commerce and Culture at the Crossroads of the World (Baltimore: Johns Hopkins University Press, 1991)

F. Scott Fitzgerald, *The Great Gatsby* (Cambridge: Cambridge University Press, 1991)

Gene Fowler, *Beau James: The Life and Times of Jimmy Walker* (New York: Viking Press, 1949)

7장

J. Hoberman, *42nd Street* (London: British Film Institute, 1993)

Abel Green and Joe Laurie, *Show Biz: From Vaude to Video* (New York: Henry Holt, 1951)

Bradford Ropes, *42nd Street* (New York: Alfred H. King, 1932)

42nd Street video recording; Bill Ballantine, *Wild Tigers and Tame Fleas* (New York: Rinehart, 1958)

Irving Zeidman, *The American Burlesque Show* (New York: Hawthorne, 1967)

Stanley Walker, *The Nightclub Era* (New York: Frederick A. Stokes, 1933)

The WPA Guide to New York City (New York: The New Press, 1992)

Jack Lait and Lee Mortimer, *New York Confidential* (Chicago: Ziff Davis, 1948)

Felix Riesenberg and Alexander Alland, *Portrait of New York* (New York: Macmillan, 1939)

Margaret M. Knapp, 'A Historical Study of the Legitimate Playhouses on West Forty-second Street Between Seventh and Eighth Avenues in New York City unpublished Ph.D. diss., City University of New York, 1982

Brooks Atkinson, *Broadway* (New York: Macmillan, 1974)

Ethan Mordden, *The American Theatre* (New York: Oxford University Press, 1981)

Clifford Odets, *Awake and Sing* (New York: working MS in New York Public Library)

Thornton Wilder, *Our Town* (New York: Perennial Classics, 1998)

Raymond Sokolov, *Wayward Reporter: The Life of A. J. Liebling* (New York: Harper & Row, 1980)

Thomas Kunkel, *Genius in Disguise: Harold Ross of the New Yorker* (New York: Random House, 1995)

A. J. Liebling, *Back Where I Came From* (San Francisco: North Point Press, 1990)

A. J. Liebling, *The Telephone Booth Indian* (San FranNorth Point Press, 1990)

William R. Taylor, "Broadway: The Place That Words Built," in William R. Taylor, ed., *Inventing Times Square: Commerce and Culture at the Crossroads of the World* (Baltimore: Johns Hopkins University Press, 1991)

Joseph Mitchell, *My Ears Are Bent* (New York: Pantheon, 2001)

Joseph Mitchell, *Up in the Old Hotel* (New York: Pantheon, 1992)

8장

The New York Times

Alfred Eisenstaedt, *Remembrances* (Boston: Bullfinch Press, 1990)

Jan Morris, *Manhattan '45* (New York: Oxford University Press, 1987)

Jack Kerouac, *The Town and the City* (New York: Harcourt, 1950)

W. G. Rogers and Mildred Weston, *Carnival Crossroads: The Story of Times Square* (Garden City, N.Y.: Doubleday, 1960)

Brooks Atkinson, *Broadway* (New York: Macmillan, 1974)

Paramount Clip File, New York Public Library

Gary Giddins, *Bing Crosby: A Pocketful of Dreams. The Early Years, 1903-1940* (Boston: Little, Brown, 2001)

Theatre History Society, Annual No. 6: Times Square Paramount Theatre

Arnold Shaw, "Sinatrauma: The Proclamation of a New Era," Bruce Bliven, "The Voice and the Kids," and E. J. Kahn, Jr., "The Faye, the Fans and the Fiends," in Steven Petkov and Leonard Mustazza, ed., *The Frank Sinatra Reader* (New York: Oxford University Press, 1995)

James Gavin, *Intimate Nights: The Golden Age of New York Cabaret* (New York: Grove Weidenfeld, 1991)

Helen Bloom, *Broadway: An EncyGuide to the History, People and Places of Times Square* (New York: Facts on File, 1991)

Rivoli Theatre Clip File, New York Public Library

Cleopatra Clip File, New York Public Library

Brigadoon videorecording

South Pacific videorecord ing

Kiss Me, Kate videorecording

Oklahoma! videorecording

Annie Get Your Gun videorecording

Ethan Mordden, *Broadway Babies: The People Who Made the AmerMusical* (New York: Oxford University Press, 1983)

Philip Furia, *Irving Berlin: A Life in Song* (New York: Schirmer Books, 1998)

Douglas Leigh Clip File in holdof Artkraft Strauss

Tama Starr and Edward Hayman, *Signs and Wonders: The Spectacular Marketing of America* (New York: Currency Books, 1998)

9장

John Clellon Holmes, *Go* (New York: Scribners, 1952)

Steven Watson, *The Birth of the Beat Generation: Visionaries, Rebels, and Hipsters, 1944-1960* (New York: Pantheon, 1995)

Matt Theado, ed., *The Beats: A Literary Reference* (New York: Carroll & Graf, 2001)

Barry Miles, *Ginsberg: A Biography* (London: Virgin Publishing, 2000)

Jack Kerouac, *The Town and the City* (New York: Harcourt, 1950)

William S. Burroughs, Junky (New York: Penguin, 1977)

The New York Times

Timothy F. Gilfoyle, "Policing of Sexuality," in William R. Taylor, ed., *Inventing Times Square: Commerce and Culture at the Crossroads of the World* (BalJohns Hopkins University Press, 1991)

John Rechy, *City of Night* (New York: Grove Press, 1963)

James Leo Herlihy, *Midnight Cowboy* (New York: Simon & Schuster, 1965)

Jay Gertzman, "Street-Level Smut," in *The Position* 5/26/2003

Josh Alan Friedman, *Tales of Times Square* (Portland, Ore.: Feral House, 1993)

James Lardner and Thomas Reppetto, *NYPD: A City and Its Police* (New York: Henry Holt, 2000)

Daniel Patrick Moynihan, *Family and Nation* (New York: Harcourt Brace Jovanovich, 1986)

Fred Siegel, *The Future Once Happened Here* (New York: Free Press, 1997)

Taxi Driver, videorecording

The New York Times; West 42nd Street: The Bright Light Zone, City University of New York study, 1978 (draft copy in Ford Foundation Library)

10장

Documents, correspondence, clippings, etc., in City at 42nd Street File, archives of the Ford Foundation

Lynne B. Sagalyn, *Times Square Roulette: Remaking the City Icon* (Cambridge, Mass.: MIT Press, 2001)

42nd Street Development Project: General Project Plan, 1981

42nd Street Development Project: Draft Environmental ImStatement, 1984

42nd Street Development Project Design Guidelines, 1981 (all in archives of 42nd Street Development Corp., 0 unit of the Empire State Development Corp.)

The New York Times

The New Yorker

Hilary Lewis and John O'Connor, ed., *Philip Johnson: The Architect in His Own Words* (New York: Rizzoli, 1994)

Franz Schulze, *Philip Johnson: Life and Work* (New York: Knopf, 1994)

Final Environmental Impact Statement (1984, archive of the 42nd Street DeCorp., 0 unit of the Empire State Development Corp.)

11장

Robert Stern, *New York 1960* (New York: Monacelli Press, 1995)

Robert VenDenise Scott Brown, and Steven Izenour, *Learning from Las Vegas* (CamMass.: MIT Press, 1972)

Lynne B. Sagalyn, *Times Square Roulette: Remaking the City Icon* (Cambridge, Mass.: MIT Press, 2001)

Marc Eliot, *Down 42nd Street: Sex, Money, Culture and Politics at the Crossroads of the World* (New York: Warner, 2001)

The New York Times

The New Yorker

12장

The New York Times

Lynne B. Sagalyn, *Times Square Roulette: Remaking the City Icon* (Cambridge, Mass.: MIT Press, 2001)

42nd Street Now! (1993)

H. V. Savitch, *Post-Industrial Cities* (Princeton, N.J.: Princeton University Press, 1989)

13장

Rem Koolhaas and Bruce Mau, *S, M, L, XL* (Rotterdam: 010 Publishers, 1995)

Michael Sorkin, "Introduction: Variations on a Theme Park," in Michael Sorkin, ed., *Variations on a Theme Park* (New York: Farrar Straus Giroux, 1992)

Alexander J. Reichl, *Reconstructing Times Square: Politics and Culture in Urban Development* (Lawrence, Kans.: University Press of Kansas, 1999)

15장

Andrew Kirtzman, *Rudy Giuliani: Emperor of the City* (New York: William Morrow, 2000)

Marshall Berman, *All That Is Solid Melts into Air: The Experience of Modernity* (New York: Penguin, 1988)

Sharon Zukin, *The Culture of Cities* (CamMass.: Blackwell, 1995)

Robert Beauregard, *Voices of Decline* (Cambridge, Mass.: Blackwell, 1993)

Herbert Gans, *The Urban Villagers* (New York: Free Press, 1962)

Richard Sennett, *The Conscience of the Eye: The Design and Social Life of Cities* (New York: Knopf, 1990)

West 42nd Street: The Bright Light Zone, City University of New York study, 1978 (draft copy in Ford Foundation Library)

Laurence Senelick, "Private Parts in Public Places," in William R. Taylor, ed., *Inventing Times Square: Commerce and Culture at the Crossroads of the World* (BaltiJohns Hopkins University Press, 1991)

Mary C. Henderson, *The City and the Theatre* (Clifton, NJ.: James T White, 1973)

Neil Smith, "New City, New Frontier: The Lower East Side as Wild, Wild West," in Michael Sorkin, ed., *Varion a Theme Park* (New York: Farrar Straus Giroux, 1992)

Albert LaFarge, ed., *The Essential William H. Whyte* (New York: Fordham University Press, 1990)

William H. Whyte, *The Social Life of Small Urban Spaces* (Washington, D.C.: ConFoundation, 1980)

19장

Lynne B. Sagalyn, *Times Square Roulette: Remaking the City Icon* (Cambridge, Mass.: MIT Press, 2001)

Rem Koolhaas, *Delirious New York: A Retroactive Manifor New York* (New York: Oxford University Press, 1978)

20장

Marshall Berman, "Signs of the Times," in *Dissent*, Fall 1997

Lynne B. Sagalyn, *Times Square Roulette: Remaking the City Icon* (Cambridge, Mass.: MIT Press, 2001)

21장

Mark C. Taylor, *Hiding* (Chicago: University of Chicago Press, 1997)

Jean Baudrillard, *Simulacra and Simulations* (Ann Arbor: University of Michigan Press, 1994)

대한민국 서울에는 '표정'이 있는가?

『42번가의 기적―타임스퀘어의 몰락과 부활』을 번역하면서 애초에 이 책을 번역하는 데 들 거라고 예상했던 기간의 세 배 정도가 걸렸다. 이 책은 뉴욕 토박이다운, 사전에도 나오지 않는 다양한 어휘를 포함하고 있기도 하고 타임스퀘어와 관련된 문학과 예술, 정치, 사회적 정책과 변화, 건축과 대중문화를 지루하리만큼 세세하게 다루고 있기 때문이다. 얼마나 세세한가 하면 중도에서 멈춰 실현되지 못한 건축 계획이 누구의 디자인을 포함하고 있는지, 그 디자이너의 대표작이 무엇인지까지 나열하고 있다. 실현되지 못한 계획이기는 하지만 이 계획은 시민 단체의 행동이나 도시 정책의 변화를 유도해 냈고 그것은 현재의 타임스퀘어의 모습에 반영되어 있기 때문이다. 저자의 꼼꼼함은 지금의 타임스퀘어가 얼마나 다양한 문화와 정책 결정의 산물이며 뉴욕이 그 켜켜이 쌓인 역사를 얼마나 소중하게 여기고 있는지 드러낸다. 너무나 소중하게 여긴 나머지 타임스퀘어가 20세기 초 전성기 때의 영광을 회복하는 데 필요했던 의사 결정 과정에는 무려 30년이라는 시간이 걸렸다. 저자의 상세한 기록은 번역자를 고생시키고 30년간의 의사 결정 과정은 수많은 자본가들에게 타격을 입혔을지 모르지만, 남은 것은 뉴욕 근대 역사의 값진 기록이고, 오늘날의 사연 많은 타임스퀘어다.

저자가 그러하듯 나 역시 타임스퀘어의 지금 모습이 그다지 흐뭇하지는 않다. 서울로 치자면 변화된 청계천의 모습도 그렇다. 노스텔지어, 즉 향수 때문만은 아니다. 향수는 대개 지극히 개인적인 경험과 시간이 어우러지면 노스텔지어의 대상의 객관적 가치와 상관없이 생겨나는 것이기 때문에 하는 말이다. 말하자면 불량 식품이나, 좁고 더러운 골목길에 대한 향수가 그렇다. 그럼에도 번역을 하면서 타임스퀘어가 부럽다는 생각을 했다. 의사 결정에 걸린 그 말할 수 없이 긴 기간이 부럽고, 엄청난 돈을 들여 계획했다 포기했던 사업도 부럽고, 지역적 특성을 반영한다는 이유로 간판을 의무화하는 용기가 부럽다.

특히 간판이 그렇다. 건물을 흉측하게 뒤덮은 서울의 간판. 서울은 청계천 복원 당시 청계천 변 간판을 세금을 들여 일괄 교체했다고 한다. 그런데 청계천 상점들은 천편일률적인 간판이 상점의 특성을 살리지 못하자 요즘 들어 다시 개인 돈을 들여 튀는 간판으로 교체하고 있다고 한다. 타임스퀘어에는 특정한 크기와 밝기를 충족하는 간판을 모든 건물에 의무적으로 달아야 한다. 그러나 타임스퀘어의 간판은 거리의 표정을 해치기는커녕 점점 예술적 표현의 수단이 되어 가고 있다. 크고 위압적인 간판이 주거 지구, 사무 지구, 오락 지구 가릴 것 없이 난무하는 서울과 타임스퀘어를 제외한 지역에서는 엄격한 제한이 있는 반면 타임스퀘어에서는 더 크고 더 화려한 간판을 권장하는 뉴욕을 보라. 두 거리를 걷는 사람들에게 주는 선택권은 분명 다르다.

이런 이유 때문에 타임스퀘어가 세계의 중심, 세계의 심장이라는 저자의 의견에 동의하지 않는다고 해도 이 고통스러울 정도로 구체적인, 뉴욕 타임스퀘어에 대한 글이 우리나라 독자들에게 널리 읽히길 바라는 것이다. 도시의 표정은 하루아침에 만들어지는 것이 아니며 이 표정을 바꿀 수 있는 정책적인 결정을 내린다고 하면 그것은 오랜 고민 끝에 이루어져야 한다는 것을 저자는 보여 주고 있다. 낡고 쓸모 없고 보기 싫은 것을 노스탤지어의 이름으로 붙잡아 두자는 것이 아니다. 사회와 기술의 변화를 반영하되 그 지역의 역사를 고려해 시민과 학계, 정부, 자본이 여러 방향의 줄다리기를 벌여 보자는 것이다. 2010년까지 서울은 '디자인 거리' 25곳을 조성한다고 한다. 2010년까지는 너무 짧게 느껴진다.

이처럼 쓸모 있는 책을 우리나라에 소개하고, 번역 일정이 계속 늦어지는데도 인내를 가져 준 이후출판사에 고마움을 표한다.

2007년 9월
이다희